2011
上海商学院教学质量年度报告

主编／冯伟国

副主编／陈敏　杨荣昌　侯立玉　熊平安

图书在版编目(CIP)数据

2011上海商学院教学质量年度报告／冯伟国主编.
—上海：立信会计出版社，2013.8
ISBN 978-7-5429-3987-6

Ⅰ.①上… Ⅱ.①冯… Ⅲ.①高等学校—教学质量—研究报告—上海市—2011 Ⅳ.①G649.21

中国版本图书馆CIP数据核字(2013)第181966号

策划编辑　徐雪芬
责任编辑　蔡莉萍
封面设计　周崇文

2011上海商学院教学质量年度报告

出版发行	立信会计出版社
地　　址	上海市中山西路2230号　　邮政编码　200235
电　　话	(021)64411389　　传　　真　(021)64411325
网　　址	www.lixinaph.com　　电子邮箱　lxaph@sh163.net
网上书店	www.shlx.net　　电　　话　(021)64411071
经　　销	各地新华书店
印　　刷	上海天地海设计印刷有限公司
开　　本	787毫米×1092毫米　1/16
印　　张	22.5
字　　数	535千字
版　　次	2013年8月第1版
印　　次	2013年8月第1次
书　　号	ISBN 978-7-5429-3987-6/G
定　　价	58.00元

如有印订差错，请与本社联系调换

编委会

主　　编　冯伟国
副主编　陈　敏　杨荣昌　侯立玉　熊平安
编　　委　（按姓氏笔画排序）

马天义　毛一梅　王　琴　白　晨　田慧芬
池丽华　刘建民　吕继红　孙雪飞　张大成
吴　芹　余秀荣　李明明　李相波　杨荣昌
陈　敏　沈群力　陈蓓丽　汪遵瑛　张　影
侯立玉　姜　红　洪伟民　郝金标　姜荷梅
郭大伟　陶明娟　曹　静　彭才年　蒋传进
熊平安

前 言

当前,我国高等教育基本完成了以规模发展为核心的外延式发展任务,进入以全面提高质量为核心的内涵式发展的历史新阶段。为此,《国家中长期教育改革和发展规划纲要(2010—2020年)》《教育部关于全面提高高等教育质量的若干意见》(教高〔2012〕4号)提出构建具有中国特色的高等教育质量保障体系,建立高等学校质量年度报告发布制度,明确指出编制并发布本科教学质量报告,是高等学校开展自我评估、建立健全高等教育质量保障体系、完善高等学校信息公开制度的一项重要工作,是高等学校进一步增强社会责任意识、回应社会关切的重要体现,也是高等学校向社会展示学校风貌和办学特色、宣传办学理念和教学成果的重要途径。通过发布本科教学质量报告,增强学校与社会的沟通,广泛听取社会各方面特别是用人部门的意见和建议,不断改进育人工作,更好地办好人民满意的高等教育。文件要求国家"985"高校率先发布2010年度本科教学质量报告。2012年8月30日,教育部高等教育司下发了《关于继续试点部分高等学校编制发布〈本科教学质量报告〉的通知》(教高司函〔2012〕118号),决定在总结39所高水平大学发布2010年本科教学质量报告工作基础上,继续在"211工程"高校施行《2011年本科教学质量报告》编制发布工作,并对质量报告的内容(7个方面)、字数(1.5万字)和支撑数据(25项)作了具体规定,要求"211工程"高校于2012年10月30日前将本校《本科教学质量报告》具函报送教育司,并发送电子版,同时在学校网站予以公布。2012年4月23日,上海市教育委员会下发《上海市教育委员会关于试行上海高校本科教学质量年度报告发布制度的通知》(沪教委高〔2012〕31号),决定试行上海高校本科教学质量年度报告发布制度,并对报告主要内容、关键数据、呈报和发布时间等作了规定。

在这种背景下,上海商学院于2012年上半年启动了本科教学质量报告编制工作。经广泛征求意见,多次研究讨论、反复修改完善,于同年9月完成质量报告,并上报上海市教委向社会发布。质量报告全文1万余字,紧扣学校本科教学工作,从办学理念凝练、人才培养模式优化、优质生源工程建设、教学条件改善、教师教学能力提升、教学质量保障体系完善、全员育人环境营造、毕业生高质量就业以及存在问题等方面客观反映了2011年度本科教学实际情况。

以此为契机,上海商学院还组织各二级学院从教学工作思路、教学中心地位落实、人才培养目标定位、人才培养方案修订、人才培养模式创新、专业与课程建设、师资队伍建设、实践教学、教学研究与改革、教学管理与质量监控、教学效果、教学工作亮点与特色、存在问题与改进措施等方面，撰写学院教学质量报告；组织各本科专业从本专业全国布局现状、做得最好的院校、自己（专业）的相对位置、本专业全国及上海（区域）需求现状、师生（对本专业人才培养方案、师资队伍、课程建设、教材建设、理论教学、实践教学、教学手段与方法、考核评价等环节）的评价、本专业的亮点或特色、本专业教学和管理中存在的问题及改革措施、本专业未来发展思考等方面，撰写专业教学质量报告。

这里呈现的《2011上海商学院教学质量年度报告》，涵盖了2011年度上海商学院及其8个二级学院和22个本科专业的教学质量报告。

本书是在上海商学院领导的指导关怀下，在各二级学院的大力支持下，在各位执笔人的努力下共同完成的，是集体智慧的结晶。

本书在编写过程中得到了上海市教委有关领导和有关专家的悉心指导，本书的出版得到了立信会计出版社的大力支持，在此一并致以衷心感谢！

始生之物，其形必丑。由于水平有限，加之是初次尝试，书中疏漏和不当之处在所难免。恳请专家、同仁不吝赐教。

中共十八大明确提出了"推动高等教育内涵式发展"的战略要求。这是党中央、国务院审时度势，对高等教育发展作出的重要判断和战略部署，标志着以构建推进学校自我评估为主、院校评估、专业认证和评估、国际评估、教学基本状态常态监控"五位一体"的中国特色高等教育本科教学评估制度为主线，以促进和完善质量保障体系建设为重点，努力提高高等教育人才培养质量，将是目前和今后一段时间高等教育的重要工作。

这为我们持续提升教学质量注入了新的动力。

编　者

2013年8月

目 录

第一编 学校教学质量年度报告

上海商学院本科教学质量年度报告 /3

第二编 二级学院教学质量年度报告

管理学院教学质量年度报告 /17

财经学院教学质量年度报告 /29

旅游与食品学院教学质量年度报告 /40

外语学院教学质量年度报告 /62

艺术设计学院教学质量年度报告 /73

信息与计算机学院教学质量年度报告 /80

东方财富传媒与管理学院教学质量年度报告 /88

文法学院教学质量年度报告 /98

第三编 专业教学质量年度报告

连锁经营管理专业教学质量年度报告 /109

物流管理专业教学质量年度报告 /121

市场营销专业教学质量年度报告 /135

国际经济与贸易专业教学质量年度报告 /150

金融学专业教学质量年度报告 /156

财务管理专业教学质量年度报告 /163

会计学专业教学质量年度报告 /173

税务专业教学质量年度报告 /185

园林专业教学质量年度报告　　/195

旅游管理专业教学质量年度报告　　/213

酒店管理专业教学质量年度报告　　/229

食品质量与安全专业教学质量年度报告　　/246

英语专业教学质量年度报告　　/265

日语专业教学质量年度报告　　/271

艺术设计专业教学质量年度报告　　/276

信息管理与信息系统专业教学质量年度报告　　/288

电子商务专业教学质量年度报告　　/295

计算机科学与技术专业教学质量年度报告　　/299

电子信息工程专业教学质量年度报告　　/306

广告学专业教学质量年度报告　　/319

法学专业教学质量年度报告　　/330

社会工作专业教学质量年度报告　　/340

第一编

学校教学质量年度报告

上海商学院本科教学质量年度报告

上海商学院是上海市市属公办本科普通高校，坐落于上海市徐汇区中山西路2271号，前身为1950年建立的中央税务学校华东分校，目前本科教育主要分布在徐汇校区（上海市中山西路2271号）和奉浦校区（上海市奉浦大道123号）。现有教职工近700人，在校本、专科生11 000余名，分别来自上海、北京等全国27个省、市、自治区；拥有财务管理、连锁经营管理、酒店管理等23个本科专业和会计等5个上海市重点建设专科专业，涵盖管理学、经济学、法学、文学、工学、艺术等学科门类；校园占地面积近350亩，另有规划中的新增校园面积800余亩；图书馆藏书100余万册，中、外文学术性全文电子期刊9 000余种，中、外文电子图书50余万册，中、外文数据库10余个；智慧校园的推进实现无线网络公共场所全覆盖，并免费提供上网服务。

近年来，学校先后获国家级和部市级奖励26项，其中《连锁经营管理专业教学改革试点探索与创新》获教育部第五届高等教育国家级教学成果二等奖、上海市教学成果一等奖，《应用型本科高校大学生职业发展教育探究》获高等教育上海市级教学成果一等奖；成功申报国家社科规划办、教育部、财政部、上海市教委、上海市财政局、上海市经委等各类课题（项目）178项；在全国核心学术期刊及其他各类学术期刊上共发表各类学术论文1 000多篇，出版各类教材、专著、译著160多部。

2010—2011学年度是学校贯彻落实《国家中长期教育改革发展规划纲要》的重要年度。1年来，学校在办学理念凝练、人才培养模式优化、优质生源工程建设、教学条件改善、教师教学能力提升、教学质量保障体系完善、全员育人环境营造、毕业生高质量就业等方面取得了显著成效，人才培养质量有了新的提升。

一、开展办学思想讨论，确立"以商立校"办学方针

2011年，学校紧紧围绕"商"字开展办学思想大讨论，通过讨论，学校确立了"以商立校"的办学方针。在学科建设方面，坚持符合社会经济发展需要、紧贴行业需求的学科建设导向，致力于打造特色商务学科；在人才培养方面，注重打通学科建设与专业特色、人才培养与就业市场的内在联系，加强与行业、企业深度合作，探索商业人才培养新模式，培养专业知识扎实，具有社会责任、实践能力、创业精神、国际视野的创新性复合型商科人才，实现市场需要、行业需求与人才输出的有效对接；在科学研究上，面向商业行业和商务领域，开展应用研究，注重与商务部门联系，打造高端商业智库，为政府和企业提供专业服务和智力支持；在教育国际化方面，注重国际教育平台建设，与国外高校建立经常性校际交流，开办多种中外合作办学项目，为学生提供游学、短期访问、交换生、推荐留学等机会，为教师提供访学和学术

交流机会。

二、建设优质生源工程，提升生源质量

学校把提高生源质量作为持续发展的重要手段，不断健全机制、严密组织、加强关键环节、重点工作的管理和监督，积极落实"阳光招生"工程，增强服务意识，探索多元人才选拔模式，并取得显著成效。2011年，学校在全国27个省、自治区、直辖市共招收本科生1 698人，97.8%以上生源为第一志愿报考。其中河北、江苏、安徽、福建、江西、河南、湖南、广西、海南、重庆、四川、贵州、云南、陕西、宁夏、新疆等16个省、市、自治区均有相当数量的文科考生录取分数高于当地划定的一本录取分数线；河北、内蒙古、黑龙江、江苏、安徽、福建、江西、河南、湖南、广西、海南、重庆、四川、贵州、云南、宁夏、新疆等17个省、市、自治区均有相当数量的理科考生录取分数高于当地划定的一本录取分数线。各地录取的分数情况见表1-1。

表1-1

上海商学院2011年全国部分省市二本招生录取分数与当地一本、二本资格线对照表

省市名称	文科			理科		
	当地一本最低投档分	当地二本最低投档分	一志愿录取分数区间	当地一本最低投档分	当地二本最低投档分	一志愿录取分数区间
河北	562	524	564～555	581	535	582～575
内蒙古	486	430	499～467	482	409	496～461
吉林	537	437	532～503	548	443	538～512
黑龙江	540	462	539～495	551	465	568～469
江苏	343	319	350～338	345	320	345～336
安徽	547	510	562～546	534	477	575～531
福建	535	473	564～558	573	460	579～562
江西	532	484	547～535	531	474	537～530
河南	562	515	568～560	582	531	590～573
湖南	583	528	585～581	572	492	573～567
广西	519	456	519～510	506	424	515～486
海南	671	595	681～665	615	548	628～616
重庆	564	504	566～516	533	479	557～482
四川	533	473	537～514	519	448	521～490
贵州	516	446	523～510	448	376	461～448
云南	495	445	520～496	465	380	486～456
陕西	543	495	550～495	540	488	531～512
宁夏	500	463	517～503	486	444	493～474
新疆	504	433	555～502	473	407	491～475

三、狠抓教学基本建设,提高教学保障水平

学校不断加大教学经费投入力度,以满足日常教学工作的需要。2011年学校教学经费实际投入占全年经费总额的29.3%,主要用于教学日常运行、教学改革、专业建设、课程建设、教材建设、实践教学、学生活动经费等方面的支出,较好地推进了教学基本建设,保障了各项教学改革的稳步推进。

(一) 在专业建设方面

一是依据学校发展定位制定了专业建设规划,并依据专业规划,对现有专业结构进行优化和调整,如电子信息工程专业向物联网方向调整,园林专业向都市园林方向调整。二是本着总量控制、严格条件、强化管理的原则加强新专业建设,在新专业申报时,主要审查其与学校专业建设规划是否吻合,设置条件是否具备,建设目标是否明确,严格控制专业总量,确保新设置专业与现有专业的有机联系和相互支撑;在建设过程中,严格过程管理,在设置第二年进行校内专业检查,第三年接受市教委专业检查,第四年接受教委学士学位授权审核;同时,建立专业负责人认定制度,每年学校以公文形式对其进行认定。三是加强对专业建设的经费投入,对于每个新专业,除了正常的教学经费投入外,每年还增加投入5万元进行建设,连续投入4年。4年后,对于已通过学位授权审核并获得学士学位授予权的专业,学校每年再投入2万元作为经常性建设经费。四是按照分类管理原则,对重点专业和特色专业,在师资配置、实验室建设等方面,给予政策倾斜、重点培育,2011年,连锁经营管理专业和酒店管理专业分别通过上海市教委教育高地项目验收。

(二) 在课程建设方面

专门出台了《上海商学院关于课程建设实施意见》,明确了课程建设的指导思想、建设目标、组织管理、保障措施。对公共基础课、专业基础课和专业核心课,作为校级重点项目,按其类型分别投入2万~3万元分期分批进行建设,并在此基础上,择优遴选校级精品课程,推荐申报市级重点课程、市级精品课程。2011年,学校遴选校级重点课程12门(累计81门)、市级重点课程10门(累计31门),建成校级精品课程4门(累计7门)、市级精品课程1门(累计5门)、市级示范性全英语教学课程1门(累计3门)。

2011年,全校开出课程总量2 113门次,课程门数1 154门,其中正、副教授主讲的课程门次占课程总门次的28.5%;周生均20课时,小班授课253门次,占课程总门次的12%;选修课330门,占课程总门数的28.6%;双语/全英语课程17门,占课程总门数的1.5%;实验课230门,占课程总门数的19.9%;"三性"实验课111门,占实验课程的48.3%。

(三) 在教材建设方面

学校出台《上海商学院教材建设管理规定》,鼓励教师编写系列教材、重点建设教材、特色课程教材和实验教学教材。建立优秀教材评奖制度,除对所有参评教材给予10倍书价购买样本之外,还开展优秀教材评奖活动,对获奖教材给予一定奖励,并推荐申报国家级、上海市级优秀教材评选。截至2011年,学校教师主编各类本科教材95种,2011年共评选出其

中获得校级优秀教材 20 种,获得市级优秀本科教材 3 种,被推荐为国家"十二五"规划教材 4 种。

(四) 在教学设施的更新改造方面

学校积极改善校舍状况,目前,学校占地面积 23 万余平方米,建筑面积 22.99 万平方米。多媒体、语音听力、制图等各类教室座位数总计 22 110 个。同时,学校不断加强体育场馆及体育设施建设,现校区运动场面积 1.311 万平方米,体育馆、标准塑胶跑道田径场地、篮球场、足球场、网球场、羽毛球场、排球场、体操器械训练室,以及学生体质健康测评室等比较完备,且开放程度和利用率高,能满足本科教学、学生课外体育锻炼、各单项体育协会活动和体育竞赛的需求。

(五) 在图书资料建设方面

学校坚持纸质文献和电子文献相互补充,实体资源和虚拟资源并行发展的建设理念,加大投入,不断提高现代化水平,图书馆现有馆舍面积约 8 147 平方米。新建了正保多媒体资源库、文献管理系统和图书馆门户系统。

同时,加强管理,实行开架阅览、借阅合一模式,提高图书文献资料利用率。2011 年,图书馆周开放 98 小时,为全校读者提供 7 天每天 24 小时网络服务,7 天每天 14 小时阅览服务,6 天每天 9 小时的借阅服务。每年接待读者 56 万人次,年均借阅量 25 万册次左右,生年均借阅量 22.7 册。

(六) 在实验室及实践基地建设方面

学校借助中央财政支持地方高校建设的项目资金和上海市"十二五"内涵建设项目资金,强化实验教学设备投入,重点开展了基础公共平台建设、商业服务专业群公共网络平台建设、商业服务专业图书文献资源建设。基础公共平台项目建设以公共教学环境改造为主,先后改造了图文楼、实验实训楼和徐汇校区的实验室基础教学网络环境,更新了近 300 台电脑,目前已全部投入使用,并受到师生好评;商业服务专业群公共网络平台项目建设,重点改造学校整体网络环境,为学校整体教学网络带宽升级、网速提高和网络安全提供保障,实现了无线网络覆盖校园,学生每月享受 90 小时的免费上网服务;同时,新建和扩建了网络三维虚拟酒店实训系统等,为酒店管理专业学生提供良好的仿真实训教学环境。

目前,学校共有公共实验室、专业实验室 72 个,其中流通现代化实验教学中心已成为上海市实验教学示范中心建设单位。在使用方面,公共实验室利用率达到 100%,专业实验室的平均使用率也达到 67% 左右。

与此同时,学校通过开展"产学研"合作、联合人才培养等方式,采取优势互补、互惠互利的原则,与全国数百家企事业单位有密切的"产学研"合作关系,建立了稳定的校外实习基地 96 个。在校外实习基地的使用方面,已经由传统的时令性使用转向常年使用。

四、加强实践教学体系建设,增强学生实践和创新能力

学校高度重视实践教学,本着"以育人为本,以学生为主体,以学生发展和终身学习为中

心,着眼于学生素质和创业精神与实践能力培养"的实践教学理念,结合人才培养目标和学科专业特点,构建实践教学内容与体系,注重实践教学内容更新;采取一系列有效措施,规范和加强实践教学工作,强化过程管理,健全制度,向本科生开放实验室,创造条件使学生较早地参加科研或科技创新活动。

在教学计划制定上,遵循"理论教学与实践教学并重,知识传授与能力提高并重,素质教育与专业培养并重"的原则,压缩人才培养方案中的理论授课学时,增加实践教学学时,使财经管理类专业实践教学环节学分比例不低于20%、理工类专业比例不低于25%;学校鼓励各专业将实验学时比例较高、实验项目较多、系统性较强的课程分列实验,单独设置成一门实验课程;提倡多开设实验课或实验项目,并尽可能增加综合性、设计性、创新性实验课程或实验项目;同时,为鼓励学生参加第二课堂、课外科技文化活动、社会实践等创新活动,学校分别不同情况给予学分奖励。

在实践教学体系建设上,已初步形成了"以课程实验环节为基础,以单独设置的实习实训环节为纽带,以毕业设计(论文)环节为核心,以科学研究、社会实践环节为支撑的实践教学内容体系",该体系把4年的实验教学作为一个整体统一进行设计,把培养学生能力的总目标分解为基础训练体系、职业实践体系、科学研究体系、课外实践体系四部分。见表1-2。

表1-2

上海商学院实践教学体系结构

基本技能	初步实际工作能力		初步科学研究能力	实践能力、团队协作能力	能力培养
	毕业实习、毕业设计(论文)			1. 学术讲座 2. 群众性体育活动 3. 暑期社会实践 4. 青年志愿者服务队 5. 科技活动与学科竞赛 6. 文体活动与比赛 7. 学生社团活动 8. "明日商界"之星评选活动 ……	
1. 语言实践 2. 计算机实践 3. 文秘实践 4. 法律实践 5. 军事技能训练 6. 身体训练	1. 毕业实习 2. 综合模拟 3. 创业实践 4. 学年论文 5. 专业社会实践 6. 专业综合实验 7. 课程单项实验 ……	1. 电子商务 2. 资金管理 3. 物流管理 4. 市场营销 5. 数据管理 6. 国际商务 ……	1. 项目调研 2. 社会调查 3. 撰写科研论文 4. 创新创业竞赛 5. 热点问题研究 6. 科研实践 7. 项目申报		实践教学环节
		流通企业见习			
基础实践	专业实践	校本实践	科研实践	课外实践	实践类型
	职业实践				

尤其需要特别说明的是校本实践部分,为使学生具有现代流通企业普适性职业能力,学校专门设计了比较完整的具有上海商学院特色的普适性教学模块(见图1-1)。该模块分为理论和实践两个部分,其中理论教学模块(9学分),主要为现代流通企业经营和管理过程中

的基本知识,如管理学概论、会计学基础、市场营销学、流通经济学概论、经济法、商品学等;实践教学模块(3学分),主要为现代流通企业经营和管理过程中的基本技能和技术,如信息处理技术、人力资源管理技巧、电子商务操作、资金核算和融资技术等。学生在校期间比较系统地接受了具有现代流通业背景的上海商学院特色的普适性的理论学习和实践锻炼,基本掌握了现代流通企业普适性职业能力,为毕业后的就业和创业打下了良好基础。

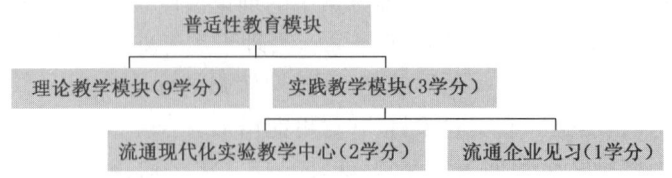

图 1-1 上海商学院普适性教学模块

在实践教学安排上,实现实验实践教学的全程化。学校设置了大学 4 年全程化的实践教学方案:大学一年级和二年级上学期为公共基础训练阶段;二年级下学期和三年级上学期为专业基础训练阶段;三年级下学期和四年级上学期为专业技能训练和学校普适性实践模块训练阶段;四年级下学期为综合能力训练阶段。从而保证学生从进校到离校能够接受由易到难、由简到繁、由浅入深,由模型到模拟乃至实战的训练。

在实践教学内容上,确保实践实验教学的层次化。一是加强基础训练培养,帮助学生了解自然科学、社会科学的基本方法,掌握现代信息技术、社会交往、语言沟通等方面的基本技能;二是加强专业技能培养,训练学生运用所学专业理论知识分析问题和解决实际问题的能力;三是加强综合能力培养,逐步强化学生动手能力和综合能力的培养和训练;四是加强研究能力培养,帮助学生初步掌握科学研究方法,学会设计、编写科研报告和有关论证报告,为将来从事科学研究打下基础。

在实践教学形式上,体现实践实验教学的能力化。一是努力实现模拟型向实战型转变;二是努力实现限制型向自主型转变;三是努力实现验证型向创造型转变;四是努力实现单一型向综合型转变。

通过上述途径,学生实践能力和创新能力得到很大锻炼,取得了显著成效。2011 年,我校学生获准校级以上科研立项 100 余项,获省部级及以上学科竞赛奖项 78 个、课外科技和文化类奖项 49 个、文体类奖项 17 个、社会实践类奖项 15 个,艺术类学生获省部级及以上奖项 9 个。

五、搭建教师发展平台,强化教师教学能力

通过制定《"十二五"师资队伍建设规划》、《教师专技职务聘任办法》等制度和文件,加强师资队伍建设,特别是加强青年教师教学能力建设。在教务处、人事处、工会等职能部门和二级院系的协同努力下,学校充分整合资源,创新机制,建立了新教师培训(含海外培训)与资格认定制度、新教师助教制度、教师行业(企业)挂职锻炼规定、教学督导制度、学生评教制度、教师教学奖励制度等一系列促进教师教学的制度和措施;组织了多媒体教学软件比赛、教学观摩等系列活动,构建了青年教师教学能力发展体系;开展了学术沙龙、教师职业生涯研讨会、新教师(助教)入职培训、教学观摩、科研培训等活动。为教师的职业生涯发展提供

必要的规划和指导,为教师的学术和教学交流搭建平台,对教师教学和课程进行评估指导,帮助教师提高教学能力。

为了引导青年教师爱岗敬业,立志成长为新一代教育专家和教学名师,学校充分发挥教学经验丰富的老教师、教学带头人、教学名师的指导作用,以老带新,培养接班人,学校每年举办一次青年教师课堂教学基本功比赛,以鼓励青年教师提高教学能力,推动教学水平的提高。2011年,学校要求35周岁以下所有青年教师参加课堂教学基本功比赛,参赛青年教师共90余名,通过近1年的初赛、复赛和决赛,19名青年教师获奖;在行业(企业)挂职锻炼规定和海外培训计划实施中,选拔了4人出国访学进修、4人国内访学进修、11人产学研践习,7人获得上海市教委青年教师培养资助。

2011年,遴选出校级教学名师4人,市级优秀教学团队1个,校级优秀教学团队4个。

此外,2011年,我校教师还获国家社科基金项目立项3项,获教育部人文社科基金5项,获上海市自然科学基金项目立项1项,获上海市教育委员会科研创新项目8项,获第十届上海市教育科学研究成果奖3个,获上海高校本科重点教学改革项目3个,获得上海市高校就业创业示范基地1个。

六、创新教学管理手段,规范教学管理工作

(一) 规范教学运行

优化本科课程排课,按课程类别确定课堂讲授课程的教学班设置原则。限制每个学生每学期最高修读学分数和最低修读学分数,以及课表的周学时数。制定新的教学工作量计算办法,明确课堂管理和课程教学过程管理的教学质量标准基本要求。

(二) 加快教学现代化管理步伐

制定了网络辅助教学平台和信息管理平台实施方案。建立了课程中心,为教师开展网络教学和师生教学互动提供了技术支持。

(三) 升级教务管理信息系统

为适应学分制改革的需要,积极开发新一代综合教务管理系统。该系统将学生评教、选课排课、课程考试与补考、教材选订、健康教育等功能模块植入其中。将已有网络资源进行整合,实现门户统一认证,进一步提高教务管理信息化、规范化服务水平。

(四) 推进教务管理制度创新

对教学管理制度进行了重新梳理,完善和修订了本科教学管理制度、课程运行管理规定、本科生注册办法等一系列管理制度,根据需要新增了课程免修免试办法等制度,进一步理顺了教学关系,明确各方的责任和义务。

(五) 加强考风监督,保证考试质量

学校狠抓考风,加强考试巡查工作力度。教务处全员参与,学工部门积极配合,巡查任

务分解到各二级学院、楼层、教室,开展监考人员考试考务培训,督促监考人员认真履行职责,有效地遏制了舞弊行为的发生,对考试违纪、监考违规行为及时通报处理,从而确保我校的良好考风。

七、强化过程管理,巩固教学质量保障机制

(一)建立校院两级督导制度

学校坚持落实校、院两级教学督导机制。校级督导主要由来自上海市"985"和"211"高校学科专家、校内教学管理干部和学科专家组成。二级学院督导主要由教学院长、系主任和资深教师代表组成。

(二)注重教学质量过程监控

强化教授、副教授为本科生上课制度,2011年教授上课比例为100%,副教授上课比例为97%。学校进一步落实干部听课制度,及时进行情况收集统计。严格执行教学制度,确保教学各环节的落实。组织开学、期中、期末、教材、学风、到课率等相关主题的专项检查常态化,完善网上评教,修改学生评教指标体系,根据学生评教情况,对教师教学最好及最差两头进行专项督导,特别是对于评教情况较差者进行跟踪督导,使学生评教结果更科学与公平。加强与学生信息交流,及时回复教师、学生信息和留言,增进教师、学生与管理部门的沟通,化解矛盾,极大地保证了评教工作的顺利进行。

2011年,学生网上全员评教比例达到98%,教师获得学生良好以上评价的达到100%,其中获得学生90分以上评价的教师占82.75%,获得学生80～89分评价的教师占17.25%。

在教学质量监控方面,学校制定了教学及相关工作的评估方案、理论教学和实践教学等各个环节的质量标准,并在此基础上开展了毕业设计(论文)质量检查和试卷质量检查等专项检查和专项评估。其中毕业设计(论文)质量检查包括三个阶段:一是前期质量监控,主要由二级学院负责监控检查。内容有选题的类别、工作量及选题符合专业培养目标的情况,指导教师的资格审查及指导论文(设计)的数量、工作任务量,二级学院工作进程的安排落实情况及各项准备工作的完成情况,学生的开题报告、调研及资料收集、查阅等情况。二是中期质量监控,主要由二级学院负责监控检查。内容有指导教师变更情况,论文(设计)选题及选题内容变更情况,学生按期完成论文(设计)的任务进程及质量情况,指导教师的指导记录情况等。三是后期质量监控,以学校为主、二级学院协助监控检查。内容有学生毕业论文(设计)的撰写质量,二级学院答辩机构和答辩小组的组成及答辩工作落实情况,指导教师、评阅人、答辩委员会的审阅及评语质量,答辩委员的提问及答辩记录情况,成绩的评定情况,优秀毕业论文(设计)的评选、推荐情况,毕业论文(设计)的装订、存档环节等情况。

与此同时,学校还实施抽取5%～10%左右的毕业论文(设计)进行校外盲审制度。

2011年,全校共有1 672名本科生参加了各类毕业论文(设计)教学环节。毕业论文(设计)实践型(含设计型)的占70%;选题来自生产实际的占50%以上。

指导本届毕业论文(设计)工作的教师共有184人,其中教授21人,占11.4%;副教授61人,占33.2%;讲师102人,占55.4%。此外,有51位实践经验丰富的校外专家参加指导我校毕业论文(设计),为我校毕业论文(设计)增添了新的指导力量。

抽取101篇毕业设计(论文)送校外盲审(其中新申请学位专业占10%,已获得学位专业占5%)。

组织评选了22篇校级本科优秀毕业设计(论文)。

八、营造全员育人环境,优化人才培养质量

在环境改善上,学校在每一间教室里都安装了空调,改造学生业余活动场所,形成独立的学生自主管理的大学生公共活动中心;在学生学习上,倡导"本科学生导师制",加强教师对学生学习和成才的全面咨询和指导,出台教师免费住宿政策,为教师课余时间辅导学生提供更多便利,促进学风建设和学生的健康成长,构建和谐的师生关系。与此同时,学校建立"学长制",通过高年级学生对新生学业生活指导与新生实现良性互动,帮助他们解决在全新的环境中所必然面临的学习、生活以及情感上的困难,以早日适应大学生活,开展同伴互助、传承校园文化活动;在学生管理上,创新管理模式,构建以大学生管理委员会、学生会为主,以各类社团、协会、志愿者组织为辅的学生自我管理网络,增强学生的自主意识,从而提高学生自我管理能力;在学术交流上,学校致力于打造以"上商大讲堂"为核心的学术系列讲座,营造良好的校园学术氛围;在学生服务上,学生事务服务中心为学生提供户籍办理、费用结算、校园卡业务、教学事务、后勤服务、学生医保与保险、维权与投诉等一站式服务。

与美国、加拿大、英国、德国、澳大利亚、日本、韩国等高校建立了经常性校际交流,为学生提供了游学、短期访问、交换生、推荐留学等机会。

加入上海市西南片高校联合办学联盟,在全日制本科生中试行"跨校修读选修课程"制度,使学生在学习和掌握更多的科学文化知识的同时,充分感受来自不同高校的学术氛围,成为全面发展的有用人才。2011年,有349名学生参加华东师范大学、东华大学、华东政法大学等上海市西南片高校辅修学士学位学习。同年,我校承办上海市西南片高校暑期课程教学工作,免费为西南片高校近700名学生提供课程教学管理服务。

与东方财富股份有限公司合作共建"东方财富传媒与管理学院",积极探索校企深度合作、人才培养的新模式。

在毕业生学业方面,2011年,全校本科毕业生中1663名学生获得毕业证书,1643名学生获得了学士学位。毕业生中有105名学生获西南片高校辅修专业学士学位证书。

在毕业生就业方面,2011年学校毕业生就业率达95.6%,少数未就业的学生主要选择了继续报考研究生或出国深造。从就业单位流向上看,签约就业单位为民营、私营、个体企业的占48.9%,三资企业的占22.9%,国家机关、事业单位的占4.0%;从就业地区流向上看,主要集中在长三角地区的江浙沪;从专业上看,财务管理专业、计算机科学与技术、会计学等专业毕业生的就业率居全校前列。见图1-2。

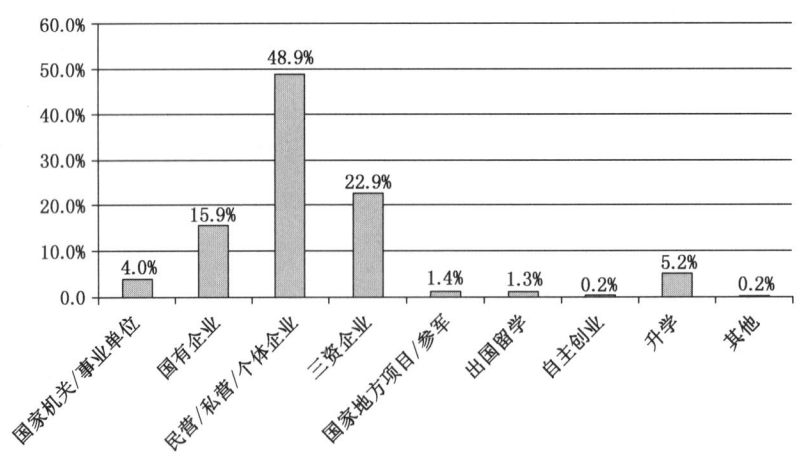

图 1-2 2011 年校毕业生就业情况

九、出台政策激励措施,拓展社会服务能力

学校出台一系列增强社会服务意识,提高社会服务能力的政策,鼓励教师积极参与社会服务。

(一)搭建协同创新知识服务平台,为区域现代服务业发展提供知识支撑

在零供关系研究方面,完成了《连锁超市向供货商收取通道费的研究报告》,开创了国内该领域研究的先河;受商务部委托完成了《零售商供应商公平交易政策研究》和《快速消费品与大型超市公平交易情况研究》两项研究报告。在内外贸一体化研究方面,我校教师关于连锁超市对接世界工厂"中国制造"产品资源的途径研究成果,在社会上引起较大反响。

(二)坚持提高政策研究能力,为地方政府提供高水平决策咨询服务

在农产品现代流通方式与体系研究方面,我校连锁经营研究所对连锁超市对接农户的鲜活农产品流通方式的跟踪研究,以实证研究的方式直接推动了中国连锁超市生鲜食品经营方式的改变与发展,创造了鲜活农产品流通的新方式——农超对接,在业界引起轰动;受商务部委托完成了《生鲜农产品现代流通模式研究》,为商务部、农业部、财政部正式推出促进连锁超市对接农民鲜活农产品的"农超对接"政策提供咨询服务;完成了以大型城市鲜活农产品流通形式为中心内容的《全国民生消费配销网络建设》的研究报告,引起商务部领导重视。在食品安全研究方面,受商务部和中国连锁经营协会的委托,我校教师完成了《中国超市食品安全调查报告》。

(三)全面推进产学研合作,积极参与区域创新体系建设

学校十分重视并不断加强产学研合作,全面推进校企合作,发挥高校的人才和技术优势,积极参与区域创新体系建设。2011 年,成立了"国美战略研究中心"、"流通食品安全研究中心"、"时尚产业研究中心"、"生产性服务业研究中心"等,为提升我校知识服务功能,加

强区域创新体系建设创造了有利条件。

总之，2010—2011学年是我校本科教育教学发展中的不平凡之年，在各方的共同努力下，教学质量取得了长足进步。但是，由于种种原因，在教学方面还存在一些问题，主要表现：一是学校基础设施建设、校内课堂教学和校内外实践教学条件都需要进一步改善；二是适应本科办学的管理体制和机制有待创新；三是人才培养模式有待深化改革；四是教师队伍建设有待进一步强化。

今后，我校将进一步解放思想，深化改革，完善体制机制，继续加大投入，改善管理，努力形成领导重视教学、教师热爱教学、科研促进教学、经费保证教学、管理服务教学的有效机制和良好氛围，不断提高本科教育教学质量和水平。

第二编

二级学院教学质量年度报告

管理学院教学质量年度报告

一、学院简介

管理学院现设有工商管理、市场营销、物流管理3个教学系室及上海连锁经营研究所1个市级研究机构。开设有连锁经营管理、市场营销和物流管理3个本科专业以及连锁经营管理1个高职专业。目前本专科在校学生1 000余名。

管理学院连锁经营管理专业是"教育部国家特色专业建设点暨上海市教委教育高地"建设项目,连锁经营管理教学团队是首届上海市级教学团队。目前,在原有的上海市重点培育学科"商品流通学"的基础上正在建设工商管理(商业企业管理)学科,并被列入上海市"十二五"内涵建设"重点学科专业"建设项目。管理学院还与复旦大学管理学院等建有紧密的校际合作关系。

管理学院拥有一支以中青年教师为主体、师资结构相对合理的专兼职、双师型教师队伍,具有较强的教学与科研能力。近年来,我院教师承担各类国家级、省部级纵向课题和行业、企业横向课题50多项;在各种期刊公开发表学术论文约300余篇,其中被SCI、SSCI、EI、ISTP收录10多篇;出版教材和学术专著40多部;获得国家级教学成果二等奖1项,上海市教学成果二等奖2项。

管理学院与沃尔玛(中国)投资有限公司、百联集团、光明食品集团、东方国际集团等国内外著名大型商业集团及中国连锁经营协会、中国商业联合会、上海商业联合会、上海连锁企业协会、上海市商业经济研究中心等行业与研究机构建有长期稳定校企合作关系,为提升管理学院的人才培养质量和学生的专业实习与就业创建了良好的条件。

二、教学工作基本状况

(一)教学工作思路

1. 教学工作思路

(1)教学工作目标。以本科合格评估为契机,依照本科合格评估指标,做好各项教学工作;以提高教师课堂教学质量为抓手,借助学校"十二五"内涵建设,提升教师的教学水平;积极探索校企合作新思路。

(2)教学工作要求。具体表述如下:

① 做好日常教学管理工作,保证教学计划正常执行。

② 保证每位教师及时了解学校及学院有关教学管理文件的精神和内容。
③ 做好教学过程监控。
④ 做好教学基本文件的检查与存档工作。
⑤ 做好各专业人才培养方案修订工作。
⑥ 保证各专业的建设规划做到实处。
⑦ 加强校企合作，扩展实习基地，保证学生实习落到实处。
⑧ 加强教学研究，鼓励教师积极申报各类教学改革课题。

（3）教学工作重点。围绕专业人才培养方案，教学工作的重点是：
① 提高教师课堂理论教学水平。
② 利用校企合作实习基地，如何更好地开展实践教学。
③ 教师需要更好地做好教学改革的研究。

2. 教学中心地位落实

为确保教学中心地位的落实，管理学院从组织结构、制度建设、过程控制等各方面采取措施，确保教学的有效性。

（1）成立管理学院教学管理委员会。其工作职责是：
① 对学院的教学质量进行评估和指导。
② 对学院教学领域内的重大问题作出决策。
③ 指导课程教学及其管理工作。
④ 对课程建设项目进行立项评估。
⑤ 评选学院的优秀教师和优秀教学成果。
⑥ 审议、检查、指导学生的毕业论文选题、毕业指导环节及各实验教学环节。
⑦ 审议学院教学改革与质量控制的各项规定。
⑧ 对负责教学事项评优、评奖、处罚进行评议表决。

（2）教学质量监控。质量监控采取事前制度保障、事中过程监控与事后纠正预防相结合的方式，质量监控体系完备有效。通过日常教学检查制度、教学督导制度、学生评教制度、听课制度等，将教学质量监控落到实处，着力保障教学水平和教学质量。学校有专门督导专家，管理学院也相应成立督导组，对学校督导组检查结果及时反馈并提出整改措施。

① 建立质量保证和监控体系。为加强对专业建设、课程建设指导和管理，学院成立了学院教学督导组，在组织制定（修订）和论证人才培养方案、教学大纲、实验教学大纲、实验项目等方面进行指导，特别是对教师的课堂教学质量监控进行督导。学院制定了相关配套的管理制度和质量监控体系，制订了各教学环节的质量标准。如：教师听课制度、试讲制度、教师授课质量规范、教学大纲、课程标准、实践与实习大纲、实践实习达标标准、毕业论文指导手册和质量要求等。

② 开展教学评估和检查。建立教学工作规范，开展教学督导和教师教学测评活动，提高课堂教学质量。通过对备课、教学手段、教学进度、教学内容、教学方法、教学组织、教学态度、教学效果等十多个要素测评，充分发挥教学督导在提高课堂教学质量中的重要作用。

过程检查采用学期授课三级检查制，即学期初教学工作准备检查、学期中教学进程检查、学期末教学总结检查。同时对教师授课的教学日历、教学方案、讲稿、多媒体课件等进行规范要求和检查。通过这些规范管理,保证该专业的教学秩序和教学质量。

③ 注重过程考核,以考试改革推动教学质量的提高。考试是教学过程的最后一个环节,考试的质量同样会对教学质量产生影响。由于理论课和实践课教学的特点不同,学院要求在考试中实行侧重点不同的考试方式:理论课以总结性考试为主,重点推行教考分离、开卷考试和笔试考试,同时也注重形成性考核;实践课以形成性考核为主,重点考查学生在平时对实践课要求的技能操作、技术应用的每一步、每一环节的掌握和应用程度,同时也注重总结性综合技能考试。以上考试改革措施的实施,对任课教师的教学和学生的学习均产生了较大压力,使得师生在教与学中自觉地采取各种措施,如使用新的现代化教学手段、改革教与学的方法等,努力提高教学质量。

(3) 组织好日常的教研、科研活动。要求每个专业教研室做好每个学期的教学与科研任务计划,并落实到每周二下午的教研活动中,做好教研活动记录。教研活动以教师课堂教学、人才培养、实践教学、教学研究为主要内容。

(4) 组织学习各类教学管理文件,特别是解读合格评估指标涉及的有关内容。围绕本科合格评估,及时做好教学管理工作的上情下达,将学校的教学工作任务和要求及时传递给每位教师。并利用学院网站,提供实时信息。

(二) 人才培养

1. 人才培养目标定位

依据上海商学院办学的定位,管理学院下设的三个专业的人才培养目标定位于培养应用型高级管理人才。

连锁经营管理专业人才培养目标与定位:本专业培养具有管理、经济、法律、信息技术等方面的知识,掌握现代连锁经营管理的理论知识和技能,具有创新精神和较强实践能力,能在各类流通企业,特别是连锁零售企业从事连锁经营的应用型高级管理人才。

物流管理专业的人才培养目标与定位:培养德、智、体全面发展,具有创新精神和职业道德,具备扎实的管理学、经济学和信息技术基础知识,掌握相关物流法规和现代物流管理理论和方法,熟悉国际物流运作惯例,具备商贸物流现场管理、系统整合与规划、物流产品设计等较强实务运作能力的应用型物流管理人才。

市场营销专业人才培养目标与定位:本专业培养德、智、体、美全面发展,具有良好的思想品德和营销伦理修养,具备管理、经济、法律、市场营销等方面的知识和能力,富有团队合作精神和创新精神,服务于地方经济发展需要的,面向商贸服务企业从事各类营销活动的应用型营销管理人才。

2. 人才培养方案修订

连锁经营管理专业2005年开始招生,成为全国第一个目录外本科试点专业。人才培养方案的制订过程,经过企业调研、走访,制定了具有特色的人才培养方案。经过几年的运行,对不合理的安排进行适当微调。其微调过程均由教研室、学院教学管理委员会进行讨论,将人才培养目标定位于各类型连锁企业,而不局限于商业企业。

物流管理专业2006年开始招生,人才培养方案的制订是在了解有关高校物流管理专业人才培养方案的基础上指定的,围绕我校商科特点,结合连锁专业,确定了我校物流专业方向为城市商业物流。人才培养方案在执行过程中也进行微调。

市场营销专业2008年开始招生,第一年制定了两个人才培养方案,一是普通班级的人才培养方案,二是企业委托班人才培养方案。方案的制订过程是全体营销系教师和企业有关人员共同参与制定的,并严格按方案执行。2009年、2010年人才培养方案均作了适当修订,特别是在专业选修课上,以逐步显现自己的特色。

3. 人才培养模式创新

管理学院三个本科专业的人才培养方案均围绕我校商科特点,定位于应用型人才培养。在人才培养模式中,不断探索新的方式方法。体现在:

(1) 校企联合——委托培养模式。市场营销专业在商学院首创本科生"3+1+3"办学模式,即学生进校第一至第六学期,在校内完成基本理论课程和专业课程,第七、第八学期进入企业,一方面完成规定学分的企业课程,另一方面完成专业实习与毕业实习,特别是毕业论文选题全部来自企业实际。同时利用第一至第六学期的3个暑期开展企业认识实习和企业文化了解。

(2) 学校课程、企业实践以及政府考证三者相结合的培养模式。管理学院3个本科专业与实习基地签署《校企合作培养协议书》,在此基础上,与企业共同制定了《校企合作培养实施方案》。该《校企合作培养实施方案》中明确校企合作项目的具体培养目标、对象、教学环节及课程设置、培养计划、师资配备等,设置学校专业理论课程、技能实训课程和企业岗位实训三部分内容,教学设施和授课教师(带教教师)由企业和学校共同承担。此《校企合作实施方案》获上海市劳动和社会保障局批准为全日制校企合作项目,并采取"技能鉴定"、"学校评价"、"企业评价"相结合的评价方式,最终通过上海市人力资源与社会保障局技能鉴定,获得营业员(3级)、营销师(3级)、物流师(3级)职业资格证书。学校和企业分别获得上海市人力资源与社会保障局校企合作项目技能培训费补贴和企业实训运作费补贴,有效地解决了实习难、就业难的问题,在运行机制上实现了校企合作实践基地建设的突破,实现了教育效果、企业效益和社会效益的三赢。

(三) 专业与课程建设

1. 专业建设措施及成效

各专业建设过程均制定了专业建设规划以及专业建设目标,按照新专业检查6项一级指标19项二级指标,做好新专业建设工作。连锁经营管理专业、物流管理专业顺利通过新专业检查,获得学位授予资格。市场营销专业2008年招收第一届本科生,2012年第一届本科生毕业,该专业正在建设中。

专业建设截止到2011年8月31日取得的成效如下:

(1) 2008年,连锁经营管理专业教学团队获得上海市首届市级教学团队称号。

(2) 2009年,《连锁经营管理专业本科教学体系研究与探索》获得上海市教学成果二等奖。

(3) 2009年,连锁经营管理专业被批准为教育部第四批特色专业建设点。

(4) 2011年,该专业被批准为上海市教委"十二五"重点建设专业。

(5) 2011年,连锁经营管理专业教学团队(高职)获上海市教学团队。

(6) 2009年,市场营销教研室获的上海商学院校级教学团队。

(7) 2011年,物流管理教研室获上海商学院校级教学团队。

2. 课程建设措施及成效

在专业建设中,各专业均制定了课程建设规划。管理学院3个本科专业的专业主干课程基本成为校级重点建设课程,并已完成验收,每个专业均有课程成为市级重点课程。在课程建设中积极进行教学方法、实践教学等方面的研究。管理学院每个专业均采取每门课程的主辅教师制,主讲教师为A角,辅助教师为B角,每门课程建设必须是一个教学团队。课程资源上网,要学生能够使用好课程网站。

截止到2011年8月31日,连锁经营管理专业、物流管理专业、市场营销专业课件建设情况如下:

(1) 2011年,《零售学》成为上海市级全英语课程。
(2) 2009年,《连锁经营原理》《市场营销学》成为上海市重点课程。
(3) 2010年,《营运管理》成为上海市重点课程。
(4) 2011年,《市场调查与预测》《物流学概论》成为上海市重点课程。
(5) 2010年,《店铺开发规划》《连锁经营原理》成为校级精品课程。
(6) 2011年,《物流与配送管理》《仓储与库存管理》成为校级重点课程。
(7) 2008年,"应用型本科管理学课程建设与教学改革"获上海商学院教学成果一等奖。

(四) 师资队伍

1. 数量与结构

管理学院截止到2011年8月31日,在编教职员工人数为26人,教师为21人。其中具有博士研究生学历的7人,占33.3%;具有硕士研究生学历的12人,占57%;具有教授职称的4人,占19%;具有副教授职称的8人,占38%;具有讲师职称的9人,占42.8%;助教1人,占4.7%。

2. 生师比

2010年9月至2011年8月31日,管理学院三个本科专业在校生人数约为755人,教师人数21人,生师比达到36:1。

3. 承担上课任务情况

2010—2011年第一学期管理学院教师承担各类课程共计36门,总学时达到5 574学时,人均278.7学时。其中,开设全校性公共选修课程4门,承担校普适性实验教学课程2门。

2010—2011年第二学期管理学院教师承担各类理论课程共计39门,总学时达到4 405学时,人均220学时,开设全校性公共选修课程3门,并承担校普适性实验教学课程2门。教师同时还承担了2007级毕业论文的指导工作和2008级、2009级学年论文的指导工作,实践课时达到1 554学时。

4. 培养培训情况

(1) 2011年上半年,青年教师姜荷到百联集团挂职锻炼。
(2) 2010年下半年,青年教师伊铭到复旦大学做访问学者。
(3) 2011年上半年,青年教师沈荣耀到政法大学做访问学者。
(4) 2010年,青年教师康海燕获得上海华东师范大学硕士学位。
(5) 2011年,青年教师刘会齐进复旦大学博士后工作站。

(五)实践教学

1. 实验

管理学院三个本科专业未开设独立的实验课程,但在专业课程教学中开设有实验课。具体见表2-1。

表2-1

实验课程表

课程名称	实验课时	教学软件
市场调查与预测	12	SPSS软件、电访调查软件
客户关系管理	6	客户关系管理软件
市场营销学	12	市场营销课程教学软件
连锁企业营运管理	9	连锁总部采购与营运软件
店铺开发规划	9	基于GIS的选址模拟软件
品类管理	9	品类管理软件
运输管理	18	运输管理软件
配送中心规划与管理	18	配送管理软件

另外,管理学院向全校开始有公共普适性实验课程,见表2-2。

表2-2

公共普适性实验课程

课程名称	课时	授课对象
企业经营决策沙盘模拟训练	32	面向全校专业
物流基础实验	32	面向全校专业

2. 实习实训

在2010年9月至2011年8月期间,管理学院安排2007级连锁经营管理、物流管理第二次专业实习181人,时间为四周;安排2008级市场营销第一次专业实习124人。

指导2008级3个专业学年论文272人。

全部实习实训工作均按计划与大纲,保质、保量完成。

3. 课程设计(学年论文)与毕业论文(设计)

在2011年8月31日前完成2011届毕业论文指导工作。共计指导连锁经营管理专业、物流管理专业毕业生毕业论文181人。

毕业论文组织工作从2010年9月份开始进行。学院从整体考虑,确定了毕业论文领导小组,根据学校文件制定了较为完整的毕业环节相关制度与执行时间表,确定了关键时间节点,明确了指导教师责任,并要求各专业对论文的选题进行反复的审查,包括外请专家进行审查,最终在规定时间将论文选题发放给学生,给予学生充分考虑的时间,尽可能做到一人一题。严格按照学校规定的指导教师指导论文人数来安排教师,并实行专业交叉,如营销系目前暂无毕业生,所以营销系全体教师参与连锁与物流专业毕业学生的论文指导。人数符合学校规定要求。

本次毕业论文答辩人数159人,有近1/4的同学经过答辩环节需要对论文进行修改,没有同学需要进行二次答辩。全体同学均通过论文答辩,整体情况好于2010年。本次连锁经营管理、物流管理两个专业的盲审论文计8篇,连锁经营管理4篇,平均分为81.5分;物流管理4篇,平均分为79.75分。从这个方面看到我们教师对论文指导倾注了大量的心血,保证了毕业论文的质量。本学期推荐优秀毕业论文4篇,其中连锁经营管理专业优秀论文3篇,物流管理专业优秀论文1篇。

(六) 教学研究与改革

1. 内容与措施

教学研究主要是通过专业建设和课程建设,申报相关教改项目来体现。管理学院鼓励教师积极申报教学研究课题,撰写教学研究论文。但是由于教学研究与教改论文并未计算在教师职称晋升当中,教师积极性不高。

每年学校教务处均有教改课题申报项目,管理学院鼓励各专业教师在进行课程建设的同时申报教改项目。

2. 成效

2010年9月至2011年8月31日期间,教学研究项目及教改论文情况如下。

(1) 已完成教改项目。具体列示如下:

① 基于资源依赖理论的流通业产学合作人才培养模式研究。

② 连锁经营管理专业"校外专业实习"实践教学环节的研究与实践。

③ 运输管理课堂实践教学研究。

④《市场营销学》、《连锁经营管理原理》市级重点课程建设完成并验收。

⑤ 完成上海市教育科学研究市级项目(本科应用型商业人才培养模式,B08057,2009—2010年),完成了《本科应用型商业人才培养模式研究报告》。

(2) 在研项目。具体列示如下:

① 产学研合作及商贸职业证书开发——营销师(1~3级)(商贸方向),2009—2012。

② 产学研合作及商贸职业证书开发——营业员(3、4、5级),2009—2012。

③《商贸类创新实践平台》子项目——现代零售业态展示平台,中央财政,2010.9—2011.6。

④ 上海地方本科院校"十二五"内涵建设项目——连锁经营管理重点专业建设,2011—2015。

⑤ 连锁经营管理专业特色专业建设点,国家教育部,2009.9—2011.12。

⑥《市场调查与预测》、《营运管理》、《物流学概论》市级重点建设课程在建。

(3) 发表论文。具体列示如下:

①《上海商学院管理学院学风调查与对策思考》,上海商学院学报,2011。

②《管理学课程实践型教学方法应用效果调查和分析》,上海商学院学报,2010.3。

③《中国商学院:如何培养实用型商业人才》,上海商学院学报,2010。

④《加强产学研合作培养大商业物流创新型人才》,网络财富,2010。
⑤《走校企合作之路开展培养物流专业人才培养模式研究》,经济师,2011。
⑥《"市场营销"课程教学改革探索》,中国电力教育,2011。
⑦《商科应用型本科人才培养模式若干问题思考》,出国与就业,2010。
⑧《市场营销课程教学改革的思路》,教育理论与教学研究,2011。

(七) 教学管理与质量监控

1. 教学管理

在院长领导下,教学副院长具体负责学院教学管理工作,分3个专业,设置3个系,分别配置系主任,由系主任全面负责其专业建设。学院设教务秘书1人。同时,组建了以院长、副院长、系主任、教授为成员的管理学院教学工作委员会,并成立学院督导组。

教学管理过程是全体教师参与的一项常态化工作:

(1) 每周学院例会,将学校最新的教学管理工作及时传达给每位教师,鼓励教师申报教学研究课题。

(2) 教学经费严格按学校有关规定使用。

(3) 实践教学、实习基地、校企合作等实践教学环节,由教学副院长、系主任及学院总支书记密切配合,做到实习点同学、企业实习教师、专业指导教师联动的实习指导机制,保证实习任务的完成。

(4) 教学基本文件做到规范、及时提交,由教务秘书负责教学文件档案管理工作。

2. 质量监控(督导、学生评教、教师评学等)

按照学校要求,学院领导、系主任每学期对教师授课情况检查和督导,一般采取听课制。从学校督导组对管理学院的检查和每学期学生对教师评教情况看,管理学院教学总体情况良好。

学生对管理学院教师测评情况见表2-3。

表 2-3

教师测评情况

学期	项目 分数	学 生 测 评		
		最高分	最低分	平均分
2010—2011(1)		92.936	90.943	91.07
2010—2011(2)		93.094	88.836	91.411

学校督导组2010年对管理学院教师授课的打分情况:最高分90分,最低分是77分,平均分为83.8分。

管理学院教师总体平均分略高于学校的平均分。

(八) 教学效果

1. 学生基本理论与基本技能

管理学院鼓励学生参与体现自身素质的知识与技能竞赛。

(1) 管理学院截至 2011 年 8 月 31 日,3 个本科专业在校生近 1 000 人(含 2007 级、2008 级、2009 级、2010 级),其中 2007 级连锁经营管理、物流管理专业是毕业年级。通过调查,管理学院学生基本理论和基本技能基本达到人才培养目标和要求,其英语四六级通过率情况如下:

2007 级四级通过率达 90%;六级通过率达 50%;计算机一级达 65%。
2008 级四级通过率达 86%;六级通过率达 24%;计算机一级达 58%。
2009 级四级通过率达 70%;六级通过率达 18%;计算机一级达 27%。
各年级学生对各类理论课程的学习及实验实践教学环节的参与率达到 100%。
在学习过程中,少数学生有迟到、早退、旷课情况发生。总体成绩基本达到优良,成绩分布符合正态分布。

(2) 各类竞赛获奖情况。具体列示如下:
3 人(龙婷、文翔、袁雪蔚)获得 2010 全国大学生英语竞赛 C 类二等奖(1 人)和 2010 全国大学生英语竞赛 C 类三等奖(2 人)。

1 人(朱方)获得 2010 中国大学生就业模拟大赛三等奖。

10 人(兰佳、张敏等)参加第七届全国大学生"用友杯"沙盘模拟经营大赛(上海市总决赛)获个人三等奖(高等学校国家级实验教学示范中心联席会举办);6 人(张敏、张瑞琪等人)参加第七届全国大学生"用友杯"沙盘模拟经营大赛(全国总决赛)获三等奖(高等学校国家级实验教学示范中心联席会举办)。

1 人(袁雪蔚:调研世博会的低碳化物)获 2010 年上海市大学生暑期社会实践活动三等奖。

2 人(袁雪蔚:调研世博会的低碳化物;朱方:低碳世博、生态环保与现代生活)获 2010 年上海市大学生暑期社会实践活动优秀项目奖。

6 人(陈晓燕等)获"张江高科杯"上海市第六届创业计划大赛铜奖。

1 人(陈嘉翌)获"米通杯"2010 上海市大学生空手道邀请赛女子初级型第二名。

1 人(刘瀚玉)获世博志愿者风采之星;多人被评为上海市世博优秀志愿者。

3 人(丁笑语等)获 2011 年上海市大学生计算机应用能力大赛团体三等奖(上海市教育委员会高等教育处举办),并获得 2011 年中国大学生(文科)计算机设计大赛团体优胜奖(教育部高等学校文科计算机基础教学指导委员会举办)。

3 人(岳浩哲等)获 2011 年全国大学生管理决策模拟大赛半决赛团体一等奖(高等学校国家级实验教学示范中心联席会举办)。

还有多人获得国家奖学金、国家励志奖学金、上海市奖学金、上海商学院各类奖学金等。

(3) 在获得学习成绩同时,还积极参与各类竞赛活动。列示如下:
举办了第六届创业大赛选拔赛,经过专业老师的评审,最终从 22 组参赛队伍中选出 4 组选手进入最终的决赛,并且参加了上海市"张江高科杯"第六届创业计划大赛,并且取得优异的成绩。

学院社团活动内容丰富。例如,由营销社承办沙盘校内经营模拟比赛,由管理学院营销系教师带队组队参加上海市用友杯沙盘模拟大赛,并最终参加全国大赛;由物流社承办第三届大学生物流设计大赛,获奖参赛队最终参加全国"传承杯"第三届大学生物流设计大赛(National Contest on Logistics Design by University Students,NCOLD),此大赛为教育部高等学校物流类专业教学指导委员会发起并主办。

学生科研活动较丰富。在2010年共有16个学生科研项目结题；同时，在2011年经过学院教师和学生的共同努力，又有22个项目获得学生科研立项。

我院还举办了"未来之路"系列讲座，一共6场，分别是"应届毕业生自主创业经验分享"、"商科生如何定位"、"模拟面试大赛"、"考公务员，你了解得够全面吗？"、"在学习与工作中寻求平衡"、"出国留学以及职场应聘"。分别邀请了我校优秀毕业生付成民以及中智花旗银行的代表作为几场讲座的主讲人。通过几次讲座的进行，培养在校大学生创业、创新意识，使其能够更详尽的了解各企业单位需要如何的人才，以此树立自己的人生目标。此外，各专业也同时开展各类专业讲座多场，如市场营销专业邀请了上海艾克迅咨询公司董事长进课堂讲解"品牌策划"，邀请愿望啦啦（Wishlala.com）的首席运营官（COO）王俊杰讲解"网络营销策划"，邀请上海市商业经济研究中心齐晓斋教授讲解"上海商业发展回顾与展望"，邀请原台湾"7-11"便利店资深营运经理赖正泰先生讲解"零售营销策划——便利店营销"，等等。

管理学院连续4年获得"五·四"优秀团总支，并且有1个团支部、近40名同学在2011年的表彰大会上获得优秀团支部、优秀团员、优秀学生干部的称号。

2. 学生综合素质

管理学院为提升学生综合素质，通过院学生会、团委、各班班委及团支部、学生社团等开展各类活动。同时，学院辅导员、各专业教师积极配合，使得各类活动井然有序。

从目前在校学生情况看，学生身体素质情况较好，各班级身体素质测试，平均80%以上同学达标，不同班级有一些差异。大一通过早锻炼方式来提升学生身体素质，大二、大三也应该组织早锻炼，使学生获得良好的生活习惯。

管理学院于2011年5月3日至5月25日开展第一届心理健康月活动，进一步推进学生心理健康的引导与建设。前期宣传、心理电影赏析、心理情景剧、漫画展及英语PK大赛等五个部分构成整个心理健康月活动的主要内容，吸引很多同学积极参与此项活动。每一项活动都做了详细的内容计划，如5月3日至5月9日为心理知识宣传周，目的是普及心理卫生知识，唤起大学生关注心理健康、关注自我意识，促进大学生对心理知识的了解与学习，提高大学生的心理素质，促使大学生全面、协调发展。采取的方式是：通过拉横幅摆摊进行宣传，并邀请路过的同学用便签纸的形式写下自己想说的话，贴于横幅之上。同步开始宣传漫画展活动。5月10日至5月16日为心理活动展示周，目的是针对大学生常见的心理问题，开展系列主题活动。重在让大学生在体验和感受中体会心理知识对个人成长和发展的重要意义，并学会基本的心理调适技能。采取的方式是：播放一场心理健康的电影，并请一部分同学写影评，让他们谈谈对于心理健康的认识；收集漫画，举办漫画展。5月17日至5月25日为心理嘉年华主题活动周，目的是：以户外心理咨询、心理游戏和心理拓展为主线，融合心理知识宣传和心理活动，将心理健康意识深入普及到每个大学生；举办漫画展，向大家展示心理知识。最后是活动总结。整个活动取得良好效果。

3. 社会声誉

截至2011年8月31日，2011届有2个专业毕业生毕业，共计168人（连锁经营管理85人、物流管理83人），其中，毕业生学位授予率98.21%，有3人未获得学位；有1人考研，并被录取,考研率为0.59%;初次就业155人,初次就业率95.4%。通过对用人单位调查,满意率达85.71%,基本满意14.29%。

我院正在建立毕业生信息数据库,与用人单位建立长期联系,已获得用人单位对我院毕业生的评价,并为下一届毕业生打好基础。

三、本科教学工作亮点

管理学院本科教学工作亮点,体现在:①连锁经营管理、物流管理、市场营销3个专业聚焦商贸服务业,服从学校"以商立校"的办学指导思想。每个专业人才培养定位于应用型专门管理人才,定位准确。②拥有一支与行业互动的师资队伍。利用学校背靠行业的优势,目前与上海多家商业服务企业建立了较为稳定的实习基地,教师挂职锻炼,参与企业的课题研究,学院聘请企业讲师到学校开展讲座,在企业配置实习指导教师,校企建立了紧密合作,形成一支为专业教学服务的校企专、兼职教师队伍。③由于管理学院连锁经营管理专业为全国高校第一个本科目录外专业,其教学科研成果初显引领行业趋势。④校企合作办学模式多样化。企业委托班办学模式、校企合作与职业资格证书对接模式等,给学生更多选择与就业机会。

总体而言,本科教学不仅加深了理论知识,更深化与拓展了行业知识,是职能导向与行业导向的有机结合。

四、存在问题与改进措施

(一) 存在问题

目前存在问题主要有以下几点。

1. 教师的量不足,生师比远达不到要求

尽管一个专业的课程公共课及某些专业基础课程由法政学院、外语学院、经济学院、计算机学院完成,但是目前也只有连锁经营管理专业的教师(含双肩挑教师)达到10人,物流管理和市场营销专业的专业教师都只有6人,与教委的要求相比,相差甚远。与同类院校相比,差距也较大。

2. 教学目标与考评机制不匹配

自上而下推进实践教学,但"实践与行业"方面的"作为"得不到认可。学术导向与实践导向不匹配,所以,教师从事实践活动的积极性不高。

3. 教师单兵作战能力较强,团队合作研究不够

尤其是在学术领域,缺乏对社会有影响力的标杆性、持续性、广泛性的研究活动。

4. 教学管理与知识管理的信息化程度需要进一步提高

重复劳动多,数据分散,缺乏统一的指标体系与系统支撑。

5. 教学质量评估缺乏一套系统的、持续的跟踪指标与执行体系

在上述问题中,人与制度,是核心问题。人的数量与质量,以及对人的考评体系,都存在问题。这些问题需要学校层面上考虑。

（二）改进措施

短期来说，有三个方面要做：第一，引进专业教师，改变生师比，在减轻教师工作量的前提下，鼓励教师把一部分精力用于教学科研活动中。第二，制定一套切实可行的教师奖惩与激励制度，引导教师教学水平的提升或淘汰。这需要建立一套对教师的考评体系。第三，要尽快建立和完善教学管理与知识管理的信息化管理体系，需要搭建一个管理架构，凡是能通过网络与系统来处理的文件、文档、数据，都应该实现网络化管理。

从中长期来说，有四个方面需要改进：第一，专业建设要突破行业界限，向更广泛的领域发展。第二，强化品牌专业与优势学科，巩固与扩大在专业领域的话语权。第三，培育一支专业的、具有跨文化沟通能力与实践经验的师资队伍。第四，建立一个可用于系统研究的专业数据库。

财经学院教学质量年度报告

一、学院简介

财经学院是上海商学院的主干学院之一，且有中外合作办学资质，在全国同类专业中具有较前的位置。多年来为上海商界乃至全国各界培养了成千上万个职业道德好、业务素质高的财经人才，为发展社会主义市场经济奠定了基础。

学院现有教职工41人，其中，专任教师35人。专任教师中，正教授2名，副教授16名。财经学院教师团队的知识结构、年龄结构、学历结构、职称结构均处于较优状态，有着丰富的教学与研究经验。学院下设国际经济与贸易系、金融学系、会计系、财务管理系、税务系，建有会计手工实验室、会计电算化实验室、财务管理实验室、金融实验室。我院与上海多家企业及企业集团建立了稳定的校企合作关系。目前本、专科在读学生1700余名。

现开设会计学、财务管理、国际经济与贸易、税务、金融学等5个本科专业，1个会计（中澳合作高级会计）高职专业。《基础会计学》被评为上海市精品课程，《会计学基础》、《财务管理》、《微观经济学》、《成本会计》、《会计学》被上海市教委评为市级重点建设课程；《财务管理》、《财务会计》、《成本会计》、《统计学》、《宏观经济学》《国际贸易》、《进出口贸易》被评为校级重点建设课程。

会计学专业（ACCA）方向是本学院的特色专业，该专业建设也成为我院085的重点建设项目。中澳合作高级会计是目前财经学院唯一保留的一个高职专业，该高职专业在全国同类专业中具有领先水平。

本学院拥有一批能讲授ACCA外语原版课程和中澳合作高级会计外语原版课程的教师。培养出来的毕业生是既懂国际会计惯例，又具有会计核算技能和较高英语水平的复合型优秀人才。

在2006—2011学年，教师在有关杂志，报刊上完成及公开发表论文计100余篇，其中72篇为核心刊物发表；承担各类市、校级课题及横向课题11个；著作1部，主编教材10余部，其中，《会计学基础教程》被媒体称为"畅销图书"，《会计学基础模拟操作》被认定为"上海市流通现代化教学示范中心指定教材"，《会计学》作为"十一五"国家级规划教材，被教育部评为2008年度普通高等教育精品教材以及2011年上海普通高校优秀教材二等奖。

为了使学生具备快速适应社会需求的能力，提高教学体系的针对性和实用性，通过加强企业与学校联系，使企业及时获得优秀专业人才和合格的、具备必要技能的操作人员，学校决定与社会、企业共同构建产、学、研一体化机制，合作开展人才培养工程，建立产学研基地。

2007年，首先，学校与万隆国际咨询集团（以下简称"万隆"）签订了建立产学研基地协议。合作包括开展人才的定向培养、组织人员双向交流、开展科研项目合作、合作经营会审实验室等各项深层合作内容。其次，成立了校企合作常设机构——万隆会计学院。"万隆"出资设立专项奖学金，"ACCA"实验班助学金各类奖学金基金。再次，2009年，又与众和会计师事务所签订了合作协议，由众和会计师事务所出资，设立了"众和奖学金"。

近年来先后与华瑞会计师事务所、华皓会计师事务所、第五冶金建设公司上海分公司、大儒税务师事务所等众多企业签订了建立产学研基地协议。沪多家金融机构成为我院毕业生长期、稳定的教学实习、就业基地。

二、教学工作基本状况

（一）教学工作思路

以学校的办学指导思想和发展目标为依据，紧紧围绕学校"商科"的办学主线，在专业建设、课程建设、师资队伍建设、教材建设、教研教改和人才培养目标等方面按照本科合格评估标准扎实工作。部分专业与国际接轨，办出特色。以本科合格评估为契机，依照本科合格评估指标，做好各项教学工作；以提高教师课题教学质量为抓手，借助学校"十二五"内涵建设，提升教师的教学水平；积极探索校企合作新思路。

（二）教学中心地位落实

为确保教学中心地位的落实，财经学院从组织结构、制度建设、过程控制等各方面采取措施，确保教学的有效性。

1. 成立财经学院教学管理委员会。其工作职责是

（1）建立、健全教学管理制度。进一步修订和完善教学管理制度，包括考勤制度、奖惩制度、听课制度等。

（2）对青年教师进行带教，提高教师的整体教学水平。

（3）学院、系分工合作，对课堂教学及其管理工作。

（4）鼓励教师参与课程建设，结合"085"工程项目组织教师重点课程建设立项，提升教育教学水平。

（5）规范和细化毕业论文指导工作，审议、检查、指导学生的毕业论文选题、毕业指导环节及各实验教学环节。

（6）审议学院教学改革与质量控制的各项规定。

（7）对负责教学事项评优、评奖、处罚进行评议表决。

2. 教学质量监控

质量监控采取事前制度保障、事中过程监控与事后纠正预防相结合的方式，质量监控体系完备有效。通过日常教学检查制度、教学督导制度、学生评教制度、听课制度等，将教学质量监控落到实处，着力保障教学水平和教学质量。学校有专门督导专家，财经学院也相应成立督导组，对学校督导组检查结果及时反馈并提出整改措施。

（1）建立质量保证和监控体系。为加强对专业建设、课程建设指导和管理，学院成立了学院教学督导组，在组织制定（修订）和论证人才培养方案、教学大纲、实验教学大纲、实验项

目等方面进行指导,特别是对教师的课堂教学质量监控进行督导。学院制定了相关配套的管理制度和质量监控体系,制定了各教学环节的质量标准。例如,教师听课制度、试讲制度、教师授课质量规范、教学大纲、课程标准、实践与实习大纲、实践实习达标标准、毕业论文指导手册和质量要求等。

(2) 开展教学评估和检查。建立教学工作规范,开展教学督导和教师教学测评活动,提高课堂教学质量。通过对备课、教学手段、教学进度、教学内容、教学方法、教学组织、教学态度、教学效果等十多个要素测评,充分发挥教学督导在提高课堂教学质量中的重要作用。

过程检查采用学期授课三级检查制,即学期初教学工作准备检查、学期中教学进程检查、学期末教学总结检查。同时对教师授课的教学日历、教学方案、讲稿、多媒体课件等进行规范要求和检查。通过这些规范管理保证该专业的教学秩序和教学质量。

(3) 注重过程考核,以考试改革推动教学质量的提高。考试是教学过程的最后一个环节,考试的质量同样会对教学质量产生影响。由于理论课和实践课教学的特点不同,学院要求在考试中实行侧重点不同的考试方式:理论课以总结性考试为主,重点推行教考分离、开卷考试和笔试考试,同时也注重形成性考核;实践课以形成性考核为主,重点考查学生在平时对实践课要求的技能操作、技术应用的每一步、每一环节的掌握和应用程度,同时也注重总结性综合技能考试。以上考试改革措施的实施,对任课教师的教学和学生的学习均产生了较大压力,使得师生在教与学中自觉地采取各种措施,如使用新的现代化教学手段、改革教与学的方法等,努力提高教学质量。

3. 组织学习各类教学管理文件

学习中,特别注意解读合格评估指标涉及的有关内容。围绕本科合格评估,及时做好教学管理工作的上情下达,将学校的教学工作任务和要求及时传递给每位教师。

4. 组织好日常的教研、科研活动

要求每个专业教研室做好每个学期的教学与科研任务计划,并落实到每周二下午的教研活动中,做好教研活动记录。教研活动以教师课堂教学、人才培养、实践教学、教学研究为主要内容。

(三) 人才培养

1. 人才培养目标定位

(1) 会计学专业培养德、智、体全面发展,适应社会经济发展,掌握经济管理基本理论、会计和财务管理的专门知识,基础扎实,知识面广,能够从事会计、审计及相关领域工作,具有一定专业技能和富有创新精神的高素质应用性专门人才。岗位群为在企事业单位、会计师事务所、政府部门等从事会计实务、审计,以及在高职高专和中等专业学校从事会计教学及科研工作。

(2) 财务管理专业培养具备管理、经济、法律和理财、金融等方面的知识和能力,能在工商、金融企业、事业及政府部门从事财务、金融管理以及教学、科研方面工作,具有文献检索科研能力的工商管理学科高级复合型、应用型经营管理人才。能在工商企业、连锁企业、会计师事务所等中介机构、银行、外贸等现代服务业领域和行政事业单位从事会计、审计、统计、财务管理等岗位的工作,也可以从事相应的教学、科研方面工作。

(3) 税务专业培养德、智、体全面发展,适应21世纪社会经济发展和社会主义现代化建设需要，基础扎实、英语熟练、知识面宽、运用能力强、人文素质高，富有时代特征和创新精神，具有较深厚的经济学理论基础，掌握系统的税务基础理论及实务，具备财政、税务、管理学、经济学、法律和理财等方面的知识和能力，掌握现代化企业管理手段、熟练运用专业英语的企业和社会中介高级税务专门人才以及政府部门税务管理人才。

（4）国际经济与贸易专业培养掌握国际经济、国际贸易的基本理论与基本技能，熟悉通行的国际贸易规则、惯例，以及中国对外贸易的政策法规，了解主要国家与地区的社会经济情况，具有较高外贸英语水准，熟练应用计算机技术，能在涉外经济贸易部门、外资企业等从事实际业务、管理和策划工作的国际经贸专门人才。

（5）金融学专业以区域经济发展为依托，以国际化为导向，以实践为载体，培养既具备宽厚扎实的专业理论基础又掌握相应实践操作技能，熟悉现代金融机构各项业务、金融政策和法规，了解金融运行规律，有较强分析能力、较强经济意识和社会适应能力，能在银行、保险、证券以及各类与现代金融服务相关的企事业单位从事基础性金融业务和相关咨询等服务，具有国际化视野的应用型、复合型金融人才。

2. 人才培养方案修订

结合学校"以商立院"的办学思想，分别组织各专业专家论证会议。与会专家有相关高校专业教师、教育管理专家、行业领导。专家认真听取了我校办学定位和现状，结合高校发展未来趋势和社会需求，提出了很多建设性意见和建议。认为商科院校应树立"就业导向型"本科会计教育改革思路，建立与社会需求匹配的专业人才培养模式；应始终以市场需求为标准，以应用能力培养为核心，探讨加强师资队伍建设、加强学生学风建设、专业课程体系设置，改革教学方法、手段和内容，加强双语教学、实践教学、就业指导等内容的具体改革思路及方法改进，以提高学生的应用能力，最终使学生具有市场竞争力，顺利走向工作岗位。

（1）在培养目标上侧重学生应用能力培养。商科院校本科会计教育以培养掌握高级会计技术的人才为主要目标，本科会计专业的学生经过4年的系统学习应该能够熟练掌握会计的记账技术，一旦进入工作岗位即能很快适应并进行会计的记账等工作。这一点是商科院校本科会计教育与其他管理类专业教育最大的不同，人才培养目标更加具体、明确。

（2）在培养理念上重视学生诚信教育。任何行业都讲诚信教育，而会计行业与诚信教育的关系尤其紧密。这与会计工作的特点分不开的，会计人员在进行会计处理时需要较多的职业判断，并且新颁布的《企业会计准则》也赋予了会计人员更多的职业判断，在会计核算过程中有了更多的选择权。这样的结果，一方面会使会计信息更真实、更相关、提高了会计信息质量，但另一方面也给人为操作会计信息留有了更大的空间。会计人员要提供反映企业财务状况、经营成果的财务报告，企业的利害关系人要通过这些报告了解企业的获利、偿债能力等，以便作出正确的决策。因为会计人员最主要的工作是为企业的利益各方不断提供反映企业财务状况等的报告，其工作成果直接影响着这些利益方的决策，因而对会计人员诚信的要求显得更高。如果没有会计职业道德的强力之撑，其结果不仅不能达到会计改革的初衷，可能还会使会计信息失真问题更加严重，社会经济秩序更加混乱。会计诚信教育的目标不是靠一门职业道德教育课就能解决的，而应当贯穿于整个会计教育的始终，让会计专业的学生真正树立起"不做假账"的信念。

（3）在培养环节上注重实践教学。本科教育的培养目标决定了其在教学时非常注重实践教学，这与许多侧重理论学习的专业如历史、哲学、数学、生物等是不同的。本科教育培养出来的会计专业学生要求其一毕业就能直接从事实务的工作，而不是埋头搞研究。商科院校各专业都是实用性很强的专业，对学生的培养更侧重实务能力的培养，所以在进行理论教学时更注重的是实践教学，对专业教师的要求也是应该具有本专业的实践经验，且实务能力较强。而对那些理论性较强的学科而言，则对专业教师没有那么多的要求。另外，需要强调的是，商科院校本科教育在进行实践教学中离不开专业实验室。商科院校本科教育虽然仍属于社会科学类教育，本科各专业的学生不用像自然科学类专业的学生那样经常到实验室做自然科学实验。但是，由于应用型本科教育注重培养专业实务操作人才，而非专业理论研究人才，故对其的实践能力要求很高，又由于很多单位出于种种考虑不愿接收本科学生进行实习，这样本科学生只能在课程学习中将其专业实务的实习锻炼放在校内进行。

（4）在培养效果上提高学生职业判断能力。财务、会计税务、贸易、税务工作离不开职业判断，这是由自身工作的特点决定的。严格来说，会计不是一门严密的科学。会计人员对已发生的经济业务事项进行处理时，允许较多地使用职业判断和人为估计，如会计核算原则中的重要性、谨慎性、实质重于形式等原则的运用。而且在对同一经济业务事项进行会计处理时，往往会有若干种可供选择的方法，如存货发出的计价方法有个别认定法、先进先出法、加权平均法等，选择的方法不同，核算的结果就不一样。另外，在新的《企业会计准则》颁布实行后，对会计人员的职业判断能力要求更高了，没有统一的科目，没有统一的处理模式，这就要求会计人员灵活运用会计的知识来处理各种经济业务。特别是随着国际交流的增加、跨国公司的增多、涉外业务的普遍发生，对会计人员的要求更高了，在处理这些复杂的业务时更多地需要会计人员的职业判断。这就要求在会计教学时不能只重现会计制度的讲解以及简单会计业务的分析等，而应重视训练，培养学生在面对各种复杂业务时的判断能力。

（5）结合本校定位，适当优化税务专业人才培养方案。税务专业的人才培养方案严格遵照有关文件精神，是在充分进行人才需求论证基础上制定的，体现了上海商学院应用型本科办学的基本要求。本专业培养的学生，毕业后能在财政、税务、审计、税务师事务所、会计师事务所、企业等从事财政、税务、审计、纳税申报、税务筹划、税务咨询、税务代理等相关工作。由于近几年公务员考试报名人数急剧增加，录取率下降，毕业生到财政、税务、审计等政府机关从事财政、税务、审计工作的难度增加，因此，本专业的人才培养方向更注重学生将来到税务师事务所、会计师事务所、企业从事纳税申报、税务筹划、税务咨询、税务代理等相关工作的能力的培养。我们及时调整、优化人才培养方案，不断完善专业必修课的课时安排，以及专业选修课的课程设计等。

3. 人才培养模式创新

为了适应市场需求，从 2010 年 3 月起，在会计专业开设了"ACCA 试点班"（不另外加收学费）。ACCA 在国内称为"国际注册会计师"，实际上是特许公认会计师公会（The Association of Chartered Certified Accountants）的缩写，它是英国具有特许头衔的 4 家注册会计师协会之一，也是当今最知名的国际性会计师组织之一。"ACCA 试点班"从第 3 学期开设组班，根据前 3 个学期主要课程的学习成绩及全国大学英语考试成绩和学生的自愿申请择优组成。

学生修完会计学相应课程后，可以取得上海商学院的毕业证书和学士学位证书，同时学习 ACCA 的 F1～F9 课程的考试之后，再提交一份研究和分析报告，就有机会获得牛津·布鲁克斯大学的应用会计（优等）理学士学位。这些同学在通过一系列的专业考试，并取得一定的财务工作经验后,就可被授予CAT(国际公认会计技师)、ACCA(国际公认会计师)资格。

为了减轻学生参加ACCA课程考试所支付给英国费用的负担,合作办学单位"万隆"出资,设立了"万隆助学金"和"万隆奖学金",报销学生在校学习期间通过ACCA考试的部分注册费、考试费,并且奖励F1~F9课程中考试优秀的同学。企业从优秀的实习者中优先选拔人才,学生基于这种扎实的人才培养模式,有了更强的就业竞争力。这种"校企合作"方式,是企业、学校、学生乃至整个社会共赢的举措,是高校专业教育与实践教育相结合的体现。

国际经济与贸易专业面向韩国招收留学生,包括4年制和2年制专升本学生。

(四)专业课程建设

1. 专业建设措施及成效

在已有的会计学、财务管理、国际经济与贸易、税务、金融学等5个本科专业基础上,分别开设了不同层次、不同方向的专业门类,如会计学、财务管理、国际经济与贸易分别开设了高职起点二年制专升本,会计学又开设了"ACCA"专业方向班。财务管理开设了第二学位班。

2. 课程建设措施及成效

《基础会计学》被评为上海市精品课程,《会计学基础》、《财务管理》、《微观经济学》、《成本会计》、《会计学》被上海市教委评为市级重点建设课程;《财务管理》、《财务会计》、《成本会计》、《统计学》、《宏观经济学》《国际贸易》、《进出口贸易》被评为校级重点建设课程。

(五)师资队伍

1. 数量与结构

在职专业教师35名,其中教授2名、副教授16名、讲师16名、博士生11名、研究生15名。兼职专业教师10名。

2. 承担上课任务情况

承担上课任务情况见表2-4。

表2-4

专业教师承担上课任务情况

序号	姓名	性别	学历	学位	专技职务	课程
1	董惠良	男	本科	工商管理硕士	教授	会计理论专题、Financial Reporting、财务会计报表编制、资产维护与存货盘点
2	李相波	男	本科	农学士	副教授	会计学基础、高级会计学、手工会计操作
3	余秀荣	女	博士研究生	博士	副教授	金融学、国际金融、商业银行经营管理、经济学概论、经济学基础
4	田慧芬	女	本科	经济学硕士	副教授	会计学基础、银行会计

(续表)

序号	姓名	性别	学历	学位	专技职务	课程
5	徐月丽	女	本科	经济学硕士	讲师	成本会计、中级会计学
6	张学龙	男	本科	经济学士	副教授	会计学基础、会计学
7	郑莹	女	博士研究生	硕士	讲师	跨国公司财务、财务分析、文献检索、高级财务管理
8	王浪庆	女	硕士研究生	硕士	讲师	审计学、Audit and Internal Review、专业外语(1)
9	陶明娟	女	本科	经济学士	讲师	税法、税收稽查
10	聂颖	女	硕士研究生	法学硕士	讲师	税务、高级纳税申报、税收犯罪研究、税务管理、Business Taxation、所得税申报准备
11	巫美云	女	本科		副教授	中级会计学、财务软件应用纳税申报
12	宋雷娟	女	博士研究生	经济学博士	讲师	专业英语、税务代理实务、外国税制(双语)、财政学、国际税收、税收学
13	潘雅红	女	硕士研究生	硕士	副教授	财务管理、企业利润核算与评估、投资决策(双语)、财务风险评估、财政学
14	王琴	女	本科	经济学士	副教授	财务管理、成本管理
15	崔峰	男	本科	经济学士	讲师	证券交易、统计学、证券投资分析、保险学
16	王庆华	女	本科	经济学士	讲师	计算技术、统计学
17	吴俊	女	硕士研究生	硕士	讲师	纳税筹划、项目评估、业绩管理
18	王小平	女	博士研究生	博士	讲师	中级财务管理(双语)、酒店财务管理、跨国公司财务
19	蒋平	女	硕士研究生	管理学硕士	副教授	中级财务管理(双语)、财务分析、会计记录、银行收款编制
20	汪遵瑛	女	本科		副教授	报检基础知识、商务谈判、
21	梁婷	女	硕士研究生	经济学硕士	讲师	国际结算(双语)、中国对外贸易、国际商务概论
22	袁美琴	女	本科	文学硕士	副教授	国际结算(双语)、外贸函电、专业英语(1)
23	张力	男	本科	化学学士	高级讲师	国际商务单证、进出口贸易实务
24	张雅丽	女	硕士研究生	法学硕士	讲师	国际商务礼仪式、世界贸易组织概论、世界经济概论

(续表)

序号	姓名	性别	学历	学位	专技职务	课程
25	张期陈	男	博士研究生	经济学博士	讲师	世界经济概论、国际贸易、流通经济学概论、世界经济概论
26	吴芹	女	博士研究生	经济学博士	副教授	投资学、货币银行学、市场学、金融学
27	陈丽娟	女	博士研究生	管理学博士	讲师	宏观经济学、计量经济学
28	王爱华	女	博士研究生	管理学博士		宏观经济学、金融市场
29	窦莉梅	女	博士研究生	经济学博士	副教授	宏观经济学
30	胡学庆	男	本科	经济学士	讲师	宏观经济学、微观经济学、博弈论基础、流通经济学概论
31	陈小愚	男	硕士研究生	理学硕士	副教授	流通经济学概论、微观经济学
32	刘有鹏	男	博士研究生	经济学博士	高级经济师	流通经济学概论
33	侯立玉	男	兼课		副教授	会计学基础、会计学、手工会计操作
34	王志明	男	兼课		教授	微观经济学
35	徐信虎	男	兼课		教授	国际金融
36	王云玺	男	兼课		副教授	国际服务贸易
37	戴明华	男	外聘		经济师	内部控制、资产评估学、证券投资基金
38	叶建农	男	外聘		会计师	成本管理
39	刘蕙	女	外聘		副教授	管理会计
40	徐杰锋	男	外聘	博士		国际会计、财务报告与分析
41	李丹	女	外聘		副教授	财务报告
42	苏昌蕾	女	外聘		讲师	金融市场
43	赵东雪	女	外聘		讲师	商业银行经营管理
44	刘学恒	男	外聘	博士		高级财务管理、国际结算

3. 培养培训情况

各种形式国外进修、访学9人次；产学研10人次；先后10人次攻读博士学位。

（六）实践教学

1. 实验

财经学院5个本科专业未开设独立的实验课程，但在专业课程教学中开设有实验课。具体见表2-5。

表 2-5

专业实验课程表

课　程　名　称	实验课时	教　学　软　件
会计手工实训	20	
财务软件应用	20	用友财务软件、福斯特财务软件、网中网会计平台
证券投资操作	12	乾隆高校金融投资教学软件
企业税务申报	12	用友纳税申报、福斯特纳税申报
国际商务单证	36	单证软件
出口贸易流程操作	72	TMT、PTOT（综合实验）
海关报关实务（课内实验）	9	报关软件

另外，财经学院向全校开设有公共普适性实验课程，见表 2-6。

表 2-6

公共普适性实验课程表

课程名称	课时	授课对象
会计手工实训	32	面向全校专业
财务软件应用	32	面向全校专业
证券投资操作	32	面向全校专业

2. 实习实训

在 2010 年 9 月至 2011 年 8 月期间，财经学院安排 2007 级 5 个专业的专业实习 218 人，时间为 4 周。

指导 2008 级 5 个专业学年论文 229 人。全部实习实训工作均按计划与大纲保质保量完成。

3. 课程设计（学年论文）与毕业论文（设计）

会计学 97 人（其中 ACCA 班 20 人）；财务管理 77 人（其中专升本 26 人）；税务 81 人；国际经济与贸易 128 人（其中专升本 41 人）；本科 383 人。

（七）教学研究与改革

1. 内容与措施

教学研究主要是通过专业建设和课程建设，申报相关教改项目来体现。财经学院鼓励教师积极申报教学研究课题，撰写教学研究论文。但是由于教学研究与教改论文不计算在教师职称晋升当中，教师积极性不高。

每年学校教务处均有教改课题申报项目，财经学院鼓励各专业教师在进行课程建设的同时申报教改项目。

2. 成效

在 2006—2011 学年，教师在有关报刊上公开发表论文计 100 余篇，其中 72 篇为核心刊物发表；承担各类市、校级课题及横向课题 11 个；著作 1 部，主编教材 10 余部，其中《会计学基础教程》被媒体称为"畅销图书"，《会计学基础模拟操作》被认定为"上海市流通现代化教学示范中心指定教材",《会计学》作为"十一五"国家级规划教材,被教育部评为2008年度普通高等教育精品教材,2011年上海市普通高校优秀教材二等奖。

(八) 教学管理与质量监控

1. 教学管理

在院长领导下,教学副院长具体负责学院教学管理工作,分3个专业,设置3个系,分别配置系主任,由系主任全面负责其专业建设。学院设教务秘书2人。同时,组建了以院长、副院长、系主任、教授为成员的财经学院教学工作委员会,并成立学院督导组。

2. 质量监控

按照学校要求,学院领导、系主任每学期对教师授课情况检查和督导,一般采取听课制。从学校督导组对财经学院的检查和每学期学生对教师评教情况看,财经学院教学总体情况良好。

学校督导组2010年对财经学院教师授课的打分情况:最高分为93.6分,最低分为87.899分,平均分为91.56分。

财经学院教师总体平均分高于学校的平均分。

(九) 教学效果

1. 学生基本理论与基本技能

会计大风车比赛:进入复赛人数占初赛总人数的20%,决赛人数占复赛总人数的30%。
理财大赛:进入复赛人数占初赛总人数的67%,决赛人数占复赛总人数的50%。
计算机一次通过率:58.21%。
英语一次通过率:CET4为67.01%,CET6为17.59%。
全国大学英语考试成绩见表2-7。

表2-7

财经学院历年本科"全国大学英语四、六级考试"成绩统计表

考试年次	大学英语四级(CET4)			大学英语六级(CET6)		
	报考人数	425分以上	比率(%)	报考人数	425分以上	比率(%)
2009年6月	553	376	67.99	606	73	12.05
2010年6月	429	282	65.76	736	127	65.76
2011年6月	479	315	65.76	685	163	23.80
2012年6月	515	350	67.96	592	110	18.58

2. 学生综合素质

(1) 高度重视德育工作。努力培养学生良好的思想道德素质,使学生养成终身学习的习惯、生活朴素的习惯、文明礼貌的习惯,培养起对待工作的热心、对待社会的爱心和克服困难的信心。

(2) 加强学生身心健康教育。构建符合大学生身心特点的教育模式,加强大学生心理健康教育,培养大学生良好的心理素质,完善健全的人格。举办的活动有:525心理健康月系列活动,如心理主题班会、心理沙龙、心理图片展、素质拓展等活动;对全院新生进行心理普测,对高危人群进行重点关注;日常心理咨询、心理委员培训。

(3) 切实加强体育工作,使学生养成锻炼身体的良好习惯,通过开展各项体育活动,培养学生的竞争意识、团队精神和坚强的毅力。举办丰富多彩的体育活动,如篮球赛、足球赛;所有学生均参加晨跑,并记录晨跑次数。对学生宿舍定期检查,督促学生注意宿舍卫生,提高宿舍生活质量。

3. 社会声誉

学位授予率:会计学90%;财务管理92.41%;税务91.30%;财管专升本100%;国贸98%。

社会声誉具体见表2-8。

表2-8

财经学院社会声誉一览表

项目(2012届毕业生)	指标
考研率	14.88%
初次毕业率	91%
年度就业率	95.95%
质量跟踪机制	每年定期回访历届毕业生,并进行问卷调查
用人单位满意度	综合素质较好,但英文和计算机水平有待提高

三、本科教学工作亮点

会计学专业开设了ACCA班,进行9门英国原版教材课程教学。在其他专业中设置了双语课程,培养出了一支胜任双语教学师资队伍,为今后开设全英语课程奠定了基础。

四、存在问题与改进措施

(一)存在问题

目前存在问题主要是教师数量不足。

1. 教师的数量不足,生师比远达不到要求

其中,金融专业尚未获得学士学位授予权(尚未达到年限),师资数量较为欠缺。其他专业也存在师资不足问题。与教委的要求相比,相差甚远。与同类院校相比,差距也较大。

2. 因专业教师数量问题,项目团队不够成熟,团队合作研究不够

尤其是在学术领域,缺乏对社会有影响力的标杆性、持续性、广泛性的研究活动。

3. 教学管理人员数量不足,与学校提出教学管理权力下放不匹配

4. 教学质量评估缺乏系统,考评结果没有很好地与奖惩相衔接

(二)改进措施

从2011年开始,上海市放开事业单位进人权限,学校也加大了引进人才力度,希望提高引进人才的优惠条件,尽量与其他高校相衔接,吸引更多、更好的人才。

旅游与食品学院教学质量年度报告

一、学院简介

旅游与食品学院现设有旅游酒店管理系、园林景观设计系和食品系3个系,旅游管理、酒店管理、食品质量与安全和园林4个本科专业以及酒店管理和食品工艺与检测(营养师)2个高职专业。其中,旅游管理与酒店管理2个专业的校企合作定向委托办学培养模式为学院教学改革试点项目;酒店管理专业是上海市教委高地建设项目。

学院建成校级教学团队两支,拥有一批在省市内外极富影响力的、专兼结合的"双师型"师资队伍,现有专任教师29人,非专任教师8人。在专任教师队伍中,副高以上职称12人,中级职称16人;上海市级教学名师和校级教学名师各一名。专业基础课和专业课教师中"双师型"教师18人。青年教师中研究生学历或硕士及以上学位的26人。截至2011年12月,学院有本专科在校生1500余人。培养出的毕业生符合国际化标准,统计表明,进入国际企业集团就业和考取海内外名校研究生比例居上海商学院之首。

学院坚持以服务为宗旨,以就业为导向,以培养景观设计、旅游酒店、会展展示、生态建设、食品安全、食品质量检测等方向的高等应用型人才为目标,通过深化教育教学改革及科学研究,力求在课程中体现商业(商务)活动与人的休闲生活、休闲行为、休闲需求(物质的、精神的)等相关领域的最新研究成果,以提高学生对旅游业、园林景观业、娱乐业、会展业、食品生产和流通业及酒店管理业经济形态和产业系统规律及技能的认知和把握,扎实稳步地提高教育教学质量。

酒店管理专业是本学院的特色专业,该专业建设不仅成为我院085质量工程的重点学科专业建设项目,并被遴选为上海市专业综合改革试点专业。酒店管理专业以及食品工艺与检测(营养师)是目前旅游与食品学院保留的2个高职专业,在全国同类专业中均具有领先水平。

上海市重点建设课程《旅游学概论》、《园艺栽培概论》和上海市全英语示范课程《酒店战略管理》已顺利通过市教委验收,市重点课程《食品安全与卫生学》正在建设中。校级重点建设课程《酒店市场营销》、《酒店房务管理》、《酒店经营管理》等已顺利通过校级验收;《旅游学概论》校级精品课程已通过中期检查;《旅游经济学》、《生物化学》被评为校级重点建设课程。

在2010—2011学年,教师在有关杂志、报纸上完成及公开发表论文计30余篇,其中20篇为核心刊物发表;承担各类市、校级课题及横向课题20个;著作1部,主编教材10余部,其中《会计学基础教程》被媒体称为"畅销图书",《会计学基础模拟操作》被认定为"上海市流通现代化教学示范中心指定教材",《会计学》作为"十一五"国家级规划教材,被教育部评为

2008年度普通高等教育精品教材和2011年上海普通高校优秀教材二等奖。

先后与喜达屋集团、洲际集团签订了建立喜达屋订单班和洲际集团合作协议。合作包括开展人才的定向培养、组织人员双向交流、开展科研项目合作、合作经营会审实验室、设立奖学金等各项深层内容。

二、教学工作基本状况

(一)教学工作思路

以学校的办学指导思想和发展目标为依据,紧紧围绕学校"商科"的办学主线,在专业建设、人才培养目标、课程建设、师资队伍建设、教材建设、教研教改等方面按照本科合格评估标准扎实工作。部分专业与国际接轨,办出特色。以本科合格评估为契机,依照本科合格评估指标,做好各项教学工作;以提高教师教学质量为抓手,借助学校"十二五"内涵建设,提升教师的教学水平;积极探索校企合作新思路。

(二)教学中心地位落实

为确保教学中心地位的落实,旅游与食品学院从组织结构、制度建设、过程控制等各方面采取措施,确保教学的有效性。

1. 成立旅游与食品学院教学管理委员会

其工作职责如下:

(1) 建立、健全教学管理制度。进一步修订和完善教学管理制度,包括考勤制度、奖惩制度、听课制度等。

(2) 对青年教师进行带教,提高教师的整体教学水平。

(3) 学院、系分工合作,对课堂教学及其管理工作。

(4) 鼓励教师参与课程建设,结合"085"工程项目组织教师重点课程建设立项,提升教育教学水平。

(5) 规范和细化毕业论文指导工作,审议、检查、指导学生的毕业论文选题、毕业指导环节及各实验教学环节。

(6) 审议学院教学改革与质量控制的各项规定。

(7) 对负责教学事项评优、评奖、处罚进行评议表决。

2. 教学质量监控

教学质量监控采取事前制度保障、事中过程监控与事后纠正预防相结合的方式,质量监控体系完备有效。通过日常教学检查制度、教学督导制度、学生评教制度、听课制度等,将教学质量监控落到实处,着力保障教学水平和教学质量。学校有专门督导专家,旅游与食品学院也相应成立督导组,对学校督导组检查结果及时反馈并提出整改措施。

(1) 建立质量保证和监控体系。为加强对专业建设、课程建设的指导和管理,学院成立了学院教学督导组,在组织制定(修订)和论证人才培养方案、教学大纲、实验教学大纲、实验项目等方面进行指导,特别是对教师的课堂教学质量监控进行督导。学院制定了相关配套的管理制度和质量监控体系,制定了各教学环节的质量标准,如教师听课制度、试讲制度、教师授课质量规范、教学大纲、课程标准、实践与实习大纲、实践实习达标标准、毕业论文指导手册和质量要求等。

（2）开展教学评估和检查。建立教学工作规范，开展教学督导和教师教学测评活动，提高课堂教学质量。通过对备课、教学手段、教学进度、教学内容、教学方法、教学组织、教学态度、教学效果等十多个要素测评，充分发挥教学督导在提高课堂教学质量中的重要作用。

过程检查采用学期授课三级检查制，即学期初教学工作准备检查、学期中教学进程检查、学期末教学总结检查。同时对教师授课的教学日历、教学方案、讲稿、多媒体课件等进行规范要求和检查。通过这些规范管理保证该专业的教学秩序和教学质量。

（3）注重过程考核，以考试改革推动教学质量的提高。考试是教学过程的最后一个环节，考试的质量同样会对教学质量产生影响。由于理论课和实践课教学的特点不同，学院要求在考试中实行侧重点不同的考试方式：理论课以总结性考试为主，重点推行教考分离、开卷考试和笔试考试，同时也注重形成性考核；实践课以形成性考核为主，重点考查学生在平时对实践课要求的技能操作和技术应用的每一步、每一环节的掌握和应用程度，同时也注重总结性综合技能考试。以上考试改革措施的实施，对任课教师的教学和学生的学习均产生了较大压力，使得师生在教与学中自觉地采取各种措施，如使用新的现代化教学手段、改革教与学的方法等，努力提高教学质量。

3. 组织学习各类教学管理文件

特别是解读合格评估指标涉及的有关内容。围绕本科合格评估，及时做好教学管理工作的上情下达，将学校的教学工作任务和要求及时传递给每位教师。

4. 组织好日常的教研、科研活动

要求每个专业教研室做好每个学期的教学与科研任务计划，并落实到每周二下午的教研活动中，做好教研活动记录。教研活动以人才培养、教师课堂教学、实践教学、教学研究为主要内容。

（三）人才培养

1. 人才培养目标定位

（1）旅游管理专业学生学习以休闲旅游为重点的旅游管理基础理论和基础知识，接受营销管理、信息管理、财务管理、客户管理等方面的专业训练，培养分析与解决旅游管理相关问题的能力，尤其注重培养实际应用能力。

（2）酒店管理专业根据教育部有关试点专业设置的文件精神，遵循酒店管理专业及其行业人才市场规律，以学生为本，建立了"普通国民教育与国际化酒店入职及行业成长相结合"的校企合作模式，创设了"督导培训生制度"。学生毕业后，入职岗位即为跨国酒店集团部门主管，在1~2年的入职锻炼和培养后即能够胜任部门经理岗位，确保学生具备"入职高起点＋在酒店行业长久发展"的能力素养。

（3）食品质量与安全专业重点培养食品质量与安全应用型人才，侧重专业教育。培养德、智、体、美全面发展，具有化学、生命科学、食品科学技术和质量管理基本理论知识和技能，熟悉国内外食品安全法律、法规以及食品质量安全体系和标准。具有创新精神、较强的实践能力及市场经济观念，适应现代食品工业及社会发展需要的应用型高级专业技术人才。

（4）园林专业培养德、智、体、美全面发展，以保护资源、创建人类宜居环境为己任，掌握扎实的园林专业理论知识,具有较强的创新能力和实践能力,能够在园林行政管理、科研部门、各类景观设计公司、物业公司、旅游、宾馆、酒店等休闲娱乐单位,从事行政管理、科研、园林景观设计、园林工程组织与施工、园林植物栽培、养护与种植设计等工作的应用型高级技术人才。

2. 人才培养方案修订

结合学校"以商立院"的办学思想,分别组织各专业专家论证会议。与会专家有相关高校专业教师、教育管理专家、行业领导。专家认真听取了我校办学定位和现状,结合高校发展的未来趋势和社会需求,提出了很多建设性意见和建议。认为商科院校应树立"就业导向型"本科旅游酒店食品园林教育改革思路,建立与市场需求匹配的专业人才培养模式。通过与学生座谈、单独交流、意见收集等方式,对本专业学生对专业人才培养满意度情况进行了调查。整理调查结果,可以发现学生对旅游管理专业人才的培养方案定位基本合理,整体感到满意,在课程建设、教材建设、师资队伍、实践教学、考核方式等方面需要继续提高。这样能提高学生的国际化就业竞争力。

(1) 培养目标上侧重学生应用能力培养。

(2) 培养理念上重视学生诚信教育。

(3) 培养环节上注重实践教学。本科教育的培养目标决定了其在教学时非常注重实践教学,这与许多侧重理论学习的专业比如历史、哲学、数学、生物等是不同的,本科教育培养出来的人才要求一毕业就能直接从事实务的工作。教学中侧重实务能力的培养,重视实践教学,同时对专业教师的要求应该有本专业实践经验,并且实务能力较强。另外,需要强调的是,商科院校本科教育虽然仍属于社会科学类教育,但是由于应用型本科教育注重培养专业实务操作人才,对其的实践能力要求较高,在进行实践教学中仍离不开专业实验室。同时,由于很多单位出于种种考虑不愿接收本科学生进行实习,这样本科学生只能在课程学习中将其专业实务的实习锻炼放在校内进行。

(4) 培养效果上提高学生职业判断能力。

(5) 结合本校定位,适当优化培养方案。我们及时调整、优化人才培养方案,不断完善专业必修课的课时安排,以及专业选修课的课程设计等。

3. 人才培养模式创新

本专业在建设中最突出的特色是深度校企合作,通过与国际著名酒店管理集团的深度合作,培养具有国际视野、符合国际酒店集团要求的酒店管理人才。校企合作贯穿招生、教育、就业的人才培养全过程。主要体现在以下几个方面:

(1) 升格校企合作方式,整合国际化实践资源。酒店管理专业在原来的"学校-酒店"合作的基础上,升格为"学校-酒店集团"的合作方式,形成了以喜达屋集团为主体,洲际集团、雅高集团等为支撑的校企合作方式,酒店集团参与到人才培养规划、人才选拔、课程设计、师资培养、教材编写、实践教学、学生实习等各个环节当中。国际酒店集团在招生环节便参与到对学生全英文面试和远程视频校企共同面试环节,相关专家委员会为人才培养过程提供全程咨询指导和跟踪论证,并且成立了喜达屋酒店管理研究中心和上海商学院-洲际英才培养学院。

本专业根据国际酒店集团提出的建设标准新建的现代休闲餐饮实训室、酒店管理opera-PMS软件实验室、网络三维虚拟酒店实验室等专业实训(验)室,不仅可提供完成学生专业实践教学任务,还可以供学生校内实践、职业技能证书考试使用。

(2) 确立"普通国民教育与国际化酒店入职及专业成长相结合"的校企合作人才培养特

色,首创"督导培训生"制度。依据专业确立的"普通国民教育与国际化酒店入职及专业成长相结合"的校企合作人才培养模式,通过与喜达屋集团联合,在国内首次提出了"国际化酒店督导培训生"为入职起点岗位,以"国际品牌酒店集团高素质专业人才培养"为目标的酒店管理专业人才培养目标,学生毕业后,入职岗位为跨国酒店集团部门主管,在1~2年的入职锻炼和培养后即能够胜任部门经理岗位。这些校企合作单位同时为优秀学生提供海外游学和海外实习、见习机会,确保学生具备"入职高起点+在酒店行业长久发展"的能力素养。

(3) 剖析国际品牌酒店主要管理及能力体系,构建国际化课程模块。本专业在建设过程中对国际品牌酒店的岗位能力、决策管理、营销管理、环境管理、服务管理以及管理信息系统等主要管理及能力体系进行了研究。针对国际化酒店岗位能力提出了三级标准,包含10个一级指标、29个二级指标和138个三级指标;针对国际化酒店决策管理建立了因子模型,分析了决策水平、团队行为整合、工作经验分享度、决策程序满意度、不同部门间协作度、决策使用方法科学度、决策外部环境等因子及相互之间的关系;针对国际化酒店营销管理划分了营销的四大模块,即销售、传媒、营收和服务,并对其管理进行了相关细化;针对国际化酒店环境管理提出了环境管理五大内容体系,确立了酒店资源的环境管理、酒店产品的环境管理、酒店生产的环境管理、酒店消费的环境管理以及酒店环境管理体系与政策;针对国际化酒店服务管理体系明确了服务绩效的六大环节与三大服务要素因子;针对国际化酒店管理信息系统阐述了11个主要功能模块及未来发展趋势。

通过对国际品牌酒店集团管理体系的系统研究,构建了国际化课程模块系统,确定了"121课程群"划分法,并围绕国际化酒店集团的现实需求,专门进行了酒店管理英语教学设计(ESP),并将此理念贯穿于2011年专业教学计划。其中,第一个"1"为专业素养类课程群,主要培养"国民教育"所需的专业通识能力;"2"为部门实操类课程群,主要培养"国际化酒店督导培训生"所需的实操能力,包含操作实务和督导管理实务;第三个"1"为综合管理类课程群,主要培养"酒店行业长久发展"所需的决策管理能力。

(4) 依托国际品牌酒店资源,优化学生实践环节。针对酒店管理专业实践性较强的特点,根据专业理论知识和实践技能知识学习过程相辅相成、互相渗透的关系,根据校企合作实践情况,采取分层阶段性实习模式,将酒店管理专业的实习分为四个模块:第一,认知性实习(第一、第二学期),目的是为了熟悉了解酒店业,了解酒店基本结构和功能;第二,感受性实习(第三、第四学期),目的是了解酒店运行环节,全面感受酒店服务、管理和活动;第三,体验性实习(第六、第七学期),目的是增长专业操作技能,熟悉主要岗位的工作性质和工作流程;第四,工作性实习(第八学期),目的是为工作、继续深造和毕业论文做准备。我们通过循序渐进的过程,帮助学生逐步认识、掌握、理解酒店企业的服务、管理和文化,符合教学规律。在校企合作的前提下能够通过高校和酒店的沟通,有目的、有针对性地安排每一次实习活动,避免了实习的盲目性和流于形式。

(四) 专业课程建设

1. 专业建设措施及成效

在已有的4个本科专业基础上,分别开设了不同层次、不同方向的专业门类,如园林、旅游管理专业分别开设了专升本。酒店管理本科专业顺利通过上海市第四期本科高地验收,获得高度评价,成功被遴选为上海市专业综合改革试点专业并报送教育部。

2. 课程建设措施及成效

上海市重点建设课程《旅游学概论》、《园艺栽培概论》和上海市全英语示范课程《酒店战略管理》已顺利通过市教委验收。目前,本专业校级重点建设课程《酒店市场营销》、《酒店房务管理》、《酒店经营管理》等已顺利通过校级验收;《旅游学概论》校级精品课程已通过中期检查;《旅游经济学》、《生物化学》被评为校级重点建设课程。

(五) 师资队伍

1. 数量与结构

在职专业教师 25 名,其中教授 5 名。兼职专业教师 11 名,企业教师 13 名。

2. 承担上课任务情况

承担上课任务情况见表 2-9、表 2-10。

表 2-9

旅游与食品学院专业师资情况表

序号	姓名	性别	学位学历	毕业院校	职称	担任职务	课程
1	张建华	男	硕士研究生	南京农业大学	教授	院长	《环境艺术学》、《园林史》、《专业英语》
2	白晨	女	博士研究生	日本东北大学	教授	副院长	《食品化学》、《食品营养学》
3	曹盛丰	男	硕士研究生	江西农业大学	教授		《食品营养卫生与安全管理》、《旅游政策与法规》
4	宫霞	女	博士研究生	江南大学	教授	食品系主任	《生物化学》、《食品保藏与包装》、《文献检索与论文写作》、《食品质量管理》
5	郗金标	男	博士研究生	中国农业大学	教授	园林系主任	《植物造景设计》、《商业空间绿饰设计》、《景观生态学》
6	姜红	女	硕士研究生/博士在读	黑龙江商学院/武汉大学	副教授	副院长	《旅游学概论》、《酒店督导》、《酒店发展前沿专题》
7	孙雪飞	女	硕士本科	河南大学	副教授	旅游与酒店管理系主任	《管理学原理》
8	宋肖霏	女	硕士研究生	山东师范大学	副教授		《美术基础学》、《空间构成基础》
9	李雅娜	女	硕士研究生	东北林业大学	副教授	园林系副主任	《观赏植物学》、《植物生理学》、《园艺流通学》

（续表）

序号	姓名	性别	学位学历	毕业院校	职称	担任职务	课程
10	胡国平	男	学士	中山大学	高级工程师		《食品微生物学及检验技术》、《食品感官评价》、《食品质量与安全控制与实验技术》、《食品标准与法规》
11	侯新冬	女	硕士研究生	华东师范大学	讲师	旅游与酒店管理系副主任	《酒店房务管理》、《酒店业导论》
12	查爱苹	女	硕士研究生/博士在读	复旦大学	讲师		《旅游学概论》
13	邹光勇	男	硕士研究生	复旦大学	讲师		《酒店经营与管理》、《旅游经济学》、《环境管理》
14	黄丹	女	硕士研究生	东南大学	讲师		《酒店市场营销》、《导游学概论》
15	陈垂兴	男	硕士研究生	暨南大学	讲师		《管理学原理》、《旅游资源与开发》、《大型活动策划与管理》
16	张凯旋	男	博士研究生	华东师范大学	讲师		《景观文化》、《景点景区开发与管理》
17	黄崴	女	硕士研究生	复旦大学	讲师		《酒水文化》、《酒水饮料管理》
18	张华威	男	硕士研究生	东南大学	讲师		《园林规划设计》、《园林建筑设计》、《城市规划原理》
19	滕玥	女	硕士研究生	上海交通大学	讲师		《园林设计初步》、《园林CAD》、《Sketchup》
20	黄诗茹	女	硕士研究生	同济大学	讲师		《效果图技法》、《城市规划原理》、《城市景观设计》
21	黄玥	女	硕士研究生/博士在读	复旦大学	讲师		《食品安全卫生学》、《食品添加剂》、《食品专业英语》
22	卫晓怡	女	博士	中山大学	讲师	食品系副主任	《食品工艺学》、《食品毒理学》、《动植物检验检疫》、《食品免疫学》

(续表)

序号	姓名	性别	学位学历	毕业院校	职称	担任职务	课程
23	陆文蔚	女	硕士	上海师范大学	讲师		《现代仪器分析》、《食品理化分析》、《功能食品与功能评价》
24	张艳艳	女	博士	复旦大学	讲师		《有机化学》、《无机及分析化学》
25	徐薛艳	女	硕士	上海师范大学	助教		《专业英语》、《休闲产业专题》
26	瞿宙	男	硕士研究生	上海交通大学	讲师		《园林制图》、《Sketch-up》、《工程概预算》
27	唐立伟	男	学士	上海师范大学	助教		实验课
28	崔琳琳	女	硕士	陕西师范大学	助教		实验课
29	王淑珍	女	学士	东北师范大学	教授	兼职	《食品安全卫生学》
30	张大成	男	硕士	燕山大学	教授		《食品物流学》
31	张广存	男	博士	上海交通大学	经济师		《经济学概论》
32	杨迪和	男	学士	上海财经大学	副教授		《会计学基础》
33	朱庆章	男	学士本科	上海财经大学	副教授	兼职	《餐饮服务与管理》
34	朱永莉	女	硕士研究生	甘肃农业大学	副教授		《园艺栽培概论》、《园林花卉树木学》、《专业英语》
35	俞苓	女	硕士	上海海洋大学	副教授	兼职	《食品工程原理》
36	张婉萍	女	博士	华东理工大学	副教授	兼职	《食品胶体化学》
37	胡晓	男	硕士研究生/博士在读	英国立兹城市大学	讲师		《酒店战略管理》
38	宋艳婷	女	硕士	上海交通大学	讲师		《职业规划》

表2-10

旅游与食品学院企业课程讲师名单

序号	姓名	工作单位	职务/职称	E-mail
1	Michael Pross	喜达屋集团大中华区	副总裁	Michael.pross@starwoodhotels.com
2	仲荧	喜达屋集团中国区	资深人力资源经理	ivan.zhong@starwoodhotels.com
3	胡青杨	上海皇家艾美酒店	人力资源总监	Dolly.hu@lemeridien.com
4	李艳	上海外滩中心威斯汀大饭店	人力资源部副总监	Demi.li@westin.com

(续表)

序号	姓名	工作单位	职务/职称	E-mail
5	Daniel Alymer	上海皇家艾美酒店	华东区域总经理	Daniel.alymer@lemeridien.com
6	刘宗	红塔豪华精选酒店	总经理	Liu.zong@luxurycollection.com
7	马林	佘山艾美酒店	总经理	ma.lin@lemeridien.com
8	徐麟	上海皇家艾美酒店	人力资源经理	eddy.xu@lemeridien.com
9	王岚	外高桥喜来登酒店	人力资源总监	sarah.wang@sheraton.com
10	刘晨	大宁福朋喜来登酒店	人力资源总监	Shirley.liu@fourpoints.com
11	何垠	佘山艾美酒店	人力资源总监	Grace.heyin@lemeridien.com
12	梁爽	上海红塔大酒店	人力资源总监	Nicole.liang@luxurycollection.com
13	金磊	喜来登虹口酒店	培训部经理	Ivy.jin@sherton.com

3. 培养培训情况

各种形式国外进修、访学9人次,产学研10人次。先后3人次攻读博士学位。

4. 教师科研情况

教师科研情况见表2-11,表2-12。

表2-11

2010.9—2011.8 旅游与食品学院项目汇总表

序号	姓名	项目(成果)名称	项目起止时间(是否已结题)	项目资助单位	项目经费金额
1	卫晓怡	花色苷类植物化学物抗动脉粥样硬化效应及分子机制研究	2007—2010（已结题）	国家自然科学基金重点项目	160万元
2	卫晓怡	食物中主要植物化学物含量、人群摄入量及健康效应的研究	2009—2010（已结题）	国家"十一五"科技支撑计划	357万元
3	卫晓怡	花色苷调节胆固醇逆向转运与其抗动脉粥样硬化关系的研究	2007—2010（已结题）	广东省自然科学基金重点项目	20万元
4	卫晓怡	高职高专院校食品工艺与检测重点专业建设工程(085工程)	2010—（进行中）	项目085	120万元
5	宋肖霏	《传统艺术符号在当代景观设计中的创新应用研究》	2011—2013（进行中）	上海市教委科研创新项目	3万元
6	张凯旋	上海城郊生态林美景诱导机制及技术研究	2011—2013	上海市教委"上海高校青年教师培养资助计划"项目	4万元
7	张凯旋	城市商业综合体空间结构和环境设计研究	2011—2013	上海商学院科研项目	2万元

（续表）

序号	姓名	项目（成果）名称	项目起止时间（是否已结题）	项目资助单位	项目经费金额
8	张凯旋	现代酒店环境管理体系（Hotels-EMS）的研究与酒店管理专业环境管理课程的构建	2011（结题）	上海商学院教育教学改革研究项目（高地专项）	1万元
9	张凯旋	节约型绿地建设关键技术集成与示范	2008—2011（结题）	"十一五"国家科技支撑计划重点项目子课题	总经费90万元
10	张凯旋	上海城郊典型生态公益林功能提升关键技术研究及示范	2007—2011（结题）	上海市科技兴农重点攻关项目	总经费170万元
11	邹光勇	区域合作旅游产业链整合下的我国区域旅游目的地战略规划创新研究	2011—	上海市教委	3万元
12	邹光勇	A级景区休闲功能及相关配套规划标准研究	2012—	上海市旅游局	5万元
13	徐薛艳	世博会与长三角旅游演艺发展研究	2010.12（已结题）		经费5万元 上海市旅游局
14	徐薛艳	《世博机遇与长三角文化一体化》子课题	2010.10—2011.10（已结题）		经费0.5万元 上海市哲学社会课题
15	徐薛艳	酒店管理订单式培养模式在本科层面的优化研究	2011.5—2012.5（已结题）		经费2万元 上海市旅游职教集团
16	徐薛艳	酒店服务满意度评价体系构建与服务管理课程优化研究	2011.4—2012.4（已结题）		经费1万元 校内高地子课题
17	徐薛艳	督导培训生机制实践分析	2011.8—2012.8		经费1万元 校内085子课题
18	查爱苹	农村居民旅游消费意愿影响因素的实证研究——基于浙江省780户农村居民的微观数据	2010.5（立项、未结题）	教育部人文社科项目青年基金项目	7万元
19	查爱苹	我国酒店管理专业本科生培养模式创新研究	2011.5（结题）	上海商学院	0.4万元
20	黄丹	酒店管理专业相关课程与酒店营销体系能力需求的对接研究	2011.1—2012.1（已结题）	上海市教委	

(续表)

序号	姓名	项目（成果）名称	项目起止时间（是否已结题）	项目资助单位	项目经费金额
21	黄丹	《酒店管理专业实习过程管理研究》	2010.5—2011.5（已结题）	上海商学院	0.4万元
22	黄丹	校级重点课程《酒店市场营销》	2010.4—2012.4	上海商学院	2万元
23	黄玥	高职085"食品工艺与检测（营养师）"专业建设，《家庭膳食营养学》重点课程建设子项目负责人	2011—	上海市教委	2万元
24	黄玥	《食品安全卫生学》课程建设（2011年市级重点建设课程，第二负责人）	2011—	上海市教委	5万元
25	姜红、侯新冬	饭店主要岗位能力标准目录研究	2011.4—2011.9	上海市旅游局	5万元
26	瞿宙	桃山旅游发展总体战略规划	2011.6—2012.5	黑龙江桃山林业局	30万元
27	孙雪飞	太仓市商贸发展"十二五"规划	2010—2011（已结题）	太仓市商务局	4万元
28	孙雪飞	太仓市商业网点布局规划	2009—2010（已结题）	太仓市商务局	14万元
29	孙雪飞	桦甸市旅游发展总体规划	2009—2010（已结题）	桦甸市旅游局	30万元
30	姚朝华	《当代社会思潮对青年发生影响的话语路径》2011年度上海市"阳光计划"（思想政治教师系列）	2011—2013	中共上海市教育卫生工作委员会、上海市教育委员会、上海市教育发展基金会	3万元
31	张振江	上海高校选拔培养优秀青年教师科研专项基金	2011.6（已结题）	上海市教委	2万元

表2-12

2010.9—2011.8 旅游与食品学院论文汇总表

序号	姓名	发表文章题目	时间	论文发表刊物	刊物级别
1	卫晓怡	Cyanidin-3-O-β-glucoside improves obesity and triglyceride metabolism in KK-Ay mice by regulating lipoprotein lipase activity	2011.4	J Sci Food Agric	SCI
2	卫晓怡	Protocatechuic acid, a metabolite of anthocyanins, inhibits monocyte adhesion and reduces atherosclerosis in apolipoprotein E-deficient mice	2010.1	J Agric Food Chem	SCI
3	卫晓怡	花色苷代谢的研究进展	2011.4	食品研究与开发	中文核心
4	宋肖霏	论新图像时代写实工笔人物画创作的平面化	2010	《艺术百家》增刊	
5	宋肖霏	园林美术教学中"复合型"有机课堂的长效机制建设	2011	《安徽农业科学》	全国中文核心期刊
6	张凯旋	Temporal and spatial characteristics of the urban heat island during rapid urbanization in Shanghai, China	2010(169): 101-112	Environmental Monitoring and Assessment	SCI
7	张凯旋	上海外环林带植物群落多样性与结构特征	2011(4): 145-159	华东师范大学学报（自然科学版）	CSCD
8	张凯旋	上海苏州河滨水区更新规划研究	2010(1): 40-46	现代城市研究	中文核心期刊
9	李雅娜	植物生长延缓剂多效唑和烯效唑对紫羊茅生长的影响	2010(6)	安徽农业科学	中文核心
10	邹光勇	Choice Preferences on Tourist Resorts in Northeast China. Advances in Applied Economics	2011(8)	Business and Development. Part 2	EI(会议)
11	邹光勇	An Empirical Analysis on Problems Relating to Regional Tourism Cooperation Based on the Theory of Circulation	2011(3)	Applied Social Science. Volume IV	ISSHP
12	邹光勇	The Contractual Arrangement for RTC of Yangtze Delta	2011(5)	Proceedings of the Third International Symposium on Regional Management and Engineering	ISSHP

（续表）

序号	姓名	发表文章题目	时间	论文发表刊物	刊物级别
13	邹光勇	我国水利旅游景区战略规划的创新思考	2010.12.6	中国旅游报（理论版）	
14	邹光勇	酒店管理专业本科人才培养模式研究	2011(4)	投资与合作	
15	查爱苹	农村居民旅游消费意愿影响因素的实证研究——基于浙江省780户农村居民的微观数据	2011(3)	兰州学刊	CSSCI 扩展
16	查爱苹	旅游产品价值简析	2010.11	中国旅游报	
17	查爱苹	酒店管理专业本科人才培养模式研究	2011.4	投资与合作	
18	黄丹	提高旅游服务质量的关键路径及对策研究	2011(8)	《江苏商论》	中文核心期刊
19	黄丹	主题酒店体验营销策略研究	2011(11)	《现代商贸工业》	中国经济管理类核心期刊
20	黄丹	酒店管理专业实习过程管理研究	2011(5)	《上海商学院学报》	
21	瞿宙	内心的庭院—枯山水形成的历史	2010(9)	上海商业	
22	陆文蔚	产朊假丝酵母发酵培养基的优化研究	2010(9)	现代食品科技	中文农业核心期刊
23	陆文蔚	北非蝎昆虫毒素 AaHIT1 在酿酒酵母中的表达及表达蛋白的杀虫活性	2010(12)	中国生物防治	中文核心期刊
24	陆文蔚	《功能性食品学》中探索性实验的设计与实施	2011(6)	实验室研究与探索	中文核心期刊
25	孙雪飞	《GIS-based design of the management information system of commercial network planning》	2011.8	2011 2nd International Conference on Artificial Intelligence, Management Science and Electronic Commerce Accession number：20114014387188；2011.8：391-394；EI Compendex	EI 检索
26	姚朝华	"蚁族"就业之困及解决路径	2010.12	中文核心期刊《思想理论教育》	
27	张振江	浅析中国民族歌剧的艺术特点	2011.6（发表）	《剑南文学》	省级

(六) 实践教学

1. 实验

旅游与食品学院 4 个本科专业 2 门独立的实验课程，其余 21 门在专业课程教学中开设有实验课。具体见表 2-13。

表 2-13

实验室使用情况汇总

所属教室及室名	专业名称	课程名称	任课老师	实验项目数	人时数合计
食品感官评定室 F4-430	食品质量与安全	《食品感官评定》	胡国平	11	3 344
		《食品添加剂》	黄 玥	4	
食品工艺实验室 F4-434	食品质量与安全	《食品感官评定》	胡国平	11	4 394
		《食品添加剂》	黄 玥	4	
		《食品卫生与安全学》		7	
		《食品营养学》	白 晨	4	
仪器分析实验室 F4-438	食品质量与安全	《食品分析》	陆文蔚	6	3 150
		《食品卫生与安全学》	黄 玥	7	
食品微生物实验室 F4-530	食品质量与安全	《食品微生物检验》	胡国平	10	2 625
基础实验室 F4-534	食品质量与安全	《食品胶体化学》	张婉萍	2	7 790
		《食品质量安全检验技术》	胡国平	5	
		《食品营养学》	白 晨	4	
		《食品化学》		7	
		《食品分析》	陆文蔚	6	
		《食品卫生与安全学》	黄 玥	7	
		《生物化学》	宫 霞	4	
		《无机及有机化学》		4	
园林教学实习基地——教学农场（11、12 宿舍楼间）	园林	《园艺栽培概论》		4	3 966
酒店客房实训室 F3505	酒店管理			?	5 680
酒店餐饮实训室 F3509	酒店管理			?	1 280
酒店前厅实训室 F3513	酒店管理			?	1 280
合 计					33 509

另外，旅游与食品学院向全校开始有公共普适性实验课程，见表 2-14。

表 2-14

公共普适性实验课程

课程名称	课时	授课对象
职场礼仪	34	面向全校专业

2．实习实训

在 2010 年 9 月至 2011 年 8 月期间,旅游与食品学院安排 2007 级 5 个专业专业实习 218 人,时间为 4 周。见表 2-15。

表 2-15

本科实验实训(中心)使用情况

名　　称	所属部门	面向专业	学年度承担的实验教学人时数(人时)
园林教学实习基地	旅游与食品学院	园林	3 966
酒店客房实训室 F3505	旅游与食品学院	酒店管理	5 680
酒店餐饮实训室 F3509	旅游与食品学院	酒店管理	1 280
酒店前厅实训室 F3513	旅游与食品学院	酒店管理	1 280

指导 2008 级 3 个专业学年论文 229 人。全部实习、实训工作均按计划与大纲保质保量完成。

(七) 教学研究与改革

1．内容与措施

教学研究主要是通过专业建设和课程建设,申报相关教改项目来体现。旅游与食品学院鼓励教师积极申报教学研究课题,撰写教学研究与教改论文。但是由于教学研究与教改论文不计算在教师职称晋升当中,教师积极性不高。

每年学校教务处均有教改课题申报项目,旅游与食品学院鼓励各专业教师在进行课程建设的同时申报教改项目。

2．成效

教学成果见表 2-16。

表 2-16

2011 年度教学成果汇总

序号	级别	类　型	名　　称	负责人
1	校级	教改研	我国酒店管理专业本科生培养模式创新研究	查爱苹
2	校级	重点课程	饭店经营与管理	查爱苹
3	校级	教改研	食品质量与安全专业《食品生物化学》课程教学改革与创新思考	宫 霞

(续表)

序号	级别	类　型	名　　　称	负责人
4	校级	重点课程	生物化学	宫　霞
5	校级	教改研	酒店管理专业实习过程管理研究	黄　丹
6	校级	重点课程	酒店市场营销	黄　丹
7	校级	高地专项	酒店管理专业本科实践教学体系研究	侯新冬
8	校级	高地专项	《酒店房务管理》课程教材开发	侯新冬
9	校级	高地专项	酒店管理本科高地建设子项目——酒店服务满意度评价体系优化研究	徐薛艳
10	市级	教改研	"订单式"酒店管理人才培养模式在本科层面的优化研究	徐薛艳
11	市级	教改研	酒店管理专业（本科）"订单式"人才管理模式创新研究	徐薛艳
12	校级	教学比赛三等奖	2010—2011年青年教师教学基本功大赛	徐薛艳
13	市级	重点课程	参与《旅游学概论》市级重点课程建设	姜　红
14	校级	精品课程	参与《旅游学概论》校级重点课程建设	姜　红
15	校级	重点课程	观赏植物学	李雅娜
16	校级	重点课程	美术基础学	宋肖霏
17	校级	教学名师	上海商学院教学名师	张建华
18	市级	重点教改	酒店管理专业产学研合作教育基地的研究与实践	姜　红
19	市级	人保局	前厅服务员（五四三）职业开发	姜　红
20	市级	旅游局	饭店主要岗位能力标准目录研究	姜　红
21		喜达屋集团	饭店主要岗位能力指标体系的实证研究	姜　红
22	市级	校外实习基地重点项目	上海商学院喜达屋集团实习基地	冯伟国 仲　荧
23	市级	重点课程	旅游学概论	姜　红
24*	市级	重点课程	园艺栽培概论	朱永莉
25	市级	重点课程	食品安全与卫生学	白　晨

（八）教学管理与质量监控

1. 教学管理

在院长领导下，教学副院长具体负责学院教学管理工作，分3个专业，设置3个系，分别配置系主任，由系主任全面负责其专业建设。学院设教务秘书2人。同时，组建了以院长、副院长、系主任、教授为成员的旅游与食品学院教学工作委员会，并成立学院督导组。

2. 质量监控

按照学校要求，学院领导、系主任每学期对教师授课情况检查和督导，一般采取听课制。

从学校督导组对旅游与食品学院的检查和每学期学生对教师评教情况看,旅游与食品学院教学总体情况良好。

学校督导组2010年对旅游与食品学院教师授课的打分情况:最高分93.6分,最低分87.899分,平均分为91.56分。

旅游与食品学院教师总体平均分高于学校的平均分。

(九)教学效果

1. 学生基本理论与基本技能

在上海高校大学生时尚礼仪大赛中,进入复赛的人数占初赛总人数的25%,进入决赛的人数占复赛总人数的33%。

在商科院校技能大赛(会展大赛)中,进入复赛的人数占初赛总人数的17%,进入决赛的人数占复赛总人数的100%。

计算机一次通过率为58.21%。

英语一次通过率:CET4为67.01%,CET6为17.59%。

成绩统计表见表2-17。

表2-17

旅游与食品学院历年本科"全国大学英语四、六级考试"成绩统计表

考试类别 报考人数及比率 年次	大学英语四级(CET4)			大学英语六级(CET6)		
	比率(%)	报考人数(名)	425分以上人数(名)	比率(%)	报考人数(名)	425分以上人数(名)
2009年6月		482			297	
2010年6月		546	304	92.16	444	83	18.69
2011年6月		429	248	93.59	543	85	15.65
2012年6月		374	226	74.90	518		

科研创新立项汇总见表2-18。

表2-18

旅游与食品学院2011年学生科研创新专项课题立项汇总

序号	项目名称	主持人	指导老师	项目级别
1	上海赴台自由行游客的旅游行为调查	方 芳	邹光勇	一般项目
2	大学生气质类型及其旅游偏好的关系	周 鑫	孙雪飞	一般项目
3	滨水景观湿生植物选择与应用研究	李 黎	郄金标	一般项目
4	上海市居住区小品景观设计研究	李 青	滕 玥	一般项目
5	景观中灯光颜色对人的心理影响	高 雅	张 宁	一般项目
6	植物在化工企业附属绿地的配植应用	王紫君	滕 玥	一般项目

(续表)

序号	项目名称	主持人	指导老师	项目级别
7	酒店员工流失与酒店管理教育现状问题小考	张昕阳	朱庆章	一般项目
8	上海市商业步行街景观现状分析	陈丽昀	张建华	一般项目
9	上海商务室内绿化	吴城城	黄诗茹	一般项目
10	上海商务楼屋顶花园植物配置研究	郭凤	滕玥	一般项目
11	白地霉菌中抗真菌肽的分离与纯化研究	林璐璐	宫霞	一般项目
12	发酵型豆乳研制	刘碧红	胡国平	一般项目
13	关于紫薯的饮料的研究	兰晶	陆文蔚	一般项目
14	市售豆瓣酱质量卫生检测的研究	简丽娟	黄玥	一般项目
15	烹饪方式和储藏条件对蔬菜中亚硝酸盐含量的影响	董鹏飞	白晨、崔琳琳	一般项目
16	旅游专业不同就业方向对人才的素质要求	钟鸾娟	孙雪飞	一般项目
17	上海周边"农家乐"旅游前景分析	沈斐文	姜红	一般项目
18	上海大学生自驾游市场的开发分析	张亚男	侯新冬	一般项目
19	本科院校酒店管理专业人才定向培养模式的优化研究	杨悦	徐薛艳	一般项目
20	上海古镇商业创新发展研究	王俞卜	孙雪飞	一般项目
21	浅析迪斯尼落户上海引致的"迪斯尼效应"	付潇	姚红	一般项目

学生发表论文见表2-19。

表2-19

学生发表论文一览表

作者	论文题目	刊物	刊物类别	发表时间
李修衡、王婷	金融危机对我国经济型酒店的影响分析	《上海商学院学报》	省级	2010年增刊
支一鸣、刘华、金茜迪、徐雯璟	浅析世博背景下上海旅游购物市场的发展	《上海商学院学报》	省级	2010年增刊
张怡	迪斯尼对上海旅游业影响研究	《上海商学院学报》	省级	2010年增刊
刘密	高星级酒店客房个性化影响因素分析	《上海商学院学报》	省级	2010年增刊
王思唯	经济性酒店人才流失问题研究	《上海商学院学报》	省级	2010年增刊
余宏柱	关于大学生旅游市场开发问题的研究	《上海商学院学报》	省级	2010年增刊
杨梦雨	《市长内参》(生态景观版)优化思考	《上海商学院学报》	省级	2010年增刊
蔡慧莲	SPA休闲场所植物配置初探	《上海商学院学报》	省级	2010年增刊
孙瑾、赵娜、黄明劭、吕一帆	从"平改坡"到"平改绿"——谈城市景观空间的合理利用	《上海商学院学报》	省级	2010年增刊
戴玲	浅谈休闲农业水环境的景观价值	《上海商学院学报》	省级	2010年增刊

(续表)

作　者	论文题目	刊　　物	刊物类别	发表时间
刘晓燕、杨乐琦、仇淑芳、施柳、官玉微	浅析古典园林美学元素在现代城市公园造景方面的应用	《上海商学院学报》	省级	2010年增刊
鲁邹婷	园艺疗法：上海城市景观应用探讨	《上海商学院学报》	省级	2010年增刊
张若涵	浅谈荷花在现代园林中的应用	《上海商学院学报》	省级	2010年增刊
戚维隆	浅谈垂直绿化在低碳城市建设中的应用	《上海商业》	省级	2010年9月
蔡韵雯	废弃物在景观设计中的材料表现与价值	《上海商业》	省级	2010年9月
陈冬晶	农田肌理在农业休闲景观中的营造	《上海商业》	省级	2010年9月
陈冬晶	理念演绎——后世博都市商业景观的构建	《上海商业》	省级	2010年10月
吕一帆	湿地景观在城市景观中的塑造	《上海商业》	省级	2010年10月
孙　瑾	"自行车革命"与道路景观设计	《上海商业》	省级	2010年10月
蔡慧莲	上海"绿河"景观空间的构筑	《上海商业》	省级	2010年11月
陈冬晶	现代商业景观的未来——地景式景观与想象空间	《上海商业》	省级	2010年11月
程璐瑶	居住区环境景观文化个性的塑造——以老上海建筑静安别墅为例	《上海商业》	省级	2010年11月
吴晓琼	时尚色彩在商业空间中的景观应用	《上海商业》	省级	2010年11月
吴晓琼	大众视野与小众市场博弈下的城市商业景观	《上海商业》	省级	2010年12月
吴佳欢	卡通形象与旅游开发潜力	《上海商业》	省级	2010年12月
陈冬晶	上海都市文化与咖啡厅设计	《上海商业》	省级	2010年12月
陶　威	浅析城市滨水带景观设计	《上海商业》	省级	2010年12月
张　朕	新旧小区的视觉景观设施的比较	《上海商业》	省级	2010年12月
杨　爽	禅·文化·景观	《上海商业》	省级	2011年1月
俞碧川	质感特征的商业步行街植物配置研究	《上海商业》	省级	2011年1月
杨　爽	主题公园旅游模式的浅析	《上海商业》	省级	2011年1月
魏志洋	在古巴比伦占星术下的旅游新机遇	《上海商业》	省级	2011年1月
张　怡	迪斯尼乐园"拯救"中国主题公园	《上海商业》	省级	2011年1月
倪　娅	中国古典园林天时的营造对于现代商业景观构建的启示	《上海商业》	省级	2011年1月

(续表)

作 者	论文题目	刊 物	刊物类别	发表时间
张娴莹	公共绿地康复景观的营造	《上海商业》	省级	2011年2月
王圣怡	论"道"景观	《上海商业》	省级	2011年2月
俞碧川	基于质感特征的商业步行街植物配置研究	上海交通大学学报（农业科学版）	省级	2011年3月
吴晓琼、顾仙雯	时尚都市与"色"的演绎	《上海商业》	省级	2011年5月
陈冬晶、张建华	都市慢景观与禅意新生活	《上海商业》	省级	2011年5月
黄蕾、李雅娜	植物迷宫在城市景观中的应用探讨	《上海商业》	省级	2011年5月
韩婷婷、严思华、徐晓东	大学生入党积极分子在群众中的作用调研报告	《上海商学院学报》	省级	2011年7月30日
陶静红、张建华	养生SPA场所景观的构成与营造	《上海商业》	省级	2011年8月
程路遥、张建华	居住区空间绿饰的创新	《上海商业》	省级	2011年8月
张文婧、朱永莉	商业空间铺装设计现状探讨与前景展望	《上海商业》	省级	2011年8月
张晓芬、朱永莉	上海商业空间绿饰设计现状分析	《上海商业》	省级	2011年8月

学生发表作品见表2-20。

表2-20

学生发表作品一览表

作者	作品名称	发表的刊物	刊物类别	发表时间
陈 莉	《心中的信念屹立不倒》、《志愿者很nice!》、《为"星星的孩子"打开一扇窗》、《梦开始的地方》	上海商学院学报	校级	2011年7月、2011年3月、2011年4月、2010年9月
陈 莉	《为了这一路的美丽风景坚定地走下去》	新闻晨报	省级	2011年
陈 莉	《提高自身修养，争做优秀团干——记第一期精英团校小组讨论》、《学习中培养意识——业余团校学习小结》	商院青年	校级	2011年3月

2. 学生综合素质

(1) 高度重视德育工作。努力培养学生良好的思想道德素质，使学生养成终身学习的习惯、生活朴素的习惯、文明礼貌的习惯，培养起对待工作的热心、对待社会的爱心和克服困难的信心。

(2) 加强学生身心健康教育。构建符合大学生身心特点的教育模式，加强大学生心理健康教育，培养大学生良好的心理素质，完善健全的人格；举办的活动有：525心理健康月系列活动,如心理主题班会、心理沙龙、心理图片展、素质拓展等活动;对全院新生进行心理普测,对高危人群进行重点关注;日常心理咨询、心理委员培训。

切实加强体育工作,使学生养成锻炼身体的良好习惯,通过开展各项体育活动,培养学生的竞争意识、团队精神和坚强的毅力。举办丰富多彩的体育活动,如篮球赛、足球赛;所有学生均参加晨跑,并记录晨跑次数;对学生宿舍定期检查,督促学生注意宿舍卫生,提高宿舍生活质量。

3. 社会声誉

首次学位授予率:园林 92.5%、旅游管理 89.02%、旅游管理(喜达屋)87.8%、食品质量安全 96.59%、酒店管理(专)60.76%、食品工艺与检测 94.59%。

旅游食品学院社会声誉一览表见表 2-21。

表 2-21

旅游与食品学院社会声誉一览表

项目(2012 届毕业生)	指　标
考研率	3.7%
初次毕业率	86.88%
年度就业率	97.78%
质量跟踪机制	每年定期回访历届毕业生,并做问卷调查
用人单位满意度	综合素质较好,但学生就业定位不准,吃苦能力有待提高

三、本科教学工作亮点

纵观 28 所院校的归属情况来看,除 2010 年批准的中山大学和华侨大学外,其他院校皆为培养应用型人才的地方性高校。一定意义上,我院的酒店管理专业与中山大学和华侨大学不形成竞争。对于另外的 25 所院校来说,我院的酒店管理专业在多年的校企紧密合作的基础上,完成了上海市第四期本科教育高地建设项目《国际化酒店管理专业人才培养的实践与探索》以及上海市地方院校 085 内涵建设第一期建设,酒店管理专业人才培养模式和基地功能建设均已达到国内先进水平;在校企合作深度建设、实验室仿真教学建设、教学质量保障体系建设和师资培养等方面达到同专业国内领先水平;已经成为上海乃至全国酒店管理人才培养的重要基地,成为同层次、同类型高校酒店管理专业的示范基地,教学研究与师资培训中心和专业孵化基地;成为与国际品牌酒店集团全球校企合作共建的示范模式。

四、存在问题与改进措施

(一) 存在问题

目前存在问题主要是教师数量不足。

第一,教师的数量不足,生师比远达不到要求。

第二,因专业教师数量问题,项目团队不够成熟,团队合作研究不够。尤其是在学术领域,缺乏对社会有影响力的标杆性、持续性、广泛性的研究活动。

第三,教学管理人员数量不足,与学校提出教学管理权力下放不匹配。

第四,教学质量评估缺乏一套系统的配套政策,考评结果没有很好地与奖惩相衔接。

(二) 改进措施

从 2011 年开始,上海市放开事业单位进人权限,学校也加大了引进人才力度,希望提高引进人才的优惠条件,尽量与其他高校相衔接,吸引更多、更好的人才。

外语学院教学质量年度报告

一、学院简介

外语学院由英语系、日语系、韩语系、大学英语教学部、国际交流教研室组成。学院现有2个本科专业：英语、日语；3个高职专业：应用韩语、中澳合作国际商务管理和英国BTEC商务管理。大学英语教学部承担上海商学院所有本、专科非语言专业的英语教学工作，国际交流教研室承担中澳、中英合作专业的教学工作。

外语学院现有教职工74人，以中青年教师为主，其中教授2人，副教授14人，讲师50人，助教5人，教辅人员11人；拥有博士学位的教师4人，拥有硕士学位的教师52人，是一支学历、职称、年龄结构合理、治学严谨、教学经验丰富、语言造诣深、学术水平较高、具有创新精神和发展潜力的教学科研队伍。外语学院有在校学生1 202名，其中本科生835名，专科生约287名。

在本科生培养过程中，外语学院在加强英语和日语专业基础课学习的同时，努力探索培养复合型、应用型外语人才，英语专业已经开始"英语+商务"的复合型人才培养模式的实施。近年来，本科英语和日语专业为拓宽学生视野，鼓励学生修读第二专业获双学位，加强学生国际化体验与交流，为使学生在校期间获得海外学习或实习经历，英语、日语、韩语专业每年都推荐若干名学生前往英国、美国、日本、韩国等国家学习或带薪实习。

二、教学工作基本状况

（一）教学工作思路

1. 教学工作思路

我院以学校的办学指导思想和发展目标为依据，以学院自身性质为出发点，以本科人才培养为核心，以专业建设为重点，以规范教学管理为手段，以提高本科教学质量为目标，以服务全校大学英语公共课教学和提高非外语专业本科生的英语综合应用能力为根本，培养具有扎实的语言理论与应用知识以及语言综合技能的应用型、复合型外语人才。

2. 教学中心地位落实

鉴于我校目前是一所教学型本科院校，外语学院的办学思路和宗旨就是：以教学为主，以提高外语本科专业和大学英语教学质量作为学院生存和发展的根本。因此，提高和保证本科教学质量是外语学院教学工作的中心。为保障外语学院本科教学工作的中心地位，我们主要从四个方面加以落实：

第一，加强对教学工作的领导。学院领导班子重视教学工作，成立教学委员会，加强对学院教学工作的领导和指导。除每学期一次的学院教学工作会议外，在每两周一次的院务会议上至少也有半小时是关于近期教学工作的内容：就学校布置的教学任务等进行传达，就本院的教学情况和教学工作安排进行研究和布置，听取各系、部教学情况汇报，并及时处理各系、部教学工作中出现的有关问题。各系部也当天召开教研会议，落实学校和学院的教学部署以推进本系、部的教学工作。

第二，明确职责，各司其职。外语学院落实教学质量保障责任制，发挥各系、部主任——教学质量第一责任人的主导作用；要求副主任配合主任，协助处理日常教学工作，保证正常的教学秩序，切实提高教学质量。

第三，建立、健全教学管理制度。进一步修订和完善教学管理制度，包括完善和修订人才培养方案。同时，加强教学管理工作，提高教学质量。

第四，坚持听课制度。教学是人才培养质量的关键环节，而课堂教学是最基本的教学组织形式，是影响教学质量的关键因素。听课是我院多年来的一项制度并逐步常态化。学院领导、系、部主任每学期定期和不定期进课堂随机听课，对教学情况进行检查，了解和掌握教师课堂教学情况，并做好听课记录，听后与被听课教师进行交流沟通，确保教学质量稳步提高。

（二）人才培养

1. 人才培养目标定位

根据学校的办学定位，外语学院的人才培养定位是：根据社会和上海经济建设需要，培养应用型外语人才。人才培养目标定位是：外语专业基础知识扎实、知识面较宽、有基本的商务知识、外语应用能力强、能适应商务领域工作需要的复合型人才。

外语学院现有英语和日语两个本科专业，其专业培养目标和培养规格如下。

（1）英语专业。培养目标和培养规格如下所述。

培养目标。本专业培养学生具有扎实的英语语言应用能力和英美文学及英语语言学的基本知识，掌握一定的商务英语词汇和商务知识，能适应上海地区经济发展对人才的需要，毕业后能在外事、经贸、文化、教育、科研、新闻出版、旅游等部门从事翻译、教学、研究、管理、文化交流等工作，成为复合型应用型英语高级人才。

培养规格。本专业学生通过基础英语、高级英语、英语写作、英语翻译、英语听力、英语口语、实践教学等课程的学习，在英语听、说、读、写、译各方面的熟巧训练，掌握一定的英语语言文学、商务英语词汇和商务知识，具有运用英语从事翻译、研究、教学、谈判、交流工作的业务水平和基本素养。

本专业毕业生应获得以下几个方面的知识与能力：①具有爱国敬业的精神，遵守国家有关方针、政策和法规。②具备扎实的英语听、说、读、写、译的能力和一定的英语语言文学知识。③了解我国国情和英语国家的社会和文化，具有一定的文化素养。④掌握基本的经济、贸易、金融等方面的英语词汇和知识。⑤具有一定的第二外国语的实际应用能力。⑥掌握文献检索、资料查询及运用现代信息技术获得相关信息的基本方法，具有初步科学研究和实际工作能力。

(2) 日语专业。培养目标和培养规格如下所述。

培养目标。本专业培养学生具备扎实的日语语言能力和宽泛的文化科学知识,能在外事、经贸、文化、教育、新闻、旅游、出版等行业、机构或部门从事翻译、管理、文秘、研究等工作,成为德才兼备的应用型专业日语人才。

培养规格。本专业旨在培养具有商务知识特色、能从事实际业务和管理的日语专业人才。

毕业生应获得以下几方面的知识和能力:

① 热爱祖国,勤学敬业,遵守国家有关的方针、政策和法规。
② 掌握相关的日语语言知识,具备扎实的日语听、说、读、写、译的能力。
③ 具有较好的汉语表达能力和基本调研能力。
④ 掌握一定的经济、贸易、金融等方面的商务知识。
⑤ 了解中日两国的国情、社会、文化。
⑥ 具有一定的第二外国语的应用能力。
⑦ 具备使用计算机处理办公事务的技能。
⑧ 掌握文献检索、资料查询的基本方法,具备从事科学研究的基本能力。

2. 人才培养方案修订

外语学院要求并组织英语和日语系正、副主任、专业负责人和专业主干课程负责人对10级教学计划进行必要性地适当修订。2个专业分别听取了相关教师的意见并进行了交流讨论。日语专业在专业选修课中,对某些课程进行了增删。英语系从09级学生对英语(商务英语)和英语(翻译)专业方向选修课程的分类角度出发,在09级教学计划的基础上,坚持英语专业的应有内涵同时彰显商科类院校的特色,对10级教学计划中英语专业商务方向的某些选修课程设置的学期作了微调,以保证商务知识掌握的渐进性。本次微调修订使英语专业人才培养方案更加科学和严密。

3. 人才培养模式创新

鉴于英语专业办学比较成熟,外语学院要求英语系率先在英语专业的培养模式方面进行改革。从09级起,英语专业的设置以应用英语为主,采取"英语+商务"的应用型高校英语复合型人才培养模式。这一培养模式强调英语专业和商务知识的融合,学生在学习英语专业的基础上确定国际商务应用方向,既强调对学生英语听、说、读、写、译能力的培养,又注重学生对国际商务相关课程的学习,使学生具备一定的商务知识,强化英语基础及其在商务领域的应用。英语专业这一培养模式的目标符合市场需求,不但具有针对性,而且又凸显外语学院的办学特色,为社会输送具有复合知识结构的应用型英语人才。

(三) 专业与课程建设

1. 专业建设措施及成效

专业建设是我院的一项基本建设,它决定着我院外语人才培养的质量和办学特色。我院采取以下措施来实施专业建设与发展规划。

(1) 加强组织领导、指导建设规划的制定。首先,我院将专业发展规划纳入学院发展规划之中,召开外语学院学术委员会工作会议,配合学校确立英语和日语专业负责人,并要求专业负责人广泛征求意见后在外语学院人才培养定位的基础上,对自己负责的专业进行定位,科学合理地确定本专业建设发展的总体目标,制定专业建设与发展规划。学术委员会对专业建设规划进行审定,并提出指导性意见和建议。在学院的支持下,由专业负责人负责专业建设规划的实施,逐时逐项完成规划中的各项任务和目标。其次,在专业建设、课程建设、实验室建设、实践教学基地建设、教学改革和教学管理等方面制定切实可行的措施。

(2) 加强师资队伍建设。我院创造一切条件建立一支稳定的、业务能力强、教学水平高的外语师资队伍。特别是加强英语专业三个教学团队(商务方向课程教学团队、翻译方向课程教学团队、语言文学方向课程教学团队)和大学英语教学团队的建设。同时,采取有效的支持政策,创造良好的教学科研条件,为教师提供学术交流机会,加大培养骨干教师的力度,调动教师的积极性,培养教师的职业责任感和义务感,从而使教师积极投身于专业建设中。

(3) 加强实践环节,完善专业教学体系。学院针对社会需求,要求完善英语专业和日语专业人才培养方案,加强专业基础和实践环节,加强毕业环节的规范建设和过程控制,提高毕业环节的质量。尤其是组织修订好英语专业"英语+商务"培养模式的教学计划,突出本专业复合型、应用型人才培养的特色。

专业建设成效:

至2011年,我院在专业梯队建设方面略有成效。专业梯队已初步形成,基本已建成一支结构合理、专业能力和教学能力强的专业带头人和骨干教师队伍。教师队伍的年龄结构、学历结构、学缘结构等得到改善,教师队伍整体素质有所提高,教师队伍趋于稳定,学院教学工作的顺利进行得到了保障。

2. 课程建设措施及成效

课程建设是关系学校人才培养质量的最基本的教学建设,是一个系统工程,也是教学工作大系统中重要的核心系统。外语学院根据学校加强校级重点课程建设工作的要求和学院教学发展的实际,紧紧抓住提高人才培养质量这条生命线,确保教学工作的中心地位,以重点课程为抓手,以培养满足发展需要的应用型高素质人才为目标,结合英语和日语学科特点,统筹规划专业基础课程与主干课程的建设,加强教学研究,从而推进外语学院教学基本建设的工作,并在此基础上推选条件好的课程向学校申报校级和市级重点课程和精品课程的建设。

我院采取的课程建设具体措施如下:

(1) 确立课程负责人,先进行专业主干课程的建设。我院要求英语专业和日语专业每年有计划地安排好1~2门课程先培育起来,到时申报学校重点建设课程。

(2) 加强课程建设的组织领导,保证课程建设工作的有效实施,对立项的重点建设课程,我院给以一定的指导,并对其进行督查和监管。

(3) 加强教学条件建设,为课程建设提供技术支持平台,拓宽课程教学资源,充分利用多媒体教学设备,优化和改善课程教学条件。

(4) 我院要求英语专业和日语专业的基础课程、主干课程以及大学英语课程确定课程师资梯队,采取老教师传帮带制,集体备课制等措施以加强课程建设和教学管理。

(5) 根据重点课程建设情况,合理规划并组织申报精品课程的建设,并以精品课程建设为突破点,带动学院整体课程建设。通过精品课程建设,提高我院整体教学水平。

(6) 根据我院外语专业的人才培养目标、培养规格以及培养模式,鼓励课程负责人研究并制定各自课程的建设和改革方案,优化课程体系,强化实践教学环节,以实现应用型、复合型外语人才的培养目标。

课程建设成效：

重点课程建设是外语学院专业建设与教学改革的重要组成部分。近几年,我院通过鼓励教师积极开展课程教学改革的研究与实践,对重点课程建设采取切实有效的措施,规范了课程管理,使课程教学内容得到了优化,课程体系更加完善,教学方法和教学手段也在不断改进,课程教学质量进一步提高,加快了课程建设步伐,课程建设取得了一定成效。2011年《英美文学选读》、《日语口语》被列为校级重点建设课程;《英语口语》被列为上海市重点建设课程;《翻译理论与实践》被列为校级精品课程。至2011年,我院有校级重点课程12门、市级重点课程4门、校级精品课程2门。

（四）师资队伍

1. 数量与结构

外语学院现有专任教师69人,以中青年教师为主,其中教授2人(占2.9%),副教授14人(占20.3%),讲师50人(占72%),助教5人(占7.2%);拥有博士学位的教师4人(占5.8%),拥有硕士学位的教师52人(占75.3%),拥有学士学位的教师(50岁以上)5人(占7.2%)。外语学院拥有一支学历、职称、年龄、学缘结构合理、治学严谨、教学经验较丰富、语言造诣较深,专业水平较高,具有改革精神和发展潜力的师资队伍。此外,我院聘请了校外兼职教师7人,外籍教师4人。

2. 生师比

学院现有在校学生1188人,其中本科生915人,专科生273人。本科英语专业(含专升本)学生535人,专任教师17人,兼职教师1人,生师比为29∶1;本科日语专业(含专升本插班生)学生380人,专任教师14人,兼职教师2人,生师比为24∶1;专科生273人,专任教师13人,兼职教师3人,生师比为17∶1。

09级非外语专业学生1457人、10级非外语专业学生1526人,共2983人,大学英语教师26人,兼职教师4人。

从以上数据可知本科、专科的专业教师数量基本能满足各专业的教学需要。

3. 承担上课任务情况

我院教授、副教授及以下职称的所有专任教师都为各自所在专业的本科生或专科生上课,即专任教师100%地承担教学任务,有的教授和副教授同时承担2门或2门以上的课程。

4. 培养培训情况

教师是培养人才的主要承担者,师德是教师素质的核心,因此我院把加强师德建设,提升教师职业道德水准作为重要的工作任务之一。

（1）我院制定了《外语学院教师职业道德规范》,要求教师树立正确的教育信念,爱岗敬业,为人师表,治学严谨,并把师德表现作为教师年度考核和聘用的内容之一。

（2）为优化外语学院师资队伍的学历结构和职称结构,我院想尽办法鼓励青年教师(每年计划1~2人)积极报考在职攻读博士学位,有目标性地鼓励具有中级职称的教师积极撰写论文,提高学术水平,争取申报高一级别的职称。

（3）为完善青年教师的教学基本功,为青年教师的成长搭建平台,我院鼓励并且切实帮助青年教师在教学中进行改革创新和冒尖,每年积极组织青年教师参加校内和校外的教师课堂教学竞赛,并给予参赛指导和帮助。

（4）为提高教师队伍的整体水平，优化队伍结构，我院加强教学团队建设，如英语专业的语言文学、商务英语、翻译教学团队教学研讨活动正常，大学英语教学团队因建设得比较好被确定为2010年度校级教学团队。

（5）我院要求教师们积极参加教研活动，锐意进行课程教学改革，不断提高自身的专业水平和教学能力。

（五）实践教学

1. 实践教学体系

培养应用型人才是我院办学的主要目标，应用型人才的培养离不开实践性教学环节的有效开展。根据外语专业教学计划以及第二课堂外语实践，我院把外语专业的实践教学体系分为基础实践、语言应用实践和专业综合技能实践三大环节。基础实践包括军事训练、形势与政策、社会调查、普适公共实验；语言应用实践包括学年论文、专业实习、第二课堂语言实践；专业综合技能实践包括毕业实习、毕业论文。

根据外语学院本科人才的培养目标与定位，我院要求英语专业、日语专业和大学英语课程建立与本专业和本课程培养目标相适应的实践教学体系中的目标体系、内容体系和评价体系，强调将语言知识传授同语言技能运用相结合，注重语言的实践环节，在指导组织学生进行语言实践的过程中注重应用性，紧密结合外语专业和语言课程的性质和特点，进行语言综合训练，以促进语言知识向语言技能的转化。我院要求英语系和日语系加强校内外专业实习实训基地的建设，倡导学生走出校门结合所学专业进行社会实践和参加志愿者活动。此外，结合外语学习特点，狠抓第二课堂的建设，使第二课堂实践教学成为第一课堂教学的强有力辅助，增强学生的外语综合素质和尽快适应社会发展的能力。

2. 学年论文与毕业论文

学年论文是初级形态的学术论文，介于学期论文和学位论文之间，其目的在于指导学生初步学会如何进行调查研究和搜集资料，熟悉学术论文的基本规范和写作方法。我院外语专业的学年论文在第6学期要求学生完成一篇2 000字左右的论文。为使学生顺利地过渡到毕业论文写作，我院要求指导老师重视对学生学年论文写作的指导，在围绕一学年所学课程而开展的综合训练中，切实培养学生综合运用专业理论知识与技能进行初步分析问题和解决问题的能力。

毕业论文是本科专业教学计划的重要组成部分，是毕业前学生在指导教师的指导下综合运用所学知识与技能撰写学位论文的最后一个重要的实践性教学环节，是本科学生毕业和授予学士学位的必要条件。我院非常重视这一环节，成立外语学院毕业论文指导委员会并进行统一领导，在学院的组织下规范、有序地进行。我院按照学校相关要求执行，做好指导教师的选聘、毕业论文的选题、开题报告的检查、过程指导、答辩组织和毕业论文归档等工作，尽力保质、保量地完成外语学院本科生毕业论文工作。

（六）教学研究与改革

1. 内容与措施

鉴于我院外语专业的人才培养模式需要转变，专业口径需要拓宽，我院紧紧围绕培养应用型人才的定位，从提升人才培养的质量出发，鼓励英语系和日语系就"外语＋商务"的人才培养模式进行深入研究和实践,对教学方法、教学内容和教学手段进行研究与改革,使它们适应社会发展的要求。根据学校有关文件精神,结合社会需求变,并针对各专业教师和学生实际,我院采取了以下主要改革措施:

(1) 改进考试形式和内容。丰富考试形式,根据课程性质和特点,由原来单一的笔试改革为笔试加口试等,如大学英语课程。课程考核采用过程性评估与终结性评估相结合,如大学英语、基础英语、高级英语。对专业主干课程和基础课程的考试内容中主观题的比例规定要达到约40%。

(2) 减少理论课时,加大实践课时的比例,增加实践内容,如听力课、口语课、翻译课、写作课,全面提高学生的外语应用能力。

(3) 加强外语专业学生语言技能训练,采用多种方法和手段加强学生的参与性,吸取外语教学的先进成果,从课程设置和课程内容上进行改革,从而使学生在听、说、读、写、译方面有显著提高。

(4) 针对培养模式,完善专业课程设置。英语专业结合自己的实际情况,对现有课程设置进行改革。为落实复合型人才的培养目标,英语专业学生的知识结构应该由2个模块组成:英语语言知识和技能模块、商贸知识和管理知识模块,并根据知识结构的需要设置相应的课程。

(5) 深化分层教学,创新"四级后"教学。大学英语四级后的分层教学是一次创新改革和尝试,根据我校商科特色,对通过四级的学生在第三学期和第四学期分别加入商务英语和行业英语的教学内容,让学生通过英语学习商务基础知识以及与自己专业有关的和相关专业基础知识,又通过学习商务知识和行业英语提高学生的英语应用能力。

2. 成效

在教学研究与改革过程中,本学年度教师公开发表的教学研究论文比上一年度要多;学校2011年度立项的教育教学改革研究项目共15个,我院就有5个,其中1个为重点项目,4个为一般项目;2011年大学英语被列为校级教学团队;"四级后"分层教学的实践以及学生问卷调查结果证明,这一改革举措是行之有效的,受到了98%学生的欢迎,因为它有助于培养应用型、复合型人才。

(七) 教学管理与质量监控

1. 教学管理

我院教学管理队伍由以下人员组成:教学副院长、系、部主任和副主任、教学秘书、教研室主任。以上人员明确教学管理的基本任务和基本内容,在教学管理的过程中认真总结经验,进一步理顺院、系、部两级教学管理体制,增强教学管理的整体性和针对性,提高系、部内的管理水平,使教学管理进一步规范化和科学化。

2. 质量监控

我院在严格执行学校教学规章制度的同时,加强院内教学工作的督导与监控,针对我院的教学特点制定了相关的规章制度,确保各教学环节顺利进行。我院进行教学质量监控的主要内容是:

(1) 对课堂教学进行监控。根据我院的听课制度,院领导、系、部主任每学期听课4~6学时,对课堂进行教学督导。

(2) 对有2个以上教师担任同一课程的要集体备课,统一教学思想,明确重点,规范要求。

(3) 对课程教学进行监控。对学院的日常教学进行监控,检查课程教学基本文件,包括授课计划、教学大纲、教案、学生作业、考试试卷等。

(4) 听取学生对教学的反馈。我院要求各系、部每学期召开一次学生座谈会,认真听取学生对教学、管理和服务工作的意见建议。

(5) 举行专题教研活动。对一段时间内出现的普遍性教学问题,各系、部主任应及时召开专题会议,及时处理和解决存在的问题。如无法处理的问题,应及时上报学院分管领导处理。

(八) 教学效果

1. 学生基本理论与基本技能

理论教学与实践教学是相互支撑的统一体系,两者互为依托。我院注重将外语基本理论和基本知识传授与语言技能运用相结合,促进语言知识向语言技能的转化,并突出外语技能训练,同时加强第二课堂的语言技能训练,使学生具备听、说、读、写、译技能和外语语言环境中的交际能力。以下为学生参加竞赛和相关考试情况:

(1) 2011年全国大学生英语竞赛。列示如下:

本科英语专业(B类):有4人获二等奖,6人获三等奖。

本科非英语专业(C类):有4人获一等奖,26人获二等奖,45人获三等奖。

专科非英语专业(D类):有2人获二等奖,3人获三等奖。

(2) 大学英语四、六级考试通过率情况。列示如下:

09级统计到2011年6月不含艺术专业的大学英语四级累计通过率为85.73%,含艺术专业的四级累计通过率为79.96%。

09级统计到2011年6月不含艺术专业的大学英语六级累计通过率为43.20%,含艺术专业的六级累计通过率为39.33%。

10级2011年6月第一次参加大学英语四级考试,不含艺术专业的四级一次性通过率为77.69%,含艺术专业的四级通过率为74.33%。

(3) 2011年专四、专八考试通过率情况。列示如下:

英语专四通过率:10级专升本76%;09级73%。

英语专八通过率:09专升本10%;07级31%。

日语专四通过率:09级68%。

日语专八通过率:08级61%。

(4) 计算机等级考试通过率。列示如下:

计算机一级考试(专科):考试报名人数76,缺考人数7,考试通过人数31,通过率40.8%。

计算机一级考试(本科):考试报名人数182,缺考人数20,考试通过人数108,通过率59.3%。

计算机二级考试(专科):无人报考。

计算机二级考试(本科):考试报名人数2,缺考人数2,通过率0。

2. 学生综合素质

(1) 综合素质训练提升举措。2010年下半年新生入学时,我院举行了学生辩论赛;迎新晚会加强新生对学校的了解,加快新生适应大学生活;12月份组织学生参加"一二·九"红色经典话剧比赛。

2011年上半年,我院举办了第四届外语节活动,其中包括外语卡拉ok大赛,外语日活动,外语个人风采魅力大赛,英语写作大赛。

(2)体育方面。我院针对女生人数较多的特点,进行羽毛球、篮球大赛,棋牌大赛;2011年4月份组织了师生运动会。

(3)大学生心理健康教育情况。一是新生入校后让学生在网上进行心理健康教育普测,便于掌握学生的心理健康情况;二是5月份围绕"珍爱生命 化解危机"为主题举行了丰富多彩的心理健康月系列活动。通过心理讲座,心理情景剧,心理主题班会,心理海报大赛,心理知识竞赛等活动,提高学生的心理素质让学生既在活动中得到训练,得以成长,又在活动中培养自信,激励自己,陶冶情操。

3. 社会声誉

2011届本科、专科毕业生相关情况见表2-22和表2-23。

表2-22

外语学院2011届本科毕业生相关情况

名称	专业	人数	小计(%)	合计(%)	未获证书或未就业人数
毕业率	英语	160	98.75	99.25	2
	日语	108	100		0
学位授予率	英语	160	98.13	98.13	3
	日语	108	98.15		2
考研率	英语	160	1.25	0.70	2
	日语	108	0.00		0
就业率	英语	160	95	95.52	8
	日语	108	96.29		4
质量跟踪机制	打电话、回访用人单位并对十余家企事业单位进行"问卷调查"				
用人单位满意度	良好				

表2-23

外语学院2011届专科毕业生相关情况

名称	专业	人数	小计	合计	未获证书或未就业人数
毕业率	英语	85	95.29	96.36	4
	韩语	25	100		0
就业率	英语	85	94	94.55	5
	韩语	25	96.00		1
质量跟踪机制	打电话、回访用人单位并对十余家企事业单位进行"问卷调查"				
用人单位满意度	良好				

三、本科教学工作亮点

(一) 外语学院

以学院自身性质为出发点,以本科人才培养为核心,以专业建设为重点,以规范教学管理为手段,以提高本科教学质量为目标,以服务全校大学英语公共课教学和提高非外语专业本科生的英语综合应用能力为根本,培养具有扎实的语言理论与应用知识以及语言综合技能的应用型、复合型外语人才。

(二) 英语专业

(1) 英语专业教学计划作调整,将专业选修课细分为3个专业方向:商务、翻译、语言文学。对课程设置作相应调整,加强各专业方向基础知识的系统性和完整性,使学生学有所专。

(2) 教学内容则更侧重实用性。在实际教学过程中采取"基本理论+实践"的模式,在课堂内外创造一切条件,如:模拟实景操练、角色扮演、课堂讨论、作品展示、演讲赛、辩论赛、校外实践等多种形式,让学生学以致用。

(3) 在2011年度中央电视台"希望之星"英语风采大赛上海赛区比赛中,2010级学生毕馨匀获上海赛区一等奖。

(4) 近几年本专业毕业生的就业率一直保持在学校前三位。

(三) 日语专业

2011年6月日语专业四级考试,我院日语专业通过率为70.4%,而全国平均通过率为53.9%。

(四) 大学英语

(1) 创立"EGP+ESP"教学模式,培养既精于专业知识又能够用英语进行交流的复合型人才。

(2)《大学英语》被列为校级精品课程。

(3) 大学英语被列为校级教学团队。

(4) 在2011年全国大学生英语C类竞赛中,4人获一等奖,26人获二等奖,45人获三等奖。

四、存在问题与改进措施

(一) 存在问题

(1) 对于如何进一步开展人才培养模式、教学内容和教学方法的研究与改革,使之在原有基础上更具特色方面做得还不够,专业课程设置欠合理。

(2) 个别重点课程的建设进展不大,课程教学改革、网上教学资源的充实以及课程的示范辐射作用没有达到应有的效果。

(3) 有的专业实习基地停留在签订协议层面,对于如何加强深度合作,创造良好的实习条件,真正实习基地的重要作用,探索不够。

(4) 实践教学环节薄弱,实践教学内容有待进一步完善。

(5) 按照国家办学条件要求,本科英语专业和大学英语生师比不太合理。

(二) 改进措施

(1) 深入开展人才培养模式的研究与实施,探索适合该模式的教学方法和教学内容;根据确定的复合型专业人才培养目标完善课程设置。

(2) 发挥我院教学委员会成员的作用,加强对建设进展不大的课程检查,督促课程负责人带领课程组成员认真建设。

(3) 与已签协议的专业实习基地保持联系,加强交流与沟通,探讨进一步合作的可行性,充分利用实习基地的资源,为学生争取校外实习机会。

(4) 加强实践教学环节建设,承担实践课时数较多的课程老师要加强对实践内容的研究,给学生提供更多的课堂实践机会进行听、说、读、写、译实践。

艺术设计学院教学质量年度报告

一、学院简介

我校艺术设计专业于1998年设立,在不断地积累与发展中于2004年成立艺术设计学院,是上海市较早一批设置艺术设计专业的院校之一。艺术设计学院依托上海商学院办学特色与学科背景,以培养应用型艺术设计人才为目标,以商业艺术设计为办学特色,针对区域经济和上海现代服务业发展的需要开展教学工作。本专业2005年开始招收第一届本科生(包括专升本),2007年第一届专升本学生毕业,2009年第一批本科生毕业,截至2011年7月,已有三届本科毕业生。

艺术设计学院下设2个系:视觉传达设计系,环境艺术设计系。覆盖5个专门化方向:视觉传达设计方向、媒体艺术设计方向、商业策划设计方向、环境艺术设计方向、服装设计方向。学院有教师27名。近年来,艺术设计学院教师先后承担了6项校级重点课程建设项目,4项上海市级科研项目,1项上海市级重点课程建设项目,在国内重要学术期刊上发表学术论文100余篇,出版教材和专著20余部,有多位教师在国家级美术与设计大展中获奖。

二、教学工作基本状况

(一) 教学工作思路

(1) 继续坚持2007年制定的"严格加规范"的教学管理原则和"121"工作目标。即:明确一个中心(以提高教学质量为中心),执行二个规范(规范课堂教学、规范教学管理),营造一个氛围(营造学术氛围)。

(2) 确立以教学为中心、以学科建设为龙头、以社会需求和培养创新能力为重点,积极融入"创意产业"的发展思路。强化"厚基础、宽口径"的人才培养理念,突出服务性、创意性、商业性特色。

(3) 加强实验、实践教学建设,建立和巩固15~20个长期、稳定的校外产学研合作实践教学基地,加强、改善校内实践教学条件。

(二) 人才培养

1. 人才培养目标定位

本专业围绕学校的整体发展目标"立足上海,服务全国",培养具有环境艺术设计、视觉传达设计等方面的综合知识和能力,掌握现代艺术设计基本理论与方法,具备艺术设计制作与实践能力,熟悉艺术设计经营管理相关法规,能在艺术设计行业从事设计、策划、咨询、生产、教学和管理等工作的应用型专业人才。

2. 人才培养方案修订

艺术设计专业人才培养方案经过2005—2007年三届本科教学实践,在此过程中课程体系及课程设置经历了两次较大的修订和调整。因此,2008年以来,人才培养计划相对稳定,从教学实践的效果上看能较好地反映人才培养目标定位,因此近几年未作明显调整。

3. 人才培养模式创新

2010年以来,艺术设计专业在人才培养模式上进行了探索,主要体现在实践教学环节方面。一是课堂教学中加大案例教学内容;二是通过建立校企合作实践教学基地,充分利用社会资源,将实践教学环节放到企业中实施,让学生"零距离"亲历实践,提高学生的实战能力。

(三) 专业与课程建设

近年来,艺术设计学院重点课程建设取得了明显进展,先后有室内设计原理、室内设计、商用空间基础设计、展示设计(在建设中)、VI设计、包装设计共6门专业主干课程获得校级重点课程建设立项。2010—2011年,《商业摄影》又获得校级和上海市教委重点建设课程立项。目前我院在建重点课程项目7项。经过建设后的课程体系更合理,课程内容得到了扩充,课程质量得到提高,全部课程资源上网,取得良好的教学效果,并且带动了其他课程教学质量的提高。

(四) 师资队伍

1. 数量与结构

本年度,学院共有专任教师21名,其中教授1名,副教授7名,讲师13名。职称结构中的正高、副高、中级职称的比例分别为3.3%、32.7%、64%,具备研究生学历的教师比例达到65%,职称结构和学历结构较为合理,为保障教学质量和提升科研水平奠定了一定基础。

2. 生师比

截至2011年7月,艺术设计学院有在校学生575人,生师比为1:13.7(按照50%为本校专任教师、25%为外聘兼职教师、25%为校内兼职教师的规定计算),生师比略高教育部规定的艺术类院校生师比(1:11)。生师比统计情况见表2-24。

表2-24

近2学年生师比统计表

单位:人

学年	12级	11级	10级	09级	08级	10专升本	11专升本	12专升本	在校生总数	专任教师	生师比
2011.9	无	108	116	132	161	32	26	无	575	21	13.7:1
2012.9	109	107	116	130	无	无	25	25	512	21	12.2:1

3. 承担上课任务情况

专任教师承担上课任务情况见表2-25。

表 2-25

专任教师信息统计

序号	姓名	年龄	职称	学历	毕业院校	承担课程
1	彭才年	50	教授	本科	哈尔滨师范大学	商业摄影、设计素描、装饰色彩
2	赵永泉	42	副教授	硕士	山东曲阜师范大学	设计概论、素描、广告设计与制作
3	黄蔚	40	副教授	硕士	上海大学	设计概论、艺术设计史、中外美术史、构成
4	章晓岚	44	副教授	硕士	中央工艺美院/中国美术学院	设计素描、色彩构成、装饰色彩、平面构成
5	刘丁	31	讲师	硕士	河南大学	专业外语、服装工艺
6	吴强	46	副教授	本科	大连理工大学	室内设计原理、中外建筑史、建筑及室内设计史
7	朱大勇	41	讲师	本科	山东轻工业学院	色彩、素描、包装艺术设计、版式设计
8	邢延锋	43	讲师	本科	西北师范大学	设计素描、视频编辑技术、电脑三维辅助设计
9	李莉	33	讲师	本科	吉林大学	电脑平面辅助设计、包装设计
10	赵平	38	讲师	本科	燕山大学	平面电脑辅助设计、网页制作、平面动画制作
11	王启照	35	讲师	硕士	江南大学	效果图技法、展示设计
12	陈睿	38	讲师	本科	苏州大学	服装款式设计、时尚造型设计
13	高毅	42	讲师	本科	东华大学	服装图案、效果图技法
14	陆慧	35	讲师	硕士	上海大学	摄影基础、广告摄影、环境装饰设计
15	王屹	38	讲师	本科	南昌职业技术师范学院	平面广告设计、会展技术、包装艺术设计
16	程艳萍	35	讲师	硕士	南京艺术学院	家具设计、广告设计与制作、视觉艺术表达
17	杨青	37	工程师	硕士	华中科技大学	会展场馆和主题公园设计、建筑装饰构造、建筑制图与透视
18	王伟	45	讲师	本科	南京艺术学院	陶艺、中外服装史、平面构成、色彩构成

(续表)

序号	姓名	年龄	职称	学历	毕业院校	承担课程
19	储艳洁	33	讲师	硕士	东南大学	电脑三维辅助设计、电脑CAD、室内设计
20	王楠	31	讲师	硕士	上海交通大学	计算机辅助设计
21	陈眉	30	讲师	硕士	上海交通大学	版式设计、广告设计

(五) 实践教学

艺术设计专业的实践教学环节分8个方面展开,见表2-26。

表2-26

实践教学环节一览表

序号	实践类型	时间	内容
1	军事训练(军事理论)	第一学期(2周)	
2	形式与政策		
3	社会调查	第二学期(2周)	
4	普适公共实验	第四、第五学期(各2周)	
5	课程设计	第四、第六学期(各2周)	
6	专业实习	第三学期(3周) 第五学期(2周) 第六学期(3周)	写生 参观工地或参加竞赛 参观实际工程案例或参加竞赛
7	毕业实习	第八学期(8周)	企业实习
8	毕业论文(设计)	第七、第八学期(8周)	校内辅导或去企业进行毕业设计

近年来的校企合作企业有上海进念佳园建筑装饰设计有限公司、上海全筑建设建筑装饰设计有限公司、江苏科派办公家具有限公司、上海永远企业形象策划有限公司、上海卡帝乐鳄鱼服饰有限公司、上海天地软件数码科技有限公司等,与企业进行校企合作(推荐优秀学生工作实习,到合作企业施工场地学习现场知识等)是我们专业实践环节的特点。有相当部分的课程设计(学年论文)与毕业论文(设计)选题直接从企业工程项目中选取,聘请企业设计师参与学生毕业设计(指导教师),取得了良好的效果。另外,学院不定期聘请设计师、高校专家教授等组织系列专业讲座,尽可能让学生了解专业特点和知识,了解设计工作内容和流程,在学习理论知识的同时增加实践的机会,提高动手能力。

教学手段:课堂理论讲授以多媒体教学为主,图文并茂,采用互动式教学、口头表达设计思路训练及现代教育技术手段,提高教学效果和质量。

(六) 教学研究与改革

本年度艺术设计学院在学期开学初组织教师开展教学研讨、教案交流活动多次,校级教改项目结题一项,新立项项目无。

(七) 教学管理与质量监控

1. 教学管理

几年来,艺术设计学院把制度建设和抓好本科教学质量工作放在首位,明确教学工作是学院工作的中心任务。根据艺术专业特点,不断探索艺术教学规律,改进艺术专业的教学管理制度。

现有主要教学文件、管理文件名称有:《艺术设计学院本科专业课程教学管理暂行规定》、《关于加强教学过管理的几项规定》、《艺术设计学院教学巡视制度》、《艺术设计学院各系日常教学工作规范》、《艺术设计学院关于毕业设计(论文)指导工作规范》、《艺术设计学院专业课程作业成绩评定与流程制度》、《关于艺术设计学院资料收集的制度》、《关于新教师试讲过程管理的规定》、《艺术设计学院教学设备管理规定》、《艺术设计学院实验员岗位职责》。

2. 质量监控

质量控制的主要措施:本专业把提高教学质量作为专业建设的中心工作,围绕培养目标在制度建设、教学督导、教学规范、师资培训等方面开展了一系列工作,建立了以下几个方面的控制体系和控制途径。具体做法如下:

(1) 严格执行教学管理规章制度,以制度建设促进教学质量提高。

(2) 加强对教学过程的有效监控,建立了教学督导、巡视值班制,成立了党政领导班子成员组成的教学巡视检查小组,从师生出勤到教学过程,进行巡视、检查,对提高课堂教学质量起到了良好的促进作用。

(3) 教学计划中所有课程和已开课程必须有教学大纲和课程教学计划,并严格执行。

(4) 定期召开学生座谈会,及时了解课堂教学情况及学生对教学方面的要求。

(5) 鼓励教师读研、参加国内学术活动,提升教学、科研水平。

执行情况:

由于规章制度的落实检查到位,因此总体来说执行情况较好。对学院教学工作的顺利开展起到了很好的作用,保证了专业教学质量。本年度未出现教学事故。

本年度学校督导组对本院教师课堂教学及试卷情况进行了检查,从抽查情况分析,我院教师课堂教学状况总体良好,在被抽查的3门课程试卷均在良好之上。在2010—2011上学期课堂教学质量测评中,有15位教师被学生评定为90分以上,占任课教师人数的73%。由此可看出学生对我院教师课堂教学质量是比较满意的。也较为客观地反映了我院教师的教学状态。

(八) 教学效果

1. 学生基本理论与基本技能

2010—2011学年度艺术设计学院学生参加全国大学生学科竞赛成绩显著,主要有以下获奖:

(1) 第五届设计之星全国大学生视觉设计大赛:我院获得最佳组织奖,并获得优秀奖1

个,入围奖3个。

(2) 第五届"构建和谐社会,大学生先行数字艺术设计大赛":入围奖2个。

(3) 第四届全国大学生广告艺术大赛上海分赛区竞赛:我院获得全国总赛优秀奖2个,上海分赛区二等奖1个,三等奖6个,优秀奖8个。

本年度我院学生参加四、六级英语考试及计算机能力考试通过率均在10%左右。

2. 社会声誉

2011届毕业生学位授予率98%,就业签约率连续4年较大幅度提升,签约率:64.9%,就业率94.6%(2010届:签约率:56%)。

2007环艺班宋晨琳同学,在我院校企合作单位——上海全筑设计有限公司实习期间表现出色,毕业后被该公司录用并很快就被委以重任。

2011届视觉传达专业黄燕同学在我院校企合作单位——上海永远企业策划公司实习,很快适应了实习岗位,实习期满后被该企业提拔为店长。

从上海奕欣包装有限公司反馈的信息看,近几年我院学生在该公司实习是比较受欢迎的,因此该公司希望我院每年有学生到该公司实习。

三、本科教学工作亮点

作为本科办学时间仅有6年的艺术设计专业,近年来重点放在抓规范和制度建设上,工作上还谈不上有何亮点。但是,我们在校企合作实践教学基地建设上却是扎扎实实做了许多工作。截至目前,艺术设计学院已与21家企业建立了校企合作关系,为实践教学的顺利开展创造了良好平台。

四、存在问题及改进措施

(一) 师资建设有待提升

艺术专业具有跨学科、多元性的特征,教师队伍中部分专业教师的知识结构单薄,不能适应当前对人才培养的需求。

(二) 教材内容相对陈旧

实践性教材严重不足:实践性教学的重要性已经众所周知,但适合艺术设计专业的实践性环节教学方面的教材十分稀缺,实践性教材的不足已成为制约艺术设计人才培养的瓶颈之一。

(三) 实践教学的效果不甚理想

现场实践教学是艺术设计专业教学中的重要环节,它的重要性等同于课堂教学,学生的实际操作技能、把握设计全局和解决实际问题的能力可以在实践教学环节中得到实践和提高。它也是学校教学和就业岗位之间的桥梁,实现学生与岗位间的"零距离"。

此问题是目前国内大多数院校艺术设计专业面临的共性问题,解决好此类问题有三个途径：

（1）校内实践教学环节落实到位，主要是实验设备要大幅度增加，使学生不出校门就能实际操作。

（2）根据艺术设计专业的教学特点，借鉴欧美发达国家艺术教学经验，实行工作室制或项目制。

（3）学校应加大对实践教学基地建设的投入力度，让大多数学生在实践教学环节中都能"零距离"接触实际。

信息与计算机学院教学质量年度报告

一、学院简介

信息与计算机学院于1997年成立，目前有计算机基础部、信息技术系、信息管理系和电子商务系4个部门。其中，计算机基础部承担上海商学院22个专业的计算机公共基础课；电子商务系负责电子商务专业的专业建设和教学工作，信息管理系负责信息管理与信息系统的专业建设和教学工作，信息技术系负责计算机科学与应用、电子信息工程2个专业的专业建设和教学工作。目前4个专业在校学生有1 000多名。

二、教学工作基本状况

（一）专业建设

信息与计算机学院于2005年起开设了信息管理与信息系统本科专业，2007年获得该专业的学士学位授予权；2006年我院开设了计算机科学与技术专业，2009年获得该专业的学士学位授予权；2007年开设电子信息工程专业，于2011年获得该专业学士学位授予权；2009年7月电子商务专业从管理学院并入我院，当时该专业已有2007、2008、2009三届本科学生，并已取得学士学位授予权。

各专业的培养方案是在中华人民共和国教育部高等教育司下达的专业培养总体方向和目标的基础上，根据上海商学院"以商立校"的办学理念和办学层次以及信息与计算机学院的学科特色确立的人才培养应有的知识体系、应用能力和基本素质要求等制定的。我院对各专业的人才培养目标进行了新的探索，为了凸现学院特色，充分利用现有各专业的师资力量，结合现代信息技术的发展方向，以移动商务作为整个学院发展的新方向。电子商务专业重点是研究移动商务的规划与设计新思路，计算机科学与应用专业和电子信息工程专业重点是研究移动商务的软硬件实施技术，信息管理专业重点是研究移动商务环境下信息模式的新特点和信息维护的解决方案，通过对4个专业的全面整合，充分体现"以商立校"的发展思路，使现有的4个专业的特色和优势更为明显，为今后的发展奠定了基础。在课程设置上，增加了移动商务相关的课程，如《移动商务》、《移动终端技术与应用》、《移动商务网站界面设计》、《移动互联网络技术》、《移动Web开发技术》、《移动商务网站实施技术》、《移动商务应用程序开发等课程》，并把《电子商务概论》、《商务网站规划与设计》、《商业数据分析》等课程作为学院4个专业的通识课程，将商业特色和现代技术前沿成果充分融入了教学内容中。学院在专业调整过程中,充分听取了校内外教师、企业专家的意见,并聘请校外资深专家对4个专业的新培养方案进行了论证,经专家评审,我们的专业特色明显,培养方案得到了校外行业和教育专家的一致认同。

这一年来,我院基础部主任蒋博老师积极组织基础部教师进行调查和研讨,首先,对原有的教学方案进行了全方位的改革,采用最新的Win7操作系统作为新的教学平台,协助实验实训中心进行计算机操作系统的更新,对新操作系统下的各个软件尤其是考试软件进行了测试;其次,根据不同的专业特点有针对性地开设计算机基础课程,实现模块化教学,由于课程内容进行了大幅度调整,为了保证教学质量,学院支持承担基础教学的全体教师利用假期进行集体备课,对新教材中的教学内容进行分工切块负责,各章节均有专人负责讲课、辅导,从而在较短时间内使任课教师很快熟悉教学内容和要求,在本学期教学中收到了良好的效果,得到了全校各二级学院的好评。

这一年中,我院的4个专业在实践教学环节上进行了深入探索,将校内实验与校外实习相结合,建立了一套完整的实践教学体系,通过充足的课程实验、社会实践、学年论文、专业实习、毕业实习等多个环节的融会贯通,充分利用校内实验环境和校外实践基础,对学生的实践能力进行全方位的培养。在实践教学过程中,强调实践内容的一贯性,让学生围绕一个主题,完成其实践内容。为弥补校内实践环节缺乏真实性这一不足,教师们在教学过程中通过多种方式让学生亲身体验企业的真实环境。首先,通过各种方式开展与企业的合作,与10多家企业签订了合作协议,让学生参与到企业的运作中。其次,在校外实践中,要求学生深入企业,了解真实情况,为企业提供切实可行的电子商务解决方案。再次,组成学生科研小组,由学院和教育高地提供经费,教师负责指导,提高了学生研究问题、分析问题的能力。最后,组织学生积极参加各类竞赛,提升其创新能力。

(二) 科研成果

近几年来,学院教师在核心期刊上发表论文近百篇,有10余篇论文被SCI、EI、CSSCI检索。学院先后争取到教育部和上海市规划课题2项,上海市科委、教委各类项目近20项。2005年获得高等教育上海市教学成果一等、二等奖。2006年获得国家级教学课件评比二等奖。2008年获得高等教育上海市教学成果三等奖和中国机械工业科学技术奖三等奖。2010年学院获得教委创新课题2项,市级教学研究课题1项,上海市精品课程1门,吴晓伟教授的上海市哲社课题"人际竞争情报研究"(规划项目)成功通过验收。

(三) 招生与就业

信息管理与信息系统专业:2005年7月信息管理与信息系统专业首次招生招收了2个本科班,1个专升本班级,共计学生125人。2006春本科招生150人;2007级本科招生76人;2007级专升本15人;2008级本科招生85人;2009级本科招生76人;2009级专升本生14人;2010级本科招生74人;2011级本科招生数为76人。现已毕业人数为380余人。

计算机科学与技术专业:2006年7月计算机科学与技术专业首次招生,共计本科学生78人。后分别为2007春季本科生60人;2007级本科86人;2008春季本科生134人;2008级专升本36人;2009级本科生65人;2009级专升本16人;2010级本科生60人;2011级本科生62人。现已毕业人数为410余人。

电子信息工程专业：2007年7月电子信息工程专业第一次招生，共计本科学生76人。后分别为2008级本科生82人；2009春本科生76人；2009级专升本10人；2009级本科生35人；2010级本科生62人；2011级本科生35人。现已毕业人数为80余人。

2009年7月，电子商务专业从管理学院并入我院。2006级电子商务专业共计本科学生81人。后分别为2007级本科生84人；2008级本科生74人；2009级本科生84人；2010级本科生77人；2011级本科生76人。现已毕业人数为165余人。

2011届、2012届春季和秋季学生的毕业率见表2-27和表2-28。

表2-27

2011届各专业学生毕业情况表

专　　业	总人数(%)	毕业人数(%)	毕业率(%)
电子商务	84	83	98.81
信息管理	90	88	97.78
计算机科学	85	83	97.65
电子信息	85	82	96.47

表2-28

2012届各专业学生毕业情况表

专　　业	总人数	毕业人数	毕业率(%)
电子商务	70	69	99
信息管理	81	80	99
计算机科学	136	136	100
电子信息	79	79	100

2011、2012年的毕业生毕业情况对比见图2-1。从中可以看出，2012年学生的毕业率明显高于2011年毕业的学生。

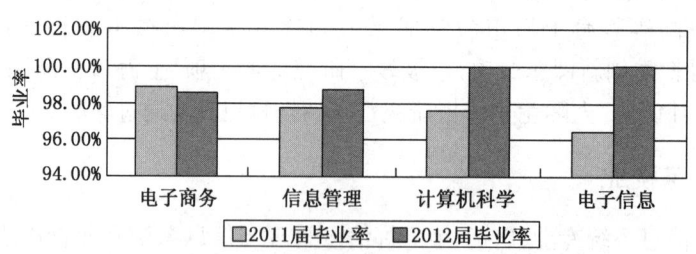

图2-1　2011、2012各专业学生毕业情况

从我院4个专业近年来的毕业生就业情况来看，我院的毕业生就业率在学校排名始终名列前茅，2012年有毕业生366人，截至2012年8月的统计数据表明，我院学生的签约率为86.34%，就业率为96.72%，这里的签约率低于就业率近10个百分点的主要原因是：一部分学生在单位愿意签约情况下希望找到更好的工作单位所以推迟了签约，也有另一部分学生在申请出国留学，决定暂不签约。

三、专业资源

(一) 师资队伍

我院拥有专、兼职教师40余人。其中,拥有副高以上职称的有47.5%,既有丰富的企业经历又有教学经验的双师型教师占18%,拥有博士学历的教师占25%。具有硕士以上学历的老师占75%。

我院中青年教师较多,他们是学院的中坚力量,学院注重对青年教师的培养,对青年教师组织老教师传帮带,我院的部分青年教师在历年的校级青年教师教学法比赛中分获一等、二等、三等奖。

另外,我院有多名教师参加了上海市教委组织的产学研践学计划和国内、国外访学计划。

(1) 2007年:1名教师获批参加国内访学。

(2) 2011年:1名获批教师国内访学,3名获批教师去企业参加产、学、研活动,1名获批教师国外访学。

(3) 2012年:1名教师获批国外访学,3名教师获批参加产、学、研活动。

(二) 教学资源

我院有3个市级精品课程,7个市级重点课程,2个校级精品课程,19个校级精品课程,具体课程信息见表2-29。

表2-29

具体课程信息安排表

序号	课 程 名 称	市级精品课程	市级重点课程	校级精品课程	校级重点课程	项目负责人
1	计算机应用基础	√	√		√	张世正
2	电子商务网站规划与设计	√	√		√	宋文官
3	面向对象程序设计	√	√		√	胡巧多
4	管理信息系统		√		√	吴晓伟
5	数据库原理及应用		√	√	√	毛一梅
6	Web应用程序开发		√		√	李智敏
7	感测技术		√		√	刘富强
8	信息系统分析与设计			√	√	沈群力
9	电子商务安全				√	任智军
10	电子商务概论				√	蒋传进
11	企业竞争情报				√	吴晓伟
12	运筹学				√	易艳红

(续表)

序号	课程名称	市级精品课程	市级重点课程	校级精品课程	校级重点课程	项目负责人
13	计算机网络				√	蔡京玫
14	计算机组成原理				√	叶 龙
15	程序设计				√	马天义
16	操作系统				√	张兴谊
17	算法与数据结构				√	唐思章
18	模拟电子技术				√	罗建学
19	数字信号处理				√	盛明裕

我院的4个专业中交叉学科比较多，所以，开设的精品课程、重点课程的利用率较高，教学资源得到了充分的利用。

从实验条件来看，我院现有近20个专业实验室：数据库基础实验室、数据挖掘实验室、综合软件开发实验室、电子设计EDA实验室、WEB应用实验室、可编程控制器PLC实验室、数字信号处理DSP实验室、数据通信与网络实验室、微机原理实验室、嵌入式系统实验室、物理实验室/检测实验室、电工技术实验室、电子标签实验室、电子技术实验室、微机原理实验室/嵌入式系统实验室、数据通信与网络实验室、监控实验室等。课程实验开出率在85％以上，大部分实验都配有专业的实验大纲和自编的实验指导书，由于我院4个专业之间有许多交叉课程，所以专业实验室的利用率较高。

（三）校企合作

我们与多个企业合作建立了长久的合作关系，如与上海市超级计算机中心、印度塔塔信息技术有限公司、RedHat软件学院、金道网络公司、上海企顺信息系统有限公司、上海柘中集团、华联集团电工照明器材有限公司、上海捷会信息技术有限公司等知名企业合作，为学生创造良好的实习、实践条件，提供了更多的就业机会。从实习情况来看，既有"请进来"的专业系统讲座，也有"走出去"的实地认知学习和顶岗实习，学院的4个专业实用性强，学生专业特长能够在实际工作中得以发挥。

四、教学管理

（一）教学日常管理工作

学院现有4个本科专业，是拥有本科专业最多的二级学院，为了确保日常各项教学工作的正常开展，去年7月新班子组建后，拟定了一整套常规教学的操作规程，制订系、部主任了工作进程表，将系、部主任的工作安排细化到从开学前一周至考试结束周的每一个教学环节，在系、部主任和教学秘书的共同努力下，日常教学工作运作正常。1年中未发生一次教学事故，没有一个教师出现上课迟到、缺席、私自调课现象。

(二)教学过程控制

我院对教学对日常教学工作进行了有效的过程控制,近年来改变了以往事后检查的习惯做法,组织校内外专家定期检查相关的教学资料,如教学大纲、教学计划、试卷、毕业论文等。在检查中发现问题及时处理,对于试卷中有问题的,提醒老师进行修改;对于出现不及格人数较多的课程,提醒老师加强补考前的辅导;对于不及格门数较多的学生,及时与家长进行沟通、座谈。

(三)毕业论文工作

本年度两个学期学院均有毕业论文工作,学院承担了 08 电子信息工程(春)、08 计算机科学与技术、08 信息管理和 08 电子商务专业 300 多名学生的毕业论文(设计)工作,尽管任务很重,但我院的全体教师克服困难,认真带教,并没有因为带教的学生多而影响论文质量,在论文的格式上也力求统一,整个论文工作从开题、中期评审到论文答辩工作有条不紊、秩序井然,对论文指导过程中出现的问题及时发现、及时解决,对于质量不符合要求的学生,由专业主任组织相关的指导教师进行重点辅导,大大提高了教师和学生对论文工作的重视程度,本年度我院取得学位证书的学生比例为历年最高的 1 年。

五、竞赛与考证

我院所拥有的 4 个专业在全国各大高校均已普遍开设。从我们学校的定位来看,各个专业与 985、211 高校的相关专业不在一个层次上;从 4 个专业定位上来说,偏重于实用技术,与同等的上海新的专升本的各个高校相比,我们的专业历史较短;为了弥补我们的不足,我们采取与其他高校错位发展的策略,抓住上海商业国际化发展的机遇,依托上海经济与信息化委员会,创出品牌特色,在日常的教学中,注重应用技术,鼓励学生参加社会考证,在今年的电子信息春季毕业生中有 90% 的学生拿到了与专业相关的劳动局证书和国际企业颁发的证书,为企业就业提供了更多的机会。

我院还积极鼓励教师指教学生参与各类计算机相关竞赛,并委派专人负责落实相关工作,在学院教师中进行广泛动员,并聘请同济大学主抓大学生计算机应用能力竞赛的教授来我校对指导教师和学生进行赛前指导,在 2012 年(第五届)中国大学生计算机设计大赛中有一组学生获三等奖,一组学生获优胜奖;在上海市大学生计算机应用能力竞赛中,我校共有 5 个团队获奖,其中,二等奖 1 项,三等奖 2 项,优胜奖 2 项学生;我院还有两个团队入围国家计算机应用能力大赛;我院基础部和教务处联合组织全校学生参加的"MOS 中国赛区上海浦东软件园推荐"的参赛队中,我校学生获 1 项团队一等奖、4 项团队二等奖,获个人二等奖的有 5 人,获三等奖的有 13 人。

六、学生工作

(一)完善管理制度,精心组织各类评优评先工作

在学生工作中,我们坚持模块分工、合理安排的原则,每项任务都由专人负责,保证工作

及时、高质量完成;注重辅导员队伍建设,不断加强奉献意识,4位辅导员中有3位担任生活园区指导老师,与学生"三同";不断完善我院学生管理制度,制定各类评优评先办法,保证各类评比公平、公正、公开,学生零投诉。

(二) 以思想教育为核心,培养学生的高尚品格

(1) 开展诚信教育,在考试前夕,辅导员通过主题班会等形式宣传教育。

(2) 开展感恩教育,我院学生在获得国家奖学金、上海市奖学金、国家励志奖学金后都积极主动的捐出部分奖金,帮助更有需要的同学。

(3) 开展毕业离校教育,号召毕业生在搬离奉浦校区前将闲置物品捐出来,既奉献了爱心,又避免了浪费。

(三) 狠抓学风建设,学生科研渐成体系

按照"以人为本、关爱学生,严格管理、消除陋习,依靠师生、搞好共建,依法治校、文明兴校,知荣明耻、共铸和谐"的要求,一方面落实班导师制度,专业老师重点解决学生对专业的困惑和在学术创新能力方面的培养。另一方面辅导员通过召开主题班会、重点谈心等方式,从现在做起、从小事做起,狠抓学生考勤,取得了较好的教育效果。

学生科研作为我院学生工作的重点,已逐步形成学院—学校—上海—全国的四级培养、选拔、竞赛机制。在我院内部,每个班级都有指定的班导师定期对学生进行专业学习的指导,为了提高学生的科研热情和科研水平,我院依托学生科研中心和电子创新协会两个学生社团和校实验实训中心,每周开展学生科研活动,完成多个校内部门网站建设。在学校层面,一方面,校创新科研项目成果显著,去年的8个项目在本学期全部结题,每个项目都提交了学术报告或论文,其中1篇论文出版在《上海师范大学学报》上,本学期学生申报学生科研项目热情高涨,共申报26项,最后立项16项,名列全校前茅。另一方面,成功开展上海商学院第二届计算机应用能力大赛,为参加上海市和全国计算机大赛选拔队伍。

此外,我院学生还获得2个全国大学生数学建模竞赛上海赛区二等奖。本学期我院共举办4次专业性的学术讲座,涉及嵌入式技术、分类数据挖掘、Oracle、SAP等,均为计算机领域的尖端科技。

七、存在的问题

学院的教师数量明显不足,教师课时偏多、负担较重,而现代技术的迅猛发展,信息技术日新月异,要求教师有足够的精力更新已有的知识,学院未能给教师提供有效的提升空间。

各专业特色不明显,从培养方案的设计到教学大纲开设均比较传统,教学上规范有余创新不够,与同类高校相比,竞争优势不明显。

由于我校生源以文科类生为主,我院的电子信息和计算机科学2个专业在招生中经常有调剂的文科生源,给整个教学带来了困难,电子信息专业的学生毕业率相对其他专业来说偏低。

八、改进措施

根据以上存在的问题,我院将采取以下措施:

整合学院资源,统筹各个专业的发展方向。根据学校"以商立校"的办学理念,把握好移动商务高速发展的契机,着力打造学院各专业的特色,在充分调研的基础上,潜心研究发展规划,深入企业调查研究,虚心向兄弟学校学习,在教学实践中对各专业的培养方案进行适当的修正,在实用、创新上寻找新的寻找专业定位方向。

加强校企合作,把实践教学落到实处。将课内教学、校内实验和校外实践结合起来,深入企业调查社会对各专业的需求,寻找我院各专业发展的切入点,与其他高校进行错位竞争,充分借助企业的力量,依靠上海市经济与信息化委员会下属的企业资源,发展我院专业实习基地,弥补我院实验室设备不全、教师实际应用能力不足的缺陷,逐步形成完整的实践教学系列规划,为培养社会需要的应用型本科人才夯实基础。

加强师资队伍建设,提高教师专业素养。加快新教师引进步伐,营造良好的工作氛围吸引各方资源;对现有的教师在有限的条件下,分期分批安排教师参加出国交流、国内交流学者、产学研进修、课程进修等活动;增加校际交流,虚心向兄弟院校学习取经,缩小差距;积极组织青年教师参加教学竞赛,提高教师的综合能力。

加强教学资源建设,完善教学设施。鼓励教师进行教学资源建设,在原有的精品课程和重点课程建设的基础上,创建特色课程;加强实验室建设,进一步改善实验条件,为学生创造良好的教学条件等。

东方财富传媒与管理学院教学质量年度报告

一、学院简介

东方财富传媒与管理学院是由上海商学院与东方财富股份有限公司合作成立的校企合作办学试点的示范性二级学院,同时也是复旦大学与上海商学院合作共建的首批二级学院之一。坚持贯彻实施上海市"十二五"教育事业发展规划、上海商学院"十二五"学科发展规划,体现上海商学院"以商立校"的办学宗旨,培养熟悉现代新传媒环境并精通广告业、商业、金融业的复合型人才,满足当前社会对高层次传媒与管理人才的特殊需要。

二、教学工作基本状况

(一) 教学工作思路

1. 教学工作思路

在重点完成适应高等教育的院系组织结构建设,规范行政、教学工作秩序的基础上,本年度学院以学校"以商立校"的办学宗旨为指导,立足专业,面向社会,大力走校企合作的办学道路,服务上海创意产业发展和金融中心建设的社会需求,培养高层次、应用型人才的总体目标,围绕提高教学质量这个中心工作开展了具体扎实、富于创新、卓有成效的工作。

2. 教学中心地位落实

学院坚持以教师为主导学生为主体的教学原则,树立为学生服务的教育观念,坚持以教师为主导学生为主体的教学原则和为学生服务的教育观念,必须正确处理好教学中教师和学生的关系。教学过程中,既不灌输填鸭式的简单传授知识,对学生学习也不放任自流,给学生以更多的自主学习的空间和参与社会实践的机会,提高学生的学习主动性和职业竞争力。

坚持以教师为主导、学生为主体的教学原则和为学生服务的教育观念,改革专业教学方法。根据教育部教学指导委员会关于专业教学计划的原则意见,科学地进行学时分配,减少学时,强化骨干课程,重视实践实训环节,充分调动学生的学习积极性,鼓励学生个性发展和进行创新学习。

(二) 人才培养

1. 人才培养目标定位

本专业现有一个广告学本科专业,本专业培养具有广告学理论与技能,宽广的文化与科学知识,能在新闻媒介、广告公司、市场调查及信息咨询行业以及其他企事业单位从事广告经营管理、广告策划创意和设计制作、市场营销策划及市场调查分析工作的广告学专门人才。

本专业特色:本专业适应社会的人才需求和行业发展趋势,依托本校鲜明的财经类学科背景,突出培养学生面向财经传媒和金融行业的新媒体广告创意策划与营销管理能力。

2. 人才培养方案修订

按照社会需求和专业人才培养目标对人才培养方案进行了全面修订。修订过程成为了一次从专业负责人到任课教师人人参与,全面梳理专业人才培养目标、专业课程设置、课程内容的教学改革与教学设计活动。修订专业教学计划和课程教学大纲推广采用了"倒推式"方法,即按照社会市场需求确定专业人才培养目标,根据这个培养目标明确人才应具有的专业能力,分解人才应具有的专业能力确定课程设置与课程内容。修订专业教学计划和课程教学大纲使学院的专业人才培养目标更加明确,专业教学计划和课程设置更加科学、合理和具有针对性。

为了实现人才培养目标,本学院对已有本科专业的培养方案着重从几个方面进行了修订:

(1) 强化教育部教学指导委员会关于广告学本科专业的核心课程的地位。
(2) 强化课程的实践环节设置。
(3) 根据学校的学科背景和学校"以商立校"的办学理念,增加财经类课程供学生选修。

3. 人才培养模式创新

本学院在本年度本科教学中主要突出实践性要素,加强广告学专业与金融信息行业的结合,着力培养复合型的媒介人才。为此,本学院采取了三个举措。

(1) 开办金融营销优才班。金融营销提高班为适应上海市金融中心建设中对于金融营销人才的迫切需要,通过案例教学、专家讲座等具有实战性质的、灵活机动的教学形式,利用学生课余时间开展教学活动,着重培养学生在金融营销方面应当具备的逻辑分析、沟通协调和营销拓展能力。金融营销班主讲教师由东方传媒与管理学院骨干教师、知名企业经理和其他外聘专家组成,学习期限为3个学期,最后一个学期(第七学期)企业顶岗实习。凡金融营销班学员,在本班所修课程可以充抵学校任选课学分,东方财富股份有限公司提供实习机会,优秀学员可以被公司正式录用。

(2) 选派优秀学生到嘉之道信息科技有限公司实习,通过实习,让学生数量掌握新媒体环境下的广告营销技能和数字信息处理技能。

(3) 选派优秀学生到东方财富信息股份有限公司顶岗实习。东方财富信息股份有限公司是一家以金融信息服务为主的科技企业,本学院学生深入企业运营第一线,使本学院培养具有财经背景的复合型媒介人才的目标得到了很好的落实。

(三) 专业与课程建设

1. **专业建设措施及成效**

本年度学院在专业实践平台建设方面下了大力气,搭建实验教学体系平台,初步构建了商务信息采编和发布实验教学体系。

2. 新媒体实验广告设计制作实验

这个层次开设基础平台性质的实验课程,着重培养学生的计算机图形图像制作能力和电子信息处理能力。包括:

① 面向本专业本科生的广告创意实验、广告策划实验等。

② 商务信息采编实验。学院建设有软硬件设备齐全的商务信息采编实验室,主要培养学生进行电话调查统计、商务信息统计和分析的基本能力,尤其是能就某一个有影响力和实际意义的主题,设计调查问卷,展开实际调研,并将调研结果运用 SPSS 等统计软件进行分析比较,得出分析结论,并依此提出自己的解决方案,撰写出调研报告的能力。

3. 课程建设措施及成效

根据市教委和学校的工作安排,学院大力开展了精品课程、精品教材、多媒体课件教学改革项目的申报和建设工作,有效促进了专业课程建设。在本年度,我院有2名教师申请到了学校重点课程建设项目,2名教师获学校青年教师讲课大赛优秀奖,一本教材获学校优秀教材称号。

(四)师资队伍

1. 数量与结构

上海商学院东方财富传媒与管理学院广告学本科专业的师资队伍,面向实践,依托企业,以应用型研究为基础,通过校企紧密合作,汇集了一批"双师型"教师,年龄结构、职称结构、学历结构、学缘结构比较合理,为广告学专业的稳定、持续地发展提供了人力资源的保证。

目前从事该专业主干课及专业课授课教师有23名,其中专任教师8名,相关专业教师15名。8名专任教师中,具有专职教授职称的1人,具有副教授职称教师2人,讲师5人。学历结构上,具有博士学位的教师5人,具有硕士学位的教师3人。年龄结构上,50岁以上1人,30岁以上7人。

除了专任教师外,我院还聘请了高水平的外聘教师,其中有陈培爱(原中国广告协会学术委员会主任、中国广告教育研究会会长)、锆明(上海大学影视与传播学院广告系系主任)、陆云帆(上海天波广告公司总经理)、陆天(上海天波广告公司总裁)、陈继超(文新集团广告部摄影部负责人)、王公坚(文新集团广告部负责人)、王一敏(上海电视台首席记者)。

我们还邀请了广告类、财经类业界资深专家来我院讲学,范建(德邦证券副总经理)、黄敏(东方财富信息有限公司)、杜衡、盛大、廖双辉(东方财富的副总裁)、楼迎军等。

上述教师均来自名校广告系广告专业和新闻专业及各大资深媒体的广告部门,具有丰富的理论与实践经验,有的在全国广告学界有相当高的名望,具有很高的教学水平,这对推动我校广告专业发展具有重要作用。

此外,我院还根据上海市教委有关上海部属高校支持一所本地高校的精神,与复旦大学开展共建,2011年4月与复旦大学签订了《共建上海市教委重点学科"商务传播学"协议书》,聘请复旦大学新闻学院骨干教师前来担任商务传播学核心主干课程的教学。

按照国家校企合作、联合办学的相关政策,我院与东方财富信息股份有限公司达成共识,联合共建,于2011年4月正式将我院名称变更为"东方财富传媒与管理学院",借此机会,我院也开始建构"双师型"师资队伍,东方财富每年注入资金100万元,主要用于聘请业界知名商界精英参与广告学专业建设。

通过上述努力,目前我院基本形成了"双师型"师资队伍。

2. 生师比

专业教师教师7人、外聘教师6人,现在校学生157人,生师比18:1。

3. 承担上课任务情况

专任教师承担上课任务信息见表2-30。

表2-30

专任教师信息表

序号	姓名	性别	年龄	专业技术职务	现从事专业	开设课程	专职/兼职
1	吕继红	女	61	教授	广告学专业	新闻采访与写作 财经传媒与商业新闻 广告文案写作	专职
2	程金海	男	39	副教授	广告学专业	广告文案写作 广告美学 中外广告案例赏析	专职
3	李志强	男	38	讲师	广告学专业	社会学概论 中外新闻传播简史	专职
4	申琦	女	35	讲师	广告学专业	市场调查与分析 传播学概论 消费者心理与行为 广告策划与创意	专职
5	倪琳	女	34	讲师	广告学专业	商务传播学 广告效果研究方法 中外广告法律与职业道德	专职
6	李雯	女	35	讲师	广告学专业	广告学概论 公共关系学 广告策划与创意	专职
7	吴培明	男	33	讲师	广告学专业	新闻采访与写作 广告文案写作	专职

4. 培养培训情况

通过选派教师、国内培训、企业挂职、鼓励教师攻读学位等措施提升师资队伍等水平,本年度李雯和申琦老师分别到复旦大学广告系和北京大学进修学习。

(五)实践教学

上海商学院作为应用型本科学校,特别重视实验室和实习基地的建设。在学校实验中心大楼专门设置了流通现代化实验教学中心,为全校学生开展实验教学提供良好的条件。

广告学专业目前已建好的实验室有：多功能微格实训室、商务舆情调查实验室、新媒体广告实验室、在建非线性编辑实验室（央财支持建设项目二期），共建摄影摄像实验室。并计划购置广告设计软件、广告市场调查相关软件如广告学模拟软件、新闻电子采编软件如方正飞腾排版系统等、企业广告学数据深度分析软件等，这些实验室的建设为实践教学的开展提供了良好的硬件条件。依照教学计划的需要，广告学专业课程中的实践教学环节也已开始在稳步推进之中。

在此基础上，我们还不断努力与广告业界联手打造实践教学基地，将具有实践经验的业界人士引入实践教学课堂。

广告学专业有明确的专业实习计划与实习大纲，统一安排实习单位，教师全程跟踪，实习报告齐全，实习效果良好，获得了实习单位好评。

1. 实验室建设情况

广告学专业规划建设有3个实验室：多功能微格实训室、商务传播舆情实验室、广告数字实验室；在建有：非线性编辑实验室（央财支持建设项目二期）；共建有：摄影摄像实验室。目前初步搭建好实验室平台，已建成商务传播舆情实验室，该实验室面向全校开设普适性实验课程，同时服务于广告专业实习。

实验室基本情况见表2-31。

表2-31

实验室基本情况表

实验室名称	面　积	座位数	备　注
广告数字实验室	135平方米	40人/每次	非线编系统、舆情调查系统
多功能微格实训室	108平方米	研究使用	南康电访专家V3.0软件系统、SPSS软件
商务传播舆情实验室	162平方米	88人/每次	

2. 实习基地建设情况

实习基地建设为本专业学生的认知实习、专业实习、毕业实习提供了较好的资源。

东方财富传媒与管理学院还积极探索产、学、研相结合的教学模式，与上海商业、天波等广告公司以及上海百联、闻通科技、复旦国家科技园等一批著名的商界企业建立了密切的合作关系，建立了学生的实训实习基地，为产、学、研结合培养广告与商务传播人才提供了研究基地。这不仅是学生实习场所，也是教师实践基地和"交互授课"的师资基地。

广告学专业还利用我校行业背景以及专业带头人的影响力，与多家企业及媒体建立了稳定的校企合作实习基地。同时与嘉之道汽车咨询（上海）有限公司、东方财富传媒集团等签订了合作协议，结合公司发展及对人才的需求，组建实习基地。目前广告学专业2009级79名学生、2010级78名学生中有60多名学生到嘉之道汽车咨询（上海）有限公司相关岗位实习，接触、了解企业实际工作过程、工作环境，使该专业学生能够较好地将理论知识与企业实践紧密结合，做到"源于实践、融于实践、高于实践、服务实践"，培养和造就一批具有较强实际动手能力和综合素质的人才。通过到企业实践，强调学生的参与性与主体性，从"以教为本"改变为"以学为本"，为我院培养应用型本科人才打下坚实基础。广告学现有稳定的校外实习基地8家，见表2-32。

表 2-32

校外实习基地一览表

序号	公司及媒体名称	实习内容
1	东方财富信息有限公司	认知实习、专业实习、毕业实习
2	嘉之道汽车咨询(上海)有限公司	认知实习、专业实习、毕业实习
3	上海天波广告有限公司	专业实习、毕业实习
4	申通快递有限公司广告部	专业实习、毕业实习
5	ADD创意工坊广告部	专业实习、毕业实习
6	上海商报	赠送商业软件,联合培训学生
7	上海复旦新技术发展有限公司	认知实习
8	天天新报	专业实习
9	华人世界杂志社	专业实习、毕业实习
10	新华社上海分社	专业实习、毕业实习
11	上海商业杂志社	认知实习

3. 毕业论文

毕业论文环节是实现专业培养目标的重要教学环节,是人才培养计划的重要组成部分,也是衡量办学水平及教学质量的重要评估指标。毕业论文是对学生掌握专业知识、应用专业知识的一次全面检验,毕业论文工作历来受到学校、二级学院的高度重视。

为使毕业论文管理工作更加科学、规范,进一步提高毕业论文质量,在多方调研、论证的基础上,我院制定了相应的毕业论文工作流程,并努力在"前期准备充分,中期执行有力,后期出色完成"的原则下,加强学生学科理论、知识与技能综合运用能力的训练,增强创新意识、创新能力和获取新知识的能力,培养严谨、求实的治学态度和刻苦钻研、勇于探索的科学精神,培养运用所学知识独立研究与论证的能力。

目前已制定针对老师、学生的一整套完备的毕业论文管理制度,从论文的基本要求,论文的选题、开题答辩,论文中期检查、论文预答辩、论文正式答辩等环节进行了规范。目前广告学专业已经开展论文选题工作。选题方向来源三个方面:一是企业提供;二是教师提供;三是学生自定。企业提供的论文选题和教师提供的论文选题方向均已向学生公布,供学生参考,并对学生自定的选题,已进行了三轮修订。然后,将所有选题提交给校外专家进行最终审定。在整个毕业论文准备过程中,有三个关键节点:一是论文开题报告答辩;二是毕业论文预答辩;三是毕业论文答辩。对于东方财富传媒与管理学院优才班,其学生论文以企业导师为主,实行校外校内双导师共同指导方式进行。

各阶段工作节点安排如下所述。

第一阶段:论文选题。论文选题阶段分三种方式进行:

(1) 学生根据自己兴趣结合广告学专业所学过的理论,确定论文题目。

(2) 教师结合自己的研究方向和研究课题设定论文题目。

(3) 企业根据自己的实际情况提供相应的论文选题。

第二阶段:确定指导教师,并撰写开题报告。学生在确定论文选题的同时确定指导教师,在指导教师的指导下完成论文的开题报告,并进行开题报告的答辩工作。如果开题报告的答辩没有通过,需重新开题并答辩。

第三阶段:文献综述与英文翻译。学生在完成开题报告的基础上,根据选题完成文献综述和英文翻译。要求至少阅读15篇与选题有关的论文,其中至少有2篇为外文资料,在此基础上完成文献综述,并将其中一篇英文资料作为英文翻译资料。

第四阶段:论文写作与答辩。

(1) 论文写作阶段至少经过初稿、修改稿、定稿三个环节,并依据东方财富传媒与管理学院有关规定完成相应的论文写作。

(2) 论文预答辩。对不符合规范的论文要进行修改,确保最后的论文答辩顺利完成。通过预答辩环节的学生毕业论文进行打印装订成册。

(3) 论文答辩。根据教委通知,确定论文答辩时间与答辩地点,完成毕业论文答辩及评定工作。

(4) 论文成绩登陆。答辩后经过答辩委员会评定论文成绩,并在学校规定时间内完成论文成绩的登录。

(5) 推荐优秀论文。经过答辩委员会最后审核,推荐优秀论文上报学校。

(六) 教学研究与改革

1. 内容与措施

根据广告学人才市场需求情况调查以及专业建设规划要求,合理设计专业培养方案,形成了富有特色的专业课程和核心课程体系,并予以具体实施。组织教师开展对教学方法、手段、内容改革的讨论,提高认识、统一思想,注意教学方式的多样化。根据课程特点和内容属性,采取以教师精讲为主,讨论、辩论、案例研讨为辅的多样化教学方式,以及请校外专家和企业界人士进课堂参与相关课程的授课,如在广告创意策划课程中,邀请了上海创意工坊董事长乐剑锋进课堂讲解"广告创意"等相关内容。积极改革教学方法,成效显著,必修课、选修课100%实施了多媒体教学;适当增加模拟教学;根据国家经济体制改革的新进展,为学生提供新知识与新素材;建立了"双导师制"、"交叉授课制"、"原创案例教学法"等。

规章制度是推进教学工作顺利进行、促使教学质量全面提高的重要保证。近年来,学院紧紧抓住本科新专业检查这一重要机遇,充分调动全院教师的主动性积极性,坚持新专业检查工作"以查促建,以查促改,以查促管,查建结合,重在建设"的原则,进一步明确本专业办学思想,理清思路,加大投入,强化管理,深化改革,凝练特色,学院教学水平显著提升,实现了快速发展。近年我校教学管理部门在课程建设、教材建设、教学改革、实践教学、学籍管理、考试管理等环节逐步形成和完善了一系列教学规章制度。同时,二级学院在保证学校规章制度执行的过程中,针对自身的实际情况制定了一些相关规章制度。学院在规范管理的前提下,教学活动的开展正进一步规范和完善,以最小教学单位——教研室进行的教学活动正在有序、多样化的开展,整体教学工作全部按专业教学计划进行,无教学计划和授课计划随意变动现象。教师调课基本上都是由于生病或外出开会等因素造成,并经过系主任、教学院长和教务处长的认可签字后才可以办理调课手续。

2. 成效

发表的学术论文有:《财经新闻采写与评析》(吕继红,2009年),《商务传播与经济社会发展》(吕继红,2010年)。列入校重点课程的有:《广告学概论》(吴培明),《广告美学》(程金海)。

(七) 教学管理与质量监控

1. 建立质量保证和监控体系

为加强对专业建设、课程建设指导和管理,学院成立了学院教学督导组,在组织制定(修订)和论证人才培养方案、教学大纲、实验教学大纲、实验项目等方面进行指导,特别是对教师的课堂教学质量监控进行督导。学院制定了相关配套的管理制度和质量监控体系,制定了各教学环节的质量标准。例如,教师听课制度、试讲制度、教师授课质量规范、教学大纲、课程标准、实践与实习大纲、实践实习达标标准、毕业论文指导手册和质量要求等。

本专业教学质量控制系统有如下特点:

(1) 多元化的教学质量评价机制。教学质量的评估是控制的重要出发点之一。因此,教学质量评价的科学性是教学质量控制的关键。传统上,教师教学质量主要通过学生成绩、领导听课等反映出来,评价主体和手段有些单一,得出的结论往往具有很大的随意性和不确定性,难以对教师教学质量的提高起到促进作用。为了克服以上弊端,本专业在教学质量评价中特别引入学生、教师、督导等评价主体,建立多元化的教学评价机制,取得了较好的效果。几年来,本专业每学期都开展学生评教、教师评教、督导评教等活动。学生参与积极性高、评价更科学、更全面、更客观、更准确。

(2) 顺畅的教学质量信息反馈机制。信息的传递渠道必须是通畅的,才能保证教学质量评价相关信息得到及时反馈,进行实时调控,起到应有的作用。为了有效地收集教学质量评价信息,除了通过教学管理部门组织定期的针对在校生、毕业生和用人单位的问卷调查外,还开通了校园BBS留言板、易班等,建立了广告学新专业导师制,本专业教师与学生见面会、师生交流会等制度,与学生建立了多渠道沟通途径。

(3) 有效的教学质量纠偏和激励机制。教学质量信息的反馈就是要通过信息的传递,对不利于提高教学质量的行为进行纠偏、对有利的行为进行激励,从而达到提高教学质量的目的。无论是处于纠偏或是激励的考虑,信息的反馈都必须是及时、明确和可操作的。我院建立了反映教学过程的工作改进表,针对每次校级教学督导提出的问题制定整改措施,如针对试卷抽查的整改措施、针对督导教学检查的整改方案等,同时学校建立了信息员制度,多方面及时发现教学过程中的问题,及时纠偏。

(4) 以过程控制为中心,多环节加强教学质量控制。传统的教学质量控制是采取输入与输出控制,即一方面对主讲教师的授课资格进行审定,作为教学质量的输入端加以控制,另一方面以学生的课程测试结果作为教学质量的输出端加以控制,中间的过程则不在控制范围之内。现代的教学质量控制已经发展到对教学的全过程进行控制,教学质量管理从封闭变为开放,从单一受控对象变为多元受控对象,从单门课程的控制转变为多层次综合控制。

本专业的教学质量控制注重对教学过程的分解,在总体的毕业生质量标准之下,建立了教学过程中各环节的具体质量标准,并采取多种手段切实做到对教学全过程的质量控制。

2. 开展教学评估和检查

(1) 建立教学工作规范,开展教学督导和教师教学测评活动,提高课堂教学质量。课堂教学是教学过程的核心环节,因此,提高课堂教学质量是教学工作的重中之重。为了顺利开展督导工作,对教师的教学工作进行科学测评,本专业先后制定了一系列规章和文件,对备课、教学手段、教学进度、教学内容、教学方法、教学组织、教学态度、教学效果等十多个要素进行多方面测评,充分发挥了教学督导在提高课堂教学质量中的重要作用。

过程检查采用学期授课三级检查制,即学期初教学工作准备检查、学期中教学进程检查、学期末教学总结检查。同时对教师授课的教学日历、教学方案、讲稿、多媒体课件等进行规范要求和检查。通过这些规范管理保证该专业的教学秩序和教学质量。

(2) 注重过程考核,以考试改革推动教学质量的提高。考试是教学过程的最后一个环节,考试的质量同样会对教学质量产生影响。3年来,广告学专业实施了以过程考核为重点的课程考试改革,促进了考试过程的科学化和教学质量的提高。在具体措施上,由于理论课和实践课教学的特点不同,学院要求在考试中实行侧重点不同的考试方式:理论课以总结性考试为主,重点推行教考分离、开卷考试和笔试考试,同时也注重形成性考核;实践课以形成性考核为主,重点考查学生在平时对实践课要求的技能操作、技术应用的每一步、每一环节的掌握和应用程度,同时也注重总结性综合技能考试。以上考试改革措施的实施,对任课教师的教学和学生的学习均产生了较大压力,使得师生在教与学中自觉地采取各种措施,如使用新的现代化教学手段、改革教与学的方法等,努力提高教学质量。

(八) 教学效果

(1) 学生基本理论与基本技能(学生基本理论与技能训练措施,各类技能大赛、大学英语四六级考试过关率、计算机等级考试通过率、普通话测试通过率等)。

(2) 学生综合素质(综合素质训练提升举措、体育、大学生心理健康教育情况等)。

(3) 社会声誉(毕业生学位授予率、考研率、毕业率初次与年度就业率、质量跟踪机制、用人单位满意度等)。

三、本科教学工作亮点

本专业的主要特色是:
(1) 办学指导思想注重广告、商务导向,以商为本培养现代广告服务传播人才。
(2) 创办产学研结合的模式,在广告专业学生中选拔优才班人才,精心培养使他们即懂广告又懂商务和财经的人才。
(3) 为了培养应用型人才,积极与企业合作,使学生们定期到企业实习,并参与研究工作,做到企业、教师、学生三合一搞科研。科研项目进课堂。
(4) 请211工程大学名校名师和企业的资深专家来学校对学生讲学,由此带动了应用型教学的改革与发展。

四、存在问题与改进措施

(一) 存在问题

作为一个新创办的专业,在取得成绩的同时,也还存在有待持续改进的问题。主要有:

1. 实践教学有待进一步完善

广告贵在实践,所以,广告专业的成败很大程度上取决于实践教学环节。目前的实践教学,尚存在与理论教学脱节、教师实践教学能力有限等问题有待进一步完善。

2. 课程教学方式有待进一步改进

以教师讲授为主的课程教学方式虽然已经有较大改进,但仍需要不断提升。广告专业的课程教学方式的努力方向是——以学为主,让学生在教师引导下主动学习。教师在开课前必须根据讲课主题,做大量的准备工作,开列相关的参考文献,提出相关的思考问题,提供相关的分析案例,课堂应该是交锋观点、师生互动、头脑风暴的场所。但现有的教师在教学方法上还需要进一步掌握多媒体的运用以及案例教学等新教学方法的运用。

在存在问题的改进措施上,我们计划进一步提高教师的实践教学能力,增加课程教学的实践教学环节。多邀请名师为教师进行示范教学,帮助教师掌握多样教学方法、多样教学手段,不断增强教学效果。

(二) 改革措施

进一步加大实践教学环节,与多家著名的软件公司签订基地建设项目,满足本专业学生的专业实习、毕业实习的实践教学要求。加大校内实验室建设。教师分期分批学习软件知识。对本科学生也要进行综合训练。

图书资料要更加丰富,并购买数据库,为本专业教学与科研提供更好条件。

课程建设要有新突破,经过 2 年的时间,争取有课程成为市级重点课程,争取更多的教师获得校级重点课程。

文法学院教学质量年度报告

一、学院简介

文法学院成立于2011年,由上海商学院原法政学院、基础部合并而成。新组建的文法学院下设法学和社会工作2个专业,分别负责法学和社会工作2个专业的本科教学和专业建设,同时承担着全校的大学语文、高等数学和体育等公共课。法学专业2011年为上海市教委"085"项目重点建设专业。文法学院每年招收本科生约160人。法学与社会工作专业现有专职教师9名,其中教授2名,副教授3名,讲师4人。法学专业被授予上海商学院"优秀教学团队"。

文法学院的法学、社会工作2个本科专业共有学生300余人。在人才培养方面,学院坚持"厚基础、宽口径、重应用、国际化"的人才培养目标,以明确的学业要求与社会意识制定人才培养方案,注重学生基础知识的积累以及综合能力的培养,使学生具有扎实的理论基础、实践能力和创新意识,不断提升学生自我发展的能力。法学专业培养懂法律、懂经济的复合型应用人才。社会工作专业培养懂社会工作、懂法律、懂心理学的复合型应用人才。

奉贤区人民法院、奉贤区人民检察院、奉贤区司法局、上海市提篮桥监狱、上海市自强社会服务总社、上海市新航社区服务总站、上海市奉贤区思齐服务总社等为文法学院签约实习单位,文法学院与他们建有长期稳定的校企合作关系,为提升文法学院的人才培养质量,为学生的专业实习与就业创建了良好的条件。

二、教学工作基本状况

(一) 教学工作

1. 教学工作思路

文法学院教学工作的总体思路是从基础规范建设、外延建设向特色建设、内涵建设转变,在专业建设、课程建设、实践教学建设、教学队伍建设、教学研究和教学改革等方面实现新的突破。基于上海商学院的定位及办学理念,法商结合、社企结合应当成为法学专业和社会工作专业建设的亮点与特色。为此,在课程建设、师资队伍建设、教材建设、教研教改和人才培养目标等方面应系统地贯彻这一专业建设理念。在课程建设方面,我院构建理论课程与实践课程相衔接的课程特色,改变重理论课建设轻实践课建设的观念,探索理论课程与实践课程相互促进、相互衔接的课程体系。在人才培养方面,我院构建厚基础与强能力并重的法律人才、社会工作人才培养特色,改变重知识传递、轻能力培养的人才培养模式,建立一种知识教育与能力培养并重的人才培养模式,培养理论功底扎实,实践能力娴熟的应用型复合型人才。

文法学院在重视教学工作的同时,正确认识和处理教学与科学研究的关系,始终把培养治国之才、管理之才和服务之才作为全院教学的根本任务。

2. 教学中心地位落实

通过多年的努力,学院在落实学校教学中心地位的文件、制度和措施方面取得了一定的成效。

(1) 加强领导力量,实行院长负责制,明确院长是教学质量的第一责任人,教学副院长分管日常教学工作、专业学科建设和实验室建设。

(2) 学院把教学工作纳入重要议事日程,党政联席会议注重研究教学工作,坚持院领导系部主任听课制度,掌握教学工作的第一手材料。

(3) 不断完善质量监控体系,充分发挥学院教学工作委员会、教学督导小组等组织机构的作用,制定一系列强化教学中心地位、保障教学质量的规章制度。

(4) 在学习培训、评奖评优、学期分配等方面,向教学一线教师特别是骨干教师倾斜。

(5) 充分发挥教师主体作用,弘扬尊师重教风尚,学院管理中的有关重大事项均经全体教职工会议讨论,广泛征求意见。

(二) 人才培养

1. 人才培养目标定位

依据上海商学院办学定位,文法学院下设的2个专业的人才培养目标定位于培养应用型复合型人才。

法学专业人才培养目标定位:本专业培养适应社会主义市场经济建设需要的,系统掌握法学知识,掌握现行流通法律、法规,了解商贸、物流、连锁等流通经济与管理基本理论,实践能力强,能胜任我国流通行政管理机关、执法机关、流通企业事业单位、社会团体、法律中介服务机构以及政法机关法律工作,具有复合知识结构特点和创新能力的实践型、应用型法律专业人才。

社会工作专业人才培养目标定位:本专业培养具有商科背景,熟悉商业和企业运行,掌握社会工作理论、知识及技能,认同社会工作价值观,且可为商业企业提供社会工作专业服务、承担社会组织的管理和服务工作或在工会、青年、妇女等社会组织和其他社会福利、社会服务与公益团体及社区从事社会工作的应用型专门人才。

2. 人才培养方案修订

法学专业2008年开始招生。法学专业人才培养方案是参考了国内许多同类大学法学专业人才培养方案,并进行了必要的实地调研与考察,先后到上海对外贸易大学、上海立信会计学院等进行调研,在征求和参考华东政法大学、上海财经大学、上海对外贸易学院及上海立信会计学院等高校专家意见的基础上,形成了法学专业人才培养方案。

社会工作专业2010年开始招生。社会工作专业人才培养方案是参考了华东理工大学、华东师范大学、上海立信会计学院等多所高校的专业人才培养方案,并进行了实地调研与考察,在征求和参考华东理工大学、华东师范大学、上海立信会计学、上海师范大学等高校专家意见的基础上,形成了社会工作专业人才培养方案。

3. 人才培养模式创新

我院认为，创新人才的培养，必须高度重视对学生能力的培养，确定科学的能力培养模式，主要包括学生思维能力、实践能力和写作能力的培养，也即培养学生动脑、动手、动笔的能力。创新人才培养模式既能继承高等教育的传统优势，又能具备面向社会的创新优势。根据我校的办学理念，现有的师资力量及办学条件等情况，我们认为法学专业和社会工作专业人才培养模式的创新可以采取联动式人才培养模式和联合式人才培养模式。所谓联动式人才培养模式是指可以试行教育资源整合配置，即各院校教育资源的合作和国内外教育机构的联合，资源共享，各校互相承认学分。所谓联合式人才培养模式是指与企业合作，校企联合，培养企事业单位和社会急需的应用型人才。

（三）专业与课程建设

1. 专业建设措施及成效

专业建设是重要的教学基础建设，专业水平是办学水平的重要标志，专业建设工作直接关系到人才培养的格局与质量。文法学院十分重视专业建设，为切实搞好专业建设工作，尽快提高我院的专业建设水平，各专业建设均制定了专业建设规划以及专业建设目标，按照新专业检查6大项一级指标、19项二级指标，做好新专业建设工作。具体措施为：

（1）加强师资队伍建设，建设一支既有较高学术水平、教学水平，又有较强实际工作能力的"双师"师资队伍。

（2）要求教师将科学研究成果和学科前沿知识融入教学之中，不断更新教学内容，形成有自身特色的、与专业特点相适应的教学方法。

（3）建立有利于培养学生动手能力和创新能力的实践教学体系。

（4）强化学生实践能力和创新能力的培养。

专业建设截止到2011年8月31日取得的成效有：

法学专业是上海商学院"十二五"内涵建设项目规划（085方案）中，重点建设的5个学科专业之一。

法学专业教学团队被评委"上海商学院优秀教学团队"。

2. 课程建设措施及成效

课程建设是专业建设的基础。文法学院在进行专业建设时，高度重视课程建设，法学和社会工作专业均制定了课程建设规划与措施。

（1）要求各专业加强课程基础建设，完善教学基本文件；对各门课程提出具体建设要求，包括课程教学大纲、教学规范的适时修订；选用国家规划教材、获奖或推荐教材；及时编写、整理与修订讲稿、教案和课件等。

（2）在课程体系设计上，注重对学生基本能力素质的综合培养，加大实践教学课程的比例。

（3）突出实务性课程，加强实验室建设和课程网络平台建设，推进教育信息化步伐，提高学生的实践能力和运用现代信息技术的能力。

（4）根据校外专家意见和兼职教师的建议，开发特色课程。

（5）加强重点课程建设。

截至2011年8月31日课程建设成效见表2-33。

表 2-33

法学、社会工作专业课程建设立项

序号	课程名称	责任人	级别、性质	起讫时间(年)	经费(元)
1	民法(一)	刘建民	上海商学院重点课程	2009—2011	2万
2	法理学	段宝玫	上海市重点课程	2011—2013	3万
3	法理学	段宝玫	上海商学院重点课程	2009—2011	2万
4	经济法	张 影	上海商学院重点课程	2010—2012	2万
5	知识产权法	王红珊	上海商学院重点课程	2011—2013	2万
6	个案工作	陈蓓丽	上海商学院重点课程	2011—2013	2万

(四) 师资队伍

1. 数量与结构

法学与社会工作专业现有专任教师9人,硕士研究生及以上学历比重为88%,高级职称比重为44%,"双师型"教师比例达55%;聘请了10余名校内外特聘教授和教师。在年龄、学历、职称等方面的结构正逐步趋于合理。专业课和专业基础课主讲教师的数量和结构能满足基本教学要求。

2. 承担上课任务情况

专业教师严格执行教学计划和落实人才培养方案,从严执教,坚持教书育人,教学质量好。学生测评专业教师的教学效果良好以上的占90%。教师均能根据教学需要,布置、批改作业,主动利用课余时间指导学生科研项目,收到积极成效。除完成本专业的教学任务外还承担了全校的通识课、普适课及公共选修课。

3. 培养培训情况

已选派一名教师到实际工作部门挂职锻炼半年,提供了教师的业务能力与水平。加强"双师型"师资队伍建设和国际化师资队伍建设,提升法学师资队伍的综合素质,已纳入085项目计划。3名青年教师在攻读博士学位。

(五) 实践教学

校内通过模拟法庭等实验(实训)室的建设,在实践教学中启发学生的创造性思维,实现理论课程教学与实践应用接轨。

校外实践教学基地建设和产、学、研基地建设。在原上海市消保委等15家实践教学基地的基础上,继续巩固、完善实践教学基地运行机制。

产、学、研特色项目(基地)建设。与培养应用型人才相结合,扩大与提升"消费维权志愿者上海商学院联络站"、"上海商学院调解中心"产、学、研特色项目(基地)的服务领域和功能。推进高校参与企业、消费者法律服务机制的发展与完善,提升教师、学生的社会服务能力和实践能力,增强学生就业竞争力。

(六) 教学研究与改革

1. 内容与措施

文法学院教学改革的基本思路是积极探索"以商立校"理念下的法学社会学专业建设,

不断提高教学质量,强化过程管理,稳步推进特色专业建设,努力创建精品课程。重点是加强实践教学环节建设和课程建设,不断提高教学质量,加强教学过程的监控,积极开展校企合作。

文法学院开展教学研究与改革采取的措施主要有：

(1) 建立竞争机制从教师和学生两方面加强过程控制,采取一定的激励手段,提高教师的责任心。

(2) 强化教研活动。教研活动事先安排讨论的主题和范围,研究教学内容、教学方法、教学手段、考核办法,并统一教学进度。学院对教研活动进行指导;对教学过程中的教材及教辅资料选用、教学内容及方法、教与学的效果等进行分析,总结经验教训,不断提高教学质量。

(3) 加强教学督导。学院教学督导组对教学质量进行过程监控,对教师的教学内容、教学态度、教学方法及教学环节等跟踪检查与考核。

2. 成效

(1) 获奖：刘建民获得2011年上海商学院教学名师荣誉称呼。

(2) 发表教改论文,及教改研立项。分别见表2-34和表2-35。

表2-34

教 改 论 文

序号	论文作者	论文题目	发表时间/期号	发表刊物
1	张 影	司法考试背景下本科经济法课程教学改革的思考	2011年第2期	经济研究导刊
2	刘建民、段宝玫	法学实践教学品牌建设与创新人才培养	2011年6月版	法治与社会论丛,知识产权出版社
3	段宝玫、刘建民	高校法学教育资源对接大调解机制的探索与思考——以上海商学院调解中心为例	2011年6月版	法治与社会论丛,知识产权出版社

表2-35

教 改 研 立 项

项目名称	项目主持人/项目参与者	项目类型、来源	批准时间(年)	结题时间(年)
1. 高校法学实践教学对接大调解机制的探索与研究	刘建民	上海商学院教改课题	2011	在研
2. 食品安全法治案例实验课程研究与开发	刘建民/林沈节	上海商学院教改课题	2011	2012
3. 法学专业实验教学体系建设研究	刘建民	上海商学院教改课题	2011	2012
4. 本科法学教育与司法考试互动关系探究——以经济法课程为例	张 影	上海商学院教改革课题	2010	2011

(七) 教学管理与质量监控

1. 教学管理（管理队伍、管理改革）

文法学院法学社会工作教学管理有4人，教学副院长1人，系主任2人，教学秘书1人，其中教授1人，副教授1人，讲师1人，行政人员1人。人员结构基本合理，队伍比较稳定。教学管理人员责任心强，工作兢兢业业，任劳任怨，全心全意为学生服务，为教师服务，业务能力和管理水平较高。

2. 质量监控（督导、学生评教、教师评学等）

文法学院设有教学委员会和督导小组，形成系、二级学院、学校三级质量监控体系。通过听课、学生座谈会、集中与分散教学检查等手段，定期进行检查和评价，发现问题及时反馈、沟通和处理，确保教学质量。

(八) 教学效果

1. 学生基本理论与基本技能

文法学院鼓励学生参加体现自身能力与知识的技能竞赛。具体情况如下：

(1) 法学2008级四级通过率达89.6%；六级通过率达52%；计算机一级达75.7%。

(2) 法学2009级四级通过率达80.8%；六级通过率达21%；计算机一级达71.3%。

(3) 法学2010级和社会工作2010级尚未参加大学英语四六级考试及计算机一级考试。

(4) 法学082班和法学092班团支部被授予上海商学院"五四红旗团组织"。法学专业共有27名同学被授予上海商学院"优秀团员"和"优秀团干部"荣誉称号。

(5) 法学08级冯艳婷、袁博同学，法学09级何瑾、叶凌雨、高寒等同学获全国大学生英语竞赛二等、三等奖。

(6) 在国家版权局主办的，有来自北大、人大等名校参加的2011年全国大学生版权征文活动中，法学082班张可人同学获三等奖，法学081班陈龙源同学获"鼓励奖"，我校获组织奖。

(7) 在历年校级辩论赛中取得优异成绩，表现出良好的专业素养，2008年法学专业获校辩论赛团体第二名，2009年获得新生辩论赛第一名。

2. 学生综合素质

文法学院注重学生全面发展，不断提升学生综合素养，主要表现在：

(1) 自主管理。学长制建设，通过高年级学生以平等、博爱的精神与新生实现良性互动的大学生自我管理模式。优秀学长从思想、生活、学习、工作等方面对"新学长"进行了培训，对重点工作进行了指导，以便我院继续不断完善学长制工作。

(2) 学生科研。我院非常关注学生的科研能力，专业教师和辅导员指导学生申报学生创新课题，学生参与度高，多篇文章在学校学报上发表。

(3) 专业素质。在文法学院领导班子和党总支团总支的带领下，在学院辅导员、各专业教师积极配合下，团总支学生会组织学生开展了一系列有意义的课余活动，丰富了同学们的课余生活，同时也活跃了校园文化气氛。消费维权者协会和大学生法制协会是我们学院的2个专业性社团。消费者维权协会每年参与徐汇区消保委的志愿活动和相关维权活动，并参与消保委的各项课题调研,取得良好效果。大学生法制协会每年承办校法治文化节活动,开展一系列丰富多彩的专业活动,如法官进校园、商法论坛、法制电影展播、知识竞赛、宪法宣传。

(4) 社会责任(主要包括各类志愿者服务和义务献血等)。2011年5月,2008级法学专业罗燃同学发起"爱心贵州助学活动",发动全校师生为贵州毕节地区达乃扒小学捐款共16 000多元,帮助小学生们买书包、字典等学习用品,并组织志愿者赴贵州支教,体现了法学专业学生心怀祖国、情系百姓的学子情怀。该项目获上海市委宣传部、共青团上海市委举办的上海市大学生暑期社会实践活动优秀项目,罗燃同学获"先进个人"荣誉称号。

大学生法制协会每月20日组织同学参加"好八连"南京路上为民服务活动;每年5月25日,开展心理征文比赛、心理讲座等系列活动,提高自信心和团队协作精神。法学2008—2011级同学参加义务献血人数累计达到113人次。50多名学生志愿者参加上海世博会。

党团组织还组织学生到曙光小学支教;开展宪法宣传周活动;与"南京路上好八连"一起进行法律咨询活动,等等,收到社会各界的好评。

(5) 学生文体活动。目前在校的全院学生,身体素质情况较好,各班级身体素质测试,平均80%以上同学通过达标,不同班级有差异。奉贤校区大一、大二、大三年级通过早锻炼方式来提升学生身体素质,培养学生良好的体育运动习惯。

另外,我院学生积极参加学校组织的篮球赛、足球赛和羽毛球赛等,在女子双打、男子双打均二等奖。同时在学院内部班级之间举办二人三足、拔河比赛等趣味运动会,每个班级有学生代表参加,得到了很好的锻炼,并联结了同学之间的感情。

(6) 心理健康建设。学院于2011年5月开始每学期都开展心理健康月活动,有效地推进了我院学生心理健康的宣传与建设工作。通过新生心理筛查、心理委员培训、心理嘉年华(包括心理游戏、心理讲座、户外拓展、团体辅导等)、心理电影院、心理趣味闯关、心理宣传、心理情景剧排演、心理微电影拍摄等活动,构成整个心理健康月活动的主要内容,普及心理健康知识,普及悦纳自我、关爱他人的理念,引导学生以良好、阳光、理智、健康的心态面对大学生活。

所有新生一入学就在网上进行SCL—90测试,在躯体化、强迫症状、人际关系敏感、抑郁、焦虑、敌对、恐怖、偏执和精神病性等9个维度中,发现学生的主要问题集中在焦虑、抑郁和人际关系敏感。我院未发现严重心理问题者。

大一新生用不同主题召集同学,开展细致专业的小团辅活动(人数在6~12人左右)。主题包括:如何建立自己的圈子(人际关系困难同学);独自支撑我的一片天(经济困难同学);路,在脚下(高考失利和专业认同度低同学);互助俱乐部(各种认为自己有问题,但非上述所列),同学在参加活动前后变化明显,有了志同道合的朋友,社会支持系统是非常有效的支撑,学会表达和寻找资源改变。

这样一个仪式性的活动,有着独有的象征意义——将烦恼写在风筝上,放它离开;把梦想刻在风筝上,让它飞扬。每个小组2~3人,在风筝上写上自己的烦恼,与其告别;再郑重写上自己的梦想,放飞在天上,希望它迎风飞扬,梦想成真。

图文并茂、喜闻乐见的形式,一张简单的报纸,传阅到每个人的手中,传递知识与关爱。一面介绍心理学知识,给同学们支招,如何给心理减压,选择做个乐观者还是躲在壳里的悲观被动者等等;一面介绍电影里的故事和名人的心理问题。我们从来不是独行者,从他人的经验中学习。

内容丰富的心理健康手册是我们宣传的重点和有力工具。我们不是等着问题发生,去解决问题。而是在问题发生前,先去预防问题的发生,做好前期的宣传和教育工作,让问题萌芽状态被发现,学生学会自我调适的方法,去化解问题。通过它能让大学生更好地认识自己,预防和缓解心理问题,了解心理健康对成才的重要意义,树立心理健康意识,优化心理品质,增强心理调适能力和社会生活的适应能力。

三、本科教学工作亮点

2010—2011学年,在全体教职员工的支持和配合下,围绕学校本年度教学工作目标,以全面提高教学质量为中心,进一步规范教学管理,课程建设和教育科研有序推进,主要有以下亮点工作。

(一) 创新人才培养模式

以法学专业学位授予权评估为契机,在广泛调研的基础上,认真研究人才培养模式。在人才培养方案中,坚持"学科知识、专业技能、通用能力同步提升"的教学理念,坚持"专业学习、社会实践、人文素养三位一体"的应用型人才培养模式。

(二) 探索实践教学模式

积极探索"双向三进互动"实践教学模式。在高校系统首倡设立"消费维权志愿者上海商学院联络站"、"调解中心"等新型实践教学平台,实现文科课堂教学与实践应用接轨;注重探究型实践教学和课题调研活动;注重"第二课堂"建设,通过"大学生法制协会"等专业型学生社团,拓展高校第二课堂。专业实践融入到学生的日常生活中,既培养了学生的专业素养,又丰富了校园文化、学风、校风建设的内容。

(三) 教学质量监控落实到位

成立教学指导委员会和督导小组,形成系、二级学院、学校三级监控体系。通过听课、学生座谈会、集中教学检查等手段,定期进行检查和评价,发现问题及时反馈、沟通和处理,确保教学质量。

(四) 积极推进教学方法改革

学院积极开展教学方法和教学手段改革,提倡以启发性、讨论式、探究式的教学方法替代传统的单项灌输式教学方法,倡导使用系统讲授法、课堂讨论法、指导阅读法、体验学习法、科学研究法、网络学习法等多种教学方法进行教学,起到了良好的教学效果。

四、存在问题与改进措施

(一) 存在问题

1. 人才培养方案需要进一步修改与完善

法学专业和社会工作专业的人才培养方案分别是2008年和2010年制定的,当时学校并未明确提出"以商立校"的理念,故这一办学思想在人才培养方案中的体现不够深刻和全面。

2. 师资力量明显不足,师资结构不尽合理

这个问题主要体现在社会工作专业上。这个专业目前师资力量比较薄弱,师资结构也不尽合理。

3. 实习实践环节有待进一步充实与完善

我校定位是培养应用型本科人才,故实习实践教学环节在教学过程中的地位应当更凸显其重要性,对专业实习和课内实践环节还需进一步调研与论证,以便进一步充实与完善。

4. 教学管理尚需进一步规范

5. 青年教师教学基本功还有进一步提升的空间

(二) 改进措施

以专业建设为重点,以教学规范化和强化实践教学为抓手,迎接专业学位评估。

1. 修订人才培养方案

对财经类院校法学和社会工作专业人才培养方案调研后,在我校办学理念为指导的基础上,提出人才培养方案的修改稿,请校外专家和行业专家对两个专业的人才培养方案修改稿进行论证,制定2012年人才培养方案。

2. 加大人才引进力度

特别是社会工作专业师资力量明显不能适应本科教学的需要,急需引进具有博士以上学历的专业教师。

3. 根据实习单位提出的建议,修改专业实习大纲

在专业实习环节,根据实习单位提出的建议,修改专业实习大纲,并与教务处协商妥善安排专业课授课时间;社会工作专业的课内实践学时没有达到学校要求的学时,这个问题将在修改人才培养方案时一并解决。

4. 加强教学常规工作的管理

教学常规工作作为教学工作基本环节,是提高教学质量的基本保障。学院将切实加强领导,完善教学管理文件和教学资料,加强教学常规检查。

5. 加强对青年教师的培养

通过鼓励教师参加"青年教师基本功大赛"和丰富多彩的教研活动以及传帮带等各种措施,尽快提升青年教师的教学水平。

第三编
专业教学质量年度报告

连锁经营管理专业教学质量年度报告

一、专业简介

(一) 专业设置沿革

2005年,上海商学院在全国本科院校中率先创办了《连锁经营管理》本科专业。该专业于2005年被国家教育部批准为全国第一个目录外本科试点专业,当年实现招生并被上海市教委立项为本科教育高地项目。2008年,连锁经营管理专业教学团队获得上海市首届市级教学团队称号;2009年,基于该专业的教学成果《连锁经营管理专业本科教学体系研究与探索》获得上海市教学成果二等奖;同年,该专业被批准为教育部特色专业建设点;2011年,该专业被批准为上海市教委"十二五"重点建设专业。

该专业以应用型本科定位为前提,以应用型人才的培养为导向,以产、学、研结合为抓手。经过多年的努力建设,该专业不仅首次构建了完整、系统的本科专业教学体系,而且进行了相应的建设。本专业累计接受了来自全国各省市的100多名教师的进修和培训。连锁经营管理本科专业建设成果已初具规模,已经并将继续对全国各高校产生辐射作用。

(二) 人才培养

1. 培养目标

本专业培养具有管理、经济、法律、信息技术等方面的知识,掌握现代连锁经营管理的理论知识和技能,具有创新精神和较强实践能力,能在各类流通企业,特别是连锁零售企业从事连锁经营的应用型高级管理人才。毕业生适应岗位有:连锁企业总部及区域的管理岗位;连锁企业配送中心管理岗位;连锁门店管理岗位等;其他商业或服务业相关管理岗位。

2. 培养规格

本专业培养适应现代企业需要的本科层次的应用型连锁经营管理专业人才。毕业生应获得以下几个方面的知识和能力:

(1) 掌握管理学、经济学的基本原理和现代企业管理的基本理论、基本知识。
(2) 掌握连锁经营管理的理论和知识。
(3) 熟悉连锁经营相关法律法规。
(4) 具有较强的语言与文字表达、人际沟通以及分析和解决商业企业管理工作和问题的能力。
(5) 具有较强的计算机方面的应用能力及信息技术应用能力。

(6) 具有一定的文献检索能力、科研能力及创新能力。

(7) 了解本学科和专业的理论前沿和发展动态。

(三) 专业资源

1. 师资队伍

本专业现有专业教师9人,年龄分布在30～50岁之间,其中,40岁以上教师占44%,30～40岁占67%。现有教师中50岁以下全部为硕士以上(包括硕士)学历,其中博士3人,占33%;教师整体梯队结构合理,其中教授2人,副教授2人,讲师4人。拥有全国知名的零售专家顾国建教授。团队教师以商业为研究核心,分别拥有不同的研究方向,学缘结构合理。已初步建成了一支专职与兼职相结合、符合本专业教学和科研需要的教师队伍。本专业团队教师2008年获得上海市首届市级教学团队称号。见表3-1。

表 3-1

师资队伍信息

姓 名	年龄	学历	职 称	研究方向
王胜桥	44	博士	教授	人力资源和连锁经营
冯国珍	47	硕士	副教授	企业管理
曹 静	38	博士	副教授	流通经济
顾国建	58	本科	教授	流通经济
郑 蓓	44	硕士	讲师	工商管理
沈荣耀	36	硕士	讲师	流通经济
姜 何	31	硕士	讲师	连锁经营
焦 玥	31	博士	讲师	消费者行为
侯宏亮	37	硕士	助教	GIS商业分析与商业智能

2. 课程建设

上海商学院的连锁经营管理专业在国内院校中是最早建立的,开发了完整的课程体系,并根据行业发展情况和专业建设情况对课程体系进行过多次调整,达到相对完善的程度。国内开设连锁经营管理专业的学校大都参照上海商学院连锁经营管理专业人才培养的方案。本专业初步进行了课程资源库建设,并且正在不断完善。该专业通过教学与社会、经济发展相结合,不仅了解学科、行业现状,而且能追踪学科前沿,及时更新教学内容。通过采用先进的教学手段,引导学生进行研究性学习和创新性实验,培养学生发现、分析和解决问题的兴趣和能力。在本专业核心课程中,目前拥有上海市精品课程1门,上海市全英语课程1门,上海市重点课程3门,上海商学院重点课程3门。

3. 教材建设

连锁经营管理专业目前共出版专业教材达几十本,其中多本获得省部级奖励。在2005

年该专业被批准进入本科后,在经过多次专家论证基础上,最终确定该专业的核心课程体系。2008年,开发了全国首套连锁经营管理的本科教材,目前正在进行第二版的修订和编写。考虑到该专业目前在国内尚属首创,该专业积极借鉴国外相关专业的研究精华,引进和使用国外优秀教材,从而丰富该专业的教材内容。

4. 实践教学

根据连锁经营管理专业特点和学生毕业实习需要,本专业已建立了百联集团、沃尔玛华东百货有限公司、国美电器集团等10多个稳定的教学实习基地。目前这些实习基地主要是为本专业学生提供社会调查、专业实习和毕业实习等活动场所。在实习过程中,本专业经与企业沟通,适当增加了学生的轮岗次数,减少实习教师的带教数量,从而有效提高实习质量。2011年度共有约180名学生进入实习基地参加各种专业实习和毕业实习,实习过程中为每位学生分别配备1名专业老师和1名企业实践导师,时刻关注实习学生的学习和生活情况,使实习的质量有了很大的提高,受到了学生的一致认可。

通过自主开发与社会购买及捐赠等方式,对实验室进行多重改造和升级;在实验教学中,注意模拟实验和社会实验的紧密结合,为学生提供最直接的实验指导,使学生能充分结合实验学习相应的理论知识,并能在实验过程中掌握一定的创业技能和手段。

5. 教学手段方法

在教学实践中,将连锁经营管理理论知识与实践密切联系起来,通过采用多种教学手段,调动学生学习的主动性。主要有:

(1) 改进课堂教学。通过交互式的学习活动,调动学生课堂学习的积极性。

(2) 突出案例教学。通过大量案例的总结、分析和讨论,提高学生认识问题、分析问题和解决问题能力的捷径。本专业课程的学习通过借鉴MBA教学案例的经验,对连锁经营管理案例进行深入的挖掘,为学生提供更多更好的案例。

(3) 注重实验教学对学生实际能力的培养。通过在课程教学和专业实习中引入不同的教学软件,探索以实验为基础、以解决问题为中心的实验教学模式。

(4) 加强综合训练。充分利用专业实习和教学中的综合实验环节,通过专题活动,引导学生获得完整的连锁经营管理理念。

6. 学生情况

本专业现有在校学生约350名左右。截至2011年8月底,2008级和2009级专业学生通过国家外语四级、六级考试比率分别约为80%和30%。计算机一级等级考试通过率为50%。参加上海市"营销师"和"营业员"高级职业技能鉴定88人,合格82人,通过率为93%。

本专业自2007年开始,每年都鼓励学生申报大量的研究课题,通过竞争方式从中筛选出10个左右的学生项目,2011年约有8个学生项目立项,这些学生在指导教师的带领下,进行科研资料的搜集、整理、调查和撰写工作,并提交研究报告。提高了学生对科研工作的初步了解,加深了本专业知识了解的深度和广度,部分学生的科研论文得到了公开发表,大大提高了学生的科研热情。

连锁经营社团是我校最大的一个学生社团。该社团的指导教师为连锁经营管理专业的老师,每学期该社团都会组织社团成员外出参观调研,并组织各种社团活动,提高学生对于该专业和行业的了解。

二、本专业全国布局现状

(一) 专业点布局现状

目前开设连锁经营管理本科专业的学校有7所,包括北京城市学院、广东职业技术学院、天津滨海职业学院、北京财贸职业学院、上海商学院、西安航空学院、重庆师范大学涉外商贸学院。另外,北京师范大学—香港浸会大学联合国际学院、北京师范大学珠海分校、北京航空航天大学北海学院则开设了特许经营管理专业。开设连锁经营管理和特许经营管理专业的本科学校分别位于北京、上海、广东佛山、广东珠海、天津滨海新区、西安、重庆、广西北海。从地域分布情况来看,都处于商业较发达地区或省级商业中心城市,在人才培养上对地区商业辐射支持能力强。其中,开设连锁(特许)经营管理本科专业的,广东有3所学校,广西有1所学校,涵盖了东南沿海经济发达地区;北京有3所学校,天津有1所学校,辐射能力及于京津经济区域;西安、重庆各1所学校则为中西部、西北的省会城市提供商业人才支持;上海则只有上海商学院一所学校开设本科连锁(特许)经营管理本科专业。

在专科层次上开设连锁经营管理专业的学校达131所,在全国各地都有分布。开设连锁经营管理专业专科的学校,在地域分布上仍受商业发展程度和地区专科学校数量两个因素的影响。开设该专业学校数量较多的省市有广东、福建、江苏,其次为广西、山东、北京和四川。

(二) 做得最好的院校

我校连锁经营管理专业是全国范围内做得最早的专业,在全国开设同类专业的院校中处于领先地位,具有很强的影响力。优势地位主要表现在以下几个方面。

(1) 建立了完善的课程体系和教学文件体系,编写了全国第一套的本科教材,成为国内同类专业参考的对象。专业团队在业内具有很强的影响力。成功举办了两届全国连锁经营管理教学论坛,成立了连锁经营管理专业教学研究会,方名山任首任会长。该研究会已成为专业教师交流的重要平台。

(2) 利用本专业的先发优势帮助国内同类专业院校培养专业教师。由于本校连锁经营管理专业建设最早,建设体系最为完善,在许多同类院校开设本专业时,通过派驻专业教师进修或参与我校开设的连锁经营管理师资培训班等方式培养连锁经营管理专业教师。我校开设的全国高职高专师资培训基地年培训人数150人,为全国输送了大量连锁经营管理专业的教师。

上海商学院连锁经营管理专业具有较强的社会影响力。本专业长期以来一直与业界保持良好的互动关系,在学术研究、专业人才培养方面受到业内企业及政府相关部门的肯定。承担上海市教委、商务部、行业协会和企业多个项目,并承担了多个商业类行业标准的制定。

三、本专业社会需求现状

(一) 全国需求现状

根据中国连锁经营协会的统计,我国零售百强企业共计12万家门店,按照24%的百强门店平均增幅,每家店 20 个管理人员计算,每年需新增管理人员 58 万人。

(二) 上海(区域)需求现状

对上海而言,根据上海市人力资源和社会保障局的统计,商业管理人员的年需求量在 50 000 人左右。

2012 年上海的社会消费品零售总额为 6 777.11 亿元,较上一年增长 12.3%,如果以年均增长 12%计算,则到 2020 年,将达到 16 000 亿～17 000 亿元左右。上海贸易中心建设要求:按照"十二五"时期"基本形成国际贸易中心核心功能"的要求,推动上海"购物天堂"建设是重要内容之一,对商业人才的质和量就提出了更高的要求。

基于以上分析,连锁经营管理专业的人才培养方向正是基于上海市和全国对于零售业、流通业人才的需求而设立的。

四、本专业人才培养各环节质量的评价

(一) 教师对本专业人才培养方案、师资队伍、课程建设、教材建设、理论教学、实践教学、教学手段方法、考核评价等环节的评价(满意度)

本次问卷调查共向教师发放问卷 10 份,收回有效问卷 9 份。见表 3-2。

表 3-2

教师对专业质量的总体评价

评价内容	非常不满意	不满意	一般	满意	非常满意
人才培养方案			2	7	0
师资队伍			3	5	1
课程建设			2	6	1
教材建设			2	5	2
理论教学			4	4	1
实践教学			1	6	2
教学手段方法			3	5	1
考核评价			2	6	1

由以上数据可见,本专业教师对专业质量的总体评价是较满意的,在理论教学、教学手段方法和课程建设等方面有着期望进一步改善的内在要求。

(二) 学生对本专业人才培养方案、师资队伍、课程建设、教材建设、理论教学、实践教学、教学手段方法、考核评价等环节的评价(满意度)

本次问卷调查共向学生发放问卷 130 份,收回有效问卷 114 份。

1. 总体考核评价

连锁经营管理专业各年级学生对本专业总体考核评价较为满意("满意"或"非常满意"合计占 58%,"不满意"和"非常不满意"合计占 14%)。

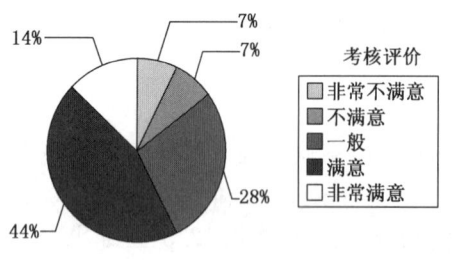

图 3-1 总体考核评价

其中,大三学生满意度略高于大二学生(大三学生"满意"或"非常满意"合计占65%以上,"不满意"和"非常不满意"占7%;大二学生"满意"或"非常满意"占56%,"不满意"和"非常不满意"占20%),分析其原因可能是随着三年级专业理论课和实践课的增多,学生逐步进入了"专业角色",建立起较完整的知识框架和较多的认同感。见图3-1。

2. 师资队伍、理论教学满意度较高

在各项调查指标中,学生对本专业的师资队伍和理论教学(包括基础课和专业课教学)满意度相对较高("满意"或"非常满意"合计分别占到55%和62%,"不满意"和"非常不满意"合计各占15%和8%),反映出大部分学生对本专业教师素质、理论课教学水平是肯定的,其中三年级学生对师资满意率达70%以上,这在一定程度上说明了专业课教学质量是不错的。分别见图3-2,图3-3。

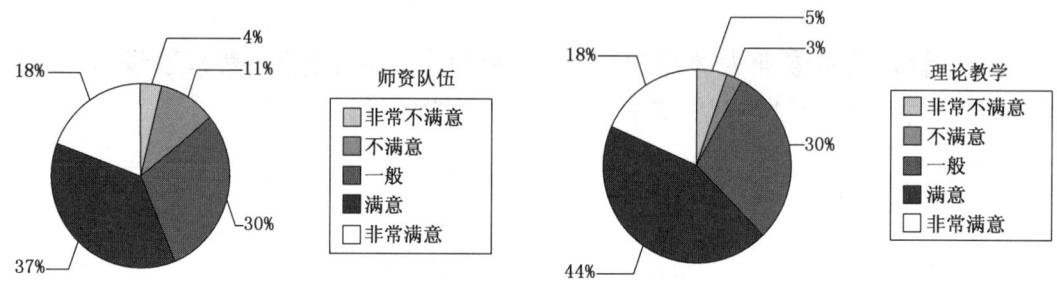

图 3-2 对师资队伍的满意度　　　　图 3-3 对理论教学的满意度

一级指标"理论教学"当中分列了两个二级指标:基础课、专业课教学。从这两个分指标的调查结果来看,满意率都接近70%,但基础课教学的不满意率15%高于专业课的11%。分别见图3-4,图3-5。

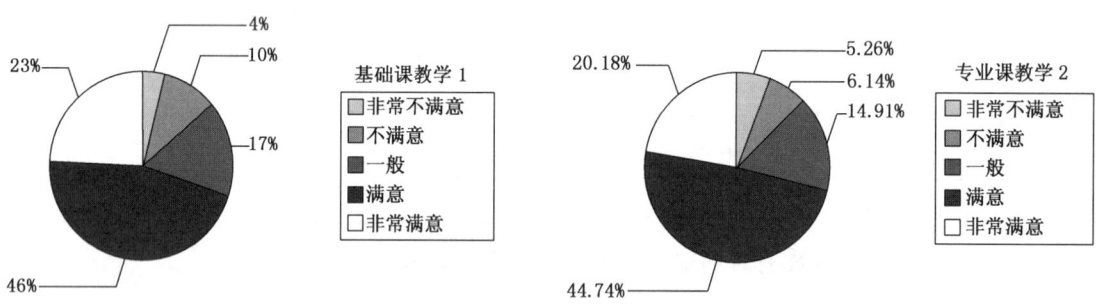

图 3-4 对基础课教学的满意度　　　　图 3-5 对专业课教学的满意度

3. 教材建设、培养方案和实践教学的总体满意度相对较低

首先,在各项一级指标中,"教材建设"满意度是最低的("满意"或"非常满意"为44%,"不满意"和"非常不满意"占21%),反映出本专业对内容新颖、理论与应用性较强的教材和教辅资料仍有明显需求,可作为提升本专业总体质量的一个突破点。见图3-6。

其次,"人才培养方案"和"实践教学"两个指标的满意度也相对偏低("满意"或"非常满意"均为47%,"一般""不满意"和"非常不满意"占53%),一个原因是学生对人才培养方案的概念理解并不清晰,但有要求改善的意愿;另一个原因是大二学生参加实践学习活动较少,对"实践教学"及其分指标给出的满意度明显低于大三学生(大二学生对校内外实践教学满意度不到35%,"一般"、"不满意"和"非常不满意"达65%以上;大三学

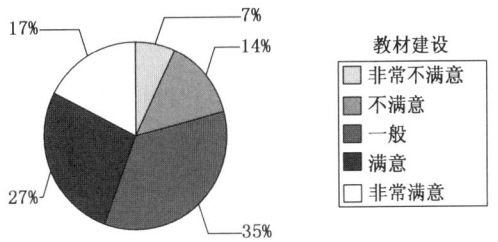

图3-6 对教材建设的满意度

生上述指标的满意度则为63.5%),拉低了该指标的总体满意度。分别见图3-7,图3-8。

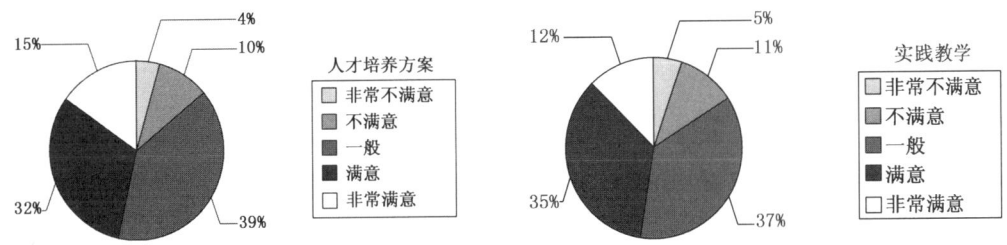

图3-7 对人才培养方案的满意度　　　　图3-8 对实践教学的满意度

从"实践教学"下面的两个二级指标来看,校内实践教学的满意度(45%)要好于校外实践教学(39%),但两者都有一定的改善空间。见图3-9。

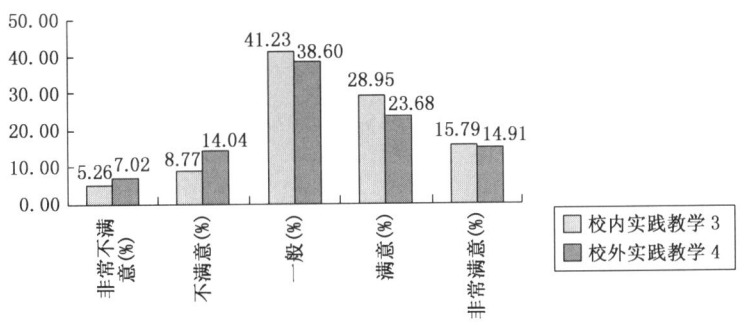

图3-9 校内及校外实践教学满意度对比

4. 课程建设、教学方法手段的满意度分析

"课程建设"和"教学方法手段"两项指标满意度均为51%,相比其他一级指标并不突出,尚未形成本专业发展的明显优势。其中,"课程建设"一项"不满意"和"非常不满意"占到18%,仅次于"教材建设"的不满意度(21%),说明此处存在着一定的问题,也应予以重视。可考虑采取加强本专业精品课程、双语课程网站建设,拓宽网络资源和课外学习参考资料的获取渠道等措施。而"教学手段方法"一项指标的"不满意"和"非常不满意"合计为11%,仍有提升空间。分别见图3-10,图3-11。

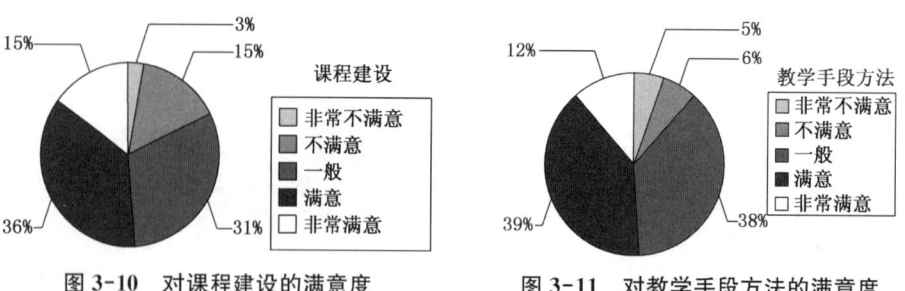

图 3-10 对课程建设的满意度   图 3-11 对教学手段方法的满意度

五、本专业的亮点或特色

连锁经营管理专业经过多年的建设,已经形成了一定的特色。

(一) 形成了专兼职结合、梯队合理的双师型的市级教学团队

作为全国第一所本科层次的连锁经营管理专业,经过7年的高地建设,本专业形成了一批学缘结构合理,老中青搭配、梯队适当的专业教学团队。除了有全国连锁经营企业发展奠基人之一的方名山研究员领衔本专业之外(前带头人),本专业还拥有全国知名的连锁经营专家顾国建教授。现有专业负责人是上海市和全国多个商业行业标准的制定人。本专业不仅拥有博士学位和硕士学位的多名副教授作为专业建设的二级团队成员,还有多名年轻的讲师和助教作为三级成员。

另外,本专业拥有一批来自企业的、实践经验丰富的管理人员作为团队成员,如国内大型连锁企业联华超市股份有限公司、世界知名的沃尔玛、国美电器等的多名管理人员作为专业兼职导师和特聘教授,这些兼职教师承担了本专业的部分专业实习、毕业实习和课程建设的工作。这些都为本专业的健康、稳步发展提供了有力保证。

(二) 创建了行业特点鲜明、应用性强的人才培养体系,并得到国家教育部门的认可

本专业以低年级的专业认知实践为起点,以校园丰富的实验教学内容为基础,以各类课程的实践教学为依托,以参加企业项目综合实际操作为补充,以毕业实习与毕业论文为提升,以学生的科研活动为延伸,形成一个多层面、连贯性、由浅入深的完整实践教学体系。2009年,基于该专业的教学成果《连锁经营管理专业本科教学体系研究与探索》获得上海市教学成果二等奖;同年,该专业被批准为教育部特色专业建设点。本专业自创建之初,就与行业保持密切联系。行业企业不仅参与了教学计划的制定,而且本专业在2007年成功开发了上海市职业资格证书《商品经营师(预备技师)》和《采购员(预备技师)》之后,在2009年,又受上海市人力资源和社会保障局委托,对全市的商贸行业进行调研,编写了商贸类人才职业资格证书规划。在此基础上,又开发了《营业员》、《营销师》、《营销师(国际商务)》等职业的标准和资格证书。以本专业教师为核心的开发团队已成为商业类职业资格证书标准制定的重要人员。本专业的学生自2005年第一届开始,在每一学年都参加各种形式的社会实践和企业实习,并在最后1年参加市人保局和上海市教委倡导的校企合作项目,平均有80%~

90%的学生会获得各种类型的职业资格证书(预备技师、高级职业资格证书),获得了用人单位的一致认可。

(三) 建设了稳定的校企实践基地,与行业和企业的合作日益紧密

连锁经营管理专业从创建之初,就以与行业和企业的紧密合作为建设目标之一。通过多年的发展,本专业已建设了一批稳定的校企合作基地,拥有合作企业10多家,其中5家签有稳定的合作协议,1家被批准为上海市市级校企实践基地,每年有200多名学生前往进行各种实习和实践。不仅如此,本专业每年还委派教师前往挂职锻炼,或参加企业的各种项目研究。目前,正在与合作企业共同研讨建立硕士研究生的培养。

六、本专业教学和管理中存在的问题及改革措施

(一) 存在问题

(1) 专业的发展不能很好地适应行业的发展需求和满足用人单位的需求,专业培养方案中部分的课程设置不够完善,课程之间的前后衔接还有待提高。

(2) 专业师资队伍基本形成,在职专任教师为8人,但青年教师的专业素养仍需提高,青年教师的数量仍需增加,形成老中青相结合的梯队。

(3) 以理论教学为主,如何有效开展实践性教学,仍需不断探索和完善。

(二) 改革措施

1. 调整和优化2010年连锁经营本科教学培养方案

(1) 将《零售学》36学时专业必修课调整为《零售学》双语课,开课学期由第一学期调整为第七学期,并进一步培育成为了全英语课程,目的是不断提高学生的国际化视野和国际交流能力。

(2) 紧跟行业发展的需求,强化学生的商品管理能力,提高学生的专业能力,增添《品类管理》课程,并列入专业必修课,36学时。详见表3-3及表3-4。

表3-3

2010级本科教学计划调整表(原计划的课程)

课程类型	考试方式	课程编号	课程名称	学分	学时及其分配			各学期周学时							
					总学时	理论	实践	一	二	三	四	五	六	七	八
								18	18	18	18	18	18	18	18
专业必修课	考试	622020050	《零售学》	2	36			2							
专业必修课	考试	622020110	《电子商务概论》	3	54	36	18			3					
专业必修课	考试	622010200	《连锁企业营运管理》	3	54	45	9					3*			
专业必修课	考试	622020120	《专业英语》	2	36	36								2	
专业必修课	考试	622010211	《连锁企业信息管理》	3	54	36	18							3*	
专业必修课	考试	622020060	《特许经营原理》	2	36								2		

表 3-4

2010 级本科教学计划调整表（调整后的课程）

课程类型	考试方式	课程编号	课程名称	学分	学时及其分配			各学期周学时							
					总学时	理论	实践	一	二	三	四	五	六	七	八
								18	18	18	18	18	18	18	18
专业必修课	考试	622020050	零售学（双语）	2	36									2	
专业必修课	考试	622020110	电子商务概论	2	36	27	9		2						
专业必修课	考试	622010200	营运管理	3	54	45	9					3*			
专业必修课	考试	622020120	专业英语	2	36	36							2		
专业必修课	考试	622010211	连锁企业信息管理	2	36	27	9							2*	
专业必修课	考试	622020060	特许经营原理	2	36								2*		
专业必修课	考试		品类管理	2	36	27	9						2*		

2. 引进人才

2011 年引进具有国外学习经历的博士焦玥,是管理科学与工程博士,上海理工大学博士,曾在 The Martin J. Whitman School of Management Syracuse University 研修。原教师姜何被派往百联集团挂职锻炼半年,提高实践能力。

3. 引进品类管理软件

在品类管理课程中,设置 15 课时的实验课时,引进台湾流通大师软件,在本专业的第八学期的专业实习中,开展连锁经营综合模拟实验。

七、本专业未来发展思考

（一）与社会需求匹配的专业人才培养模式

1. 人才培养的基本原则

连锁经营管理专业作为创新型专业,人才培养模式必须强调应用性特征。人才培养坚持面向社会和行业企业需求;坚持基础性、应用性和实践性导向;突出以学生为主体、教师为主导的教学理念;提升专业发展的国际化视野,构建专业特色课程和教学体系;提高学生基本素质和商业管理与连锁经营技能;突出学生的可持续发展的创新与创业能力培养。

2. 人才培养方案的实施

（1）专业课程学习。学生一年级不分专业进行通识课程学习;通过对专业的了解并结合自己的特长与兴趣,在二年级进入专业课程学习;三年级突出专业课程方向学习。

（2）学生学习指导。实行"学长指导"、"教师指导"、"行家指导"的多层指导模式。并推广"交叉授课",即校内教师、行业专家、校外教师联合讲授专业课程。

（3）实践教学训练。开展"课内实践"、"校内实验"、"学生科研"、"行业实践"。"课内实践"以案例教学、实践课业为主;"校内实验"以实验室流程与策划模拟为主;"学生科研"以校企结合的实践调查研究和项目开发活动为主;"行业实践"是在行业实际岗位上见习训练或顶岗培训。

3. 培养学生的实践能力

（1）实践项目设计。把学生实践活动分为三个层次：第一层次"课程实践"，第二层次"项目实践"，第三层次"创业实践"。"课程实践"是基础，"项目实践"是应用，"创业实践"是开拓。

（2）学生社团活动。以学生社团为主，以学术节为平台，开展多姿多彩的学术活动。

（3）创业基地建设。加强校企合作，建立学生创业活动基地，为学生创业能力培养提供基础性条件。

4. 提升专业国际化视野

（1）学生国外游学。开展学生海外短期学习与交流项目。送出去，迎进来，提升学生的国际化视野。

（2）教师国外学习。实行教师海外学习计划，选派教师出国进行短期进修或者作为访问学者，提升教师的国际化教研水平。

（3）国际课程引进。开设全英语课程教学。并根据专业特色，引进并开设国外先进的和特色原版课程。

（4）海外名师引进。可运用多种形式，采取灵活方式，引进海外商业管理与连锁经营领域教学与研究名师，来我校本专业进行教学与研究。

（二）发展思考

1. 连锁经营管理专业的未来发展

应该加强以下方面的建设：

（1）加强以学生发展为中心的实验室基地建设。通过改建与升级连锁经营管理实验室，引进相应的软件和设备，全面满足课程和教学各环节的需要，在此基础上建成国内先进的连锁经营管理综合实验中心，并作为开放性实验平台，除供本专业使用外，还可以作为社会实训对外开放使用。

（2）以存量提升和增量引进强化师资队伍建设。师资队伍建设实行培养现有教师和引进高层次人才并重的原则，以人事制度创新改革为动力，通过师资队伍引进、培养、使用和外聘四个重要环节，学校不断加大对师资队伍建设的投入力度，使师资队伍的数量和质量有显著提高。

（3）建设具有前瞻性与引领特征的课程与教材。以连锁经营管理专业主干课程建设为核心，建设一批优秀课程，出版专业主干课程系列教材、配套实践教材、综合案例教材以及核心课程视频教材，建设连锁经营管理专业综合服务平台，形成先进性、开放性、共享性专业教学资源库。

（4）突显以商业与流通为重点的科学研究建设。建成专业研究基地，形成专业研究团队，建立以商业流通为重点的专业研究体系，为申报硕士学位点奠定基础。完成若干省、部级科研项目和发表一批高质量的论文，为地方政府及行业、企业提供研究报告，出版具有特色的商业连锁与企业管理学科专著。

2. 连锁经营管理专业的发展

应达成以下预期效益：

（1）人才培养质量明显提高。学生学习与科研潜能得以充分开发，学生主动学习和利用理论知识解决实际问题能力明显增强，培养上海现代商业及服务业发展所需要的中高级人才，为上海实现国际商业中心的建设提供人才支持。为学校通过教育部本科教学合格评估提供支持。

（2）专业领域研究成果突显。开展基础性的理论与针对性的应用课题研究，掌握和引领连锁经营管理学科与专业的动态和最新发展，提高上海商学院服务社会和行业、企业的能力，突显上海商学院在上海乃至全国在商业零售研究领域的独特地位和影响。

（3）师资队伍实力明显增强。通过专业领军人才引进、教学团队的建设，教师教学及科研积极性得到极大调动，教师教学科研能力必将较大提高；我校连锁经营管理专业的教学科研团队实力明显增强，争取成为上海市教委重点学科建设点，并在全国领先申报专业硕士点。

（4）最终建成国家特色专业。通过项目建设，构建完整的连锁经营管理专业人才培养体系，形成与上海现代服务业发展要求相匹配的应用型人才培养模式和评价标准，冲击国家级教学团队，建成连锁经营管理国家级特色专业，继续发挥上海商学院的连锁经营管理专业在全国的引领和辐射作用。

物流管理专业教学质量年度报告

一、专业简介

(一) 专业设置沿革

上海商学院物流管理专业的发展经历了三个阶段。

1. 成人教育阶段(1989—1992年)

物流管理专业的建设始于校企联办"商业储运"专业项目的实施。根据国家《国家教育委员会关于改革和发展成人教育的决定》的精神,对专业技术岗位或专业性较强的管理岗位的有关人员进行系统的学历教育,我校为了保证教学质量,与企业上海商业储运联营公司公司合作,创建"商业储运"专业,开设了包括物流管理在内的十几门专业基础课与专业课。学院根据课程特点安排学院教师承担基础课及专业基础课,企业有实践经验的管理人员承担专业课程,这样双方教师各自发挥自身的优势,有效完成教学任务。同时学院还组织双方人员编写了适合本专业要求的具有实践特色的系列教材。

2. 高职阶段(1999—2005年)

从1999年开始,"物流管理专业"的发展进入了巩固、提高和发展的阶段。这一阶段物流管理专业主要开展了三方面的建设:课程体系规划、实践体系建设、核心课程的教学包建设。

1999年,上海商业职业技术学院成立物流管理教研室,为物流管理专业的前身。由于我国的流通环境发生了重大变化,商业物流如何适应新形势的变化,如何体现物流管理专业建设的要求,成为教学研究的重要内容。在对企业进行大量调研以及网络资料收集的基础上,物流管理教研室开发了物流管理专业的课程体系,从2000年开始,有关教师开始研究"物流管理专业"的实训教育,经过实践和探索,形成了一套比较完整的实训体系,制定了有关物流实训的一系列文件,这为物流管理专业系统有效实训提供了保障。2001年,在对中外合作办班的基础上,上海商业职业技术学院成立了物流管理专业。

3. 本科阶段(2005年至今)

经过几年的努力,"物流管理专业"建设取得一定的成绩,于2005年正式建立物流管理本科专业。为了更好地将教学与实践相结合,使专业建设紧跟社会发展,上海商学院专门成立了物流管理专业建设委员会,委员会成员包括了上海十几家知名物流企业的经理,并与这些企业签订了实训基地的协议,进一步扩大学生实践的机会。

物流管理专业在建设中充分利用先进的现代信息网络技术和国家已有的通信基础设施

资源改善物流管理相关专业课程的教育教学环境和条件,为培养面向世界、面向未来、面向现代化的商科物流人才服务。

(二) 人才培养

1. 培养目标

培养德、智、体全面发展,具有创新精神和职业道德,具备扎实的管理学、经济学和信息技术基础知识,掌握相关物流法规和现代物流管理理论和方法,熟悉国际物流运作惯例,具备商贸物流现场管理、系统整合与规划、物流产品设计等较强实务运作能力的应用型物流管理人才。

学生毕业后能够在工商企业、物流企业、政府机构、教育组织、物流服务机构从事物流运作规划、物流现场管理、物流信息管理等工作。

2. 培养规格

本专业注重基础知识的学习、基本素质的提高和基本业务能力的培养。使学生掌握现代物流管理的专业理论和知识,具有对物流业务管理的认识能力和分析问题、解决问题的能力,具备物流管理各环节的实际运作能力,以及较强的外语和计算机应用能力。

毕业生应获得以下几方面的知识和能力:

(1) 具备一定的工具性知识和自然、人文社科知识,具有一定的文献检索能力、科研能力及创新能力。

(2) 具有较强的外语、计算机等方面的应用能力。外语要求达到大学英语应用能力四级,计算机要求获得高等学校计算机专业等级证书。

(3) 具有较强的语言与文字表达、人际沟通、信息沟通、信息获取以及分析和解决物流管理实际问题的基本能力。

(4) 熟悉我国及国际有关物流管理的方针、政策和法规,掌握一定的国际物流运作模式与方法,具有为商务提供物流服务的综合能力。

(5) 掌握经济、管理和法律等学科的基本理论和基础知识,理解物流管理的理论和知识,熟悉物流管理相关法律,具有较高综合管理能力和信息技术应用能力,了解本学科和专业的理论前沿及发展趋势。

通过培养使学生具有应有的科研与创新能力、交流与沟通能力、专业服务能力、综合管理能力、信息技术应用能力。

(三) 专业资源

1. 师资队伍

列示数量与结构、生师比、承担上课任务情况、培养培训情况。

目前本专业教师数量与结构合理。共有任课教师26人(专业必修课及专业选修课),其中教授5名,副教授9名,高级职称达到57%;具有博士学位4人,硕士学位16人,硕士以上学历达到77%。生师比13:1,专业教师的数量符合教学要求,年龄结构合理,符合本科专业教学要求。教师队伍年龄、学历、职称结构合理,是一支"双师型"的师资队伍。2006年以来,学生网上评教,物流管理专业任课教师获评教学良好占90%以上。专业课程全部由本系教师担任,全部课程均为我校专职教师承担,每门课程均安排主讲教师和辅讲教师,实习由校内专职教师与企业聘请指导教师共同承担,毕业论文和学年论文均由专职讲师以上老师负责指导。

2. 课程建设

列示重点课程、精品课、全英语或双语课程。

物流管理专业人才培养体系包括基本学制为4年,学习年限可为3~6年。总学分166学分,其中,公共必修课:58学分;学校通识课:9学分;专业必修课:40学分;专业选修课:24学分;公共选修课:10学分;实践性教学环节:25学分。在课程建设中有13门属于市级重点课程,11门属于校级重点课程。精品课程3门,全英语2门,双语课程2门。各门课程的教学大纲、实践教学大纲等基本教学文件齐全。

3. 教材建设

列示主编教材、自编教材、重点、精品课教材数量、等级、优秀比例、使用情况等。

主编教材8本,自编教材5本,重点课程教材5本,精品课程1本。教材选用上,选用本系老师主编出版的教材5本;选用国家规划教材、教育部推荐教材、英文原版教材、翻译教材占42%以上。

4. 实践教学

列示实验、实习实训、课程设计(学年论文)与毕业论文(设计)。实践教学实施。列示实验课比重、开出率、项目类型、实施效果。

社会调查:1学分。利用第二、第四、第六学期暑期安排3次社会调查与考察等社会实践活动,时间分别为2周,内容为社会调查与考察等社会实践活动,要求学生完成调查报告,并将实践过程登录《上海商学院大学生素质拓展活动记录》内。

普适公共实验:2学分。安排在第四、第五学期。每学期选择一个1学分的普适公共实验项目。

课程实验:198学时(必修课程与必选课程,不包括选修课学时)。

综合实验:36学时(实验室完成)。

方案设计:36学时(实验室完成)。

学年论文(课程设计)2学分。在专业教师指导下完成相关学生学年论文,提交学年论文。在第六学期安排一次。每次2学分。

专业实习4学分。分别在第六学期和第七学期安排8周的专业实习,并提交实习报告。第六学期的专业实习内容为安排学生到企业进行专业实习,内容包括:物流管理、信息管理和企业运营管理。第七学期的专业实习是指导学生参加物流师资格证书考证。安排物流技能实训课程有:物流专业调查、物流项目策划、店铺开发规划、数据挖掘、物流综合模拟。由企业负责授课的课程:物流管理、仓储与配送、物流信息系统实施、国际货运代理。方式:指导学生去企业独立实习或见习。

毕业实习4学分。第八学期安排8周毕业实习并提交实习报告。

毕业设计(论文)8学分。第八学期安排8周完成毕业设计(论文)并进行毕业答辩。

5. 教学手段

列示课件比重、作业比重、案例教学比重、调查比重等情况。

本专业课程基本都使用课件教学,布置作业不少于5次,案例教学采用率高,组织学生开展项目调查与课程交流,每学期都有任课教师安排。

6. 学生情况

列示入学率、就业率、满意率等。

专业招生情况：

我校物流管理本科专业2005年申报成功，2006年正式首届招生。目前物流管理专业本科在校生共334人。

近6年来的招生情况见表3-5。

表3-5

近6年招收本科生数

	2006年	2007年	2008年	2009年	2010年	2011年
招生数	82	85	82	85	78	82
毕业人数	81	84	82			
未毕业	1	1	0			

（四）教学效果

1. 基本理论与技能水平

根据对2006—2009学年各学期部分专业课考试情况的试卷抽查，试卷成绩大体呈正态分布。2006级物流管理专业学生大学英语4级通过率93%，大学英语6级通过率40%，计算机等级考试通过率95%；本专业学生遵守校纪校规；出勤率为98%以上，迟到率为0.5%，学生完成作业情况良好。货运代理资格证书考试共有30名学生通过，通过率为36%。采购员（预备技师）资格证书考试通过率90%。

2. 学生科研

2009年至今，连续三期开展学生科研创新支助活动，经审定共有24项课题获得支助，约108名学生参加，完成上海商学院及管理学院学生科研创新专项基金项目，其中物流061班陈俊生同学的"基于蛛网模型的生产商与零售商的供应链整合研究"发表于2009年2期的《物流工程与管理》专业期刊上；另有3篇刊登于上海商学院学报2010年增刊，5篇刊载于2011年上海商学院学报专刊。

3. 课外科技文化活动

2007年成立学生物流社，每年举办物流大赛，已举办5届上海商学院物流方案设计大赛，开办专业讲座17次，组织学生参观3届国际物流设备博览会。组织参加APEC模拟决赛、创业计划大赛以及精英论坛等课外活动。计有学生15人被选为世博园区志愿者，20人成为世博志愿者城市联络站成员。

4. 学生获奖

近年来，物流管理专业学生获得国家级及省市级奖项多项。其中，获全国大学生英语竞赛二等奖1项，三等奖1项；获高教社杯全国大学生数学建模竞赛三等奖1项；获全国第二届实践教学竞赛学生创业方案设计类二等奖1项，三等奖2项；获全国第二届大学生艺术展演上海市活动艺术表演类甲组二等奖1项；获中国大学生"明日网商"挑战赛上海赛区"明日之星"奖4项；获"张江高科杯"第五届上海市大学生创业计划大赛暨第六届"挑战杯"中国大学生创业计划竞赛上海市选拔赛铜奖1项；获全国大学生职业生涯规划大赛鼓励奖1项。

二、本专业全国布局现状

(一) 专业点布局现状

目前我国物流管理专业开办院校近千所,本科约 400 所,主要有:北京(北京交通大学、北京邮电大学、北京工商大学、中央财经大学、首都经济贸易大学、北京物资学院、北京科技大学)、天津(天津冶金职业技术学院、天津交通职业学院、天津大学、天津师范大学、天津理工大学、天津财经大学、中国民用航空学院、天津商业大学)、上海(上海商学院、华东理工大学、上海财经大学、上海水产大学、上海海事大学、上海对外贸易学院)、重庆(重庆工商大学、重庆邮电学院、重庆工学院、重庆交通学院)、河北(河北机电职业技术学院、河北交通职业技术学院、河北经贸大学、石家庄铁道学院)、河南(河南工业大学、郑州轻工业学院、郑州航空工业管理学院、安阳师范学院)、山东(中国海洋大学、山东经济学院、山东财政学院、山东工商学院)、山西(工程职业技术学院、山西财经大学)、安徽(安徽大学、安徽工业大学、安徽财经大学、安徽工程科技学院、阜阳师范学院)、江西(南昌大学、江西财经大学、华东交通大学、东华理工学院、井冈山学院)、江苏(东南大学、盐城师范学院)、浙江(浙江大学、宁波大学、浙江工商大学、杭州电子科技大学、浙江财经学院、浙江万里学院)、湖北(华中科技大学、武汉大学、武汉理工大学、中南财经政法大学、长江大学、江汉大学、武汉科技学院、湖北经济学院)、湖南(中南林业科技大学)、广东(中山大学、华南师范大学、广东工业大学、广州大学、广东外语外贸大学、广东商学院、广东技术师范学院、惠州学院)、云南(云南财贸学院)、贵州(贵州大学)、四川(中国民用航空飞行学院、四川天一学院、西南交通大学、成都理工大学、西南石油大学、西南财经大学、西华大学、成都信息工程学院)、陕西(长安大学、陕西理工学院、西安邮电学院)、黑龙江(佳木斯大学、哈尔滨商业大学、黑龙江八一农垦大学)、吉林(吉林大学、长春大学、吉林建筑工程学院、长春税务学院)、辽宁(大连理工大学、东北财经大学、沈阳工业大学、大连海事大学、大连交通大学)、内蒙古(内蒙古财经学院)、福建(闽江学院、福州大学、华侨大学、集美大学、仰恩大学)、甘肃(兰州交通大学)、港澳台(香港科技大学、香港大学)。

(二) 做得最好的院校

1. 北京科技大学

专业特色:1985 年组建了物流工程教研室,当年开始招收物流工程研究方向的硕士研究生。北科大拥有全国第一所专门从事物流教育和研究的学术机构,承担过多项国家"七五"、"八五"和"十五"重点科技攻关课题项目,曾获多项国家和部级科技进步奖。为数家国家特大型企业、公司及政府部门、军工单位等进行物流系统诊断、物流发展规划、方案设计、物流计算机系统设计和咨询服务。毕业生去向:到目前为止,北科大已培养物流博士、硕士毕业生 100 余名,本科生 300 余名。就业率基本达到 100%,学生在毕业前已被"预订"。毕业生分布在全国各地,如在联想、神州数码、华为、海尔等著名企业以及在一般企业从事物流技术与管理工作,也有一部分在大专院校和科研院所从事物流教学及研究工作。

2. 大连海事大学

专业特色:主要培养具有物流企业经营管理、物流系统规划与设计及相关学科基础理论和技能的高级物流经营管理人才。1994年该校开始以交通运输(国际多式联运)的名称招生。2002年,成为教育部首批允许招收物流工程专业的八所院校之一。毕业生去向:该专业毕业生就业率达到98%以上,主要流向国家和地方政府行政部门、物流企业、运输企业、生产企业、港口企业、高等院校和科研院所等地方。

3. 北京交通大学

专业特色:北京交大在物流管理专业方面,创立了国内许多个第一:第一个获得"物资流通工程"硕士学位授予权;第一个获得"物资流通工程"博士学位授予权;第一批获得"管理学科与工程"博士学位物流管理授予权。毕业生去向:该专业本科生就业一直处于供不应求状态。除继续深造外,就业去向一般为在大型企业现机构中从事管理工作。硕士研究生与博士研究生可以师从著名物流专家,就业方向一般为各大型企业、大型机构的高级管理工作。

4. 对外经济贸易大学

专业特色:该校国际经济贸易学院下设国际运输与物流系,优势主要是国际物流操作。学生精通海、陆、空运和多式联运等具体操作环节,加上外经贸的特殊背景,外语、经济学和管理学基础都比较好。本科生从二年级开始有专业课。毕业生去向:该专业一直保持100%的就业率,毕业前经常被中外运、中化等国内外物流大公司"抢购"一空,去向主要是北京、上海和深圳,甚至国外。

5. 北京工商大学

专业特色:北京工商大学是全国最早开办"物流管理"本科专业的高校之一,重点定位为"企业物流"与"物流企业"的管理。其物流系统理论与方法、供应链管理、电子商务与现代物流、流通技术与方法、连锁经营与配送等专业是该校物流专业的特色。有两门课程直接采用英文原版教材,任课教师直接用英文讲授。毕业生去向:该专业学生就业率基本达到100%。用该专业毕业生的大企业有海尔、长虹、摩托罗拉、爱立信、西门子等;15名本科毕业生直接考入美国大学继续攻读"物流管理"的博士学位。

6. 北京物资学院

专业特色:北京物资学院物流系主要研究领域:物流系统设计、物流规划、物流管理、物流结点建设、物流信息系统、国外物流等方面。作为教育部最先批准开设物流管理专业的高校,现已构建物流系、物流研究中心以及物流系统与技术实验室三大体系。物流研究中心多次承担国家级和省部级课题、企业物流方案设计,并多次获奖,已经成为专业的物流研究、咨询基地。北京市物流系统与技术重点实验室是全国范围内也是唯一一个物流领域的实验室。毕业生去向:据不完全统计,物流专业毕业生就业率达97%,其中18%进入大型生产企业,18%进入商业企业,37%进入物流企业,6%进入IT行业,6%进入政府机关,6%进入教科文部门,6%考研或出国深造。很多学生毕业是被企业提前"预订"的。

7. 上海交通大学

专业特色:目前,正在构筑以船舶与海洋工程为主干,融海洋科学技术、港口航道工程和海岸带开发技术以及国际航运与物流管理为一体的学科体系,以期成为能对国民经济和国防建设形成强大支撑的科技创新和高层次人才培养基地。毕业生去向:学生毕业后可到航务、港务管理部门、港口、航道规划、勘测、设计、研究、施工和管理单位,海岸带开发研究机构、海港安全监督部门和高等院校工作;也可从事信息产业、海洋开发事业及相关行业的工作。

8. 清华大学

专业特色:物流工程是工业工程系的一个研究分支,本科阶段以"工业工程"专业招生。工业工程系制定的目标是与世界一流大学的工业工程系接轨看齐,采用的手段是广泛开展国际、国内合作,聘请国内外工业工程界的著名学者和教授来校任教、授课或开展合作研究,参照世界一流大学的培养体系建立自己的培养方案,直接选用国际一流大学工业工程专业使用的外文教材,进行双语和英语授课。美国工程院院士、普渡大学教授 Salvendy 先生任系主任和讲席教授。他除了自己给学生上课外,今年还邀请了包括国际工效学学会主席 Kawowsky 教授在内的多名国际知我学者给该系学生开设课程。毕业生走向:毕业生以其数学基础好、兼有工程背景,又善于综合平衡技术、经济、效率等方面的特长,在中国也越来越受到重视,在发达国家深受大企业的青睐。

(三) 自己学校专业的相对位置

与上海高校同类专业相比,上海海事大学的物流管理专业具有口岸物流和国际物流特色,上海第二工业大学的物流专业比较突出制造业生产物流,上海工程技术大学物流专业倾向航空业物流,都依托了行业背景,体现了应用型特色。我校的物流管理专业坚持以商立校,定位在商贸物流,在上海乃至在全国有一定影响,在连锁商业物流、实践教学、校企合作等方面有一些建树,全国排名按 2012 年最新物流管理专业排名显示,100 强中位于 99 名,属于 C 类第 19 名。在之前的排名中我校未出现在百强之中。虽然我校与上海第二工业大学起步不相上下,由于体制、机制方面的原因,我校在人才、投入、硬件和软件上已经落后很多。上海电机学院物流专业起步比我校晚,但是经过这几年的发展,其硬件已经超过我校。2012 最新物流管理专业 100 强排名情况如下:

1. 物流专业排名 A 类(非规模高校不参与排名,综合实力在 D+ 以后的专科院校和二本高校不参与排名,985 是指 985 工程高校)

A++有:浙江大学(985)、大连理工(985)、南开大学(985)、中山大学(985)。

A+有:北京交通大学、大连海事大学、西南交通大学、首都经济贸易大学、华中科技大学(985)、上海交通大学(985)、上海财经大学、北京物资学院。

A有:武汉大学(985)、中央财经大学、北京航空航天大学(985)、东北财经大学、北京工商大学、北京科技大学、武汉理工大学、同济大学(985)、江西财经大学、中南财经政法大学。

2. 中国高校物流专业本科排名后 50 名

物流专业 B 类(30 个):山西财经大学、广东商学院、杭州电子科技大学、福州大学、贵州财经大学、上海交通大学、天津师范大学、重庆工商大学、吉林农业科技学院、浙江万里学院、中央财经大学、浙江财经大学、河南工业大学、郑州航空工业管理学院、江苏工业大学、内蒙古财经大学、山东财经大学、安徽工程科技学院、青岛理工大学、长春大学、兰州交通大学、山东工商学院、集美大学、西南石油学院、攀枝花学院、华南师范学院、惠州学院、吉林建筑工程学院、湖南商学院、塔里木大学。

物流专业 C 类(20 个):广东技术师范学院、大连轻工业学院、南京信息工程大学、成都信息工程学院、重庆工学院、广州大学、中国民用航空飞行学院、武汉科技学院、沈阳建筑大学、重庆交通学院、湖北汽车工业学院、淮阴工学院、湖北经济学院、上海水产大学、井冈山学院、唐山师范学院、黑龙江八一农垦大学、沈阳工程学院、上海商学院、上海第二工业大学。

在全国共 45 所财经类大学中,我校属于 32 所二本类高校,上海 5 所财经类高校之一。比较上海财经大学、上海对外贸易学院、上海金融学院、上海立信会计学院 4 所高校,上海商学院的物流管理专业具有一定的特色和竞争力。国内有很多排名版本,因为口径的不同,都会有不同的结果。我校由于地理优势、财经类二本大学、文理兼收、就业面宽以及就业率高等都会产生竞争优势,也是招生分数不断提高的原因。

三、本专业社会需求现状

(一) 全国需求现状

物流业是促进流通现代化发展的支柱产业之一,是国家振兴产业规划的重点产业。物流业管理需要大量的高素质人才队伍的支撑;物流企业经营管理人才明显断层,人才结构存在缺陷;物流业的迅速发展对中高层次的管理人才需求数量巨大,正在从大范围用人需求,转向多层次、技能型、高端化的选人趋向。物流管理专业的毕业生可以在物流企业、港口、海关、货运公司、商贸企业等领域就业,就业前景良好。今后一段时期,除储存、运输、配送、货运代理等领域的物流人才紧缺外,相关的物流系统化管理人才、懂得进出口贸易业务的物流专业操作人才、电子商务物流人才、掌握商品配送和资金周转以及成本核算等相关知识和操作方法的国际性物流高级人才将更吃香。物流专业人才已被列为我国 12 类紧缺人才之一。据了解,目前最为抢手的物流人才,是那些掌握现代经济贸易、运输与物流理论和技能,且具有扎实英语能力的国际贸易运输及物流经营型人才,他们的年薪最高可达 100 万元。但是,由于我国的物流教育仍十分滞后,造成了现代物流综合性人才短缺,企业尤其是流通企业需要改造传统物流与加强物流管理、改进物流技术、完善城市规划、优化物流系统的专业人才,特别是掌握第三方物流企业的运作技术,会操作的现代物流人才严重匮乏,阻碍了经济的发展和经济效益的提高。物流高端人才更加短缺,难以适应国际物流信息化发展要求。据中国物流与采购协会的最新数据:2015 年,中国智能物流核心技术将形成的产业规模达 2 000 亿元。昆明 2011 年以后新机场物流城可提供 3 万~5 万个就业岗位。全国包括上海、重庆、广州、深圳、无锡、南京、西安、武汉等国家大型国际物流港的发展,至 2013 年全国现代物流与智能仓储方面的技术管理人才缺口在 20 万人以上。据教育部物流高指委统计,中国每年大专以上物流人才需求约 30 万~40 万人,高校毕业仅完成需求量的十分之一。物流人才当然难以达到和满足了。

物流进入中国不过 30 年,电商进入中国不过十二三年,而真正大发展的时间也就是近五六年的事情。人员培训时间普遍偏短,人才储备总量偏少,所以才会出现物流人才缺口特别大的局面。这时急于招到人才的企业只好去抢夺、撬取人才了,而从物流人才这方面来说,群体就会越发浮躁。

物流业人荒有三点原因:一是全国范围的"用工荒",这是大环境原因;二是物流行业受国家政策扶持发展太快,新技术不断应用,新观念不断涌现,高校培养和社会培训都与之脱节;三是物流行业自身用人制度和人力资源管理方式需要随着行业变化而变化。

物流业为什么会出现人才瓶颈的状况?物流这个行业兴起的时间不长,社会开始持续关注的时间也还很短。整个行业还没有形成完善的人才培养机制,就高校来说,还没能摸索出一套完备的教学操作方法,这主要是方式方法方面的问题。接下来的问题是,锻炼出来的能完全满足市场需求的行业人才比较少。从人才自身来说,也还存在着期望值太高、没有压力与提升动力等问题。企业在与员工的培训和沟通方面做得也不是很到位。电商物流人才来源主要有如下几类：传统运输仓储行业,如宝供、中铁；快递行业,如顺丰、"四通一达"、宅急送；物流院校,如物资学院、交通大学等；电商行业,如卓越、当当、京东、凡客；草根地带,主要依靠老乡亲戚带。从业者要达到电商物流人才的核心需求还有一定的距离。我们把电商物流人才的核心需求归纳为一个中心,两个基本点。即：一个中心,道德建设；两个基本点,心理素质、专业能力。要求从业人员应提升德商、智商、体商、美商、群商、情商等基本素质水平。影响物流学子放弃从事本专业的现象也值得注意,由于物流行业利润普遍较低,除了大型国有物流企业外,物流行业的人员整体待遇水平较低；再有物流行业发展迅速,对于各类人员的需求也大量增加；物流行业特性需要大量的人员相互调动,特别是网络遍布全国的大中型第三方物流企业,更需要人员的异地化工作,造成调动困难,招聘也就困难。物流行业工作地点偏远,交通不便,工作生活环境较差；随着行业竞争愈加激烈,油价等成本上升,造成物流行业人员的工作压力极大；人员普遍不愿意在较低工资水平下,承受较高的工作压力。因此,造成了一定的流失。

(二)上海(区域)需求现状

处于上海的物流业也具有全国类似的情况,特别是上海是国际化的大都市,现代商业是逐渐趋向大商业。上海具有国际性海港和航空港的优势和特点,同时又面临建设"一个龙头、四个中心",以及加速发展现代服务业的大好机遇,鉴于大商业的发展需求现状与趋势,需要大量的掌握物流信息化技术,熟悉大商业物流运营的专门人才,需要重点培育适应这种需求的现代商业物流创新型管理人才。随着物流业的快速发展,物流市场竞争的加剧,企业物流成本的居高不下,使物流企业越加重视物流专业人才,要求教育战线为现代物流企业源源不断地培养并输送符合时代要求的掌握物流管理系统知识的新型管理专业人才。

四、本专业人才培养各环节质量的评价

(一)教师对本专业人才培养方案、师资队伍、课程建设、教材建设、理论教学、实践教学、教学手段方法、考核评价等环节的评价(满意度)

金融学院应小陆副处长结合刚刚通过合格评估的切身体会,提出教学计划中实践性课程比例问题,明显存在实践性比例不足。当然,这是全校性的培养计划模版结构设置不完善,包括实验课单设置或实验模块的设置。如何保证实践性比例达到25%,金融学院是必须设置2门以上单设实验课程,包括物流管理综合实验、专业实验；学生素质拓展6学分可以包括7个模块,包括社团、职业规划等。

关于培养目标,学校应该统一定调,有几块应该是各专业统一的,如金融学院"三型一化人才"的提法各专业都一样。学校的教育思想应该一致,建议把就业去向放在目标中比较好。

关于人才培养规格,金融学院写了7条,可以参考；学制不要写3~6年,就是4年制；专业主干课程介绍应放在后面好点；实践教学力争列表,会清楚些；建议开设《商品学》、《税收》

课程。

海事大学王学锋教授评议本专业培养方案时指出,以评促建对学校很有效,培养方案定位比较符合要求,属于规范写法。这里的课程设置就是要考虑学生毕业后去干什么?一般有两个去向:一是考专业硕士研究生,培养学术性人才,课程如何衔接,怎样体现?范围要广点;另外就是就业,这就需要与实践性课程结合,增加实验。实验实践课程要真做,如开个公司,实际安排操作,进行教学改革;设置课程要实用,创新,如老师开一个网络公司用企业的实际案例或业务给学生做,也可以是做过的项目,再做一做,设计好就是亮点,报教改课题,肯定中标。建议建设3～5门特色课程。

物流协会张悦来秘书长指出:定位较好,国际物流、现代物流系统设计符合当前需要。以前企业人员学历低,现在较高了,硕士、讲师都有,高校与企业合作是重要的,大众化、实用性是方向。本科做企业规划、设计,教指委关于网络设计的课程是非常好的,应该多设这样的课程。项目管理非常重要、需要,我们也计划办项目经理班,企业认可,想在职学。本科生不知道应该去企业做什么?企业也不好安排,实习生不安心,一般1～2周就搞定,不可太久,企业在管理上要求硕士增加,本科生应该工作1～2年,熟悉企业,提高素质。

物流企业创业人张海霖博士从自己学习物流的经历和体会,总结了下海多年与众多物流企业接触,提出几点:一是物流企业用什么样的人,现在企业找不到合适的人才,对两类人需求比较迫切。一类是操作人员,不适合本科生,但可以做一段时间,熟悉流程;另一类是管理人才,物流涉及面宽,管理人员要求高,项目管理特别重要,一个业务从谈判开始到项目交付,运作完成能做的不多。我们是做物流软件的,必须去了解物流企业需求,现在缺的是即懂信息化又懂物流的人才,中小企业都需要。二是按企业需要,培养方案应该实践性课程更实一些,要知道物流面宽企业研究对象不同,内容大不一样。包括物流网络的规划,运输计划设置等都反映一家企业的实力。学习信息系统分析,现代物流在行业的应用,互联网应用新技术,本科生与研究生需要提升和深造,掌握优化技术,用数字化工具解决问题,才显示出深度。物流成本管理在高指委的规范中是一门比较好的课程,也可以做特色课程。

物流专业评审会对提出的问题从解决的途径上提出了建议,给出的评审意见是:上海商学院物流管理专业培养方案内容齐全、规范,培养目标明确,培养规格符合应用型本科专业要求。物流管理专业特色定位于城市商业物流和国际物流与采购,符合上海地方经济发展要求,结合了上海商学院办学特色。同意通过评审。建议如下:第一,进一步明确实验、实践课程教学计划,并能开设特色实验课程。第二,结合"管理科学与工程"学科要求,设置能够提升学生进一步深造的课程。第三,进一步设置反映上海商学院特色的专业课程,学校给予支持、培育。第四,加强教育科研,学校给予支持。

(二)学生对本专业人才培养方案、师资队伍、课程建设、教材建设、理论教学、实践教学、教学手段方法、考核评价等环节的评价(满意度)

通过对06届、07届、08届毕业生的调查,返回信息表明对我物流系教师的学历、职称、上课情况、教材均是满意的,但很多学生对专业英语、双语课程不满意,认为物流专业英语对于工作是非常重要的。目前毕业生有60%左右从事与物流有关的工作,95%以上的毕业生都找到了工作。绝大多数毕业生对物流系教师和教学是满意的。

概括起来毕业生的建议如下:

毕业生觉得老师都很好,知识渊博且诲人不倦,对学生提出的问题都有自己独到的见解。认为老师应该更多地利用多媒体教学,制作独特的多媒体课件,给学生更多自由思考的空间。

现在物流发展十分迅速,建议有些课程应该与时俱进,不能再用一些过时的理论来授予学生。另外,学生希望能多开一些实践课,让学生能更好地了解实际物流。许多物流企业起步工资很低,因此毕业生想做物流的意愿很低。学校也可以从大三开始鼓励先去物流企业实习、培训等,这样到毕业时有能力的学生能够得到自我提升,也可以使学生更充分地了解自己是否适合做物流,提前对择业意向进行思考。

也有的学生认为学的都不实用,刚出来都是去基层的,理论与工作脱节。要求多教点实用的管理层面的东西,但是占比可以不那么大;计算机、英语(口语和专业英语)很重要;目前从事物流进出口行业工作2年多的学生回复其感受是在学校学习的理论知识居多,实践性不强;真正在工作中运用到的知识说实话并不多,建议教学中增加实例,组织课外考察;结合实际,让学生更好地了解物流在公司中起的作用,以及具体在做的工作。

五、本专业的亮点或特色

(一) 本专业的亮点

本专业的亮点之一是人才培养目标定位准确,明确以商贸物流中高层物流管理人才为主的定位。具体专业方向:一是城市商业物流方向;二是国际物流与采购方向;三是现代物流系统规划方向。

我校连锁经营管理专业、电子商务专业和市场营销专业的资源优势,有利于物流管理专业形成自己的专业特色和学科定位。

第二个亮点是保持专业背景,物流管理专业背靠行业,我们在商业企业中有影响,有利于发展以商业为主的特色专业。由于物流学科是一门综合学科,物流产业又是一个跨行业、跨部门的复合产业,同时它又是劳动密集型和技术密集型相结合的产业。特别是现代商业是逐渐趋向大商业。学校地处上海国际化的大都市,具有国际性海港和航空港的优势和特点,同时又面临建设"一个龙头、四个中心",以及加速发展现代服务业的大好机遇,鉴于大商业的发展需求现状与趋势,需要大量的大商业物流运营的专门人才,需要重点培育适应这种需求的现代商业物流创新型管理人才。大商业物流是融合了电子商务、连锁经营、信息技术和物流技术的综合性知识体系,培养大商业物流人才充分显示现代大商业虚拟化、信息化、集成化和全球化发展对物流的重视和要求。这一特色既是我校物流专业的传统优势,也是学院现行学科优势,是本专业学科定位的关键。

第三个亮点是应用型培养特色,物流管理专业是实践性极强的应用型专业。我院在原有微申物流实验室的基础上,增加了物流沙盘模拟实验室,连锁-物流综合实验室,正在申请建设物流信息化实验室;引入ERP沙盘模拟、啤酒游戏、物流沙盘、微申物流软件、供应链物流、仓储、运输与供应链管理软件,三维物流配送中心仿真模拟、物流方案优化软件、集装箱运输管理、货运代理等软件系统,以实验教学增强学生的动手能力;积极参加教学改革与创新,着力打造教育教学改革工程项目、实践教学基地、全英语、双语课程改革、物流实验教学体系等教改项目。加大实践教学和创新教学的力度,了解学科和行业现状,追踪学科前沿,及时更新教学内容,改进教学方法和手段,重视实验、实践性教学,引导学生进行研究性学习和创新性实验,培养学生发现、分析、解决问题的兴趣和能力。充分利用背靠行业,校企合作,双师型教师的特点,改变授课方式与方法。根据课程的性质和内容要求,对有条件的课程,请企业家、行业管理者及其他专家学者进行穿插式专题讲座。与此同时,要求老师创造条件,让学生参与社会实践,通过与百联集团、北芳物流、正大企业、英格索兰、上海恺易集成和泛联供应链等企业单位已经建立好的合作关系,为学生提供实践基地。开展形式多样的开放式教学,活跃了教学气氛,调动了学生的学习积极性,使学校教学走出象牙塔,远离纸上谈兵,力争给师生留下深刻的真实印象。

(二)专业主要特色

1. 凸显商业物流特色

我校物流管理专业依赖商业背景,占领现代服务业中自己的优势领域,扬长避短,发挥在大商业经营管理上的商科优势,特别是利用连锁经营管理成为教育部国家特色专业建设和上海市教育高地建设项目之机,积极参与其中做好商业物流课题研究,推进物流管理专业师资培养,形成城市商业物流特色。确立以城市商业物流以及商贸企业物流作为专业特色建设方向,形成了与其他院校在人才培养上的错位竞争格局。

2. 注重学生实践能力培养

我校物流管理专业作为应用型本科专业,非常注重加强学生实践能力的培养,在教学过程中强化学生的商业物流服务理念,在整个教学过程中,注重过程管理,对教学过程、实践过程、毕业过程进行从严把关,注重细节,完善实践教学培养体系,提高质量,确保学生实践能力的提高。

加强校企合作,为企业培养合格人才。物流管理专业现建有12个商业物流企业信息基地,经常性聘请物流企业有关专家到学校开展讲座,组织学生去商业物流企业参观、实习。教师去商业物流企业开展咨询服务,与企业合作办学,开展为企业培训的活动。

校内拥有4个实验室,学院积极完善实践教学文件,有一批经验丰富的实验教学任课老师,重视考证,组织学生参加劳动局举办的采购师、货运代理员证书、国家物流师考试。部分老师受聘市劳动局编写考证教材和试题。以就业为导向,积极地对学生进行就业指导,广开就业途径,向学生推荐物流企业就业单位。

3. 毕业生去向

据不完全统计,物流专业毕业生就业率达97%,其中18%进入大型生产企业,18%进入商业企业,37%进入物流企业,6%进入IT行业,6%进入政府机关,6%进入教科文部门,6%考研或出国深造。很多学生毕业是被企业提前"预订"的。

六、本专业教学和管理中存在的问题及改革措施

(一)存在问题

与本市同类专业比较,我们在物流专业办学经验、自身特色和发展空间等方面具有一定的优势,尤其在实践教学和就业指导上具有一套系统的规范。我们也十分清楚自身的不足。

物流管理专业发展面临的主要问题有:
(1) 结合本专业现状,存在着产学研结合不够紧密的问题。
(2) 实验室建设还不够完善。
(3) 高层次的学术活动开展不足。
(4) 教学经费略显不足。

(二) 改革措施

(1) 完善物流专业培养方案。培养高素质现代物流管理人员,必须探索出一个更科学更切合时代发展脉搏的物流管理课程体系。在课程设计的指导思想上,我们认为应注重课程设置的动态时效性、针对性、科学性与合理性,力求"三个加大"——加大计算机和信息技术类课程的比重;加大定量分析与数据处理类课程的比重;加大相关专业课程的比重,并根据人才培养的"宽口径、厚基础"的要求,拓展课程门类,增加相关知识点的比重。努力安排好物流系统分析(必修课)、物流系统建模与仿真(选修课)、物流方案综合设计(综合实践课程)、物流综合实验(综合实验课程)的教学方案和实施;确保形成较为稳定的符合教学要求的课程培养方案,形成完整的满足教学要求并符合培养目标的实践教学培养体系,进一步充实自己的专业特色和学科定位。建议如下:

① 进一步完善实验、实践课程教学计划,并能开设特色实验课程。
② 结合"管理科学与工程"学科要求,设置能够提升学生进一步深造的课程。
③ 进一步设置反映上海商学院特色的专业课程,学校给予支持、培育。
④ 加强教育科研,学校给予支持。

(2) 加强团队建设,增强团队凝聚力、激发团队的创造力、提升团队的战斗力。物流管理专业现有专职教师6名,计划发展达到8名教师,引进2名年轻博士,形成30、40、50的年龄梯队和经济、管理、工学三大学科合成的师资结构,力争专业教师在物流企业有相应实践机会和经历;通过学术、专业会议和调研,参与行业和学科领域研究和交流,完成一定层次的科研项目、专著和论文,1年每人不少于1件成果;实现本专业阶段目标:建成校级教学团队;通过教育部本科专业合格评估。

(3) 加强实习基地和实验室建设,走产、学、研相联合的道路。针对产、学、研结合不够紧密的问题。以教育高地建设为载体,以校企合作教育及其互动机制为依托,为培养应用型物流人才推波助澜,加强实习基地和实验室建设,走产、学、研相联合的道路。具体可采用:

① 聘请企业管理人员进行联系实际的综合案例教学,建立校内模拟实验室以及建立校外参观、实习基地等方法。
② 走校企共建之路。采用校企合作,实行优势互补,构建有利于创新型物流人才成长的有效机制和教育环境,使自己的人才培养与企业的人才需求形成良性互动,获得校企双赢,选择现代商业物流企业,让教师深入到供应链企业的各个工作环节参与业务管理工作;以学科链、专业链对接产业链,主动服务地区经济;或者利用科研项目和实习教学进行现场调查研究,加强教师的物流实践能力。

(4) 及时更新实验手段,提高实验效果。针对实验室建设还不够完善的问题,我们正在积极落实实验室建设的工作,一方面要主动向管理部门反映问题,积极提出可行性实验项目和方案。另一方面需要加大投入,扩大实验项目,及时更新实验手段,提高实验效果;与物流设备厂商合作,开发新的实验项目和软件。

(5)积极开展横向合作拓宽经费渠道,多途径筹措经费办好物流专业。针对学术活动规模和档次有待提高的问题,我们积极参加国内外高层次物流专业会议,增加交流扩大影响。针对本专业经费投入不足的问题,争取纵向课题经费支持,积极开展横向合作拓宽经费渠道,多途径筹措经费办好物流专业。

七、本专业未来发展思考

(一)与社会需求匹配的专业人才培养模式

大商业物流是建立在生产企业物流、商贸企业物流以及第三方物流基础之上,结合电子商务物流而进行资源整合的一种新型模式,它将以网络化为特征的电子商务运用于跨行业的物流管理,以降低商业交易中的物流成本、提高商业效率为中心;对物流信息管理要求比较高,强调信息化在供应链管理中的运用,包括建立仓库信息管理系统、库存控制系统、运输和配送管理信息系统、ERP和供应链管理信息系统等。大商业物流是现代综合性物流的典型代表,它强调以跨专业的物流管理人才、协调各专业化的物流设施设备及专业化物流管理组织为社会提供各种物流服务。根据这一专业定位,我校的物流管理专业采取"2+1+1"的人才培养模式,即第一、第二年按照管理学科大类统一设置公共基础课程、专业基础课程,使学生具备厚实的学科基础;第三年设置连锁、国际物流、电子商务及物流管理专业主干课程;第四年,按物流系统分析、物流方案规划与设计、物流供应链管理的专业方向设置课程和实习。这一模式突出厚基础、跨专业、重实践的特色,培养复合型、应用型和创新型大商业物流管理专业人才。

(二)发展思考

面对商业模式不断创新和发展,物流管理专业发展前景应该十分看好,社会对物流管理专业毕业生的需求也不断加大。物流管理专业的发展前景主要有以下几方面内容。

1. 相关领域的整合与互补

物流管理专业发展过程是相关学科的整合与互补的过程。物流管理学科在研究范围上都有大量交叉,各领域的整合才能集中最优势的资源,只有这样,物流管理专业才有竞争力。

2. 相关学科的交叉与拓展

物流管理专业与经济学、管理学等有着密切的关系。这些学科的交叉不但有利于学生的知识拓展,更重要的是,随着信息社会的来临,相关学科的交叉与拓展已经成为各学科发展的新生长点,物流管理专业的未来发展生命力在于相关学科的交叉,并不在于学科本身。这应该是各应用学科的共同特征。

3. 进一步与企业互动融合

种种信息表明,培养应用型人才必须走校企合作之路,即开展与企业紧密结合的科研、教学、实习实践、就业、服务等良性互动的产、学、研一体化运作机制,完善实践教学系统,增强毕业生实际工作能力,提高企业用人的满意度,找到双方合作的共益价值点。

市场营销专业教学质量年度报告

一、专业简介

（一）专业设置沿革

1983年，上海商学院前身上海市财贸管理干部学院设立了"商业经济专业"，其后于1988年自编了一本《企业市场经营战略与策略》的营销教材，并针对财贸系统干部培训及成人教育，开始讲授《市场营销》课程。

为了适应我国开放型经济，尤其是上海快速发展对市场营销人才的需要，在商业经济系设置市场营销教研室，于1998年开设市场营销专科专业，并实现当年招生。在1998—2007年9年间，培养了一批市场营销专科专业的学生。

2007年开始筹备市场营销本科专业申报。人才需求调查发现：该专业的招生与就业存在"冷热不均"现象，即招生冷、就业热。营销人才的社会需求量很大，市场营销专业的前景良好。同时，上海要打造成国际金融中心与国际航运中心，也需要一大批高级营销管理人才。我校作为商科院校，在商科类专业的教学上也积累了一定的经验。所以，2007年，上海商学院申报了"市场营销"本科专业，并获得批准（沪教委高〔2008〕9号）。并于2008年首次招生124名本科学生，2009年与2010年连续每年招收两个班级。截至与2011年8月31日，在校市场营销本科生为275名，其中专升本学生3名，留学生1名。

市场营销专业自成立以来，秉承"源于实践、融于实践、高于实践、服务实践"的办学宗旨，为培养和造就一批具有较强实际动手能力和较高职业综合素质的人才，通过建立"产学研"合作机制，开拓了与企业紧密合作的办学模式——即在2008年创办市场营销专业第一届校企合作班"联华委托班"。这种委托办班模式的要点是："走出去、请进来"、"缩短在校学习时间、延长企业实践时间"，通过到企业参观、实习、调研以及聘请企业的高级讲师为学生讲授实践性课程及采用"3+1+3"办学模式等，培养符合商业企业、符合社会需要的高级专门营销管理人才。其中，"3+1+3"办学模式是学生进校第一至第六学期在校内完成专业规定的相关课程的学习，第七、第八学期在企业进行同步学习与同步岗位实习，使学生毕业的同时实现就业，另外三个暑期坚持企业认知实习，了解企业文化与管理模式，加强校企沟通。

从专业开办之初，市场营销教研室即对本专业的发展做好4年的专业建设规划，从师资队伍建设、课程建设、教学基本条件等多方面进行并落实到每位教师身上。在专业建设中，市场营销教研室2009年获得校级教学团队，《市场营销学》、《营运管理》、《市场调查与预测》分别成为上海市2009年、2010年、2011年重点建设课程。

（二）人才培养

市场营销专业的人才培养目标：

本专业培养德、智、体、美全面发展，具有良好的思想品德和营销伦理修养，具备管理、经济、法律、市场营销等方面的知识和能力，富有团队合作精神和创新精神，服务于地方经济发展需要的，面向商贸服务企业，从事各类营销活动的应用型营销管理人才。

毕业生服务面向：

各类商贸服务企业从事市场调研、营销服务、营销管理、营销策划、商业营运管理等工作。

市场营销专业人才培养规格：

（1）了解现代管理思想，具有一定的经济学理论基础，能够相对熟练地应用管理学、经济学的理论及方法指导营销实践。

（2）具有一定的数据处理能力，能够使用数据分析方法搜集数据、处理数据并发现问题。

（3）掌握市场营销基本专业知识，能够利用所学到的营销理论指导实践和解决实际问题。

（4）了解我国有关商业政策与法规，了解国际商业规则与发展动向。

（5）具有较强语言与文字表达、人际沟通以及分析和解决实际问题的基本能力。

（6）熟练掌握一门外语，能够阅读本专业外文技术资料。

（7）具有较强的计算机方面的应用能力及信息技术应用能力。

（8）具有一定的文献检索能力、科研能力及创新能力。

（9）了解本学科和专业的理论前沿和发展趋势。

（三）专业资源

1. 师资队伍

市场营销专业的师资队伍，面向实践，依托企业，以实用型研究为基础，通过校企紧密合作，汇集了一批"双师型"教师，年龄结构、职称结构、学历结构、学缘结构基本合理，为上海商学院校级教学团队。

截至2011年8月31日，本专业专任教师为7人（其中2人为双肩挑人员），其中，教授1人，副教授4人，讲师2人；35岁以下青年教师2人。分别来自商业经济、管理工程、贸易经济等相关专业。另有11名行业讲师为学校提供原创案例，开设系列讲座，与本校专业教师交互授课，指导师生开展实训、实习、实践与应用型科研活动；校内相关专业其他教师（经济学院、法政学院、计算机学院等）多人为本专业学生授课。生师比基本符合要求。

截至2011年8月31日，市场营销专业教师承担上海市重点学科项目建设子课题10项，计20万元；央财项目1项，计10万元；上海市教委纵向课题1项，计2万元；市级重点课程建设项目2项，计6万元；市人力资源与社会保障局职业开发项目2项，计20万；校内项目7项，计10.6万元；其他横向课题1项，计20万元。合计完成23项，计88.6万元。

同时，发表主要学术论文30余篇，其中，EI：1篇，ISTP：1篇，核心：11篇（其中，CSSCI，1篇），人大复印资料全文收录：4篇，出版教材：6本（其中，"十一五"规划教材：1本）。

此外,还获得如下获项:2008年上海市第九届教育科研成果二等奖1项,2009年上海商学院教学成果一等奖2项、二等奖1项,2009年中国教育实践与研究论坛论文大赛一等奖1项。

2011年,引进博士1名。市场营销系积极支持教师攻读高学位,并选派教师外出考察、进修学习:2008年以来,有3名教师分别考察了欧洲、日本、中国台湾等地,参加国内外学术交流十余次;2009年3月,有1名教师获得经济学硕士学位;2007—2008年,有1名青年教师到复旦大学做访问学者。

2009年5月,有2名教师参加全国高校"体验式模拟教学"团队课程第二期骨干教师培训班;2009年2月,有2名青年教师参加由北京超市人培训中心举办的实效商品ABC管理与应用培训班;2008年5月,有3名中青年教师参加由中国连锁经营协会举办的第五期食品安全与卫生高级培训班。

市场营销专业教师在课堂教学质量测评中平均成绩超过学校平均成绩。市场营销专业教师在近3年课堂教学质量测评中,总体平均分超过学校平均分,评价方式分为学生测评、督导测评、学院测评及教研室测评。专业带头人始终坚持教学第一线,课堂教学测评连续几年获得管理学院课堂教学质量测评第一名。

由于市场营销本科专业起步较晚,为了借鉴其他院校的办学经验,提升专业教学水平,市场营销专业教师先后走访了江西财经大学、广东商学院等高校。对这些院校的办学思路、专业培养方案、教学大纲、教学计划等进行了比较分析,以不断改进与优化本院的专业建设方案。

2. 课程建设

市场营销专业制定了课程建设规划,从专业主干课到专业选修课,逐步实施。除获得学校关于课程建设的资金支持外,专业建设费中也专门设置经费用于课程建设。根据市场营销专业培养目标和方案,确定了数门课程作为本专业的重点建设课程,并制定了这些课程建设的实施计划。目前市场营销专业主干课程中,市级重点课程为8门、校级重点课程为3门,且这些重点课程均已完成课程网站建设,可以实现网上与学生的交流与互动。已完成和正在建设的重点课程见表3-6。

表3-6

市场营销专业主干课程建设情况一览表

序号	课程名称	级别	建设情况
1	市场营销学	市级	已完成
2	营运管理	市级	在建
3	管理学	市级	已完成
4	微观经济学	市级	在建
5	财务管理	市级	已完成
6	会计学	市级	已完成
7	管理信息系统	市级	已完成
8	市场调查与预测	市级	在建
9	宏观经济学	校级	已完成
10	统计学	校级	已完成
11	经济法	校级	在建

市场营销专业"联华委托班"与企业合作开设了8学分的特色课程《连锁总部管理》、《连锁门店管理》。学生直接到企业,由企业提供教师组织授课。在课程学习过程中,企业讲师会引入企业实际案例,并带领学生到实地进行观察,从而获得第一手资料,使学生从感性认识上升到理性认识,真正实现理论与实践的对接。

市场营销专业教师根据教学计划制定了规范的课程教学大纲,在课程开设学期前两周依据大纲制定课程授课计划;任课教师每学期上课前提交本学期个人授课教案,教案中对课堂讲授内容、教学方法及辅导、作业等内容进行系统安排;任课教师严格按教学大纲、授课计划和教案,认真组织教学活动。市场营销系通过每两周一次的教研活动,进行教学方式、方法的交流和教学内容的讨论。专业教师能够将市场营销发展的新动态及行业发展情况及时融入教学过程中,并以案例方式引导学生进行讨论。市场营销系教师均制作了规范的多媒体教学课件。对于教材有变化或错误的内容,通过集体备课的教研活动进行沟通,协调解决。

3. 教材建设

市场营销专业根据学院对教材建设的总体思路和方针,制定了专业教材建设规划及措施。市场营销系截至2011年8月31日,累计出版本科教材6本,其中"十一五"规划教材1本。市场营销专业教师主编教材情况具体见表3-7。

表3-7

市场营销专业教师主编教材一览表

序号	教材名称	主编	出版社/时间
1	市场营销学	池丽华、朱文敏	立信会计出版社/2011
2	国际市场营销	伊铭	复旦大学出版社/2011
3	商业营运管理	周勇	立信会计出版社/2010
4	零售学	周勇	立信会计出版社/2010
5	连锁经营原理	周勇	高等教育出版社/2008
6	现代管理学	池丽华、伊铭	上海财经大学出版社/2008(国家"十一五"规划教材)

根据学校对课程教材使用的有关建议,市场营销专业制定了课程教材选用要求。目前,市场营销专业在已开课程中选用国家级规划教材占30%,选用优秀、重点教材或推荐教材占33%,自编教材占14%,其他教材占23%。

4. 实践教学

(1) 实验课程开设情况。具体如下所述:

依照教学计划,开设有课内实践课程6门,其中《商品学》、《市场调查与预测》、《客户关系管理》3门课程在实验室完成。实验课程设计符合人才培养方案要求,实验开出率达到100%。其他3门课程《市场营销学》、《营运管理》、《消费者行为学》均在课堂内开展实践教学。每门课程的实验与实践教学大纲、实验与实践指导手册、实验报告等齐全,实践与实验成绩评定合理。

市场营销系同时还承担了全校普适性公共实验课《企业经营决策沙盘模拟训练》,该课程已面向全校开设了多期,深受学生欢迎。

(2) 实习开展情况。具体如下所述：

本专业有明确的专业实习计划、实习大纲，统一安排实习单位，教师全程跟踪，实习报告齐全，实习效果良好，获得实习单位好评。截至2011年8月31日，市场营销专业已安排2008级124名学生分别到各个实习基地进行专业实习，确定校内外实习指导教师，确保实习质量。通过专业实习巩固了课堂教学效果，增强了学生的实践能力，促进了专业知识的融合，提高了学生的专业素养。实习结束，组织学生开展实习交流。

市场营销专业"联华委托班"学生每学期的暑假均在联华超市股份有限公司实习。学生在实习中置身于职业的氛围中，培养了职业意识，强化了实际工作能力。

(3) 已建设的实习基地情况。具体如下所述：

实习基地建设为本专业学生的认知实习、专业实习、毕业实习提供了较好的资源。市场营销系利用我校行业背景以及专业带头人的影响力，与多家企业建立了稳定的校企合作实习基地，市场营销现有稳定的校外实习基地12家，见表3-8。

表3-8

校外实习基地一览表

序号	公 司 名 称	实 习 内 容
1	联华超市股份有限公司	认知实习、专业实习、毕业实习
2	农工商超市股份有限公司	认知实习
3	上海瑞星软件有限公司	赠送商业软件，联合培训学生
4	上海好德便利有限公司	专业实习
5	上海华银日用品有限公司	专业实习、毕业实习
6	上海炫动实业发展有限公司	专业实习、毕业实习
7	上海第一食品连锁发展有限公司	专业实习、毕业实习
8	上海市糖业烟酒有限公司	专业实习、毕业实习

5. 教学手段方法

根据市场营销人才市场需求情况调查以及专业建设规划要求，合理设计专业培养方案，形成了富有特色的专业课程和核心课程体系，并予以具体实施。组织教师开展对教学方法、手段、内容改革的讨论，提高认识、统一思想；注意教学方式的多样化。根据课程特点和内容属性，采取以教师精讲为主，讨论、辩论、案例研讨为辅的多样化教学方式，以及请校外专家和企业界人士进课堂参与相关课程的授课，如在营销策划课程中，邀请了上海艾克迅咨询公司董事长进课堂讲解"品牌策划"，邀请愿望啦啦（Wishlala.com）的首席运营官（COO）王俊杰讲解"网络营销策划"等相关内容。积极改革教学方法，成效显著。必修课、选修课100%实施了多媒体教学；适当增加模拟教学；根据国家经济体制改革的新进展，为学生提供新知识与新素材；建立了"双导师制"、"交叉授课制"、"原创案例教学法"等。

6. 学生情况

截至2011年8月31日，市场营销专业在校生含2008级、2009级、2010级3个年级共计275名，其中专升本学生3名，留学生1名。

(1) 学生基本技能。具体如下所述：

市场营销专业办学3年来,本专业学生的专业课程考试成绩的优良率保持在32%~45%之间。根据对2008—2010学年各学期部分专业课考试情况的试卷抽查,试卷成绩大体呈正态分布。

截至报告期,市场营销专业大学英语四、六级和计算机一级考试通过情况见表3-9。其中,1人获得大学英语四级考试单科学习奖一等奖。

表3-9

大学英语四、六级和计算机一级考试通过情况汇总表

年　　级	项　　目	学生人数(名)	通过人数(名)	通过率(%)
2008级	大学英语四级	124	107	86.29
2008级	大学英语六级	124	30	24.19
2008级	计算机一级	124	72	58.06
2009级	大学英语四级	73	50	68.5
2009级	大学英语六级	73	13	17.8
2009级	计算机一级	73	20	27

市场营销专业学生1人获得国家奖学金,10人获得国家励志奖学金,1人获得上海市奖学金,1人获得世博志愿者风采之星,6人被评为世博优秀志愿者。

(2) 学生创新实践能力。具体如下所述:

市场营销专业学生积极参加各种创新性活动,不断提高自身的实践能力。由学生组建的团队代表上海商学院参加第七届全国大学生"用友杯"沙盘模拟经营大赛,参与全国赛区比赛获优胜奖,获上海赛区"三等奖"。

学生积极参与学校开展的科研活动,积极申报上海商学院科研创新项目,全系共有22个学生科研兴趣小组递交了科研项目申报书,9个项目获得学校批准,立项率达到41%,目前都顺利完成项目结题,其中有5篇研究论文在《上海商学院学报》上发表。

市场营销专业学生利用假期时间,开展与专业紧密联系的社会实践活动,在上海华银日用品有限公司、上海第一食品连锁发展有限公司、联华超市股份有限公司等通过工作和实践,大大提高了专业知识的运用能力。很多学生还自己创造机会将理论用于实践,2008级学生周嘉雄利用业余时间在淘宝网上开办文具店,年盈利额达到10万元,充分体现了学生自主创业创新能力;2008级学生周恬宇在暑假参与的"关爱留守儿童"和"聚焦大学生村干部创业"活动中受到河南省安阳市团市委的表扬。

市场营销专业在校企合作基础上,通过学生社团"营销策划研究会"举办多次营销大赛,如"纽康杯"营销创意大赛、"蜂花杯"营销大赛、热迷行销之营销策划、营销调研大赛等活动。2010年,该社团组织校内企业经营沙盘模拟竞赛活动,并选出参赛选手参加上海市"用友杯沙盘模拟经营大赛",同时代表学校参加第七届全国大学生"用友杯"沙盘模拟经营大赛,获得三等奖。这些活动既为广大同学提供了一个展现自我的良好平台,又为企业提供了服务。该社团指导学生参与科研创新实践活动,使学生成为具有创新精神和实践能力的优秀人才。本专业有超过200多人次的学生参加上述活动,扩大了学生的视野,获得了广泛的好评。

学生参与主办《管理学院院报》和《管理学院学生工作简报》;一大批学生广泛参与校园

文化活动,如大学生创业大赛、"高雅艺术校园行"系列活动、五月歌会、新秀大赛、大合唱比赛、课本剧比赛、征文比赛、急救知识培训等,极大地丰富了广大同学的业余生活。一些主体鲜明的文化活动,以继承先辈光荣传统,弘扬民族优秀文化,激发学生爱国热情;社团活动和丰富的各类志愿者行动都极大调动了学生服务社会的热情。

二、本专业全国布局现状

（一）专业点布局现状

在全国高等院校中共有600多所院校开设有市场营销本科专业,不仅"985"、"211"高校开设有本专业,普通高校以及新升本院校也开设有该专业。具有代表性的如中国人民大学、北京大学、复旦大学、上海交通大学、上海财经大学、武汉大学、南开大学、四川大学、中山大学、深圳大学、辽宁大学、暨南大学、天津财经大学、西南财经大学、东北财经大学、浙江大学等。在新升本院校中,如上海金融学院、上海第二工业大学、上海应用技术学院等均开设有该专业。重庆大学、贵州财经学院、西南财经大学、广东商学院、中国石油大学、湖北经济学院、江西财经大学、吉林工程技术师范学院、中央财经大学、对外经济贸易大学、湖南商学院、兰州商学院、中南财经政法大学等13所大学的市场营销专业为国家特色专业建设点。

由于市场营销专业是工商管理类专业中开设较早的专业,社会对市场营销专业人才的需求始终强劲,导致该专业办学高校颇多,竞争激烈。

（二）做得最好的院校

不同高校办学定位不同,各高校市场营销专业均有自己的特色。

1. 研究型高校市场营销专业办学特色

具有代表性学校:

（1）中国人民大学。中国人民大学商学院市场营销本科专业创建于1993年,是全国高校最早设立的营销专业。1988年,该专业所属的企业管理硕士学位(1978年)和博士学位(1986年)授予点成为国内唯一的企业管理国家级重点学科。2003年,该校市场营销系开始独立招收硕士和博士研究生。该校市场营销管理专业的主要研究方向包括营销模型、消费者行为、全球化营销战略、品牌管理、零售管理等。该专业主要培养适应国内和国际市场经营活动需要,具备理论基础、专业知识和创新能力,掌握规范的研究方法,具有较强的国际学术交流能力的理论研究人才。培养的毕业生适宜在高等院校、科研机构、国家各级综合管理部门以及国内大中型企业和跨国企业集团从事理论研究与教学、管理决策与咨询等工作。坚持"国际化与本土化"并重的原则,立足中国企业发展实践,推进营销理论创新,积极开展国际学术交流与合作。在消费者行为、跨文化和中国企业营销实践研究方面形成显著的学科优势。最终成为扎根本土、影响世界的营销知识创造和创新人才培养的基地。

（2）复旦大学。复旦大学自1980年起就开始培养市场营销方向的硕士和博士研究生,并于1999年正式成立市场营销系。目前设有市场营销本科专业和硕士点,并在企业管理专业下培养市场营销方向的博士研究生。该系设有"中国市场营销研究中心"(和中国市场学会合作)和"服务营销与服务管理研究中心",并建有"复旦大学行为科学实验室"(筹),在市场营销领域有着广泛的学术和社会影响。目前,市场营销系承担了一项国家自然科学基金重点项目:中国城市消费者行为研究——身份识别、社会认同视角的探索,还承担了10多项国家自然科学和社会科学研究基金项目,以及教育部和上海市的社科研究项目,取得了许多重要成果。

(3) 上海财经大学。上海财经大学是我国改革开放后最早成立市场营销专业的高等院校之一。市场营销系培养市场营销本科生、硕士和博士研究生三个不同层次的人才。本科学生除了要求学经济学基础知识和营销学基本理论外,需要深入学习市场调研、国际贸易理论与实务、广告学、公共关系学、企业管理学、消费心理学、数理统计、营销工程等专项知识,并掌握科学决策软件应用的基本知识和专业外语的应用能力。毕业后的学生多在工商企业、金融机构和外贸公司等从事市场营销与国际营销的组织与管理工作;也有的学生进入更高层次的学习。依据不同层次的培养目标实施教学,市场营销系在营销模型、消费者行为和市场战略等方面有其研究特色,注重引进最新原版教材,多种授课方式,使学生在掌握先进营销技能和树立现代经营意识的同时,增强分析、解决问题的能力。市场营销系的市场营销学课是国家级精品课程,上海市全英语教学示范单位。

上述这些大学注重研究国外营销的发展及营销理论、营销模型、消费者行为的研究,注重培养高层次营销人才,注重国际化。

2. 国家特色专业建设点市场营销专业办学特色

具有代表性学校:

(1) 江西财经大学。江西财经大学市场营销专业为国家教育部第三批高等学校特色专业建设点。其特色体现在模式特色、过程特色和结果特色上,提出"以特色育人理念为先导、以特色人才培养模式为核心、以特色课程体系和教材为关键、以特色师资为根本保障、以特色人才为最终结果"。通过构筑"师生学习型平台、校企合作型平台、模拟演练型平台"培养市场营销专业创新创业人才。为此,该校工商管理学院组建创业教育实验班,积极探索有效的创业型人才培养模式,推出了"理论知识课堂讲授+企业家讲座进课堂+创业设计讨论+企业实地参观"的教学模式。在学校的创业孵化基地,为市场营销专业人才的培养提供基础条件。

(2) 兰州商学院。该校1993年开始招收市场营销本科专业学生,办学历史较早。1997年,该校"市场营销专业建设的研究与实践"项目获得甘肃省教学成果二等奖;2004年,该校市场营销本科专业开始招收研究生;2010年,该校被国家教育部列为第六批高等学校特色专业建设点,提出具有特色的"一个定位、两个体系、三个强化、四个模块、五个平台"的人才培养模式,构建"潜能开发+营销技能+综合能力+营销模拟+商战博弈"实践教学体系,实施"理论教学-案例教学-模拟教学-互动教学-实践教学"五位一体的互动式营销教学模式。其人才培养目标与定位是:本校市场营销专业培养具备管理、经济、法律、市场营销等方面的知识和能力,能在企事业单位从事市场营销与管理以及研究咨询工作的高级专门人才。

(3) 广东商学院。广东商学院市场营销专业于1996年开始正式招生。该专业是该院最具特色的院系之一,于2003年评为广东省名牌专业,2008年评为国家特色专业。该校市场营销专业非常注重理论教学与实践活动相结合,多年来在教师指导下,学生积极参加国家、省级的"挑战杯"大学生创业计划大赛、科技作品大赛和校级"品牌策划推广大赛"、"明日管理精英大赛"等活动,曾获国家一等奖、三等奖和广东省一等奖多项,在广东高校中产生了积极的影响,在广东商学院形成了有传统、有特色的教学活动。广东商学院非常注重学生的实践活动,该院实验中心为国家级实验示范中心,在人才培养方案中有3个学分的专业独立实践课程,7个学分的专业拓展实践课程,还有10个学分的综合运用课程,再加上课程实践教学,实践教学比例较高,突出应用型人才的培养。其培养目标是:本专业培养德、智、体全面发展,具有管理、经济、法律、市场营销等方面知识和能力,能胜任工商企业的市场开发、市场营销和非营利组织的营销工作以及相关教学、科研工作的复合应用型专门人才。

(三) 我校市场营销专业的相对位置

市场营销是比较成熟的专业,我们开设市场营销专业,主要遵循以下三个原则:①宽泛性原则。市场营销是企业的一项组织职能,其应用领域十分宽泛,涵盖了企业、政府机构与非营利组织。所以,营销专业要面向全社会,不能局限于某些行业。②实践性原则。市场营销贵在实践、实战与实效,所以,一定要加强实验课程、实验室、实践基地的建设。③实用性原则。企业在招聘营销专业人才时越来越注重应聘者的行业认知能力与综合应用能力,所以,在教学过程中要有计划地引入行业知识,从而实现宽泛与专业的结合。

办学初期,首先从本院现有资源条件比较丰富的流通行业开始,建立实践基地与校企委托办班项目,其次逐渐向其他行业拓展,以便向学生提供有选择的实践机会。这也与学校总体定位突出的"商科特色"相吻合。

另外,我们还注意到:在我国高校目前尚未设置"营运管理"专业的情况下,可以把营运管理作为市场营销的一个专业方向。所以,将《营运管理》课程建设成为市级重点课程,并自编了"营运管理系列教材"。

上海商学院在"085"规划中强调了专业建设的重要性,并对相关专业进行了整体布局;在"十二五"规划中,更加注重内涵建设,强调学校整体学科和专业建设围绕"商科"和"特色商务"做文章,因此进一步细化了专业布局。

市场营销专业在本院专业规划中,作为二线特色专业建设,即希望建设成为上海市级具有一定特色的专业。本院营销专业区别于其他学校营销专业的一个重要特点就是,紧密围绕"商科"建设大思路,注重商业营运管理层面的营销人才的培养,这同上海建设国际商业中心思路相呼应,也同学校的发展规划与专业布局相适应。

在营销专业建设中,除注重专业特色建设外,还加强专业人才培养的应用性特点。在四年大学学习中,学生要经常性地进入企业的实际工作层面,专业见习、专业实习、专业体验,从而培养学生既能动脑,也能动手的能力与素质。

三、本专业社会需求现状

(一) 全国需求现状

随着我国经济的持续高速发展,我国的企业数量和企业规模也快速增长,使得我国人才总量需求稳步增长,市场营销人才已渗透到各类企业及非盈利组织中。从国家人力资源与社会保障部2010公布的数字显示,市场营销人才仍然是各省急需人才,在人才需求排行榜中始终处于前列。零售业、电子商务、汽车、房地产、金融保险、制造业及非盈利组织等,都需要大量市场营销人才。

近年来,我国零售企业竞争激烈,正处于转型期,零售业急需大量营销人才。据联商网的统计,中国零售业营销人才告急。大型零售连锁企业每年开出多家门店,均需要大量零售营销人才。而我国零售业的管理人才特别是高层次管理型人才严重缺乏,很难适应国内外激烈竞争的新形势。根据中国商业联合会的分析,商业高端人才紧缺的主要原因是高校培养能力严重不足,营销本科专业人才培养无论是数量,还是质量都跟不上商业人才的需求。许多大型公司如国美、苏宁等,都是自己开办培训学院,在内部重点培养中高层零售人才,以保证门店扩张的人才需要。此外,一些企业还通过与学校联合办学的形式弥补内训的不足。

随着互联网发展,中国网民规模已达4.5亿,这支庞大的网络队伍也为相关产业带来巨大商机。随着网民的不断增加,也带来了无法估量的就业机会。目前,我国网络营销人才严重短缺,已成为各大公司竞相争夺的对象。耐得斯网络分析了阿里巴巴的报告,得知超过70%的中小企业表示,影响企业电子商务与网络营销效果的最核心因素是实战实用型人才的匮乏,仅阿里巴巴B2B电子商务平台上的企业对实用性网络营销人才的需求总量就超过200万人。百度商业运营副总裁沈皓瑜表示:"SEM搜索营销人才需求量的缺口达100万人,这还只是一个保守估计。专业性人才非常难找,这已成企业开展SEM搜索营销时碰到的最迫切问题。"搜索引擎仅仅是企业开展网络营销的一个工具,而仅懂SEM搜索引擎营销的网络营销人才缺口都已经达到了100万!"未来几年,随着越来越多的企业开始重视网站设计开发及运营管理、网络推广、网络广告,预计将需要数百万网络营销人才。"某高校校长这样说。

近年来,我国汽车发展速度较快,目前全国有39 500家汽车品牌授权经销商;其中有15 000家为4s店模式,还有各类汽车园区、二手车交易市场、汽配市场等,全国大约有上百万人从事汽车营销服务,急需大量市场营销人才。

(二) 上海(区域)需求现状

"上海市紧缺人才专业岗位调查统计"显示营销专业人员的紧缺。在上海市委组织部、市人事局、市教委和市成教委的领导协调下,由市统计局主要承担的"上海市紧缺人才专业岗位调查统计"课题调查结果显示:经济及其管理类人才在未来仍然是紧缺人才,2006—2010年上海需要经济及其管理人才2 526万,其中就包括"高层次"、"应用型"营销专业人才。详见表3-10。

表3-10

上海市紧缺人才专业岗位调查统计

专业类别	合计	其中		
	1999—2010年	1999—2000年	2001—2005年	2006—2010年
总计	25 531	6 237/24.4	10 362/40.6	8 932/35.0
科技及其管理	12 981	25.6	39.6	34.9
经济及其管理	6 960	24.8	38.9	36.3
社会服务	2 376	23.4	41.3	35.3
复合型	1 956	18.8	44.3	36.9
语言	926	18.9	41.8	39.3

根据调查资料,进一步分析:

(1) 上海扩大对外开放需要高层次营销人员。随着我国加入世贸组织,上海扩大对外开放,参与全球化竞争进程的深化,急需更多了解国际市场、国际先进技术、国际金融,并懂得国际惯例的各类综合性高级经营管理人才与营销专业人才。

(2) 上海长三角地区的大力发展急需大量高素质营销人员。目前,中小企业主要分布在一些劳动密集的传统型行业之中。就大多数企业而言,其经营者的文化素质普遍不高,知识结构相对陈旧,经营管理水平较低;专业技术人员数量不足,且整体素质也不高,已严重阻碍和影响了中小企业产品技术的升级与发展。显然,上海长三角区域经济发展急需大量的经营管理人员。由此可以预见,培养与造就数以万计中小企业与都市型企业的经营者和创业者,将成为跨世纪上海及长三角地区人才培养的发展重点。

上海百联集团的"上海百联集团人才培养计划"也显示出营销专业人才需求量巨大。上海百联集团在2006年宣布,将推进"三年人力资源"规划的实施,全面落实"1436"人才工程(百联集团的"1436"人才工程具体内容主要包括培养100名高层经营管理人才、400名中层经营管理人才、3 000名各类紧缺岗位人才和6 000名中高级专业技术人才)。同时制定《百联集团高级管理后备人员管理办法》,专题调研并完善以市场化为特点的激励与约束并重的薪酬管理体系。其中,营销岗位专业人才占到50%的比重。经过对百联集团旗下的上海第一百货商店、上海永安公司、上海时装公司、上海东方商厦、上海南方商城、上海八百伴商城等6家零售商业进行调查,近5年间这些公司营销人才的需求量估计达到3 200人。

四、本专业人才培养各环节质量的评价

(一) 教师对本专业人才培养各方面的评价

通过教师座谈、督导检查、校内外专家教师对本专业开展的新专业检查等,总体对市场营销专业在人才培养方案、师资队伍、课程建设、教材建设、理论教学、实践教学、教学手段方法、考核评价等环节的评价较为满意。

教师座谈会上认为市场营销专业人才培养定位较明确,师资队伍建设有成效,在较短时间内课程建设、教材建设方面均取得较好成果,自编教材中获得国家"十一五"规划教材1本;课程建设中由本专业教师负责的3门专业主干课程成为上海市重点课程。市场营销专业从办学开始始终与企业紧密合作,走校企合作办学模式。在教学方法上不断探索,逐步形成市场营销实践教学的三种模式:一是"课业模式",这一模式经过在大专学生中的多年实践,教学流程与教学方法已经比较完善,现在针对本科专业进一步提升和充实;二是"游戏模式",这一模式发展到一定阶段将以电脑信息系统为支撑建立高仿真模拟操作平台,突出体现在全校性普适公共实验课——沙盘模拟的教学中;三是"实战模式",这一模式将坚持"以学为主、教学互动、源于实践、高于实践"的教学原则,通过师生互动、校内外互动、内外贸互动建立一整套"原创性教学资源"。

2011年6月16日,校内外专家组对本院市场营销专业的办学情况进行了检查,通过听取专业负责人汇报、听课、师生座谈会、查阅相关资料、实地考察等,专家组一致认为:

（1）市场营销专业定位准确，符合学校办学定位和学科结构布局，建设思路清晰、有规划、有措施、初见成效；专业特色鲜明。

（2）专业带头人具有深厚的行业背景和较高的专业水平，教师数量和结构能满足教学要求。教师积极开展相应的教学研究和实务研究，教学内容和方法、理论和实践同步推进，形成了一支专、兼职相结合的"双师型"队伍。

（3）教学文件、教学资料全齐。教学管理严格，规章制度健全，教学监控和保障体系稳定。

（4）实验室、实习基地、图书资料、教学经费等能满足教学的基本要求，实践教学环节的建设成果显著。

（5）学风端正，教学效果良好，学生受到业界实习基地好评。

（6）学生科技文化丰富，整体素质较高。

专家组也提出要进一步加强师资队伍建设，适时增加教师数量，优化队伍结构；进一步加大本学科专业发展的经费、图书资料的投入。

学校督导组在进行教学检查中认为市场营销专业建设基础较为扎实，教师授课的整体水平在学校平均水平之上，特别是专业带头人有多年企业工作经验，在教学中不断引入企业实际案例，引导学生分析，提升学生实际问题的解决能力。专业带头人不仅具有深厚的企业管理经验，还承担许多社会工作，如受聘上海市粮食应急管理专家；受聘中国国家标准化管理委员会，全国连锁经营标准化技术委员会专家委员（SAC/TC439，全国 25 人）；受聘中国连锁经营协会信息技术委员会委员；受聘上海市商务委员会"上海消费市场运行分析研究组"特聘专家等。

（二）学生对本专业人才培养各方面的评价

通过召开学生座谈会，发放调查表，了解到本专业学生对本专业总体评价的满意。体现在：

（1）学生在进入大学校园即进行专业介绍，学生一开始就认识本专业教师，并对专业的人才培养方案有所了解；建立了班级导师制，在 08 级入校第一学期 3 个班级分别由班级导师授课，使本专业学生对营销专业教师有了近距离接触。

（2）2008 级、2009 级、2010 级每个学期均有企业的认识实践活动，由营销专业教师带队，对不同企业进行参观走访。

（3）学生对市场营销专业教师的评价较高，喜欢具有企业实际经验的教师授课。

（4）学生认为市场营销专业的实习比其他专业的机会多，特别是"联华班"，每个假期均有实习机会，专业实习阶段还到不同类型的企业见习，希望这种模式继续发展。

（5）学生对市场营销专业课程的理论教学、实践教学总体满意度较高。喜欢有实践经验的教师授课。同时也指出，有些教师需要增加课堂互动性，多引入实际和最新的营销案例。

（6）市场营销专业聘请较多企业的高管开展各类讲座，给学生对专业的认识提供了极大的帮助。

（7）学生认为外语能力还需要提升，希望学校和专业教师能够给予更多帮助。

五、本专业的亮点或特色

本专业的主要特色是：

（1）办学指导思想注重行业导向，以商为本，培养目标注重现代服务业，培养具有现代营销理念的"零售营销"专业人才。

（2）创办企业"委托班"，以落实"行业导向"、学业与就业无缝对接的办学思路。

（3）专业师资队伍融于实践，具有丰富的营销实战经验，长期跟踪、参与行业实践活动，推动行业发展，获得企业认可。

（4）以应用型研究促进应用型教学，积极参与政府和企业决策咨询项目，在引领行业发展方面取得了一定的成绩，并由此带动了应用型教学的不断改革与发展。

六、本专业教学和管理中存在的问题及改革措施

（一）存在问题

总体来说，目前存在的主要问题来自学生、教学管理、教师三个方面。

1. 学生方面

对行业的认知需要更加务实，起薪较低、晋升较慢、工作辛劳的传统服务业对大学生普遍缺乏吸引力，但这些行业在转型过程中都在有计划地招聘、培养大学生后备干部。学业与就业的良好对接，首先要加强学生与行业在认知上的对接。知之者不如好之者，好之者不如乐之者，培养学生的兴趣爱好，激发学生的内在动力与潜能，这是教学改革与发展的根本。

2. 教学管理方面

教学管理导向是学术型的，教师的实战经验、实践能力与行业影响力，在教学评估过程中得不到应有的肯定，这对于培养学生的专业技能与管理技能会产生负面影响。

3. 教师方面

令人吃惊的调查发现，学生并不看重教师"有声望"与"有研究成果"，他们更喜欢"有实践经验"和"讲课好"的教师，这一点与他们"适应社会需要"的关注重点一致。这就存在一个问题：教师与学生的关注重点不一致。

具体来说，有三个问题必须加以解决。

1. 师资队伍需要充实与提高

师资队伍主要存在三个问题：一是师资人数偏紧，7名专任教师，不仅承担营销专业课程，还承担两门全校性的通识课程与普适性实践课程，其中2名教师还是双肩挑教师。专业教师超负荷工作，不利于进修提高。二是师资结构有待完善，年富力强的中间层专业教师比较缺乏，需要加大对青年教师的培养力度。三是专业教师的实践能力、教学设计能力以及教学水平有待进一步提高。

2. 实验实践教学体系有待完善

实验实践教育体系主要存在三个问题：一是各类实验应用软件需要提高利用效率，并组合成一个有机的系统，以便让学生更系统地掌握实践知识，提升学生的实践能力；二是专业

课程的实验实践教学体系需要进一步完善,做好专业课程的实验实践项目的设计与实施;三是专业实习的组织管理水平有待进一步提高,特别是要发展更多的稳定的校企合作单位。

3. 图书资料需要不断丰富

图书资料主要存在两个问题:一是图书资料的内容需要更加丰富,尤其是要增加动态资料、行业资料、外文资料;二是图书资料的使用方式与使用条件需要改善,尤其是迫切需要建立网络知识库,方便师生借阅。

(二) 改革措施

2011年6月16日,学校组织上海财经大学、上海理工大学、上海外贸学院、上海金融学院、联华超市股份有限公司有关专家,对本专业的办学情况进行了检查,专家组建议:①进一步加强专业师资队伍建设,适时增加师资数量,优化队伍结构。②进一步加大本学科专业发展的经费、图书资料等方面的投入。

根据专家意见,结合办学实践中遇到的问题,主要采取了以下措施,效果显著。

1. 加强师资队伍建设

主要从以下几方面着手:

(1) 引进人才。引进博士,充实了营销专业的师资队伍,在消费者行为研究、营销战略管理、网络营销等方面的专业力量大大加强。

(2) 教师挂职锻炼。由上海市经济和信息化委员会统一安排,本专业教师担任上海电信北区公司局长助理;同时,聘任了新的行业讲师,作为开展实践教学的新生力量。

(3) 参与社会服务。市场营销系组织教师参加多项社会服务课题,如上海市人力资源和社会保障局营销师、营业员的职业开发,国家职业大典的修订等。

(4) 参加各类会议、研讨与论坛,如协助上海连锁经营协会举办年会,协助国际商业技术杂志举办国际商业论坛,协助联商网举办全国营销年会等。

(5) 进行国际交流。借助学校内涵建设,输送教师到国外进修学习。

通过引进博士、挂职锻炼、主持课题、参加研讨、国际交流等方式,不仅优化了教师队伍结构,而且还提高了教师的应用型研究能力,与行业实践和企业的联系更加紧密,教学水平有较大提高。

2. 加大教学科研经费投入力度

本专业是校级特色专业和校级教学团队,除学校每年固定投入专业建设经费和教学团队建设经费外,管理学院也将加大对该专业建设的经费支持。具体有:

(1) 教学经费。管理学院"十二五"期间拟每年投入经费2万元,主要用于该专业的教学研究、教学改革、教学会议和教学实验课程的建设。

(2) 科研经费。每年管理学院拟投入科研经费4万～6万元,主要用于本专业教师学术研究课题、参加学术会议和科研成果出版与发表,以促进教学和研究团队成长。

3. 进一步完善实验教学环境

依据本专业人才培养的定位,进一步加大实践教学环节。主要表现有:

(1) 在原有校外实习基地的基础上继续扩容,如我校与百联集团签订了上海市市属本科高校校外实习基地建设项目,满足了本专业学生的认识实习、专业实习、毕业实习的实践教学要求。

（2）加大校内实验室建设。购买市场营销教学软件，满足全校性市场营销学课程的实践教学要求；购买ERP企业经营决策沙盘，作为本专业学生的专业实习的一项内容进行综合训练。

（3）与职业资格挂钩。组织学生参与上海市人力资源与保障局营销师（3级）职业资格考核，实现双证制。

4. 图书资料更加丰富

近1年学校图书资料继续增加，并购买数据库，为本专业教学与科研提供更好的条件。同时，管理学院、市场营销系也在原有图书资料的基础上继续加大投入，使与本专业相关的图书资料更加丰富。

5. 课程、教材建设有新突破

《市场营销学》已完成市级重点课程建设目标，市级重点课程《营运管理》正在不断丰富教学资源的建设中，《市场调查与预测》经过1年时间校级重点课程建设已成为市级重点建设课程，并做好准备计划将《客户关系管理》与《消费者行为研究》两门课程申请校级重点建设课程。在课程建设的过程中，教材建设也有所发展。计划将《现代管理学》与《商业营运管理》两本教材申报校级优秀教材。

七、本专业未来发展思考

（1）从知识、实践、应用三个层面调整教学计划，知识层是理论基础，实践层是结构性思维方法，应用层提供实际问题的解决方案，并倡导营销伦理与营销策略的融合。

（2）重点培养学生市场调查、渠道营销、营运管理三种专业能力，引导学生关注新兴行业与职业，如网络营销、卖场营销、零售营运等，并开发新课程。

（3）实践教学要抓两头，一头抓校内实验室建设，主要培养学生的结构性思维能力；另一头抓校外实践基地建设，不仅要有学生的实践岗位，更要把行家请进校门请上讲台。

国际经济与贸易专业教学质量年度报告

一、专业简介

(一) 专业设置沿革

为了适应我国开放型经济、尤其是上海快速发展的外经贸人才的需要,我校在1997年(时为"上海商业职业技术学院")挂靠上海立信会计专科学校开设了国际贸易专业(大专)。2001年3月20日,上海市教育委员会批准我校独立开设国际贸易专业(大专),截至2008年,该专业共为地方培养了1 380名外贸专科人才。2004年9月,上海市人民政府批准上海商业职业技术学院升格为普通本科高等学校,更名为上海商学院。上海商学院成立初始,根据上海市政府欲将上海打造成国际金融中心与航运中心的雄伟目标,我校认识到社会将对于与两个中心建设有密切关系的高级外经贸人才有持续需求。我校作为专业性的商科院校,理应积极发展国际经济与贸易本科专业,且我们通过举办国际贸易专科教育已积累了一定经验,我们坚信能够建设好国际经济与贸易本科专业。所以,我校于2006年向上海市教育委员会申报开设"国际经济与贸易"本科专业,获得批准(沪教委高〔2006〕8号)并于当年招生。学制4年。2010年首届毕业生为111人,2011年毕业生为205人。

(二) 人才培养

专业培养目标:以坚持素质教育为方向,以促进学生发展为根本,以提高教学质量为中心,严格遵守"厚基础、宽口径、重应用"的要求,培养具有诚信品德、知识面宽、勇于创新、实践力强、体魄健康,能够在企事业部门从事进出口贸易经营与管理的高级专门人才。

专业培养规格:立足上海,面向长江三角洲,培养具备国际经济与贸易的基本理论、基本知识、基本技能,熟悉通行的国际经贸规则与惯例以及中国对外经贸法规,了解主要国家与地区的社会经济情况,具有一定的涉外经营管理能力、国际商务沟通能力、国际市场分析能力和国际贸易运作能力,能在涉外经济贸易部门、外资企业等从事实际业务、管理和策划工作的应用型、复合型专门人才。

(三) 专业资源

1. 师资队伍

本专业有专职教师11人。职称结构:教授1人,副教授6人,讲师4人,教授与副教授占专职教师总数的60%以上。学位结构:博士4人(另有在读博士生1人),硕士4人,博士与硕士学位获得者占专职教师总数的70%以上。年龄结构：56岁以上者2人，占18.2%；46~55岁3人，占27.3%；36~45岁5人，占45.6%；35岁以下1人，占9%。2010年从复旦招聘1名经济学科博士生。

2. 课程建设

本专业课程按照教育部规定的专业主干课程目录和本专业的定位与培养目标设定，突出应用型、复合型特征，体现"厚基础、宽口径、重能力"思想。

本专业设置了包括公共必修课、通识课、经济与国际贸易学科等专业必修课、选修课（包括公共选修课和专业选修课）四个模块。必修课程34门，总计2 034学时，其中公共必修课13门，972学时，通识课3门，162学时；依照教育部规定将《政治经济学》、《微观经济学》、《宏观经济学》、《计量经济学》、《世界经济概论》、《国际贸易理论》、《进出口贸易实务》、《国际金融》、《国际结算》、《货币银行学》、《会计学》、《统计学》作为主干课程列入了培养方案的专业必修课。18门专业必修课中有14门为专业主干课程，有14门课程含课内实践，以加强对学生进行系统的基本技能训练。

3. 教材建设

本专业制定了本科主干课程教材使用规划。制定了教材选用评估制度，教材征订由承担任教的教研室提出，交由分管教学的二级学院院长核准后征订，主干课程选用相关专业学科公认的优秀教材，"十一五"规划教材，基本选用近3年出版的新教材，注重教材的更新。

目前，本专业已编写出版《国际经济学》、《报关实务》、《商判务谈判》等教材。

4. 实践教学

利用校外实习基地与其他企业，开展社会实践（包括认知实践、社会调查、参观考察、社会服务、勤工助学、社会宣传活动等）

利用校内国际贸易实验室与流通现代化实验研究中心，进行国际贸易模拟实习（TEACH ME TRADE）与国际贸易操作训练（PTOT），沙盘模拟演练等。

5. 教学手段方法

教学中积极探索新的教学方法，在课堂讲授方式上，运用讨论式、案例式、问题式等多种教学方式；在教学教法上，采用多媒体演示教学法、案例教学法、课堂辩论法、课外拓展法、学生主讲法，建立和完善专业的综合实训、专题讨论教学方法、行为引导型教学方法等。

二、本专业全国布局现状

（一）专业点布局现状

目前，全国约有680所学校有国际经济与贸易的专业，据百分网的排名，全国第1位是对外经济贸易大学的国际贸易学，第16位是辽宁大学国际贸易学，复旦大学的国际贸易学是第11位。

（二）做得最好的院校

由于我国的高校分为985、211、新升本等不同层次，同时又分为一本、二本高校。我校属于新升本、二本的高校。在新升本、二本的高校中，做得较好的上海院校是上海立信会计学院,在上海做得比较有特色的院校,是上海外贸学院。

(三)自己(专业)的相对位置

我校专业的相对位置是在新升本、二本类的高校中间。

三、本专业社会需求现状

(一)全国需求现状

统计数据表明,中国的对外贸易正在经历新一轮快速发展的黄金周期,特别是2004年7月1日起施行的"新外贸法",允许个人经营进出口贸易,外贸准入门槛大幅降低,外贸人才需求趋旺。与大幅增长的贸易业务不协调的是,我国外贸专业人才的供需严重失衡。据专家预测,2010年我国外贸企业逾40万家。新老外贸企业对人才的需求"叠加",无疑将使国际经贸类人才缺额骤增。

从智联招聘网招聘的职位需求看,贸易人才"仓储"不足,且不论原有外贸企业为扩大业务而增招人才,仅以每家新建企业需5~7名外贸专业人员计,全国就需180万~250万人。而根据国家教育部高校就业指导中心统计,我国每年高校经济类毕业生在13万人左右,即使13万人全部从事外贸工作,5年内也只能培养出65万外贸人才,尚有100万人才的缺口。长江三角洲地区是我国开放省份较集中的地区,外贸企业密集,而高层次的国际贸易人才严重缺乏,培养国际贸易专业人才成为当务之急。我国的外贸大省外向型经济发达,但这些企业中大多数仍停留在靠转手订单维持生产阶段,无力自行开拓国际市场,这与以外贸作为支柱产业的发展目标极不相称,主要原因是紧缺高层次国际贸易人才。

(二)上海(区域)需求现状

2008年,上海平均每家外贸企业需要新增外贸专业的人才为2.5人,2009年,上海每家外贸企业预计需要新增外贸专业人才3.5人,比2008年增加40%;到2010年,上海每家外贸企业需要新增外贸专业人才为4.2人,比上年增加20%。2011年,由于我国加入世界贸易组织过渡期的结束,对外开放程度不断深化,我国外贸产业飞速发展,带来了外贸专业人才需求数量上的上升,但是需求数量上升的速度会逐年降低,趋于平稳。对传统外贸岗位从业技能的要求提升,不仅要能掌握最新的专业知识,而且要有一定年限的实务操作经验,同时必须持有国家颁发的资格证书。

目前在外贸人才需求榜上分别名列1~6位的跟单员、外销员、单证员、报关员、国际货代业务员和报检员等,都要求持国家通用的资证上岗工作。

在对企业对于国际贸易人才应该注重掌握的知识进行调查中,我们发现98%的企业认为国际贸易人才应该强化外语,95%的企业认为应该重点掌握国际贸易实务,76%的企业认为国际贸易人才应该掌握国际贸易法律、法规。这说明当今企业对于贸易人才的需求更加注重外语的能力和实际操作贸易的能力。应该注意的是,大多数企业认为贸易人才还应该熟悉国际贸易的法律、法规,因为随着我国加入世界贸易组织,我国贸易活动日趋活跃,贸易纠纷也不断增加,因此就需要外贸人才要具备国际贸易相应的法律、法规知识,要能够利用相关的法律、法规为自己的利益服务。

四、本专业人才培养各环节质量的评价

(一)教师对本专业人才培养方案、师资队伍、课程建设、教材建设、理论教学、实际教学、教学手段方法、考核评价等环节的评价(满意度)

国贸专业每年都对本专业培养方案讨论、修改,国贸系的老师对国贸专业的培养方案、师资队伍、课程建设、教材建设、理论教学、实际教学、教学手段方法、考核评价等环节的评价比较满意,每学期的学生评价也是比较好的,学生评教打分平均在80分以上。

(二)学生对本专业人才培养方案、师资队伍、课程建设、教材建设、理论教学、实际教学、教学手段方法、考核评价等环节的评价(满意度)

从学生就业、毕业实习的情况了解,绝大多数学生对国贸专业人才培养的方案是认同的。有的学生在专业实习报告中反映,学校的教学实践课为他们进入企业打下很好基础。

五、本专业的亮点或特色

办学指导思想和专业发展定位在国际经济与贸易专业的教学计划及其培养方案中基本得到体现。

(一)在教学计划的培养目标中得到确认和体现

在国贸专业本科教学培养方案中,我们在培养目标、培养要求及毕业生应掌握的基本能力、主要课程及主要实践环节等方面确认并体现了上述办学指导思想和专业发展定位。

(二)课程计划安排做到理论课不缺,实践与实验教学突出

首先,培养应用型人才,不等于废弃理论课教育。我们坚持必要的基础理论课在教学计划中保证必要的课时。例如,在教学计划中,《宏微观经济学》、《管理学》、《世界经济概论》、《货币银行学》等基础理论课都保证了其必要的课时。

其次,国贸专业的培养方案突出外语能力、计算机应用、法律应用等基本能力培养的强化。根据国贸专业学生将来就业岗位的特点,外语技能的掌握对学生的就业和适应工作的能力影响极大。为此,我们的培养方案强调了本专业学生对外语掌握程度的要求。在教学计划的课程设置中,结合各门课程的特点,有的放矢地设置并合理分配了涉及英语学习和提高的课程,使学生做到外语训练不断线。本专业还开设计算机及其应用等课程。为帮助学生强化法律意识、提高国际贸易业务开展中的法律、法规应用能力,本专业开设涉及国际贸易领域通行法规的有关课程,如《世贸组织概论》等。

再次,专业的教学计划及相关课程的教学要求体现了突出实践教学的思想。一是要求

课堂理论教学要体现实践性的要求,如《国际贸易实务》课程,要求突出案例教学;《会计学》课程,要求教师课堂精选实例讲解。二是围绕国际贸易业务的流程专门开设实验课。

(三) 强化实验课教学,加强应用能力训练

学生应用能力的提高需要学校为他们创造理论学习用于应用的条件,从实际出发,强化实验课教学是学生在校学习过程中加强应用能力训练的最重要的一环。为此,根据学校的总体要求和国贸专业本科生的教学计划,开设了与国际贸易实务及其业务相关的实验课,让学生进入国际贸易业务环境和提高相关技能。

为了加强学以致用,使学生在开始学习专业理论课时就进入应用环境或背景,我们提出理论课教学也提倡案例教学,要求专业基础课和专业课的各门课程根据课程内容和特点运用案例教学,强化课程内容的实践性。

六、本专业教学和管理中存在的问题及改革措施

(一) 存在问题

(1) 国贸专业人才培养的目标与社会需求的结合度还要加强。
(2) 教学的改革力度与教学的质量还有待加强和提高。
(3) 学生对本专业的满意度还要提高。

(二) 改革措施

(1) 根据财经学院与上海神东船务有限公司的校企合作优势,国贸专业准备与神东船务有限公司联系,结合国贸专业的培养目标,为企业输送国际货代需要的报关与报检管理人才。
(2) 定期召开在校国贸专业学生座谈会,了解学生对课程设置、培养目标的意见,提高学生对国贸专业人才培养满意度。
(3) 开展专业调研,向上海市国贸专业排名第一、第二位的学校取经,在专业培养上加大力度,不断完善我校国贸专业人才培养方案。

七、本专业未来发展思考

(一) 与社会需求匹配的专业人才培养模式

国际经济与贸易专业人才培养主要有两种类型:①理论研究型。②实务应用型。

我校国贸专业的人才培养目标是实务应用型。实务应用型人才培养的主要方向是:能在外贸、国际货代、报关以及各类与贸易服务相关的企事业单位、外资企业及政府机构从事实际业务、管理、策划工作的具有国际化视野的应用型、复合型外贸人才。

(二) 发展思考

(1) 在课程体系上进行二元化的设置。一方面,注重学生综合素质的培养,满足学生进

一步深造的需要；另一方面，根据市场需求，满足就业的需要。在一般基础课程和专业基础课程上进行严格的训练，并为学生提供范围广泛的课程和较为灵活的专业方向供选择。同时根据社会问卷调查和毕业生问卷调查适时调整专业培养方案。

（2）根据我校国贸专业的条件，办出自身的专业特色。

（3）国贸人才培养模式将更注重校企结合，以便学生们可以学到企业真正所需的技能。今后，应与公司共同培养学生，让企业共同参与学校课程设计，帮助我们改进课程内容。

金融学专业教学质量年度报告

一、专业简介

（一）专业设置沿革

我校金融学专业是 2009 年春季由原经济学院王志明、王云玺老师负责申报，于同年秋季被教育部批准设立，2010 年秋季正式招收第一届学生。金融学专业获得批准后，隶属于原经济学院经济学教研室，由经济学教研室负责建设。2011 年夏，经济学院和财会学院合并成立财经学院，开始设立金融系，组建金融学专业师资队伍，正式设置系主任和专业负责人。2011 年 11 月，聘余秀荣老师为金融系主任及金融学专业负责人。现金融学专业隶属于财经学院，截至目前，金融学专业已招生三届，2014 年第一届学生毕业。

（二）人才培养

本专业以区域经济发展为依托，以国际化为导向，以实践为载体，培养既具备宽厚扎实的专业理论基础又掌握相应实践操作技能，熟悉现代金融机构各项业务、金融政策和法规，了解金融运行规律，有较强分析能力、较强经济意识和社会适应能力，能在银行、保险、证券以及各类与现代金融服务相关的企事业单位从事金融业务和相关咨询等服务，具有国际化视野的应用型、复合型金融人才。

基于该培养目标，金融学专业学生应当学习和掌握金融学的基本理论、基本知识和基本技能，同时需要接受金融业务的基本的模拟训练。具体要求如下：

第一，基本素质要求：有科学的世界观、人生观；有良好的思想品德、道德修养和敬业爱岗、团结协作精神；有健康的心理和强健的体魄；有较强的责任意识和创新意识。

第二，基本知识要求：熟悉国家有关金融的政策、法律和法规，掌握金融、经济、管理等方面的基础理论知识，注重理论联系实际，了解国内外金融理论前沿和金融发展动态，初步具备以金融学专业知识为核心，以当代财经类及其他相关知识为辅助的较为完善的知识体系。

第三，基本能力要求：具备较强的分析问题、研究问题和解决问题的能力，较高的计算机运用能力，较好的文字和口头表达能力；掌握文献检索、资料查询的基本方法，具有一定的科学研究能力；较熟练地掌握一门外语，具有较强的跨文化沟通与交流能力。

第四，基本技能要求：熟悉金融相关业务环节和流程，具备各项银行业务操作技能、证券投资业务分析技能、保险业务分析技能及其他金融理财业务分析技能。

(三)专业资源

1. 师资队伍

金融学专业师资和经济学教师队伍没有分开,截至2011年8月,经济学和金融学专业教师队伍共有教师8名,实际从事金融学专业建设和教学的3名。具体情况请见表3-11、表3-12和表3-13。

表3-11

金融学与经济学专业教师年龄、职称、学历等基本情况一览表

序号	姓名	性别	出生年月	政治面貌	职称	最后学历/学位	任课方向
1	王志明	男	1946.9	党员	教授	本科/经济学学士	经济学
2	王云玺	男	1965.4	党员	副教授	研究生/博士学位	国际服务贸易
3	陈小愚	男	1958.6	党员	副教授	研究生/经济学硕士	经济学
4	窦莉梅	女	1972.3		副教授	研究生/经济学博士	经济学
5	陈丽娟	女	1979.7		讲师	研究生/管理学博士	国际金融
6	王爱华	女	1979.12	党员	讲师	研究生/管理学博士	公司金融
7	余秀荣	女	1973.9	党员	副教授	研究生/经济学博士	商业银行经营与管理
8	胡学庆	男			讲师	本科/经济学学士	经济学

表3-12

金融学和经济学教师年龄结构及占比表

教师年龄	35岁以下	36~45岁	46~55岁	61岁以上	合计
教师人数	2	2	3	1	8
占比(%)	25	25	37.5	12.5	100

表3-13

金融系专任教师职称结构及占比表

教师学历学位	研究生学历/博士学位	研究生学历/硕士学位	本科学历/学士学位	合计
教师人数	5	1	2	8
占比(%)	62.5	12.5	25	100

2. 课程建设、教材建设、实践教学与教学手段方法

由于金融学专业设立较晚,截至2011年8月,该专业学生为一年级,开设基础课程,专业课程尚未开设。基于我校的规定,校内重点课程建设一般是开设2年以上的课程,而之前的金融类别的课程归于财务管理系,因此,金融学专业方面教材建设和实践教学尚未展开,在课程建设方面只有原来经济学教研室开展的《微观经济学》和《宏观经济学》重点课程建设。大部分老师采用了多媒体教学。

3. 学生情况

2010级金融学专业学生,共有77人,整体素质比较好,学习风气比较浓,截止到2011年8月,金融101班大学英语四级通过率:81.08%,出勤率达到100%;迟到率为0%。金融102班大学英语四级通过率:88.9%,出勤率达到98%以上;迟到率不足2%。金融101班有35人次,金融102班有15人次的学生获得了学校的各类奖学金、三好学生、优秀学生干部等称号,其中金融102班的吴鑫获得2010—2011学年校三好学生称号。两个班级共有29人参加了无偿献血。金融学专业学术研究氛围初露端倪。一进校,不少学生就向老师提出科研要求,并成功申报校级课题研究项目2项。

金融学专业学生积极参与校内组织的各项活动,如中国人力资源网的"职业规划"讲座、我校思政团"中国对拉登的态度"讲座、低碳能源讲座、新东方英语讲座、百事集团的"外企传奇"讲座、世博志愿者先进事迹报告会、"认识一个真实的中国"大型讲座、兴业证券宣讲会等。

金融学专业学生还积极参与社会活动。例如,邓安琪、徐倩如所在绿海小组参与上海市第三届知行杯大赛并获得上海市优胜奖称号;金融101班参加惠敏小学志愿者、上海图书馆志愿者等志愿者活动共计42人次;金融102班同学积极参与惠民小学帮扶活动和上海图书馆志愿者活动等。

金融学专业学生积极开展各类课外科技活动,如德鲁克效率管理学会开展各类读书、大讲堂等活动;参加了上海商学院课本剧大赛及上海商学院理财大赛等一系列比赛及讲座,积极参与新生辩论赛、头脑风暴、"一二·九"等活动,并取得好成绩。在校园易班活动中,金融102班在校园易班风采大比拼中获得了校二等奖,E-GPA取得全校第8的好成绩;吴鑫同学参与了上海商学院第二届理财策划大赛并获得最佳表现奖,第三届上海大学生理财策划大赛并获得优秀创意奖,同时考取了注册金融理财师中级证书,参与了新加坡国际市场营销大赛商学院选拔赛取得三等奖,个人简历设计大赛一等奖;彭程晨同学参加了新东方口语宝贝比赛进入决赛,理财大赛进入复赛,面试模拟大赛获得三等奖;芮兆铮同学于2010新生辩论赛中获得二等奖以及最佳辩手称号,参加第三届理财策划大赛获得最佳组织奖,"健康生活、和谐校园"知识竞赛一等奖;邵嘉晖、桑思思、邓安琪、郑伟成、叶娴参加上海商学院纽康杯营销策划大赛进入决赛,取得第四名;乔贝、刀静、张多、张涛、彭程晨同学参与了"我与小说的渊源"征文比赛;桑思思、郑伟成、房悬玲、张欧闻、张多、吴鑫、吴丹丹、阮修昊、朱琳同学参与了"尊重·感恩"征文大赛,其中,吴丹丹同学获得了二等奖;邓安琪、徐倩如偕同小组参与了第一届环保创意大赛,并取得银奖,同时偕同项目参与第三届知行杯大赛,取得了上海市优胜奖等。获奖及志愿者情况见表3-14、表3-15、表3-16、表3-17和表3-18。

表3-14

金融学专业学生理财大赛获奖证书

姓名	大赛名称	获奖证书	级别
吴 鑫	2010第三届上海大学生理财策划大赛	优秀创意奖	上海市
吴 鑫	2010年上海商学院第二届理财策划大赛	最佳表现奖	校级
郁浩然	2010第三届上海大学生理财策划大赛	三等奖	上海市
郁浩然	2010年上海商学院第二届理财策划大赛	一等奖	校级

表 3-15

金融学专业学生基本理论与技能证书情况一览表

姓名	序号	参与活动	证书情况	级别
吴 鑫	1	注册金融理财师（中级）		上海市
吴 鑫	2	2010年上海商学院第二届理财策划大赛	最佳表现奖	校级
吴 鑫	3	2010第三届上海大学生理财策划大赛	优秀创意奖	上海市
吴 鑫	4	香港大学交流生	香港大学、香港政策研究所	
吴 鑫	5	苏黎世保险集团信托策划	最佳团队表现奖	苏黎世集团
吴 鑫	6	苏黎世保险集团实习		苏黎世集团
吴 鑫	7	苏黎世保险集团基金投资游戏	第一名	苏黎世集团
郁浩然	8	2010第三届上海大学生理财策划大赛	三等奖	上海市
郁浩然	9	2010年上海商学院第二届理财策划大赛	一等奖	校级
彭程晨	10	苏黎世保险集团商业策划		苏黎世集团
彭程晨	11	苏黎世保险集团实习		苏黎世集团
彭程晨	12	香港大学交流生	香港大学、香港政策研究所	
吴 鑫	13	2010—2011学年第一学期奖学金	一等奖学金	校级
吴 鑫	14	2010—2011学年第二学期奖学金	一等奖学金	校级
郁皓然	15	2010—2011学年第一学期奖学金	一等奖学金	校级
杨 琳	16	2010—2011学年第一学期奖学金	二等奖学金	校级
郑伟成	17	2010—2011学年第一学期奖学金	二等奖学金	校级
梅 硕	18	2010—2011学年第一学期奖学金	二等奖学金	校级
张 婷	19	2010—2011学年第一学期奖学金	二等奖学金	校级
武江涛	20	2010—2011学年第一学期奖学金	二等奖学金	校级
彭程晨	21	2010—2011学年第一学期奖学金	二等奖学金	校级
刘亚男	22	2010—2011学年第一学期奖学金	二等奖学金	校级
杨 琳	23	2010—2011学年第一学期奖学金	二等奖学金	校级
乔 贝	24	2010—2011学年第一学期奖学金	三等奖学金	校级
徐倩如	25	2010—2011学年第一学期奖学金	三等奖学金	校级
邓安琪	26	2010—2011学年第一学期奖学金	三等奖学金	校级
陈永祥	27	2010—2011学年第一学期奖学金	三等奖学金	校级
邱 婧	28	2010—2011学年奖学金	三等奖学金	校级
姜美婷	29	2010—2011学年第一学期奖学金	三等奖学金	校级
张 瑶	30	2010—2011学年第一学期奖学金	三等奖学金	校级
贾贝贝	31	2010—2011学年第一学期奖学金	三等奖学金	校级
潘雅楠	32	2010—2011学年第一学期奖学金	三等奖学金	校级

表 3-16

金融学专业学生科研项目汇总

序号	课题名称	主持人	参加人员	指导老师	备注
1	国外金融机构艺术品投资和拍卖的前沿研究	周敏	曹奕、邓安琪、郑伟成、邵嘉晖、桑思思、彭晨程	窦莉梅	一般课题
2	我国会计事务所功能提升研究	管思娜	郁皓然、丁艾琳、邵丹维	余秀荣	一般课题

表 3-17

金融学专业学生优秀团员等称号

	2010—2011 经济学院学生会优秀干事	优秀干事	院级
闫铭钰	2010—2011 学年上海商学院校级团学组织优秀干事	优秀干事	校级
郑伟成	2010—2011 学年经济学院优秀干事	优秀干事	院级
贾贝贝	2010—2011 学年第二学期上海商学院校级团学组织	优秀干事	校级
陆优优	2010—2011 学年经济学院优秀干事	优秀干事	院级
潘亚楠	2010—2011 学年优秀团员	优秀团员	校级
郁皓然	2010—2011 学年上海商学院经济学院入党	优秀入党积极分子	院级
张婷	2010—2011 学年优秀团员	优秀团员	校级
王一朴	2010—2011 学年经济学院优秀干事	优秀干事	院级
梅硕	2010—2011 学年经济学院优秀干事	优秀干事	院级
	2010—2011 学年优秀团干部	优秀团干部	校级
吴鑫	2010—2011 学年优秀团员	优秀团员	校级

表 3-18

金融学专业学生志愿献血者名单

姓 名	序号	参 与 活 动
刘亚男	1	2011 年 6 月志愿献血
姜美婷	2	2011 年 6 月志愿献血
于蓉蓉	3	2011 年 6 月志愿献血
邸婧	4	2011 年 6 月志愿献血
郁皓然	5	2011 年 6 月志愿献血
陈永祥	6	2011 年 6 月志愿献血
武江涛	7	2011 年 6 月志愿献血
潘亚楠	8	2011 年 6 月志愿献血
陈弨	9	2011 年 6 月志愿献血
贾贝贝	10	2011 年 6 月志愿献血
卞堃	11	2011 年 6 月志愿献血
郑伟成	12	2011 年 6 月志愿献血
张瑶	13	2011 年 6 月志愿献血

二、本专业全国布局现状

（一）专业点布局现状

金融学专业全国几乎所有的含有经济类学科的院校都有该专业。该专业已被列入国家布控专业。

（二）做得最好的院校

做得最好的院校主要有老牌的财经类院校，如东北地区的哈尔滨工业大学、东北财经大学、辽宁大学、天津财经大学、北京大学、中国人民大学、中央财经大学、陕西财经大学、山西财经大学、中南财经政法大学、河南财经大学、西南财经大学、复旦大学、上海财经大学、交通大学等。

（三）自己（专业）的相对位置

我校金融学专业刚刚创建，尚处于初创建阶段，相对位置较低。

三、本专业社会需求现状

（一）全国需求现状

金融理财业务在20世纪起源于美国，经过近百年发展，已成为西方国家不可或缺的成熟金融产品。随着我国居民人均收入正在向中等发达国家迈进，中产阶级正在崛起，高资产阶层人数不断增加，但社会经济环境不确定因素增强，通货膨胀居高，因此，对金融理财服务的需求急剧增加。金融理财业务在近几年也得到了迅猛发展，市场对金融理财人才的需求也与日俱增，人才缺口很大。

（二）上海（区域）需求现状

金融理财属于现代服务业范畴，金融理财专业人才属于知识密集型的复合型人才，是上海发展现代服务业的重要人才支撑，是我国经济发展以及上海国际金融中心建设的急需人才。上海作为我国经济发展最发达的城市，对金融理财人才的需求大、要求高，所以金融理财专业及其该专业人才未来发展空间很广。

四、本专业人才培养各环节质量的评价

（1）教师对本专业人才培养方案、师资队伍、课程建设、教材建设、理论教学、实践教学、教学手段方法、考核评价等环节的评价基本满意。

（2）学生对本专业人才培养方案、师资队伍、课程建设、教材建设、理论教学、实践教学、教学手段方法、考核评价等环节的评价基本满意。

五、本专业的亮点或特色

目前本专业的金融大类学科培养方案,初步体现了微观金融领域的课程设计,强调了微观金融活动。

六、本专业教学和管理中存在的问题及改革措施

(一)存在问题

截至2011年8月,金融学专业还没有明确的专业负责人,没有设立金融系,专业教师队伍尚待组建,专业教师严重缺乏,专业特色和方向不明确,培养计划有待进一步完善,专业教学文件有待建设。

(二)改革措施

成立金融系,明确专业负责人;组建专业教师队伍;加强专业培养特色和方向的研讨;引进师资力量;初步完善教学文件。

七、本专业未来发展思考

(一)与社会需求匹配的专业人才培养模式

对于金融学学生,根据学生发展目标确定分类指导:对于期待进一步深造的同学给予考研指导;对于出国的同学给予帮助;对于就业的同学给予锻炼机会。因此,对于本专业的人才培养模式,需要兼顾同学们的不同需求而定。

(二)发展思考

建设一个新专业非常不容易,其中,专业师资力量的增强是关键,良好制度设计是保证。科学合理的人才培养计划设计是核心。期待校方制定良好制度,引进人才,充分调动员工的积极性,加强调研和专业建设指导,各部门各方面共同努力,把金融学专业办好。

财务管理专业教学质量年度报告

一、专业简介

(一) 专业设置沿革

本专业2005年经教育部批准设立,2005年9月开始招生。目前在校本科生共309人,其中08级77人,09级80人,2010级70人,2011年人数为82人。

本专业隶属上海商学院财经学院。财经学院下设财务管理、会计学、税务、金融学及国际经济与贸易5个本科专业。

(二) 人才培养

1. 人才培养目标

本专业培养具备管理、经济、法律和理财、金融等方面的知识和能力,能在工商、金融企业、事业及政府部门从事财务、金融管理以及教学、科研方面工作,具有文献检索科研能力的工商管理学科高级复合型、应用型经营管理人才。能在工商企业、连锁企业、会计师事务所等中介机构,银行、外贸等现代服务业领域,行政事业单位从事会计、审计、统计、财务管理等岗位的工作,也可以从事相应教学、科研方面的工作。

2. 人才培养规格

本专业学生主要学习财务、金融管理方面的基本理论和基本知识,受到财务、金融管理方法和技巧方面的基本训练,具有分析和解决财务、金融问题的基本能力。

毕业生应获得以下几方面的知识和能力:

(1) 掌握管理学、经济学和财务与金融的基本理论和基本知识。
(2) 掌握财务、金融管理的定性和定量的分析方法。
(3) 具有较强的语言与文字表达、人际沟通、信息沟通、信息获取以及分析和解决财务、金融管理实际问题的基本能力。
(4) 熟悉我国有关财务、金融管理的方针、政策和法规。
(5) 了解本学科的理论前沿和发展动态。
(6) 掌握文献检索、资料查询的基本方法,具有一定的科学研究和实际工作能力。

(三) 专业资源

1. 师资队伍
(1) 数量与结构。形成年龄、职称、学历、学缘结构合理的师资队伍。专业带头人具有教授职称。主要专业基础课和专业课教师 12 人，教授 1 人，副教授 5 人，中级职称 6 人，博士及在读博士 3 人。在专业领域具有一定学术水平。

（2）生师比。专业教师 14 人，外聘教师 4 名，现在校学生 309 人，生师比 17∶1。

（3）承担上课任务情况。上课任务情况见表 3-19。

表 3-19

上 课 情 况 表

序号	姓名	性别	年龄	专业技术职务	最后学历、学位	现从事专业	开设课程	专职/兼职
1	董惠良	男	58	教授	硕士	会计	《会计理论专题》	专职
2	王琴	女	48	副教授	本科	财务管理	《财务管理》、《管理会计》	专职
3	吴芹	女	38	副教授	博士	财务管理	《国际金融》、《货币银行学》	专职
4	巫美云	女	54	副教授	本科	会计	《会计制度设计》、《税务会计》	专职
5	崔峰	男	48	讲师	本科	财务管理	《投资学》、《统计学》	专职
6	徐月丽	女	46	讲师	硕士	会计	《成本会计》、《中级会计》	专职
7	蒋平	女	38	副教授	硕士	财务管理	《财务管理（双语）》、F3、F7	专职
8	吴俊	女	37	讲师	硕士	财务管理	《项目评估》、《纳税筹划》	专职
9	潘雅红	女	37	副教授	硕士	税务	《企业预算》（外语原版）	专职
10	颜莉	女	34	讲师	在读博士	财务管理	《货币银行学》、《保险学》	专职
11	郑莹	女	32	讲师	在读博士	会计	高级财务管理、财务分析	专职
12	王庆华	女	51	讲师	本科	财务管理	统计学、计算技术	专职
13	陶明娟	女	48	讲师	本科	税务	税法	专职
14	李相波	男	48	副教授	本科	会计	会计学基础、高级会计	专职

专业教师情况见表 3-20、表 3-21、表 3-22。

表 3-20

校内专业教师学历及职称结构

学历	人数（名）	比例（％）	职称	人数（名）	比例（％）
博士及在读博士	3	21	教授	1	7
硕士	5	36	副教授	6	43
本科	6	43	讲师	7	50
			—	—	—
合计	14	100	合计	14	100

表 3-21

校外专业教师学历及职称结构

学 历	人数(名)	比例(%)	职 称	人数(名)	比例(%)
硕士	4	100	教授	3	75
—	—	—	副教授	1	25
合计	4	100	合计	4	100

表 3-22

专业教师(含外聘)学历及职称结构

学 历	人数(名)	比例(%)	职 称	人数(名)	比例(%)
博士	3	17	教授	4	22
硕士	9	50	副教授	7	39
本科	6	33	教师	7	39
合计	18	100	合计	18	100

(4) 培养培训情况。通过选派教师、国内培训、企业挂职、鼓励教师攻读学位等措施提升师资队伍水平,本年度专业教师攻读在职博士2人。

2. 课程建设

深化了具有"商科"特色的人才培养模式,完善了教学计划,将专业方向具体体现在选修课程设置环节。课程体系严格遵照教育部本科专业建设的有关文件精神,结合学校本科教学特色及其他工商管理类课程安排通识课程,使人才培养具有了明显的"商"特点。遵循复合型、创新型人才培养原则,财务管理专业课程安排了多门金融类课程,向金融投资、公司理财的方向拓展,与既定的培养目标相一致。财务管理专业的专业选修课分两个模块,即与本专业相关的专业选修课和跨学科专业选修课,每个模块共21门课程,每门课2学分。要求学生至少要选择24学分,即12门课程。选修课数量与学生应选课程数量比为1.75:1。有课内实验的课程8门,在课堂上对学生进行系统的基本技能训练。

加强重点课程建设,目前有《基础会计》和《财务管理》两门市重点课程,《税法》、《统计学》、《成本会计》、《中级财务会计》为校重点课程。

3. 教材建设

为了保证本科专业教学质量,实现人才培养目标,本着"谨慎性原则",本专业对本科专业作出了4年教材使用规划,其中要求教师首先选择国家级出版社出版的重点大学的规划教材。

另外,我们也积极组织编写适合应用型本科专业使用的系列教材。由董惠良教授主编的《会计学》获得上海市优秀教材二等奖,并作为21世纪规划教材。董惠良教授主编的《会计学基础教程》、《中级会计学》及王琴主编的《财务管理》、李相波主编的《成本会计》作为我们系列教材的使用,也获得了同学们及同行的认可与好评。

4. 实践教学

财务管理专业按培养目标开设课内实验、专业实习、学年论文、毕业实习等综合实验项目以及普适性公共实训独立实验项目。实践课程开出率为100%。

专业实习及毕业实习安排在学生完成了大部分专业课程的学习后进行。这些实践教学环节增强了学生联系各门课程知识并加以综合运用的能力,培养了学生理论联系实际和分析问题、解决问题的能力,提高了学生的综合素质和创新能力,提高了学生的实践动手能力,为今后毕业论文的开展以及参加工作打下了坚实的基础。

(1) 实验室建设。财务管理专业已建立了会计手工实验室、财务管理实验室、金融投资实验室等3个专业实验室。3个专业实验室基本满足校内实践教学的需要,今后,随着学校的进一步扩大,还将继续加强本专业的实验室建设。

(2) 课内实验。课内实验课程及实验项目见表3-23、表3-24。

表3-23

财务管理专业课内实验课程汇总表

课程名称	实验学时(小时)	开设学期
统计学	9	3
会计学基础	6	3
财务管理	6	4
结算实务	26	5
财务软件应用	36	7
证券交易	6	5
管理信息系统	18	7

表3-24

财务管理专业课内实验课程实验项目汇总表

课程名称	实验项目名称	实验要求
统计学	实验一:统计资料调查	课内布置、课外完成
	实验二:统计资料整理	课内布置、课外完成
	实验三:1、综合指标分析	课内布置、课外完成
	实验三:2、抽样估计	课内布置、课外完成
	实验三:4、指数分析	课内布置、课外完成
	实验三:5、动态数据分析	课内布置、课外完成
会计学基础	实验一:填制和审核会计凭证	课堂进行
	实验二:设置和登记账簿	课堂进行
	实验三:错账更正	课堂进行
	实验三:银行存款余额调节表的编制	课堂进行
财务管理	实验一:财务分析与决策模块	目前课内布置课外完成。如果购买了会计作业平台软件,则在实验室操作
	实验二:筹资决策模块	同本课程"实验一"
	实验三:投资决策模块	同本课程"实验一"
	实验四:营运资本管理模块	同本课程"实验一"
	实验四:股利分配模块	同本课程"实验一"

(续表)

课程名称	实验项目名称	实验要求
结算实务	实验一:解款现金的业务	教室进行
	实验二:签发现金支票的业务	教室进行
	实验三:收取现金支票的业务	教室进行
	实验四:借记支票的业务	教室进行
	实验五:贷记支票的业务	教室进行
	实验六:贷记凭证的业务	教室进行
	实验七:签发银行本票的业务	教室进行
	实验八:取得银行本票的业务	教室进行
	实验九:签发银行汇票的业务	教室进行
	实验十:取得银行汇票的业务	教室进行
	实验十一:签发银行承兑汇票的业务	教室进行
	实验十二:商业汇票贴现的业务	教室进行
	实验十三:汇兑的业务	教室进行
财务软件应用	实验一:系统初始化	机房进行、用金蝶软件
	实验二:凭证编制	机房进行、用金蝶软件
	实验三:登记账簿	机房进行、用金蝶软件
	实验四:编制报表	机房进行、用金蝶软件
证券交易	实验一:股票交易实务流程	金融实验室进行
	实验二:证券交易费用核算	金融实验室进行
	实验三:证券交易的基本与技术因素信息分析	金融实验室进行
管理信息系统	实验一:企业数据资源管理分析——根据现实管理信息系统需求建立数据库和关系	机房进行
	实验二:企业数据资源管理分析——根据现实管理信息系统需求 创建查询、报表和窗体	机房进行
	实验三:应用系统实践操作一——客户关系管理信息系统基本功能认识和操作	机房进行
	实验四:应用系统实践操作二——进销存管理信息系统基本功能认识和操作	机房进行
	实验五:管理信息系统设计一——一个汽车配件公司管理信息系统规划,包括项目开发背景分析、可行性分析	机房进行
	实验六:管理信息系统设计二——汽车配件公司管理信息系统分析,具体包括组织结构与功能分析、组织/业务关系图、业务功能一览分析、业务流程图、数据流程图、系统数据库建模、E-R模型分析、系统U/C矩阵分析	机房进行
	实验七:管理信息系统设计三——汽车配件公司管理信息系统设计,具体包括功能子系统划分、层次化模块图分析	机房进行

（3）专业实习。专业实习安排在第五学期末和第七学期末，各4周时间。安排学生集中实习、自主联系单位实习或校内集中实习相结合。其中校内实习的安排如下：

第一阶段，即第一周。采用网中网会计虚拟实习平台，对出纳、税务核算会计、采购核算会计、销售核算会计、费用核算会计、产品核算会计、总账会计和财务经理等八个岗位的作业要求、业务内容、业务流程及账务处理进行全面了解。需要在财务综合实验室完成。

第二阶段，即第二、第三周。进行会计手工实际操作练习。在全面了解会计八个岗位的作业要求、业务内容及流程的基础上，选用合适的会计综合实训资料，让学生自己做会计。需要在会计手工实验室完成。

第三阶段，即第四周。进行税务软件实训。

（4）毕业实习。毕业实习与就业联系在一起，经过2次的专业实训、实习，可以保证学生掌握和具备到企业单位实习所需要的理论知识与专业实践能力，学生结合到企业单位实习，可以为毕业论文的撰写和就业提供良好机会，可谓一举两得。

（5）毕业论文。毕业论文工作于11月份开始启动。由教学院长进行动员。选题、任务书、开题报告及论文书写均按照学校规范进行。

（6）校外实习基地。为检验应用型本科人才培养目标的教学成果，培养学生的实践能力，财会学院广泛与社会各界建立联系，如与万隆会计师事务所签订了合作办学协议，建立了我院第一个校外实习基地。在与万隆的密切合作过程中，学生成为最大的受益者。他们通过实习对实践工作的全过程有了感性认识，有的还参与了某个环节的实际工作，加深了对基本理论的理解，掌握了基本技能，增强了专业人才的社会责任感。继万隆之后，我院还和第五冶金建设公司上海分公司、华瑞会计师事务所和华皓会计师事务所签订了产学研合作协议，校外实习基地在逐步增加。

5. 教学手段方法

教师除了采用多媒体教学、板书教学、课堂讨论之外，还积极探索教学手段及方法的改革。

6. 学生情况

在财会学院总支书记的领导下，学生精神面貌积极向上，学习风气很浓，学风很正。

二、本专业全国布局现状

（一）专业点布局现状

全国开设财务管理专业的院校共计443所，其中，上海有11所。

（二）做得最好的院校

财务管理专业大学排名居前的有：

厦门大学、上海财经大学、中国人民大学、北京大学、清华大学、东北财经大学、西安交通大学（陕西财经大学并入其中）、中南财经大学、天津财经学院、西南财经大学、中山大学、武汉大学、湖南大学（湖南财经学院并入其中）、复旦大学、南京大学、江西财经大学、吉林大学、南开大学、中央财经大学、北京工商大学、南京经济学院、暨南大学等。

(三) 自己(专业)的相对位置

从20世纪80年代后期起,部分高校纷纷开设理财学(财务管理)专业。进入90年代,理财学专业又逐渐更名为财务管理专业。我国高校的财务管理专业有些是从会计学科中分离出来的,有些是从金融学科中发展起来的,由于专业设置的学科背景不同,不论是专业称谓还是课程体系方面都呈现多样性。

财务管理专业在我校是首批升本的专业,但是和全国开设财务管理专业的院校相比,还是比较晚的。我们还没有硕士点,师资力量相对也比较薄弱,在全国开设财务管理专业的443所高校中应该处于中等偏下的地位。

三、本专业社会需求现状

(一) 全国需求现状

21世纪的知识经济将对人类的发展和进步产生巨大的影响,同时,中国加入WTO效应的推动,使中国经济加快融入世界经济一体化,使得中国资本市场日益发达、企业管理不断规范,也使得财务管理的地位日益重要,功能不断拓展,这就对企业财务管理工作提出了更高的、更为专业化的要求。而且,随着中国吸引外资规模的不断扩大,外资企业的规模和数量迅速扩张,对具有国际资产经营视野、具有国际资产经营相关专业知识的人才需求也迅速升温。从1992年国家教委高校专业目录中正式设置该专业,到1998年更名为财务管理,说明财务管理专业的开设是适应我国经济发展的实际需要的,有着广阔发展前景。根据教育部高等教育司2005年公布的一份针对高校经济学、工商管理类人才需求和培养现状的权威报告显示,今后相当长一段时间里,社会对经济类、工商管理类人才需求意愿仍然很强烈,并且对本科层次的人才需求仍是需求的主体,经济相对较发达的地区的社会用人单位的需求意愿相对更强烈。报告还显示,对财务管理专业的需求意愿相对其他专业来说是比较强烈的。

(二) 上海(区域)需求现状

上海是高度发达的城市,随着社会经济的快速发展,不仅盈利性组织如企业,而且非盈利性组织如事业单位等,都需要大量的财务管理专业人才。这些组织内部会计和财务管理人员队伍正在壮大,专业化要求在不断提高,地位在不断提升。一般而言,企业财务工作的最高行政领导为首席官或总会计师,下设词库、主计长、财务计划与分析官等。这些岗位都需要财务管理专业人才。财务管理在企业管理中扮演着重要角色,越来越重要。

学生毕业分配大体包括如下去向。

1. 内资企业

这是我们学生的主要去向,需求量较大。

2. 外资企业

大部分外资企业的同等岗位待遇都远在内资企业之上。更重要的是,外资企业财务管理体系和方法都很成熟,对新员工一般都会进行一段时间的专业培训。工作效率高的其中一个原因是分工细致,而分工的细致使学生在所负责岗位上只能学到某一方面的知识,尽管这种技能非常专业,但对整个职业发展过程不利,因为你难以获得全面的财务控制、分析等经验。后续培训机会多是外企极具诱惑力的另一个原因。

3. 事务所

很多同学就业于会计师事务所,上海的会计师事务所还是发展比较快的,也是很需要人才的。

4. 理财咨询

现在对个人理财咨询职位的招聘需求量正在慢慢放大,而且,由于社会投资渠道的增多和保障制度的改革,理财咨询服务必将走进更多城市白领的生活。此类人才的需求增长点应在社会投资理财咨询服务机构。上海要建成国际金融中心,肯定是此行业的领军者,所以对此类人才需求会很大。

四、本专业人才培养各环节质量的评价

(一) 教师对本专业人才培养方案、师资队伍、课程建设、教材建设、理论教学、实践教学、教学手段方法、考核评价等环节的评价(满意度)

1. 人才培养方案

人才培养方案是根据学校发展定位,全体教师集思广益制定出来的,根据学校定位、专业定位我们也在不断完善人才培养方案。教师对财务管理专业的人才培养方案是比较满意的。

2. 师资队伍

财会学院有3个相近的专业,即会计学专业、财务管理专业和税务专业。学院老师较少,每个人每学期要承担很多课程,周学时很多,课程门数也很多。由于上课多,所以影响了一些教师搞科研。学院鼓励教师读博士,下企业挂职锻炼,出国做访问学者等。老师对师资队伍的培养是满意的,但是由于老师少,工作量大,所以大家对师资队伍建设不太满意。

3. 课程建设

学院鼓励教师搞课程建设,尤其是,教师评聘职称时,课程建设与做科研同等看待,教师对此比较满意。

4. 教材建设

要求教师尽量用规划教材,获奖教材。但同时也鼓励教师编写适合应用性本科使用的系列教材。由董惠良教授主编的《会计学》获得上海市优秀教材二等奖,并作为21世纪规划教材。董惠良教授主编的《会计学基础教程》、《中级会计学》及王琴主编的《财务管理》、李相波主编的《成本会计》作为系列教材使用,也获得了同学们及同行的认可与好评。教师对此项是比较满意的。

5. 理论教学、实践教学、教学手段方法、考核评价等环节的评价

教师对理论教学和实践教学环节的设置比较满意。教师可以结合课程情况自己选择多媒体教学、投影教学还是传统的板书教学,学校设施还比较好,大家比较满意。教师对于学生评教的意见颇大。

(二) 学生对本专业人才培养方案、师资队伍、课程建设、教材建设、理论教学、实践教学、教学手段方法、考核评价等环节的评价(满意度)

针对上述问题,对财务管理专业的152名同学进行了调查问卷,结果统计见表3-25。

表3-25

问卷调查结果

项　　目	满意	百分比(%)	比较满意	百分比(%)	一般	百分比(%)	不满意	百分比(%)
人才培养方案	52	34	55	36	41	27	4	3
师资队伍	61	40	57	42	31	20	3	2
课程建设	59	39	53	35	36	24	4	3
教材建设	57	38	52	34	34	22	9	6
理论教学	62	41	55	36	30	20	5	3
实践教学	61	40	48	42	37	24	6	4
教学手段方法	59	39	53	35	36	24	4	3
考核评价	55	36	55	36	37	24	5	3

从上表可以看出,学生对各项指标的满意和比较满意的基本在70%以上。

五、本专业的亮点或特色

本专业属于招生和就业的热门专业,在全校各专业招生中,本专业每年学生入学分数都是比较高的。生源好,学生素质也比较好。费书记主抓学生工作,很有方法。学生学习风气很好。就业率每年都名列前茅。本专业有一批能够进行双语教学的教师。

六、本专业教学和管理中存在的问题及改革措施

(一) 教师缺乏专业实践经历、案例教学方法缺乏

原因:受限于高等院校教师引进对博士学位的限制,导致新进青年教师多为应届博士,企业工作实践不足。很多老教师也是大学毕业就分配到高校教学,也缺乏实践经验。

改革措施:在人才引进过程中,优先引进具有博士学位及企业工作经验的教师;积极推进教师参加应用技能知识培训,定期组织教师企业调研活动,增进与企业技术人员的交流;积极推进企业专家参与教学,特别是实验、实践环节的教学工作。

(二) 教师获取科研成果的水平有待提高

原因:一是教师在教学上投入了很多精力,使得教学质量得到了保证,但是从事科研的时间受到一定的影响;二是教师科研的活动主要以个人的单兵作战为主,没有形成相对稳定

的科研团队,因而难以获得层次较高的科研项目和课题。

改革措施:上述问题中的第一个问题,可以随着引进教师数量的增加得以有效缓解,第二个问题则是目前困扰本专业科研发展的最主要问题。这需要学院的力量解决。

(三) 实践教学体制需进一步优化

原因:凸显"商科"特色的实践教学平台需进一步完善。

改革措施:现专业实习分为校内和校外两部分。校内部分的模块划分尚未凸显"商科"特色,未来将进一步完善。

七、本专业未来发展思考

(一) 与社会需求匹配的专业人才培养模式

由于社会对财务管理专业人才的旺盛需求,导致该专业设置数量和学生培养规模的成倍增加。社会用人单位对本专业人才质量状况总体来说是比较满意的。与此同时,社会用人单位对毕业生的开拓创新精神、外语水平和计算机水平不太满意。社会用人单位认为,人才培养工作中的主要问题是学校与实际部门缺乏联系和交流;同时,教师缺乏专业实践经历、案例教学方法缺乏等问题也比较严重,导致培养的学生分析与解决问题的能力有一定欠缺。财务管理作为工商管理类的一个专业,本身就是一种实践性很强的专业,如果不注重素质和创新能力的培养,所学理论很容易流于空泛,所培养的学生很难有所作为。上述报告中社会用人单位对此类专业的总体看法,非常符合财务管理专业的情况。因此,如何培养学生分析与解决问题的能力、培养其开拓创新精神、提高其外语和计算机水平,是提高财务管理专业人才质量的首要问题,也是我们今后不懈努力的方向。我们也在努力完善人才培养方案,使之能够符合用人单位的要求。

(二) 发展思考

在全国范围内拥有财务管理专业硕士点的院校极少,只有个别院校在拥有一级学科博士点授予权的情况下,经国务院学位办备案,自主设立了财务管理专业硕士点,中国人民大学、复旦大学、上海财经大学、东北财经大学、中南财经政法大学、西南财经大学等。其他高校是在会计学或企业管理专业下设财务管理方向,如厦门大学、中南财经大学等。

提高财务管理专业的办学层次,力争5年后取得财务管理专业硕士点,是我们进一步努力的方向。

会计学专业教学质量年度报告

一、专业简介

（一）专业设置沿革

我校自1950年建立之初就有会计专业，迄今已有50余年的办学历史。1998年我校转为全日制普通高校以后，会计成为首批高职专业之一，为社会培养、输送了1 200多名全日制普通专科学生。2004年9月，我校由上海商业职业技术学院升格为上海商学院，会计学专业成为我校第二批5个本科专业之一。会计学专业在2006年3月31日经市教委经批准，于2006年9月面向全国招收了第一届本科生121人，2006—2011年累计招收近680人，已毕业300余人，目前在校人数为368人。

我院自会计高职专业招生以来，主动适应社会发展和市场的需要，坚持应用型会计人才的培养，努力把会计学科办成我校的重点学科。为服务社会、满足社会对人才的有效需求，我校每次在制定招生计划时都进行充分的市场调研，在会计专业的框架下针对性地分设了注册会计师、税务会计、涉外会计、连锁企业财会审、中澳高级会计、CAT等多个方向，满足了财会人才细分市场对从业人员的专业需求，取得了良好的社会效果，在社会上创造出了一定的知名度，为会计学开设本科专业奠定了良好的基础。

随着上海国际性金融中心的定位，未来将需要大量的国际会计人才，为此，我院与英国特许公认会计师公会（简称ACCA）合作，在会计学专业内设置了ACCA方向，将本科学历教育与国际职业教育相结合，并于2009年12月开始在2008级选拔了20名品学兼优的学生单独组班，进行试点，配备了一支教学经验丰富、能胜任双语教学的骨干教师队伍，开始了国际注册会计师执业资格培训的有益尝试。ACCA的课程，全部采用原版英文教材，以培养具有全球视野的国际会计人才。学生参加ACCA全球统考。目前已连续办学3年，第一届毕业生全科通过率为50%。

2008年，我院将会计学列入校级重点扶持学科进行重点建设。

（二）人才培养

1. 专业培养目标

会计学专业培养德、智、体全面发展，适应社会经济发展，掌握经济管理基本理论、会计和财务管理的专门知识，基础扎实，知识面广，能够从事会计、审计及相关领域工作，具有一定专业技能和富有创新精神的高素质应用性专门人才。能在企事业单位、会计师事务所、政府部门从事会计实务、审计及在高职高专和中等专业学校从事会计教学和科研工作。

2. 培养规格

（1）素质。分以下几方面表述：

① 人文和科学素质。具有优秀的道德品质和运用唯物辩证法分析问题的自觉性，能够适应科技进步和社会和谐发展的需要；具有法制观念，注重人文精神、公民意识、科学态度和社会责任；理解、贯彻党和国家的战略、方针和政策；掌握一定的人文、科学知识，并能运用人文知识进行审美，利用科学知识观察世界，培养自己的创新能力。

② 自然素质。具有健康的体魄和健康的心理，包括健康的身心素质和自我调控能力。自我调控包括进行体育锻炼、陶冶情操、稳定或平衡心理状态等，能够正确认识自然现象和自然规律，正确处理人与自然和谐发展的关系。

③ 专业素质。具备会计的专门知识与技能，具有创新意识以及分析和解决相关问题的基本能力；坚持职业操守，具有事业心、责任感和严谨的工作态度，以及遵纪守法、诚实守信和勇于奉献的精神。

（2）能力。分以下几方面表述：

① 综合能力。第一，人际交往能力：具有一定协作能力，具有良好的人际关系和团队精神，能与组织内的部门和人员以及其他组织协调合作，妥善解决利益冲突和工作矛盾；善于扬长避短，发挥集体的力量和智慧；为了集体的共同利益，能够与他人一起开展有效的工作，包括与不同文化和知识背景、不同观点、不同信仰的人共事。第二，沟通与信息获取能力：具有较强的语言与文字表达能力，能掌握文献检索和资料查询的基本方法，获取和分析各种信息；具有一定的国际交流能力，能够有效地倾听、阅读、观察、传递和交换意见或看法，能够通过真实、非正式、书面的或口头的交流，妥善地提出、阐述、讨论、报告、辩论自己的判断、观点、看法、心得和体会。第三，自主学习、终身学习和不断创新的能力：有较强的自学能力和追求新知识的激情和习惯，了解本学科的理论前沿和发展动态，并能运用新知识和新技术，富有创新精神和实践能力。为了自身的可持续发展、适应制度变迁和应对未来的职业挑战，能够保持终身学习的能力。

② 专业能力。能够熟练掌握定性和定量分析方法，准确地陈述、处理会计与财务事项及问题，撰写会计与财务报告和财务分析报告等，不断提升专业判断和专业水准。具有敏锐的洞察力，能够发现管理中存在的问题，对信息进行恰当分析，提供决策支持和规避风险的合理建议。

（3）知识结构。分以下几方面表述：

① 专业知识和理论知识。掌握管理学、经济学以及相关学科的基本理论和基本知识，具备会计的专门知识和技能。

② 人文知识。具备一般文学、社会学、心理学、历史学、伦理学、哲学和艺术等方面的知识，具有一定的人文素质修养，正确认识世界，善于处理个人与集体的关系、个人发展与社会发展的关系。

③ 法律、法规和惯例知识。熟悉和掌握国家法律、法规及相关经济政策，熟悉国际经贸规则和商业惯例。

④ 数理、计算机和外语基础知识。掌握并运用数理、计算机及外语等多方面的知识，以

便从事会计的量化推理与分析工作,能够进行相关的预测和决策,善于运用外语处理涉及国际经贸领域的会计业务。

⑤ 技术知识。了解工程技术原理,熟悉和理解工艺、工程、服务流程等的运行规律和发展状态,增强对管理对象的有形要素和无形要素的认识;掌握并能熟练运用常用会计与财务软件进行会计业务处理、财务报表的编制和分析、财务预测、估值判断、预算编制和绩效评估等;能编写财务分析报告以及初步掌握会计与财务制度设计方法。

(三) 专业资源

1. 师资队伍

会计系有专职教师 7 人,其中,教授 1 人,副教授 3 人,讲师 3 人;7 人中在读博士 1 人,硕士 5 人。目前参与本专业相关教学活动的专职专业教师 20 余人,平均年龄 39 岁,硕士以上学位(含在读)超过 85%,副教授以上职称占 55%;"双师型"人才占 35%以上,数量和结构能够满足日常教学的需要。

依托行业优势,会计学专业还形成了具有一定社会影响力,在高校、会计师事务所、大型商业企业、制造业等从事经营管理工作的兼职教授、副教授、注册会计师、高级会计师师资队伍。

长期以来,财会学院在管理上一直是教学、科研两手抓,内部听课制度带动和促进了全院教学质量的提高。会计学专业教师在全校历次教学评估中,平均分都在 85 分以上,教学效果非常理想,学生满意度在 90%以上。

2. 课程建设

我系建立了主讲教师责任制,由主讲教师负责对各门专业课程提出具体建设要求,包括教材的选用或编写、教学大纲的制定、PPT 的制作、授课计划、教案的设计及撰写等项课程建设工作。

在课程的承担方面,原则上我系每位教师能讲授 2 门以上的课程,每门课程由 2 个教师开设,每门基础课配备 3 个以上的备选教师,力争在人员配备齐全的情况下实现 A、B 角明确,且每门课程都以高职称或高学历为主角的配置。

我院还集中师资力量,加快精品课程和重点课程建设。目前会计学专业开设的课程中,重点课程和精品课程有:国家级精品课程 2 门,上海市精品课程 4 门,校级重点课程 1 门,校级精品课程 4 门,正在建设的重点课程 2 门。

我系积极探索尝试双语课程建设。设置了多门与国际接轨性强的专业课程,如 Financial Reporting, Business Taxation, Audit and Internal Review, Strategic Financial Management, Advanced Corporate Reporting, Managing People 等。

3. 教材建设

我系制定了教材选用程序和规范。各门课程,优选国家统编教材、权威教材和具有影响力的教材。教材选用顺序为:普通高等教育"十五"、"十一五"国家级重点教材—国家或省部级获奖教材—国家级精品教材—面向 21 世纪课程教材—高校经济管理类核心课程教材—著名出版社出版的教材。双语教学课程原则上采用国外经典权威原版教材。

4. 实践教学

会计是实践性和应用性很强的学科。根据不同工作岗位、工作环节的需要,我院在部分专业课内设置了实践教学环节,并严格按教学计划开设专业实验。通过实验、实训提高学生分析问题和解决问题的能力。

目前,实验开出率达到100%。

在实践教学中,我系规范了教学环节管理。实践教学环节"进计划"、"计成绩"、"定标准"。依靠"双师型"教师,坚持"全员参与",建立了一支稳定的高素质实习教学队伍。为了顺利、高效地完成实习任务,学院成立了实习领导小组,全面负责实习领导工作,实行辅导员和实习指导教师双轨管理。辅导员负责日常事务管理,实习指导教师负责业务指导。从2006级实习情况看,运作平稳,效果良好。

硬件方面有校内实验室3个:会计手工实验室、会计电算化实验室和财务管理实验室等。其中,会计手工实验室和财务管理实验室各有90多个工位,会计电算化实验室有80多台电脑,财务管理实验室近3年累计投入教学设备购置费80余万元。

为提高学生的实践能力,我院与万隆会计师事务所、众和会计师事务所、华瑞会计师事务所、华皓会计师事务所、第五冶金建设公司上海分公司、神东船务有限公司等相继签订了"产学研"合作协议,校外实习基地逐步增加。此外,还与上海联华、农工商、新世界等多家大型连锁企业签订了实习就业协议,为学生就业和实习提供了可靠的保证。合作办学单位万隆会计师事务所、众和会计师事务所、神东船务有限公司还分别出资,设立了各类助学金和奖学金,用于资助ACCA班学生或学业成绩优异或家境贫困的学生,每年额度达30万人。

5. 教学手段

我系不断深入对教学方法和教学手段的探索,注重利用现代化教学手段。目前普遍采用多媒体教学。有多位教师在校多媒体大赛中获奖。

在教学方法改革方面,推广"诚、中、实、活"教学模式。许多老师还针对课程特点进行有益的尝试和探索。例如,董惠良教授大力倡导双语教学,并已取得良好的教学效果;李相波老师在会计学基础教学中采用了模块教学法;田慧芬老师采用案例式教学法,讲解结算实务;等等。这些,都受到了学生的广泛好评。

6. 学生情况

在会计专业人才培养上,我们一方面重视专业知识的传输,另一方面注意学生创新精神与实践技能的培养,取得了一定的成绩。

会计学专业学生学习认真,能严格遵守校纪、校规,出勤率均在95%以上,作业上交率100%,完成情况较好。学生考证、考研积极性较高。多数学生能主动在教室或图书馆上早、晚自学,学院内学习氛围较浓厚。通过重点课程网络互动系统答疑、课间答疑、课外答疑较为普遍,形成了良好的学风。

会计学专业学生在深入学习专业理论的同时,一直重视思想道德和文化、心理素质的培养,形成了积极向上的精神风貌。在政治上,拥护党的路线方针,在行动上,能严格规范、约束自己的言行,关心他人、帮助他人。

积极参加各项竞赛活动、社团活动,陶冶情操,弘扬大爱精神,具备良好的思想道德和文化素养。

财经学院鼓励学生积极参与课外文化、科技活动,每年都拨付一定的科研经费,启动学生科研项目,激发学生参与科研活动的热情,在系内掀起了不小的波澜。

二、本专业全国布局现状

(一) 专业点布局现状

会计学专业属工商管理学科,是一个应用性较强的专业。据初步统计,全国有本科高校678所,开设10大类340多个专业,根据开设某一专业的学校数看,英语是开设学校最多的专业,共有554所学校开设;计算机专业排名第二位,有526所学校开设;法学专业排名第三位,有407所学校开设;国际经济与贸易专业排名第四位,有384所高校开设;艺术设计专业排名第五位,有382所高校开设;会计学专业排名第六位,有382所高校开设。

(二) 做得最好的院校

1. 最佳会计院系排名

2012年5月底,上海国家会计学院下属中国会计视野网站联合特许公认会计师公会(ACCA)、天职国际会计师事务所发布了"2011年度最佳会计院系和最具潜力会计院系"排行榜。

位居前十的最佳会计院系有:上海财经大学,厦门大学,中央财经大学,中国人民大学,东北财经大学,中南财经政法大学,西南财经大学,北京大学,清华大学,复旦大学。

位居前十的最具潜力会计院系有:上海财经大学,厦门大学,中央财经大学,西南财经大学,东北财经大学,中山大学,复旦大学,中国人民大学,清华大学,江西财经大学。

2. 具有会计学专业国家重点学科的高校

国家重点学科是国家根据发展战略与重大需求,择优确定并重点建设的培养创新人才、开展科学研究的重要基地,在高等教育学科体系中居于骨干和引领地位。目前,国内具有会计学国家重点学科的高校共有9所,分别是:中央财经大学、东北财经大学、上海财经大学、中南财经政法大学、西南财经大学、中山大学、北京大学、厦门大学、中国人民大学。

3. 具有会计学专业博士点的高校

博士生教育是世界各国高等教育体系中最高层次的教育,肩负着培养高端创造性人才的重任,事关国家综合国力与国际竞争力的强弱,因而备受关注。会计学博士生的培养,是会计学教育的重要领域,截至2009年4月,我国国内共拥有35个会计学二级学科博士点,分布情况见表3-25。

表3-25

国内拥有会计学博士点的高校和研究机构

序号	学 校 名 称	二级学科博士点	二级重点学科
1	北京大学	√	√
2	中国人民大学	√	√
3	清华大学	√	
4	厦门大学	√	√

(续表)

序号	学 校 名 称	二级学科博士点	二级重点学科
5	吉林大学	√	
6	南开大学	√	
7	天津大学	√	
8	辽宁大学	√	
9	复旦大学	√	
10	同济大学	√	
11	武汉大学	√	
12	南京大学	√	
13	浙江大学	√	
14	湖南大学	√	
15	中南大学	√	
16	中山大学	√	√
17	暨南大学	√	
18	四川大学	√	
19	重庆大学	√	
20	中央财经大学	√	√
21	天津财经大学	√	
22	东北财经大学	√	√
23	上海财经大学	√	√
24	江西财经大学	√	
25	中南财经政法大学	√	√
26	西南财经大学	√	√
27	财政部财政科学研究所	√	
28	中国社会科学院研究生院	√	
29	华中科技大学	√	
30	哈尔滨工业大学	√	
31	大连理工大学	√	
32	中国海洋大学	√	
33	上海交通大学	√	
34	西安交通大学	√	
35	北京交通大学	√	

(三) 自己(专业)的相对位置

2012年,中国财经类大学排名:上海财经大学,对外经济贸易大学,中央财经大学,西南财经大学,中南财经政法大学,东北财经大学,江西财经大学,天津财经大学,首都经济贸易大学,浙江工商大学,山西财经大学,哈尔滨商业大学,南京财经大学,重庆工商大学,云南财经大学,安徽财经大学,北京工商大学,山东财经大学,河北经贸大学,河南财经政法大学,广东外语外贸大学,天津商业大学,上海对外贸易学院,吉林财经大学,浙江财经学院,广东商学院,新疆财经大学,贵州财经学院,石家庄经济学院,兰州商学院,北京物资学院,西安财经学院,上海金融学院,南京审计学院,内蒙古财经学院,上海立信会计学院,广西财经学院,广东金融学院,湖北经济学院,河北金融学院,上海商学院,山东工商学院,湖南商学院,海口经济学院(民办),吉林工商学院(新建公办),辽宁对外贸易学院(民办),辽宁财贸学院(原沈阳师范大学渤海学院),哈尔滨金融学院(新建公办),湖南涉外经济学院(民办),湖南财政经济学院(新建公办),哈尔滨德强商务学院(原哈尔滨商业大学商务学院)。

根据上述排名,考虑会计学专业是我校的重点学科,在社会上有一定的知名度,历年新生录取线位列全校前三甲,我校会计学专业处于第三梯队的上游。

三、本专业社会需求现状

(一) 全国需求现状

目前我国人才市场对于财经类人才需求的总体状况。中共中央关于《制定国民经济和社会发展第十个五年计划的建议》中明确指出,"培养一大批急需的信息、金融、财会、外贸、法律和现代化管理专业人才。"这一"建议"对我国急需人才作出了明确的定位与阐述。这些年来,在全国范围内,财经类人才的培养在数量以及专业门类等方面取得了长足的发展,就目前情况来看,财经类人才总体的需求状况良好,部分地区、部分年份出现了供不应求的现象。

当前我国人才市场对于经济与管理学科人才的需求占有相当大比例。无论是从就业的难度上讲,还是从就业后的待遇上讲,财经类专业人才被普遍认为前景美好,不只是现在,相信在今后的很长一段时间内,财经类人才需求都不会出现危机。根据下面的调查数据显示,在财经类专业人才需求中,对会计专业人才的需求高居榜首,达17.8%,尤其是对中、高级会计人才的需求在逐年增加,要求也越来越高。

对财经类人才需求专业比率见表3-26。

表3-26

对财经类人才需求专业比例表

需求专业	会计学	财务管理	市场营销	经济学	金融学	财政学	人力资源管理	证券与投资学	其他
所占比例(%)	17.8	15.8	13.8	8.7	8.4	7.2	6.5	4	17.8

对于会计专业来讲,综合会计、管理会计、审计、税务、成本管理会计的需求日益增多。

从表 3-27 和表 3-28 可以看出，28.6%的单位需要会计学专业人才，32.9%的单位需求财务管理专业人才，22.1%的单位需要注册会计师专门化人才，2.1%的单位需要国际会计师人才。

表 3-27

对会计人才专业方向需求表

专业方向	会计学	财务管理	国际会计	注册会计师专门化	专业财务会计
所占比例(%)	28.6	32.9	2.1	22.1	14.3

表 3-28

对会计专业岗位需求明细表

会计岗位	财务会计	财务管理	管理会计	成本会计	记账人员	综合会计	审计人员	出纳人员	预算会计	金融会计	基建会计	其他工作
所占比例(%)	25.7	14.9	11.4	11.2	6.7	6.4	4.1	3.9	3.8	2.9	2.9	6.1

从用人单位对毕业生学历的需求上来看，对博士研究生的需求占 0.7%，对硕士研究生的需求占 9.4%，对本科生的需求占 61.6%，对大专生的需求占 20.3%，对大专以下的需求占 8%。由此可见，财经类专业本科生的培养对于就业与人才市场来说影响巨大。

(二) 上海(区域)需求现状

随着上海"国际金融中心"和"国际航运中心"这两个中心建设的不断深入和发展，财经类人才的作用也将日益突显。随着大量跨国公司以及国外资本进入上海，企业的国际业务势必将大幅增加，这就需要大量精通国际商业法规、国际会计财务准则、国际贸易等相关知识的财经类人才，以使我国企业在国际经济活动中处于优势。按照有关部门预测，在今后的数年内，金融、财务人才将在上海的国民经济发展中占据重要位置并将发挥惊人的作用。由此可见，今后一段时间内财经类专业必然还将是热门专业。与以往不同的是，在经济全球化以及人才市场化的条件下，财经类人才需要具备更丰富、更全面的专业知识与特长技能，并具备参与国际经济活动的能力与素质。

四、本专业人才培养各环节质量的评价

(一) 教师对本专业人才培养方案、师资队伍、课程建设、教材建设、理论教学、实践教学、教学手段方法、考核评价等环节的评价(满意度)

我系经常组织教师对本专业的培养方案、师资队伍、课程建设、教材建设、理论教学、实践教学、教学手段方法、考核评价等环节进行研讨，如根据多年的教学和研究总结出教材优选的次序；根据社会需求学生的意见反馈不断修正培养方案，使之日臻完

善,目前教师的满意度在95%以上。

(二)学生对本专业人才培养方案、师资队伍、课程建设、教材建设、理论教学、实践教学、教学手段方法、考核评价等环节的评价(满意度)

学生是被教育的对象,教学应以学生为中心,通过与学生的日常交流和问卷调查,学生对任课教师的评价均在85分以上,对专业的满意度在90%以上。

五、本专业的亮点或特色

(一)走出去,请进来

应用型人才的培养特色越来越突出。我院一批教师在企业集团中担任外聘专家、独立董事;担任会计学术机构与团体(中国商业会计学会、上海市会计学会、上海市商业会计学会)等的理事、常务理事、副会长、学术委员会委员等职务。在上海市委成立的"促进服务经济加快发展的税收制度和税收政策研究"以及"上海营业税改增值税试点研究"课题中,我院董惠良教授参加了其中主要内容的研究和撰写工作,并作出了突出贡献。其形成的课题报告成果得到了课题组和国家税务总局的称赞,为此,上海市经济和信息化委员会特发感谢信表示感谢。

(二)拥有高质量师资

依托行业优势,拥有一支在高校、会计师事务所、大型商业企业、制造业等从事经营管理工作的兼职教授、副教授、注册会计师、高级会计师师资队伍,这些都为本专业的实践教学与研究提供了良好的技术基础。

(三)双语教学教学优势明显

我院有十余年中外合作办学的经验,尽管过去开课对象是高职学生,但所开课程,都是国外本科教学的阶段性课程。且采用英国和澳大利亚的原版教材授课。长期的双语教学实践,培养了一支过硬的双语师资队伍,这是我们会计学专业的宝贵资源,他们在本科会计学教学中起着重要的作用。

(四)初步建立了高素质国际化人才培养模式

我系培养国际会计人才的ACCA特色班采用原版教材,全英语授课,全球通考。该ACCA方向的特色班已连续组班3年,得到了万隆会计师事务所的大力支持,该事务所不仅为学生提供丰厚的奖学金、助学金,赞助学生的年费、考试费等,还为学生提供实习和就业机会,目前该班运作平稳,学生的学习积极性很高。

(五)校内实验室和"产学研"教学基地相结合

校内实验室和校外"产学研"实践教学基地相结合,建立了横跨多个行业、多个工作岗位的会计学专业立体实践教学体系,大大提高了会计专业学生的实践能力和就业能力。

六、本专业教学和管理中存在的问题及改革措施

(一) 存在问题

1. 师资结构不甚合理

具体表现在职称结构上,无初级职称教师,高级职称比例占57%以上;在学历结构上,只有1名博士(在读),学历层次偏低。

2. 高层次的学术活动开展不足

尽管我们开展了一些学术活动,如上海会计学会年会等,但是其规模和档次都有待提高。

3. 高水平科研成果比重有待提高

科研工作虽已取得了一定的成果,论文数量多,项目不少,但是由于学科特点,高层次、高水平的科研成果相对较少。

4. 教学经费略显不足

新设置的本科专业,办学时间短,家底薄,现有经费投入明显不足。

(二) 改革措施

针对上述存在的问题,我们拟采取以下改革措施。

1. 优化师资队伍结构

进一步加强师资队伍建设,我们将通过引进、培养、选拔等多种手段使我系师资队伍在学历、职称等方面的结构进一步优化。在现有教师资源基础上,注重选拔和引进具有博士学位、年龄较轻的专业教师,并有意识增加引进男性教师。

加强与上海财经大学等兄弟院校会计学系的沟通与交流,有计划地为中青年教师提供进修提高机会;通过参与对社会、企业财会人员的培训,与企业、地方增加横向合作,增加与社会的接触与沟通,增强教师的专业理论修养和实践能力,扩大我系在社会上的知名度和影响力,为吸引优质生源和毕业生就业创造条件。

2. 活跃学术气氛,提高科研水平

高等学校既要以教学为中心,同时又要以科研为先导。教师在完成教学工作的同时,应积极开展具有一定层次的学术交流活动,发挥各自的专业特长,多出科研成果,以科研促教学,提高教师的综合素质。

此外,还应发挥集体的力量,在本专业形成学术梯队,在教学研究、科研立项等方面相互合作多出成果,逐步提高科研成果的层次和水平。

3. 加大经费投入力度

拓宽融资渠道,加大专业投入,完善软硬件建设。

综上所述,本科会计学专业设置时间较短,在教学内容、教学方法及教学管理等方面取得了一定的成绩,积累了一定的经验,并已拥有了一支稳定的师资队伍。但是,在学科建设、科研工作、经费投入等方面还有一定的差距,任重道远,需要我们不懈的努力,也需要各方的支持。

七、本专业未来发展思考

（一）与社会需求匹配的专业人才培养模式

商科院校应树立"就业导向型"本科会计教育改革思路，建立与社会需求匹配的专业人才培养模式。始终以市场需求为标准，以应用能力培养为核心，探讨加强师资队伍建设，加强学生学风建设，加强会计专业课程体系设置，改革教学方法、手段和内容，加强双语教学、实践教学、就业指导等内容的具体改革思路及方法改进，试图提高学生的应用能力，最终使学生具有市场竞争力，顺利走向工作岗位。

（二）发展思考

1. 培养目标上侧重学生应用能力培养

商科院校本科会计教育以培养掌握高级会计技术的人才为主要目标，本科会计专业的学生经过4年的系统学习，应该能够熟练掌握会计的记账技术，一进入工作岗位即能很快适应并进行会计的记账等工作。这一点是商科院校本科会计教育与其他管理类专业教育最大的不同，人才培养目标更加具体、明确。

2. 培养理念上重视学生诚信教育

任何行业都讲诚信教育，而会计行业与诚信教育的关系尤其紧密。这与会计工作的特点分不开的，会计人员在进行会计处理时需要较多的职业判断，且新颁布的《企业会计准则》也赋予了会计人员更多的职业判断，在会计核算过程中有了更多的选择权。这样做的结果，一方面会使会计信息更真实、更相关，提高了会计信息质量，但另一方面也给人为操作会计信息留有了更大的空间。会计人员要提供了反映企业财务状况、经营成果的财务报告，企业的利害关系人要通过这些报告了解企业的获利、偿债能力等，以便作出正确的决策。因为会计人员的最主要的工作是为企业的这些利益各方不断提供反映企业财务状况等的报告，他们的工作成果直接影响着这些利益方的决策，因而对会计人员的诚信要求显得尤为重要。如果没有会计职业道德的强力支撑，其结果不仅不能达到会计改革的初衷，可能还会使会计信息失真问题更加严重，社会经济秩序更加混乱。会计诚信教育的目标不是靠一门职业道德教育课就能解决的，而应当贯穿于整个会计教育的始终，让会计专业的学生真正树立起"不做假账"的信念。

3. 培养环节上注重实践教学

本科会计教育的培养目标决定了其在会计教学时非常注重实践教学，这与许多侧重理论学习的专业如历史、哲学、数学、生物等是不同的，本科会计教育培养出来的会计人才要求一毕业就能直接从事实务工作，而不是埋头搞研究。会计是实用性很强的专业，对学生的培养更侧重实务能力的培养，所以在进行会计教学时更注重的是实践教学，对会计教师的要求也是应该有会计实践经验，并且实务能力较强。而对理论性的学科而言，则没有这么多的要求。另外，需要强调的是，商科院校本科会计教育在进行实践教学中离不开会计实验室。商科院校本科会计教育虽然仍属于社会科学类教育，本科会计专业的学生不用像自然科学类专业的学生一样经常到实验室做自然科学实验，但是由于本科会计教育注重培养会计实务操作人才,而非会计理论研究人才,因此对其的实践能力要求很高。由于很多单位出于种种考虑不愿接收会计本科学生进行实习,这样,会计本科学生只能在课程学习中将其会计实务的实习锻炼放在校内进行,如在会计模拟实验室进行会计模拟训练。因而,会计的学习应当说也是离不开实验室的,只不过在实验里做实验不是为了得到某个实验数据,而是要从中熟悉会计业务的流程及得到会计业务的锻炼。

4. 培养效果上提高学生职业判断能力

会计工作离不开职业判断,这是由会计工作的特点决定的。严格来说,会计不是一门严密的科学。会计人员对已发生的经济业务事项进行处理时,允许较多地使用职业判断和人为估计,如会计信息质量中的重要性、谨慎性、实质重于形式等的运用。而且在对同一经济业务事项进行会计处理时,往往会有若干种可供选择的方法,如存货发出的计价方法有个别计价法、先进先出法、加权平均法等,选择的方法不同,核算的结果就不一样。另外,在新的《企业会计准则》颁布实行后,对会计人员的职业判断能力要求更高了,没有统一的科目,没有统一的处理模式。这就要求会计人员灵活运用会计的知识来处理各种经济业务,特别是随着国际交流的增加、跨国公司的增多、涉外业务的普遍发生,对会计人员的要求更高了,在处理这些复杂的业务时更多地需要会计人员的职业判断。这就要求在会计教学时不能只重现会计制度的讲解以及简单会计业务的分析等,而应重视训练,培养学生在面对各种复杂业务时的判断能力。

税务专业教学质量年度报告

一、专业简介

(一) 专业设置沿革

税务专业在上海商学院的历史上,可谓历史悠久。上海商学院的前身可以追溯至上世纪 50 年代的中央税务学校华东分校,1952 年就有税政系,设有税政专业,为建国初期输送了大量的税务干部。其间经历了中央财政干部学校、上海市财贸管理干部学院、上海商业职业技术学院等发展阶段。不管在哪个发展阶段,财政税务专业都是学校的主干专业,可谓历史悠久。在几十年的办学过程,树立了宽基础、重实践、讲实效的成熟办学理念,形成了"精核算、会分析、懂法律、能筹划"的专业特点。在上海市财政、银行、税务、工商等部门中相当数量的领导干部和业务骨干都是我们学校培育的人才。

在 2006 年申请税务本科专业时,我院高职的注册税务师专业发展已较为成熟和完善。2007 年,我院得到上海市教委批准,开设税务本科专业。2007 年 9 月税务本科专业招生 90 人,2008 年税务本科专业招生 81 人,2009 年税务本科专业招生 84 人,2010 年税务本科专业招生 40 人,2011 年税务本科专业招生 84 人。第一届税务本科专业参加毕业答辩人数 87 人,毕业人数 75 人,结业人数为 12 人。

(二) 人才培养

1. 专业培养目标

税务专业培养德、智、体全面发展,适应 21 世纪社会经济发展和社会主义现代化建设需要,基础扎实、英语熟练、知识面宽、运用能力强、人文素质高,富有时代特征和创新精神,具有较深厚的经济学理论基础,掌握系统的税务基础理论及实务,具备财政、税务、管理学、经济学、法律和理财等方面的知识和能力,掌握现代化企业管理手段、熟练运用专业英语的企业和社会中介高级税务专门人才和政府部门税务管理人才。

2. 专业培养规格

本专业学生主要学习财政税收方面的基本理论和基本知识,接受相关业务的基本训练,具有财税及相关领域实际工作的基本能力。

毕业生应获得以下几方面的知识和能力:

(1) 掌握管理学、经济学和财政税收学的基本理论和基本知识,具备调查研究,分析和解决财政税收的理论问题和实际问题的能力。

(2) 懂国际惯例,熟练运用英语进行人际交流和处理经济业务。

(3) 具有运用计算机、网络技术处理财政税收业务的能力。

(4) 熟悉我国有关财政、税收的方针、政策和法规。

(5) 了解本学科的理论前沿和发展动态。

(6) 具有较强的文字和口头表达能力。

(7) 具有健康的身体,良好的文化修养和心理素质。

(8) 掌握文献检索、资料查询的基本方法,具有一定的科学研究和实际工作的能力。

(三) 专业资源

1. 师资队伍

税务专业教师在年龄、知识、学历、职称等方面的结构正逐步趋于合理。2008年至2011年8月引进博士2名,一方面积极引进人才,另一方面积极鼓励在职教师进修,提高学历,2011年在读博士1名。全系教师平均年龄42岁,硕士以上学位比重为78%,副教授以上职称比重45%。"双师型"教师占45%,具备双语教学能力的教师占67%,聘请了4名校外教师,他们主要承担专业讲座和指导毕业论文工作。

教学队伍中有注册税务师、会计师、上市公司独立董事。已经形成一支年富力强、实务经验丰富能够胜任税务专业人才培养要求的师资队伍。

2. 课程建设

税务专业课程体系包括四大模块:通识教育课程、专业基础课程、专业必修选修课程,以及实践教学课程。

根据人才培养方案的调整,两次修订了专业必修课及专修选修课课程教学大纲。使课程教学内容与不断变化的社会需求、法律法规政策相适应。

对各门课程提出具体建设要求,包括:教材的选用和编写,整理与修订讲稿和教案,完善试卷(题)库建设等项课程建设工作。

以双语师资队伍为依托,积极开展专业课程双语教学工作,截至2011年8月已开出了《外国税制》双语课程。

加强重点课程建设。截至2011年8月,《税收学》已经列为校级重点建设课程;《中级财务会计》和《统计学》2门获得校级重点课程建设项目,并通过验收;税务专业基础课程《会计学基础》、《财务管理》获得市级重点课程建设项目,并通过验收。

重点课程建设投入经费共计16万元。

3. 教材建设

税务专业选用国家规划教材及获奖教材。主要选用税务专业及相关专业的国家级、省(部)级获奖优秀教材、面向21世纪课程教材、"十一五"规划教材。在本专业核心课程的教材中,"十一五"国家级重点教材占36%,面向21世纪课程教材占14%,应用型本科财会系列教材占14%,其他教材占36%。

我院制定了应用型本科系列教材规划。目前已出版的系列教材有《会计学基础》、《中级财务会计》、《财务管理》、《会计学基础模拟操作》,并均已投入07级、08级、09级、10级税务本科教学班使用,收到了良好的效果。

4. 实践教学

具体步骤如下：

第一，专业实验室建设。

税务专业先后投入116万元，购置了税收实务、税务稽查两个应用软件。建立了三个实验室，包括：税收实务实验室、金融实验室、计算机税收实务实验室。其中，税收实务实验室有90多个工位、金融实验室有80多个工位，计算机税收实务实验室有80多台电脑。

第二，编写实践教学指导性文件。

先后编写了《纳税申报》、《财务软件应用》独立设置的实验教学课程教学大纲和实训指导书，编写并正式出版了专业基础课实践教材《会计学基础模拟操作》。

成立了专业实习领导小组，学生实习实行辅导员和实习指导教师双轨管理。

制定了6门课内实践教学标准，规范了课内实验报告格式。

第三，建立校外实习基地。

2007年，与万隆国际咨询集团签订《关于合作开展人才培养建立产学研基地的框架性协议》，本实习基地最多可容纳50名学生。

2009年，我院又与众和会计师事务所签订了《上海商学院——上海众和会计师事务所校企合作协议书》，本实习基地最多可容纳10名学生。

上述两个基地，每年为财会学院学生提供奖学金、助学金共计10万元。其中，税务专业学生获奖和受助面占30%左右。

2008年起，税务系与奉贤税务分局协商，每年联合举办税收法律宣传、咨询、有奖竞猜等系列活动，奉贤税务分局的征收大厅、有关部门成为税务专业的学生的一个社会实践基地。

每年有100余人次参与活动。

本专业还与华瑞会计师事务所、华皓会计师事务所、第五冶金建设公司上海分公司、上海联华超市有限公司、上海农工商超市有限公司、上海华联商厦、上海新世界股份有限公司等多家企业签订了"产学研"合作协议。

5. 教学手段

税务系建立了主讲教师责任制，由主讲教师负责对各门专业课程提出具体建设要求，包括教材的选用或编写、教学大纲的制定、PPT的制作、授课计划、教案的设计及撰写等项课程建设工作。

税务专业每门课程由2个教师担任授课（A、B角），每门基础课配备3个以上的备选教师，每门专业课配备2个以上的备选教师。任课教师均通过了本科教学任课资格认定。

税务系定期或不定期地开展教学问题研讨、开展优秀教师教学观摩、组织期中教学检查、交流教学经验、开展中青年教师讲课大赛，已经形成了提高教学质量的激励机制。

加强教学方法和教学手段的探索，鼓励教师采用多媒体手段教学，不断提高多媒体授课的效果。目前，专业课中利用多媒体的课程占全部所开课程的90%以上。

升本后，税务系坚持教学与科研工作两手抓，积极贯彻院系"以科研促教学、以科研带动学科、专业建设"的指导思想，在税收基础理论研究、税务实践热点问题研究、税务专业学科、专业建设及教学改革研究等方面都取得了长足进展和显著成绩。税务专业教师积极参加专业学科建设，积极开展相应的教学研究和教学改革，不断提高专业办学水平。

几年来，本专业先后承担了校级以上教学、科研课题，共计6项。其中，由本专业负责人董惠良教授承担的上海市委市政府"促进服务经济加快发展的税收制度和税收政策研究"课题中的子课题《生产性服务业商品税制研究》，由该子课题所形成的研究成果得到了上海市委市政府有关部门和国家税务总局的称赞，有关政策建议得到了政府有关部门的采纳。为此，上海市经济和信息化委员会特发感谢信表示感谢。

此外，我院还高度重视学生科研能力的提高和实践创新精神的培养，开展了多种形式的学生科研活动，对科研有兴趣的学生进行了创新项目立项，并予以一定的资金资助。

6. 学生情况

2007级应届生取得了优异的学习成绩。出勤率均在95%以上，作业上交率100%，大学英语四级通过率达92%，大学英语六级通过率超过24%。上海市高等学校计算机一级通过率为83%。2008级税务专业学生大学英语四级考试通过率为100%，大学英语六级考试通过率为39.48%。税务专业的学生英语水平逐渐提高。

在税务专业人才培养上，我们一方面重视专业知识的传输，一方面注意学生创新精神与实践技能的培养，取得了一定的成绩。

税务071班朱雯怡、吴佳华在上海商学院读书节论文大赛中获二等奖。

税务071彭杨杨在2009年企业危机处理大赛中获二等奖。

税务072陈晨在2008年企业危机处理大赛中获二等奖。

税务072赵翌昕、刘佳分别在中华会计网校杯第二届全国财会实务大赛上海赛区"校内选拔赛"中获得一等奖、三等奖。

税务071班朱斌在上海商学院朗诵大赛中获得三等奖。

税务072赵翌昕与其他财会学院的两位同学代表上海市在全国中华会计网校杯第二届校园财会实务大赛上全国赛区获得优胜奖。

2007级税务专业毕业班学生毕业实习单位落实率为100%，其中在各类工商企业财税岗位实习的学生为48人，在国家税务部门实习的学生为1人，在其他部门实习的学生为39人。

截至2011年6月底，2007级税务专业落实就业单位75个，占学生总数87人的86.2%。正式签约42人，占学生总数87人的48.27%。

二、本专业全国布局现状

（一）专业点布局现状

本市开设税务专业的本科院校一共有4所，除上海商学院以外，其余3所院校是：上海财经大学、上海海关学院、上海立信会计学院。

全国开设税务专业的本科院校共有31所。

（二）做得最好的院校

在上海开设税务专业的4所本科院校中，税务专业各具特点，上海财经大学的税务专业历史悠久，师资力量强，税务理论教学比较突出，在本市4所院校中处于首要位置。海关学院的税务专业在关税理论和关税实践教学方面具有特色。立信会计学院以培养学生的动手能力、实务操作能力而闻名于上海，其税务专业同样具备其学院特色。

在全国开设税务专业的31所本科院校中,名列前茅的学校有,华北地区:中央财经大学、中国人民大学;东北地区:东北财经大学;华东地区:上海财经大学、厦门大学;西南地区:西南财经大学

(三) 自己(专业)的相对位置

我校的税务专业,在坚持加强理论教学的前提下,秉承商学院以商立院的办学特点,比较注重学生税收实务能力的培养,我们培养的学生既具有较深的税收理论基础,又具备较强的税收实务操作能力,我们力争融合上海财经大学和立信会计学院的特色,办出商学院自己的特色,为各类工商企业的纳税申报、纳税筹划输送务实性的税务人才。

三、本专业社会需求现状

(一) 全国需求现状

1. 税收体制改革

进入20世纪90年代中后期,我国的税收征管改革已进入深化阶段,税收征管实现了程序化,纳税人必须自觉履行各项纳税义务。国家税务机关改变了以前"保姆式"服务,但仅凭纳税人自身的努力难以准确地履行其纳税义务。纳税人为避免纳税风险,降低纳税成本,提高纳税的准确性,有效保护自身合法权益,可以采用两种途径:一种途径是企业本身配备高素质的税务人才;另一种途径是寻求税务代理。

(1) 从企业层面来看,一部分企业本身配备高素质的税务专门人才,另一部分企业寻求税务代理,这样对社会中介机构(税务师事务所、会计师事务所)的税务高级人才,特别是对注册税务师客观需求越来越迫切,具有注册税务师资格的专业技术人员成为市场的抢手人才。

(2) 从政府管理层面来看,随着税收征管体制的改革,国家税务机关要加强税收征收管理,国家税务部门就需要大量高级税务人才。同时,为了保证国家税收收入及时、足额地入库,也需要注册税务师的公正执业,为国家征税机关与纳税人之间搭建一个中介平台。这样,一方面可以提高征税机关的工作效率,降低征税成本;另一方面也维护了纳税人的合法权益,避免纳税风险,降低纳税成本。因此,市场对高级税务人才的需求越来越大。

2. 跨国公司来华投资

进入21世纪,随着世界经济一体化进程的不断加快,跨国公司纷纷来华投资置业。外资公司来华投资或使用在华机构的税后利润向海外再投资的情况不断增加,经济活动范围领域逐步扩大,资金流向错综复杂,使税收的作用范围从境内扩展到境外。这也对税务人才提出了更高的要求。

(1) 从企业层面来看,跨国企业专设税务职务的现象很普遍,而这种现象在国内很多大型企业已经开始出现。对于国内需要走出去的大型企业,税务问题已经不再是简单地和税务局对话,而是需要从专业角度进行研究,制定符合企业发展需要的税务计划。

2008年1月1日起施行的新的《中华人民共和国企业所得税法》已对内资企业及外资企业的所得税予以统一。两税合一的到来,以及国家在税制改革上的一系列动作,使得企业开始聘用专职税务人员。税务人才成为企业财会人才需求中的新宠。

(2) 从政府管理层面来看,国际化的税务交流对政府征管人员的要求越来越专业化,政府需要大量高、精、尖的征管人才,而不光是从事政策研究方面的人才。比如,中国的税务机关对转让定价问题越来越重视,这就需要更加专业化的人才。

随着中国经济的快速发展和税务复杂程度的加剧,无论是政府、企业还是中介咨询服务机构,对税务人才的需求都呈现出强劲增长态势。

(二) 上海(区域)需求现状

上海作为中国的国际化大都市,无论是经济发展态势,还是经济体制改革都是走在全国前列,以上提到的关于政府税收征管体制的变化,以及对外经济交流、世界经济一体化进程的加快,等等,这些变化在上海都表现得尤为明显。因此,上海对于适应新形势变化的高级税务人才的需求尤为突出。同样,随着中国经济的快速发展和税务复杂程度的加剧,无论是政府、企业还是中介咨询服务机构对税务人才的需求都呈现出强劲增长态势。

四、本专业人才培养各环节质量的评价

(一) 教师对本专业人才培养各环节质量的评价

教师对本专业人才培养方案、师资队伍、课程建设、教材建设、理论教学、实践教学、教学手段方法、考核评价等环节的评价比较满意。其中,关于师资队伍的建设,希望学校加大师资队伍建设的力度,加快高素质人才的引进速度;关于实践教学,希望进一步加强税务专业实验室软件建设,加大资金投入力度,以适应我国税收制度改革的步伐。

(二) 学生对本专业人才培养各环节质量的评价

通过对部分税务专业的学生的问卷调查,学生对本专业人才培养方案、师资队伍、课程建设、教材建设、理论教学、实践教学、教学手段方法、考核评价等环节的评价情况见表3-29。

表3-29

学生对税务专业人才培养各环节的评价统计表

	满意		比较满意		一般		不满意		人数(名)合计
	人数(名)	比例(%)	人数(名)	比例(%)	人数(名)	比例(%)	人数(名)	比例(%)	
人才培养方案	47	52	12	14	11	12	20	22	90
师资队伍	52	55	13	14	14	15	16	16	95
课程建设	45	47	20	21	21	22	9	10	95
教材建设	54	57	18	19	16	17	7	7	95
理论教学	48	51	18	19	22	23	7	7	95
实践教学	47	49	13	14	15	16	20	21	95
教学手段	47	49	17	18	20	21	11	12	95
考核评价	51	54	12	13	24	25	8	8	95

五、本专业的亮点或特色

目前,上海有4所本科院校设有税务专业。其他本科院校的税务专业,有的侧重税收理论研究,有的侧重关税实务,而我校的税务专业主要侧重于面向各类企业的税收实务操作。

与本市同类专业相比我校税务专业的主要特色有:

第一,师资队伍治学严谨,师德高尚。我们拥有一支年富力强的高素质的师资队伍,治学严谨、工作敬业、师德高尚、教风优良,有干劲、有理想、作风顽强,随着专业建设的逐步深入,这种潜力就会转化为实力。

第二,走出去,请进来。应用型人才的培养特色愈益突出。我院一批教师在企业集团中担任外聘专家、独立董事;担任学术机构与团体(中国商业会计学会、上海市会计学会、上海市商业会计学会)等的理事、常务理事、副会长、学术委员会委员等职务。此外,依托行业优势,还有一支在高校、税务机构、税务师事务所、会计师事务所、大型商业企业、制造业等从事经营管理工作的兼职教授、副教授、注册税务师、注册会计师师资队伍,这些都为本专业的实践教学与研究提供了良好的技术基础。

第三,双语教学优势明显。我院有10余年中外合作办学的经验,尽管过去开课对象是高职学生,但所开课程,都是国外本科教学的阶段性课程。且采用英国和澳大利亚的原版教材授课。长期的双语教学实践,培养了一支过硬的双语师资队伍,这是我们税务专业的宝贵资源,他们在本科税务专业教学中起着重要的作用。

此外,我院有多个"产学研"实践教学基地,大大提高了税务专业学生的实践能力、就业能力。

六、本专业在教学和管理中存在的问题及改革措施

(一)存在问题

税务本科专业于2007年开始招生,第一届税务本科专业于2011年7月毕业,目前,税务专业在教学和管理中存在的问题主要有如下几方面。

1. 师资结构有待优化

具体表现:在职称结构上,无初级职称教师,讲师比例占55%;在学历结构上,硕士比例高,博士2名(1名在读),职称层次偏低。专业教师人数须进一步增加。

2. 人才培养方案有待继续优化

由于我国税制改革力度加强,以及市场对税务专业人才需求的发展与变化,税务专业的人才培养方案需与时俱进,继续优化。

3. 学术活动档次有待提高

财会学院在设置税务专业之前,已经设置了财务管理和会计学两个专业,我们开展了一些学术活动,如上海会计学会年会等,但是学术活动内容有待进一步丰富,学术档次有待于经一步提高。

4. 高水平科研成果比重有待提高

税务专业的学科带头人董惠良教授2010年参加了上海市委成立的"促进服务经济加快发展的税收制度和税收政策研究"课题,董惠良教授参加了其中"生产性服务业子课题"的研究和撰写工作,并作出了突出贡献,形成的课题报告成果得到了课题组和国家税务总局的称赞,为此,上海市经济和信息化委员会特发感谢信表示感谢。

科研工作虽已取得了一定的成果,有论文、有项目,但是高层次、高水平的科研成果相对较少,需要进一步提高高层次、高水平科研的比重。

5. 教学经费略显不足

新设置的本科专业,办学时间短、家底薄,现有经费投入不足。

(二)改革措施

针对上述存在的问题,我们采取了以下整改措施:

1. 优化师资队伍结构

为了进一步加强师资队伍建设,我们将通过引进、培养、选拔等多种手段使我系师资队伍在年龄、知识、学历、职称等方面的结构进一步合理化。在现有教师资源基础上,注重选拔和引进具有博士学位、年龄较轻的专业教师,并有意识增加引进男性教师。

通过引进高学历、高职称的优秀人才,以及积极鼓励在职教师进修提高,2008年至今,引进博士2名,在读博士2名,新晋升副教授1名。师资队伍的学历结构、职称结构大大改善。

虽然,通过努力,专业的师资队伍结构大大改善,但是,与一流的高校比较仍有一定差距,因此,必须挖掘现有教师的潜力,来保证教学质量。在专业教师现有主要研究方向和主讲课程的基础上,每位教师至少能胜任2门主干课程的教学任务,具有副高职以上的教师应能胜任3门主干课程的教学任务。同时,我专业加强与上海财经大学等兄弟院校的沟通与交流,有计划地为中青年教师提供进修提高机会;通过参与对社会、企业财会人员的培训,与企业、地方合作研究项目等形式,多参加社会实践活动,增加与社会的接触与沟通;增强教师的专业理论修养和实践能力,扩大我系在社会上的知名度和影响力,为吸引优质生源和毕业生就业创造条件。

2. 继续优化人才培养方案

税务专业的人才培养方案严格遵照有关文件精神,是在充分进行人才需求论证基础上制定的,服务面向体现了上海商学院应用型本科办学的基本要求,本专业培养的学生,毕业后能在财政、税务、审计、税务师事务所、会计师事务所、企业从事财政、税务、审计、纳税申报、税务筹划、税务咨询、税务代理等相关工作。由于近几年公务员考试报名人数急剧增加,入取率下降,毕业生到财政、税务、审计等政府机关从事财政、税务、审计工作的难度增加,因此,本专业的人才培养方向更注重学生将来到税务师事务所、会计师事务所、企业从事纳税申报、税务筹划、税务咨询、税务代理等相关工作的能力的培养。我们及时调整、优化人才培养方案,不断完善专业必修课的课时安排,以及专业选修课的课程设计等。

3. 活跃学术气氛,提高科研水平

高等学校既要以教学为中心,又要以科研为先导。教学与科研是大学教育的两条支柱,在完成教学工作的同时,应积极开展具有一定层次的学术交流活动,发挥各自的专业特长,多出科研成果,以科研促教学,提高教师的综合素质。此外,还应发挥集体的力量,在本专业形成学术梯队,在教学研究、科研立项等方面相互合作,多出成果。另一方面,学校应与二级学院加大科研经费的投入,通过评选科研先进集体、先进个人等活动,加大奖励力度,逐步提高教师科研成果的层次。

4. 加大实验室建设投入,加强实践教学

首先,加强部分课程的课内实践操作,规范实践教学操作程序,加强实验报告的填写与评阅。其次,加大实验室的资金投入,对已经购置的税收实务软件及时更新,进一步添置新的计算机软件。本年度又新添置了用友税收稽查软件。

七、本专业未来发展思考

(一) 与社会需求匹配的专业人才培养模式

税务专业在教学内容、教学方法、课程建设、学生管理及教学管理等方面取得了一定成绩,积累了一定的经验,并已拥有了一支稳定的师资队伍。但是,与本市同类专业相比有待提高,如办学时间短,经验不足,尚需不断探索。作为应用型本科学校,我校税务专业依托行业,面向企业,针对纳税筹划、纳税申报等岗位群,制定人才培养方案,开展实践教学,取得了一定经验。

根据社会需求的变化,不断完善人才培养模式,同时,我们坚持应用型本科的特色,在夯实理论教学的基础上,不断完善实践教学。

(二) 发展思考

1. 专业层次目标

2016年,建设成校级重点专业。
2020年,建设成上海市侧重税务中介领域的税务重点专业。
2024年,使税务专业的整体实力和发展水平达到国内同类专业的中等水平。

2. 专业建设阶段目标

关于税务专业的建设阶段目标,具体分为专业规范阶段、专业创新阶段和专业提升阶段。

(1) 专业规范阶段(2007—2012年)。税务专业于2007年开始招生第一届本科生,这一阶段的主要任务是"规范",即严格执行教育部和上海市教委本科教育的有关规定,按部就班,一步一个脚印,踏踏实实地组织好税务专业的每一个教学环节。在具体工作中,我们借鉴兄弟院校的成功经验,但不是简单的照搬。根据商学院办学定位及税务专业特点,在教学模式上作适当的调整,主要突出实践教学在整个教学的比重,重点引入案例教学,同时,突出强调产、学、研相结合,逐步构建了具有我院特色的实践教学体系。使人才的培养更贴近社会需求。

(2) 专业创新阶段(2013—2018年)。在规范发展的基础上,专业建设逐渐走上正轨,培养目标明确,培养方案完善,教学计划科学,教学管理细化,教学效果良好,教学文件齐备。力争在课程内容及体系、实践教学设计、教材及教法等方面办出特色,开设几门创新型的课程,编撰一批具有我校办学特色的税务专业方面的专业教材。

(3) 专业提升阶段(2019年以后)。通过10年的努力和探索,力争使我院培养的税务专业学生得到用人单位的广泛认可,在社会具有一定的知名度,成为社会需求度高、专业能力强的专门人才。

3. 学术梯队与教师队伍建设目标

(1) 学科带头人水平目标。力争到2018年,学科和学术带头人成为硕士生导师。

(2) 学历提高目标。到2014年,全部梯队成员中应有2~3名博士。

(3) 梯队结构目标。梯队成员中45岁以下高职人员所占比例不低于40%,其中确保1~2名教授。40岁以下的教师比例不低于50%。

(4) 专业学位申报目标。第一,2020年前建成硕士点,第二,2030年前建成博士点。

今后税务专业将一如既往紧跟市场人才需求的走向,适时调整培养方案,包括设置新的专业方向、开发新课程、编写新教材,建设重点课程、精品课程等。加强与同类专业的相关院校联系,学习他们的办学经验,相信通过我们全体师生的共同努力,我院税务专业会越办越好,越办越强。

园林专业教学质量年度报告

一、专业简介

(一) 专业设置沿革

随着人们对生存环境要求的不断提高,社会对园林专业人才的需求不断增加,因此,自 20 世纪 90 年代开始,全国许多大专院校纷纷开设了园林及园林相关专业。在此大背景下,2001 年,上海商学院与日本伊东学院合作,设置了中日合作现代花艺设计专业和中日合作现代造园设计专业两个专业并开始招生,学制均为 3 年。2002 年,中方(上海商学院)独立设置了城市园林(生态景观设计与维护)专业,当年共招收 4 个班,其中 2 个为城市园林班,1 个为中日合作现代花艺设计班,1 个为中日合作现代造园设计班。2006 年,上海商学院升为本科院校,2007 年,园林专业专科改为园林本科,并开始园林本科招生。截止到 2012 年,上海商学院已招生园林本科 5 届。

(二) 人才培养

本专业培养德、智、体、美全面发展,以保护资源、创建人类宜居环境为己任,掌握扎实的园林专业理论知识,具有较强的创新能力和实践能力,能够在园林行政管理、科研部门,各类景观设计公司、物业公司、旅游、宾馆、酒店等休闲娱乐单位,从事行政管理、科研、园林景观设计、园林工程组织与施工、园林植物栽培、养护与种植设计等工作的应用型高级技术人才。

本专业通过生态科学、植物科学、建筑科学、景观设计学、艺术设计学等学科基本理论和基本知识的教学,学生受到绘画、设计表现技法、绿地规划设计方法、植物配置及养护技术等方面的基本训练,具备运用生态学理论、工程技术原理、艺术设计原理等进行各种园林景观设计、商业景观设计、植物栽培与造景和绿地养护管理等方面的基本能力。

(三) 专业资源

1. 师资队伍

本专业现有专任教师 9 人,其中专职实验教辅人员 1 人,专业带头人为郜金标教授。专任教师中有教授 2 人,副教授 3 人,讲师 4 人;拥有博士学位 1 人,硕士学位 8 人;硕士以上学位比例占教师总数的 100%。在专业基础课和专业课等方面集聚了一批教学能力较强、基础扎实的师资力量,为专业教学提供了保证。专业基础课和专业课的主讲教师条件能够符合基本要求。

专任教师信息统计表见表3-30。

表3-30

专任教师信息统计

序号	姓名	年龄	职称	学历	毕业院校	承担课程
1	张建华	1961	教授	硕士	南京农业大学	环境艺术学、园林史、专业英语
2	朱永莉	1970	副教授	硕士	甘肃农业大学	园艺栽培概论、园林花卉树木学、专业英语
3	郗金标	1963	教授	博士	中国农业大学	植物造景设计、商业空间绿饰设计、景观生态学
4	张华威	1971	讲师	硕士	东南大学	园林规划设计、园林建筑设计、城市规划原理
5	李雅娜	1975	副教授	硕士	东北林业大学	观赏植物学、植物生理学、园艺流通学
6	宋肖霏	1976	副教授	硕士	山东师范大学	美术基础学、空间构成基础
7	滕玥	1979	讲师	硕士	上海交通大学	园林设计初步、园林CAD、Sketchup
8	黄诗茹	1975	讲师	研究生	同济大学	效果图技法、城市规划原理、城市景观设计
9	瞿宙	1981	讲师	硕士	上海交通大学	园林制图、Sketchup、工程概预算

2. 课程建设

（1）课程体系构建的指导思想和原则。总的指导思想是：适应社会发展的需要，立足园林专业学科自身发展规律和特点，针对目前园林教育教学中存在的问题和社会对园林专业人才的基本要求，本着"厚基础、宽口径、强技能、重特色"人才培养的原则，兼顾园林教育教学中的共性与个性问题。厚基础就是要重视园林植物基础、制图基础、造型基础和设计技法等基础课程，充分考虑不同学科背景下园林学科的共性，强化园林学科的科学性基础；宽口径就是要尽量设置较多的边缘学科的课程，包括文化艺术、环境生态、中外园林史、资源地理等课程，拓宽学生的知识面，提高学生的文化修养和园林创新设计的能力；强技能就是重视实践教学环节，优化实践教学课程模块，注重培养学生实际操作的能力；重特色就是依据学校的大学科背景优势，适应市场的需要，适当增加一些特色课程，突出各个学校园林专业办学的特色。其目标是培养适应社会主义现代化建设需要，德、智、体、美全面发展的，具备比较系统和扎实园林专业理论知识和比较熟练操作技能的复合型、应用型高级技术人才。

（2）课程体系的构建。在厚基础、宽口径、强技能、重特色课程设置原则指导下，课程体系的总体框架是：以园林设计理论教学为龙头，构建以生态学、景观生态学、园林文化为重点的园林设计理论课程模块；始终贯穿科学性与艺术性两条主线，构建以植物学为重点的科学类课程模块和以艺术设计为重点的艺术类课程模块；以实践技能培养和专业素质培养为两大支撑，构建以园林绘图、制图为重点的技能培养课程模块，和以表达、沟通、协调为重点的专业素质课程模块；以园林综合设计能力培养为核心，构建园林规划与设计课程模块。整个课程体系框架好比人的躯体，以设计理论课程为大脑，植物科学和艺术设计课程为两条腿，技能和素质为两翼，园林设计为心脏，连接、沟通和融汇各类理论知识模块和实践课程模块

(见图 3-1)。

下面分别记述。一是园林设计理论课程模块。其为设计理念之首,目的在于为学生进行园林设计提供理论指导,训练学生的设计理念。主要包括生态学、景观生态学、规划设计原理、中外园林艺术等课程。二是植物科学模块。其为科学之腿,目的在于培养学生熟练运用植物的能力。开始课程以园林植物学、园艺栽培概论、植物学基础、植物生理学等课程为主。三是艺术设计模块。其为艺术之腿,旨在培养学生的艺术鉴赏力和艺术表达能力。课程主要包括园林艺术鉴赏、设计基础、美术基础、空间构成基础等。四是技能培养模块。其为制图技能之臂,旨在培养学生识图、绘图和制图的技能。课程主要包括 CAD、photshp、sketchup、园林制图等。五是专业素质模块。其为专业素质之臂,旨在培养学生沟通、交流和协作的能力,树立良好的专业思想。课程主要包括专家论坛、设计研讨课等。六是园林规划设计模块。其为园林设计之躯,旨在培养学生综合应用所学知识,理论和实践有机结合的能力。课程主要包括园林绿地规划设计、商业空间绿饰设计、植物配置、建筑设计等。

园林专业课程体系框架见图 3-12。

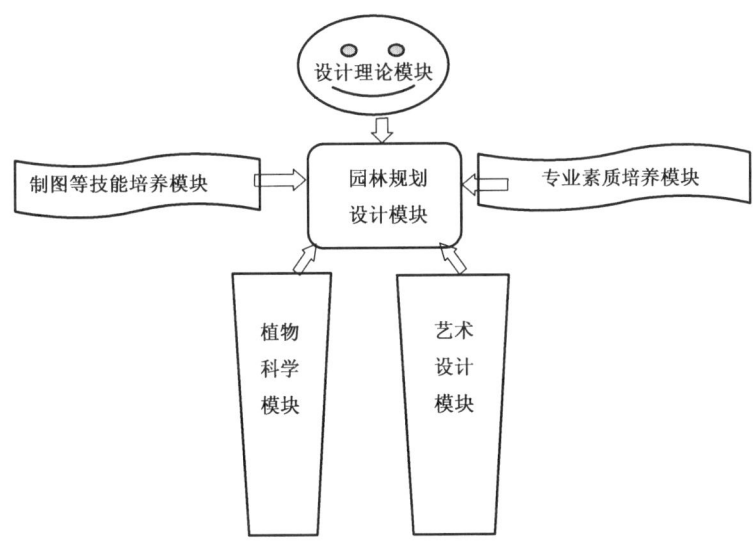

图 3-12　园林专业课程体系框架图

通过和国内外其他学校园林专业培养方案的比较,我校园林专业课程设置的框架和其他院校是基本一致的,但更强化了对学生社会文化素质的培养,商学院"文"的特色更加明显(见表 3-31)。

表 3-31

我校园林专业与国内外相关高校园林专业的课程设置比较(%)

学　　校	生态植物类	社会文化类	艺术设计类	景观设计类
康奈尔大学	17	28	14	41
东京农业大学	20	15	11	54
上海交通大学	25	15	15	45
上海商学院	24.3	21.4	12.9	41.4

3. 教材建设

严格教材甄选,对于专业主干课程、核心课程要求使用国家规划教材、特色教材或优秀教材。目前使用的教材大多是同类教材中比较优秀的;同时将上海交通大学、北京林业大学、南京林业大学、同济大学等其他院校园林专业所使用的教材纳入教材库,供授课教师选择使用或作为补充。目前园林专业教学所选教材中,优秀教材、规划教材、国家重点教材和教学委员会推荐的教材比例已超过70%。

此外,结合景观设计市场人才需求,申报编写了景观设计师一级、二级、四级等国家级考证教材,并已经完成其中的四级考证教材的编写和出版工作,受到业内良好评价。目前,已申报参与多家国家级教材和本专业紧缺教材的编写工作,同时,结合园艺栽培学、观赏植物学、美术基础学、园林设计初步等重点课程、精品课程的建设,逐步建立各门课程的习题库、案例库、电子课件等一系列教学资料库。

4. 实践教学

本专业实践教学环节主要包括课内实践、独立开设的实验实践课程和毕业实习与毕业设计三大类型。实验实践的场所、形式主要由校内实验实践、校外实验实践、课内实践、课外实践、专业实习、课程设计、毕业设计、毕业实习、课外兴趣小组等部分组成。其中,课内实践、专业实习、课程设计、毕业设计、课外兴趣小组依托本专业和学院已有实验室,在专业教师的指导下进行,符合教学计划中有关实验课时安排,取得了良好的效果;课外实践、课程设计、专业实习、毕业实习等依托校外实习基地,在专业教师和聘请的兼职教授的指导下进行,结合在校所学知识,在实际工作中充分了解园林景观设计中的重要问题,使学生获得了良好的实践锻炼,取得了良好的效果。

本专业现有校内园林专业实践教学农场1处,成立于2003年9月,包括600平方米的塑料温室和1 000余平方米的露天栽培场和园林工程实验场,是园林植物品种展示的示范基地,成为教师指导学生进行园林植物栽培课程的主要实践场所及园林工程课程实践的主要场所。此外还有1个专业制图室、1个计算机辅助设计机房、1个花艺设计室、1个茶艺实践室,全部向学生开放。同时,正在建设商业空间环境实验室,与本院食品专业合用基础化学实验室,开设《观赏植物学》、《植物生理学》课程实验。

实习基地承担课程实习、专业实习和毕业实习任务。本专业依托上海市各大公园绿地和相关行业企业,建立若干校外实习基地,与一些园林景观设计、工程公司签订了学生毕业实习、实践协议,详见表3-32。同时,组织学生赴杭州、扬州的著名园林景点进行专业实习,并与杭州植物园等建立了业务联系。

表3-32

校外实习基地一览表

实 习 基 地	功　　能
上海市园林设计院	景观设计、景观工程实践
上海现代设计集团	景观设计、景观工程实践
美国佛莱明公司	景观设计、景观工程实践
澳大利亚 A+J 公司	景观设计、景观工程实践

(续表)

实 习 基 地	功 能
上海北半秋景观设计咨询有限公司	景观设计、景观工程实践
上海溢柯居家环境设计有限公司	景观设计、景观工程实践
上海汇春园林绿化有限公司	景观设计与施工
上海阳光园艺发展有限公司	园林植物与园艺栽培
上海教大农业科技有限公司	园林植物与园艺栽培
上海上房园艺有限公司	景观设计、园林植物与园艺栽培
上海益柯居家环境设计有限公司	庭院设计、商业空间绿饰设计
上海北半秋景观设计有限公司	景观设计
上海豪洋园艺有限公司	景观设计、园林植物与园艺栽培
上海植物园	景观植物识别、栽培养护实践
上海延中绿地	景观植物识别、栽培养护实践
上海古华园	景观植物识别、景观设计、手绘效果图
上海四季生态园	景观植物识别、景观设计、手绘效果图

5. 教学手段方法等

理论教学均采用多媒体教学,实验实践教学根据实验和实践项目的内容性质安排在实验室或实验实训基地进行,课内实践教学依据实践的性质,由任课教师自主决定。

课堂教学鼓励教师在常规教学中融入启发式探究教学法、案例教学法、课堂讨论参与式教学法等,要求教师将讲课、讨论、答疑相结合,增加师生互动。此外,鼓励各位老师在各课程教学过程中,积极探索新的教学法、实施教学改革。

在整个专业培养的层面上推行了"学长制"、"导师制"、"自主学习"等多种教学改革的实践。学生自主成立兴趣小组和科研活动小组,并且可以在教师指导下申报学校科研课题,课题下达后,在教师指导下,学生自主进行课题研究方案的设计与实施。

二、本专业全国布局现状

(一) 专业点布局现状

据统计,自1993年以来,全国开设园林或风景园林本科专业的大专院校年均增长率约为13.9%,2000—2006年间年均增长率为18.7%,2006年招收风景园林或园林专业的普通高校、独立学院和研究院共449个,开设高职高专的专业点439个,本科专业点140个。这些学校大体可以分为三类:一是工科院校,以建筑与城市规划设计学科为背景;二是农林院校,以农林科学为背景;三是艺术设计类院校,以艺术设计为学科背景(此外还有部分是师范院校、综合性大学或管理类院校,但这类学校园林专业的学科背景大体也不外乎以上三类,即建筑与城市规划、农林和艺术设计,故未单独列出)。因此,可以说园林专业主要依托于建筑与城市规划、农林和艺术设计三类学科。

上海市开设园林专业的院校主要有同济大学、上海交通大学、上海应用技术学院、上海海洋大学和上海商学院。另外，上海建桥学院、上海城市管理学校、上海农林职业技术学院还开设有高职高专园林专业。

上海市目前开设有园林专业的8所院校中，同济大学、上海交通大学为985大学，他们的培养目标是培养研究型人才；上海海洋大学、上海应用技术学院和上海商学院三所院校园林专业人才培养方案基本处于同一个层次，但三所院校的园林专业人才培养目标和规格有所不同。

1. 同济大学园林景观规划设计专业

同济大学景观学系、风景科学研究所隶属于同济建筑与城市规划学院，专业强，以培养高层次规划设计人才为主要目标。

同济大学景观学系是基于风景园林规划和旅游管理（旅游规划）两大学科建立的，将景观（风景园林）规划设计与旅游管理（旅游规划）两大学科专业合二为一。其中，园林（景观规划设计）专业主要为旅游部门、风景名胜区的建设部门、风景园林规划设计部门、城乡环境保护部门、主管文物保护单位的文化部门、主管森林公园的林业部门，培养掌握风景旅游资源保护、旅游开发、旅游规划、景区详细规划设计、城市景观规划设计、经济管理等方面知识的高层次专业人才。

2. 上海交通大学园林专业

上海交大园林学专业将生物科学、林学、建筑学、设计艺术学、生态学有机地融为一体，重视复合型科技人才培养。主要研究方向有：观赏植物遗传育种及栽培、观赏植物资源研究、园林植物配置、城市景观生态、盆景花艺、城乡景观生态理论与规划。

专业培养目标是：培养具备现代生物学及园林基本理论、基本知识和基本技术，能在城市建设、园林、林业部门和花卉企业从事风景区、森林公园、城镇各类园林绿地的规划、设计、园林植物繁育栽培、工程施工、养护及企事业管理的高级复合型科学技术人才。

3. 上海海洋大学园林专业

上海海洋大学园林专业办学的特色是注重培养水域生态景观学专门人才。培养目标和规格是：培养掌握系统的水域生态景观基本理论、知识和技能，具有相应的理论研究、应用研究、规划设计、管理能力与创新意识，能满足我国经济建设和可持续发展需要的水域生态景观学专门人才，以及能适应从事相关职业业务能力和素质的复合型高级人才。要求学生全面、系统地掌握水域生态景观的科学知识体系，学习环境生态学、水生生物学、景观规划设计、水环境工程等的基本理论和基础知识，接受水域生态科学专业各项基本技能的训练，具备水域环境分析、监测、保护、评价、污染预防与治理、景观规划设计与管理等工作的基本能力。

4. 上海应用技术学院园林专业

上海应用技术学院开设有观赏园艺和风景园林两个专业。其中，风景园林专业以生态景观的规划与设计为特色，强调园林植物与园林规划设计技能的培养并重。学生既熟悉园林植物种类与习性，又具有园林艺术修养和制图功底；在就业上既可从事园林规划、设计、施工和养护，又精通园林植物栽培与应用，同时具有园林、园艺企业经营管理的能力。

5. 上海商学院园林专业

上海商学院园林专业的主要特色是注重培养具有商科学科背景，能够胜任商业商务空间环境景观设计的高等级应用型园林专业技术人才。通过生态植物科学、园林文化、美学、景观设计等模块课程的学习,使学生掌握扎实植物学、生态学基础理论知识,具备良好艺术欣赏能力和较强的景观设计技能能力,能够在园林行政管理、科研部门,各类景观设计公司、物业公司,旅游、宾馆、酒店等休闲娱乐单位,胜任行政管理、科研、园林景观设计、园林工程组织与施工、园林植物栽培、养护与种植设计等工作。

(二) 做得最好的院校

没有做得最好的院校,只有各具特色的院校。但相对而言,不同的院校在人才培养层次和特色上有明显的差异。

上海商学院园林专业在培养目标上注重胜任商业空间环境景观设计人才的培养,注重对技术应用型专业人才的培养,注重对毕业上专业思想、基本理论和操作技能的培养。

在课程体系设置上,强调生态植物科学模块、美术修养与艺术设计模块、景观设计模块等三大模块课程的联系与配比,强调以景观设计能力培养训练为核心,突出植物造景、植物应用的特色。

(三) 自己(专业)的相对位置

目前国内开设园林专业的院校主要有三类:一是农林类院校,二是建筑规划与工程类院校,三是艺术类院校。三类院校园林专业的学科背景分别是农林、建筑规划和艺术设计。我校为新升本的应用型本科院校,依据我校总体发展目标,我校的园林专业定位在培养高等级应用型园林专业技术人才,并以商业空间、商务空间环境景观评价与设计为特色。在人才培养特色上是目前其他大专院校园林专业很少涉及的。

三、本专业社会需求现状

(一) 全国需求现状

从全国情形来看,目前和未来一段时间内,社会对园林专业技术人才的需求将继续有所增加并逐渐趋于稳定。原因如下。

1. 绿地建设速度不断加快,建设质量不断提高

一方面,随着经济的发展和人们水平的提高,人们对环境质量的要求不断提高,对环境绿化、美化的要求与日俱增。目前我国每个县区都要求至少有1处公园,还有许多广场,大量的老公园、老绿地需要改建,房顶绿化也迅速发展,受到人们的广泛重视。例如,上海市近年来屋顶绿化正以每年5万平方米的速度增加,城市绿地建设每年以数百公顷的速度进行;北京市从2006年以来房顶绿化每年以25万~30万平方米进行,城区绿化每年以上千万平方米的速度延伸;全国其他城市的绿地建设也都在以前所未有的速度进行;随着新农村建设的不断深入,乡镇园林绿化越来越受到人们重视,乡镇绿化速度迅速提高。另一方面,居民家庭绿化、私人庭院造园也将快速启动。再则,由于人们生活水平的提高,将大大促进对园林材料产品的消费,特别是对鲜花、盆景等园林艺术品的消费将逐渐由礼品消费、集团消费为主转向日常消费,因此,对花卉等植物材料及其配套设施产品的消费将使园林产业市场范围大大拓展,市场空间

迅速扩大。

2. 城市化进程的加快和房地产产业的兴起将带动园林的迅速发展

近几十年来，我国城市化进程很快，城市人口迅猛增长。而在今后相当长时间内，随着城乡一体化建设的不断进行，我国的城市化进程还将加速。与此同时，人们渴望自然，要求建设"生态城市"的呼声越来越高，这将极大地推动园林绿化产业的发展。另外，由于人们对居住环境要求的不断提高，建设部规定，在城市房屋建设规划的同时必须要有建筑面积的23%以上的绿地与之相配套，"十五"计划规定城市建成区绿化覆盖率要达到35%，各房地产开发企业为在市场竞争中获取高额利润也纷纷打起了"绿化牌"、"景观牌"，加强了居住区的环境绿化。据调查，在房地产开发中，园林景观营造的投资增加了25%。与此同时，越来越多的企事业单位如学校、医院、厂房等开始重视环境景观设计和园林绿化，把绿化质量和绿化效果作为自身单位的形象看待，提高了对庭院绿化的要求。城市化进程和房地产产业的兴起促进了园林市场的迅速发展。

3. 基础设施建设推动园林市场的发展

重大基础设施建设（如交通建设）是推动园林市场迅猛发展的一个重要因素。近年来，我国重大基础设施建设投资规模庞大，固定资产投资增长强劲。而随着经济的发展，未来公路建设、铁路建设等重大基础设施建设将会持续加快，相应地，交通道路的绿色通道建设和沿路园林景观建设因此会快速发展。

4. 旅游及休闲度假产业的迅速崛起为园林的迅速发展开辟了新的途径

随着旅游及休闲度假产业的迅速崛起，各地风景名胜区开发和建设如雨后春笋，大大拉动了园林产业的发展。

5. 人们对环境保护意识的不断提高使得园林绿化成为全社会的自发行为

环境保护意识不断提高为园林产业发展奠定了思想基础。根据"零点调查"公司的调查结果，环境问题已经成为中国城市居民关心的焦点，有49.2%的城市居民将环境问题列为其关心的焦点问题。随着市民环保意识的提高，以及政府对环保投入力度的不断加大，大大促进了环境建设和园林建设的发展，从而拉动园林产业。每年都有城市园林建设项目被列入"为民办实事工程"或重点建设工程，城市园林景观建设得到前所未有的重视。

6. 城乡一体化建设速度加快对相应人才的需求

城乡一体化建设速度加快，农村小城镇建设加速，旧城市改造等均需要大量的园林专业技术人才，尤其是我国西部贫穷落后地区和广大乡村，目前园林绿化建设还刚刚起步，绿地建设水平很低，今后的园林景观设计、园林绿地建设有很大发展空间，因此对园林专业技术人才的需求潜力很大。

7. 发达城市对园林专业技术人才的需求

北京、上海、深圳等经济发达城市，房顶绿化、室内绿饰装饰等越来越受到重视。随着人们生活水平的提高，城市居民开始关注室内绿化和房顶绿化，这也将推动社会对园林专业技术人才的需求。

8. 新品种、新技术、新材料、花卉产业的发展推动园林人才的需求

表3-33是近几年花卉市场变化情况，从中可见园林行业中仅花卉市场人才需求就有不断增加的趋势。

表 3-33

近年来我国花卉市场发展状况

年 份	花卉市场(个)	花卉企业(个)	其中大中型(个)	花农(户)	从业人员/万人	技术人员/万人
1999	1 700	20 000				
2003	2 397	60 000			247	
2004	2 354	53 452	6 717	1 136 928	327	12.28
2005	2 586	64 908	8 334	1 251 313	440	13.23
2006	2 547	56 383	8 458		358.8	13.64

总之,园林的产生与发展总是伴随着社会的进步和经济的发展。历史上,社会经济发展到一定程度总是促进园林服务对象与功能的变化,促使园林功能多样化,服务对象广泛化。可想而见,随着我国经济形势的好转,人们生态意识的增强,未来园林的发展空间将会更趋广阔,社会对园林人才的需求也将随之增加。

(二) 上海(区域)需求现状

从上海近年来园林行业技术人员招聘情况看,社会对高层次的人才需求在逐年增多,而应聘人员中初、中级工者居多,高级技术与管理人员明显不足。据上海市职业介绍中心近几年的统计,与园林绿化相关的岗位招聘人数中,初、中级工与高级工人员的比例大约各占50%,而前来应聘的初、中级工和高级管理人员的比例则接近 8∶1;另据上海市绿化行业协会对 100 余家绿化养护单位的统计数据显示,截至 2004 年 10 月,绿化专业人员高级工以上仅占 22.5%,高级工、技师、高级技师三类人员加起来也不过 955 人,与初、中级工的比例约为 1∶3。从上海商学院、上海交通大学、同济大学、上海应用技术学院、上海建桥学院园林专业近 2 年毕业生的就业率来看,毕业生就业状况一直良好且保持稳定的较高的就业率,表明未来园林产业对高层次技术人才的需求还将不断增加,但从业人员知识结构有待优化。

综上所述,随着园林产业的持续、迅速发展,在今后相当长时间内,我国园林产业对专业人才的需求将不断增加,估计今后 5~10 年内,中国园林产业将以 25% 至 30% 左右的年增长速度快速发展。

四、本专业人才培养各环节质量的评价

(一) 教师对本专业人才培养方案、师资队伍、课程建设、教材建设、理论教学、实际教学、教学手段方法、考核评价等环节的评价(满意度)

1. 人才培养方案

上海商学院园林教师通过生态科学、植物科学、建筑科学、景观设计学、艺术设计学等学科基本理论和基本知识的教学,使学生受到绘画、设计表现技法、绿地规划设计方法、植物配置及养护技术等方面的基本训练,具备运用生态学理论、工程技术原理、艺术设计原理等进行各种园林景观设计、商业景观设计、植物栽培与造景和绿地养护管理等方面的应用能力;各位教师通过对人才培养方案讨论并逐步修订、完善,培养学生商业空间景观设计的能力,

实现创新人才的培养。

2. 师资队伍

（1）数量与结构。本专业专任教师9人，45岁以下7人，年龄分布较年青（平均38.3岁）；学位水平较高（硕士及以上100%）；职称结构合理，有学科带头人和业务骨干，青年教师学历学位近年来提升较快，老、中、青齐备的专业教师团队协作能力强，能够较好满足本科教学和专业发展的需要。

（2）生师比。近几年来，本专业新引进2名高学历人才，保证了专任教师总量的稳步增长，教师资源有相应的储备。

本专业第一届本科毕业生07园林于2011年7月毕业，2009年7月结束最后一届专科生的教育教学。据此，统计园林本科教育生师比主要看2010—2011年、2011—2012年两个年度。目前，本专业专任教师9人，生师比为32.2∶1，生师比结构向合理化调整（见表3-34）。

表3-34
近2学年园林专业本科生师比统计表

单位：人

学年	11级	10级	09级	08级	07级	09专升本	10专升本	11专升本	在校生总数	专任教师	生师比
2010—2011	—	64	75	74	74	35	8	—	330	9	36.7∶1
2011—2012	61	64	75	74	—	—	8	8	290	9	32.2∶1

（3）承担上课任务情况。本专业每位教师所承担的上课任务每学期平均为180节左右，每人2门课左右。基本满足专业教学的配比要求。课程主讲教师配备见表3-35。

表3-35
园林专业基础课程和专业课程主讲教师配备表

开设学期	课程名称	主讲教师 姓名	专业技术职务	所在单位	学时
1	观赏植物学	李雅娜,朱永莉	讲师,副教授	生态旅游学院	54
1	环境艺术学	张建华,郗金标	教授,教授	生态旅游学院	36
1	景观设计（二）	张华威,滕玥	讲师,讲师	生态旅游学院	54
1	景观设计（三）	张华威,滕玥	讲师,讲师	生态旅游学院	54
2、3	美术基础学（1、2）	宋肖霏,黄诗茹,张华威	讲师,讲师	生态旅游学院	108
2	植物生理学	李雅娜,滕玥	讲师,讲师	生态旅游学院	54
2	Skecthup	滕玥,瞿宙,黄崴	讲师,助教	生态旅游学院	36
2	景观生态学	郗金标,李雅娜	教授,教授	生态旅游学院	36
2	中外园林史	郗金标,张建华	教授,教授	生态旅游学院	36
2	园林规划设计原理	张华威,滕玥,张凯旋	讲师,讲师	生态旅游学院	54
2	景观设计（一）	滕玥,张华威	讲师,讲师	生态旅游学院	54

(续表)

课程		主讲教师			学时
开设学期	名称	姓名	专业技术职务	所在单位	
2	植物景观设计	郗金标,李雅娜	教授,讲师	生态旅游学院	54
2	园林工程实务	滕玥,黄崴	讲师,讲师	生态旅游学院	54
2	花艺设计	黄崴,滕玥	讲师,讲师	生态旅游学院	54
2	景观旅游心理学	瞿宙,黄崴	教授,讲师	生态旅游学院	36
3	测量学	黄崴,瞿宙	讲师,助教	生态旅游学院	36
3	园林制图	瞿宙,黄崴	助教,讲师	生态旅游学院	36
3	空间构成基础	宋肖霏,黄诗茹,张华威	讲师,讲师	生态旅游学院	36
3	园艺栽培概论	朱永莉,李雅娜	副教授,讲师	生态旅游学院	54
3	设计概论	黄诗茹,滕玥	讲师,讲师	生态旅游学院	36
3	商用空间环境设计	张华威,滕玥	讲师,讲师	生态旅游学院	54
3	园林计算机辅助设计	滕玥,黄崴	讲师,讲师	生态旅游学院	72
3	园林规划设计实务	张华威,滕玥,张凯旋	讲师,讲师	生态旅游学院	54
3	园林维护管理实务	瞿宙,朱永莉	助教,副教授	生态旅游学院	54
3	工程概预算	瞿宙,滕玥	助教,讲师	生态旅游学院	36
3	休闲心理学	张建华,瞿宙	教授,助教	生态旅游学院	36
3	礼仪与形象设计	黄诗茹,黄崴	讲师,讲师	生态旅游学院	36
4	园林CAD	滕玥,黄崴	讲师,讲师	生态旅游学院	54
4	园林史	张建华,郗金标	教授,教授	生态旅游学院	36
4	园林设计初步	滕玥,黄崴	讲师,讲师	生态旅游学院	54,36
4	园林花卉树木学	朱永莉,郗金标	副教授,教授	生态旅游学院	54
4	效果图技法	黄诗茹,宋肖霏	讲师,讲师	生态旅游学院	54
4	旅游资源与开发	张凯旋,黄诗茹	教授,讲师	生态旅游学院	36
5	植物造景设计	郗金标,李雅娜	教授,副教授	生态旅游学院	36
5	园林规划设计	张华威,滕玥,张凯旋	讲师,讲师	生态旅游学院	54
5	休闲学	朱庆章,张建华	副教授,教授	生态旅游学院	36
5	园林工程	黄崴,滕玥	讲师,讲师	生态旅游学院	54
5	园林小品设计	黄崴,张华威	讲师,讲师	生态旅游学院	54
5	城市规划原理	黄诗茹,张华威,张凯旋	讲师,讲师	生态旅游学院	36
6	商业空间绿饰设计	郗金标,瞿宙	教授,助教	生态旅游学院	54
6、7	专业英语	朱永莉,张建华	副教授,教授	生态旅游学院	72
7	园林建筑设计	张华威,滕玥	讲师,讲师	生态旅游学院	54
7	城市景观设计	张华威,黄诗茹	讲师,讲师	生态旅游学院	54
7	园艺流通学	李雅娜,瞿宙	讲师,助教	生态旅游学院	36

(4)培养培训情况。本专业重视师资队伍建设与规划,采取了引进与培养相结合的原则。目前的9位专职教师中,引进时具有博士学位的教师有1位,具有硕士学位的教师有6

位,其中2位教师正在在职攻读博士学位。引进时不具备硕士学位的青年教师中,1位教师通过在职攻读取得了硕士学位。形成了一支基本能够满足专业教学需要的师资队伍。

根据师资培养计划,为培养学术带头人和学术骨干,本专业于2011年选送李雅娜老师作为园林专业的"国内访问学者"进行校际间学术交流和学习深造。

3. 课程建设

经过5年的本科教学,12门专业必修课中有4门课程建设为校级重点课程,其中1门为上海市教委重点和精品课程,课程建设成效显著;其他课程的教学大纲、教案等资料齐全,结构合理,内容充实,教师对课程建设投入增大,满意度增加。

4. 教材建设

目前选用的教材基本能兼顾专业的基本知识理论和前沿发展,而教材库的建立使得各位老师对于各门课程的衔接更为明确。建议形成团队,进行相关教材的编著。

5. 理论教学

本专业的课程结构存在大量实践性课程,绘画类、设计类课程秉承理论教学和实践教学相辅相成的理念,很难将理论部分和实践部分具体一一划分清楚。多数课程的教学计划笼统地将理论部分和实践部分对半划分。在实际教学过程中,即使推进到实践部分的教授,其理论教学也是贯穿其始终的。

教学团队注重教案、大纲的规范化和实时更新,每年都会根据专业发展的需求作出必要的补充和调整。

为完善理论教学和实践教学的内容、结构和方法,专业团队认真推动教育教学改革课题的研究,积极推进重点课程建设。目前2项教改项目已经结题,3门重点课程建设也已经如期结题。见表3-36、表3-37。

表3-36

教研教改项目、论文成果附表

姓　　名	成　果　名　称	等级/签发时间和单位/本人位次
朱永莉	项目《新形势下园林本科专业教育的探索与实践》	2007年度校级教改研究项目,第一责任人
李雅娜	项目《"应用型"园林本科专业实践教学体系的研究》	2008年度校级教改研究项目,第一责任人
朱永莉	论文《内涵与特色:园林本科专业建设探索》	发表于《上海商学院学报》(增刊)2008.7,独立完成
朱永莉	论文《应用型园林本科专业内涵与特色探索》	发表于《第三届全国风景园林教育学术年会论文集》,2008.11,独立完成
朱永莉　瞿宙	论文《〈园艺栽培概论〉课程实践教学改革初探》	发表于《安徽农业科学》2010年第32期
李雅娜	论文《导师工作室:园林本科专业实践教学模式探索取向》	发表于《上海商学院学报》(增刊)2008.7,独立完成
李雅娜	论文《"应用型"园林本科专业实践教学特色的探讨》	发表于《高校教育研究》2009.3,独立完成

(续表)

姓　名	成　果　名　称	等级/签发时间和单位/本人位次
朱永莉、李雅娜、瞿宙	论文《〈园艺栽培概论〉重点课程建设的探索与实践》	发表于《安徽农业科学》2010年第36期
李雅娜、朱永莉	论文《应用型园林本科专业观赏植物学课程教学模式改革与探索》	发表于《安徽农业科学》2011年第18期
滕玥	论文《将设计能力的培养贯穿于园林CAD教学的尝试》	发表于《上海商学院学报》增刊2008期
黄崴	论文《翻译只有更好的》	参加"爱满天下杯第八届全国教师教育论文大赛"获得上海市三等奖
宋肖霏	论文《论园林美术教学中复合型有机课堂的长效机制建设》	发表于《安徽农业科学》2011年第8期,独立完成

表 3-37

重点课程建设成果附表

主要负责人姓名	课程名称	立项、结题时间	等　级
朱永莉	《园艺栽培概论》	2008—2010年	校级
朱永莉	《园艺栽培概论》	2009—2011年	上海市教委
宋肖霏	《美术基础学》	2009—2011年	校级
李雅娜	《观赏植物学》	2009—2011年	校级

6. 实际教学

目前,已建立校内农场1处,对校内农场的改造也在进行,同企业合作建立校企实训基地多处,2012年开始筹建商业空间环境实验室,实验室需要的37万元的仪器设备计划于2012年底到位并开始使用,基本能满足正常教学的需要,同时也能部分满足教师科研的需要。

7. 教学手段方法

目前推行的"学长制"、"导师制"、"自主学习"等教学平台的构建,十分符合园林专业的特征,能使学生更快地领会专业,融入专业。

8. 教学效果

教师对园林专业学生学习态度予以肯定,绝大部分学生遵守校纪校规、认真学习,四、六级通过率在逐年增加,计算机一级通过率在全校名列前茅;学生身心健康,踊跃参加学校各项活动;学习专业热情度高,积极参加各类专业竞赛,王雯婷等5位同学获得2011首届国际景观规划设计大会艾景奖,陈冬晶等同学获得第三届全国普通高校信息技术创新与实践活动两个二等奖和一个三等奖;学位授予率达95%。到目前为止,上海商学院园林专业已有2011届和2012届两届毕业生,从两届毕业生就业情况来看,初次就业率均在98%以上。2011届毕业生本科班和专升本班共计102名,据统计,截至2011年7月初,其中,考入上海交大、南京林业大学等高等院校研究生者16名,约占毕业生总数的16%;在园林或园林相关部门工作的61名,约占毕业生总数的60%;在非园林部门工作的24名,约占毕业生总数的23%;未找

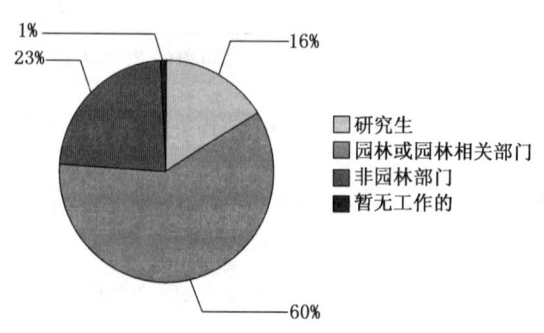

图 3-13 2011 届园林专业毕业生就业状况(数据截至 2011 年 7 月初)

到工作的 1 名,占毕业生总数的 1%;上述情况见图 3-13。有工作但未签四联单的 8 名。总的签约率为 92.16%。

2012 届毕业生共计 80 名,据统计,截至 2012 年 6 月中旬,考入上海交大、南京林业大学、浙江林业大学等高等院校研究生者 12 名,约占毕业生总数的 15%;在园林及园林相关部门工作的 34 名,约占毕业生总数的 43%;在非园林部门工作的 33 名,约占毕业生总数的 41%;未找到工作的 1 名,约占毕业生总数的 1%;79 名同学均签约了四联单。

分析 2011 届、2012 届两届毕业生就业状况可以看出,园林专业连续 2 年初次就业率均在 98% 以上,研究生入学率在 15% 以上,毕业生就业渠道大部分集中在园林或园林相关部门。和 2011 届毕业生相比,2012 届毕业生行业内就业率明显下降,但仍占毕业生总数的 43%,加上考入园林专业的研究生,两项之和为 58%,仍显示了 4 年专业教育的重要性。分析 2011 届、2012 届两届毕业生就业渠道看,2011 届毕业生行业内就业率高,一个重要的原因是 2011 届专升本毕业生的行业内就业率较高。

2012 届毕业生情况见图 3-14。

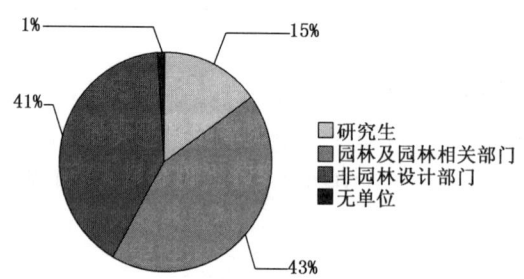

图 3-14 2012 届园林专业毕业生就业状况(数据截至 2012 年 6 月中旬)

(二)学生对本专业人才培养方案、师资队伍、课程建设、教材建设、理论教学、实际教学、教学手段方法、考核评价等环节的评价(满意度)

1. 人才培养方案

园林专业大一同学在经过专业教育后,对专业课程逐渐增加了解,但普遍反映如计算机基础课课时较多,浪费较大;大二、大三同学投入到紧张的专业学习中,同学普遍认为专业课程多,学习内容丰富,需掌握绘画、景观设计、植物种植设计、计算机表现等方面知识;大四部分考研同学开始进入紧张复习,全体同学积极投入毕业论文和毕业设计工作中。

2. 师资队伍

学生对园林专业现任教师非常满意,师生沟通良好,学生评教结果表明,学生对老师的满意度均在90%左右,基本认可教师的教学方法、教学态度和学识水平,普遍反映教师教学效果良好,教师知识结构合理,教师队伍搭配合理。

3. 课程建设

园林专业同学对于建设后的重点课程积极应用,美术基础学课程网站的访问量高达2万余次,同学不仅利用课程建设的网络进行答疑,还在论坛上积极讨论,带动了整个专业学习课程的热情,也使他们获得了相应的进步,并且进行建设的课程还提供了大量的知识信息,同学对建设课程利用率很高,收到大家的欢迎。

4. 教材建设

目前,所学专业课的教材能激发我们对专业的兴趣,并能使我们基本掌握园林专业基础理论和技能。同时,各位授课老师因材施教,开发的课件、案例库、习题库等能满足我们自主学习的需要。

5. 理论教学

对学生的调查显示,高年级学生普遍认为教师的理论教学讲解透彻,教师能把握住学科发展前沿,经过大学学习,基本能搭建科学、合理的理论知识体系框架,但也有同学希望今后能增加一些关于园林景观设计理论方便的知识。

6. 实际教学

调查显示,学生对园林专业的实验实践教学环节安排十分满意,认为实践教学能够循序渐进,按照一般的认知规律进行教学,尤其是4周的专业实习,密切了与师生的联系,通过现场指导,学生受益匪浅。但也有同学希望今后能多聘请一些行业专家到校讲学,以开阔学生视野。

7. 教学手段与方法

学生反映:各位专业老师的专业课授课方式十分灵活,课堂气氛十分活跃,能充分激发我们的学习兴趣。而"学长制"、"导师制"、"自主学习"等教学平台也使我们在课后能够更好地进行钻研,更多地和老师接触,能及时得到老师的指导、解惑。

8. 考核评价教学效果

在学院良好风气的带领下,同学们奋发向上,积极学习,08级毕业班仅有2人未过英语四级,英语六级的通过率也比以前增加,2011年毕业班有10人考取研究生,这种良好的影响正在年级间传递,大二、大三的学生们学习状态良好,对专业充满热情,广泛参与各类竞赛,对于身在上海商学院园林专业学习充满信心。目前,大一、大二、大三的学生已成立了许多学习兴趣小组和科研小组,高年级学生主动帮助低年级学生,低年级学生主动请教高年级学生,整个园林专业学生的专业思想得到前所未有的强化,学习热情高涨。据不完全统计,09级82名学生中,计划报考研究生的已有42位。

目前,上海商学院园林专业已有两届本科生毕业。

五、本专业的亮点或特色

总结园林专业几年来的教学实践,对园林专业的亮点和特色概括如下。

(一) 园林专业的特色

在培养目标上注重胜任商业空间环境景观设计人才的培养,注重对技术应用型专业人才的培养,注重对毕业上专业思想、基本理论和操作技能的培养。

在课程体系设置上,强调生态植物科学模块、美术修养与艺术设计模块、景观设计模块三大模块课程的联系与配比,强调以景观设计能力培养训练为核心,突出植物造景、植物应用的特色。

(二) 园林专业的亮点

1. 注重对学生专业思想和责任心的培养

从新生入学到毕业,始终把学生专业思想和责任心的培养作为园林专业学生教育的重点,根据大学生成长规律,每学年都从学生成长规律出发设置课程、实践教学环节和安排任课教师。学生的责任性、学习热情极大提高。

2. 注重对学生能力和素质的培养

各专业教师教书不忘育人,以身作则,将个人的发展与专业发展紧密结合,从园林专业创办以来,以"求实、奋进、创新"的精神感染学生,鼓舞学生,增强学生主动学习、热爱专业的积极性。实践证明,这种教学模式培养出的学生不仅具有较高的专业素养,符合用人单位的需要,而且为园林行业的发展储备了具有较高文化和艺术修养的后续人才。在当前十分巨大的就业压力下,我校园林专业学生仍能保持较高的就业率,这与我们紧贴市场、强调学生实践能力的应用型人才培养模式有直接的关系。从我校毕业的学生安于本职,有企业老总评价说:"学生到了企业上手快,企业用得高兴,学生下得去,用得上,留得住,干得好。"

3. 注重构建科学合理的专业知识体系框架和训练实际操作技能

本专业理论与实践结合的教学特点主要有以下几点:

(1) 入门感性化(包括美术基础学、观赏植物学、规划设计原理、设计初步等实验性课程)。目的在于发展学生的认知结构,主要是兴趣的培养、专业基础概念的形成、设计表达技能的训练、正确的学习习惯和态度的培养等。

(2) 景物直观化(包括插花、设计模型等)。直观化表现代表一种创造性构思的发展过程,设计中根据不同的要求,选用合适比例模型进行设计和研究。

(3) 素材综合化(包括园林植物栽培学、城市绿地系统规划等)。多学科素材综合利用,有效控制素材间的衔接与阶段过渡。注重园林设计中场地及环境、空间及功能、材料及技术三个基本问题之间的逻辑关系,注重空间形式和建构形式,关注对园林设计基本问题的外延和深化。

(4) 分析科学化(包括园林建筑设计、区域分析与规划等)。强调运用科学理论来探索园林教学的客观规律。

(5) 空间动态化(包括电脑综合设计、虚拟现实技术等)。借助三维仿真技术,人在景内外,对园林空间设定相应的观察高度和运动速度以及运动路径,身临其境感受设计方案的素材表现,最终完善方案。

六、本专业教学和管理中存在的问题及改革措施

(一) 存在问题

(1) 和国内同类院校的交流偏少。应加强和国内同类院校和同行专家的学术交流与往

来,吸取办学经验,活跃学术氛围。

(2) 设计基础和理论知识薄弱。加强学生设计课的基础理论知识和入门引导,强化学生的设计入门理念,打好理论基础,加强设计规范性训练。

(3) 加强园林专业教学资源的标准化配置,建立园林制图室、设计模型室等专业实训室。

(4) 植物学科特色还不够鲜明,应继续加大农场和课程教学力度,加强同企业的合作,努力打造不同空间环境评价与植物造景的特色。

(5) 科研与学术气氛不够浓厚,今后要加强师生科研活动,加大聘请专家讲课的力度,拓宽办学途径和办学视野。

(二) 改革措施

主要是加大改革力度,加强校企合作,加快校内实训基地和实验室建设,加强科研,开展课程教学研讨,增进课程间的衔接。

七、本专业未来发展思考

(一) 与社会需求匹配的专业人才培养模式

目前社会需求突出反映在设计施工后期制作和管理人才的急缺。因此,针对不同学生的特点,适当鼓励部分学生在施工图、建筑、结构设计方面培养兴趣,有利于因材施教和社会需求相匹配。

园林植物识别与应用人才奇缺,植物造景师缺乏。因此,将针对学生特点,引导学生对植物造景、植物应用的学习兴趣,突出植物造景与应用的特色。

商业空间环境测评与设计是未来园林景观设计领域的一个新的热点,有着无限的发展潜力。因此,专业将把商业空间环境设计作为重点进行强化。

(二) 发展思考

基于园林专业办学理念、目标定位、学科特色和现存问题,今后的发展思路是:

(1) 加快改革,促使人才培养方式的多元化,培养过程的科学化。从两方面入手:一是加强同企业的合作,争取企业参与办学,行业专家来校讲学,定向培养;二是引导和鼓励学生兴趣分化,成立多种学生兴趣小组和科研小组,因材施教,带领学生走出校门,走进企业、走入社会,发展个性。

(2) 加快校内、校外实验室、实训基地建设,进行校内实习农场改造,筹建商业空间环境实验室、园林专业制图室和模型展示与制作室,2年内争取承接学习校园绿化与环境设计任务,为学生的实践打造良好的平台。

(3) 活跃师生学习气氛,加大科研力度。坚持请进来、走出去的原则,与企业进行教学与科研合作,重点开展商业空间环境测评与设计、植物新品种选育与应用等方面的科研活动。

(4) 适当调整课程体系。构建科学合理的理论知识体系框架和循序渐进的实践教学环节,强化植物科学、艺术修养、设计基础等课程教学。

(5) 开展教学研讨,打造学习型教学团队。定期或不定期召开教学研讨会,对每个老师、每门课程的教学内容、教学形式、教学重点、教学效果等进行研讨,促进课程融合交流,提高教学效果。

旅游管理专业教学质量年度报告

一、专业简介

(一) 专业设置沿革

随着我国经济的发展，人民物质生活水平的不断提高，旅游服务业已成为拉动经济增长的重要力量，旅游业已逐渐成为最具发展前景的朝阳产业。上海凭借独特的海派都市风光、都市文化和都市商业，以及便捷的交通、齐全的旅游设施和优良的服务水平，已成为中国最重要的旅游城市之一。上海未来的发展目标是打造国际大都市，国际商务、国际会展和都市观光旅游的中心城市。随着世博会的举行，以现代服务业特有的深度专业化和整合创新为核心的"旅游经济"，正在成为加快形成以服务经济为主的产业结构的新引擎。

我校旅游管理专业以大商科为背景，继承上海商学院商业管理教育与研究历史较久远、与行业结合紧密、重实务的传统，以创新为目标，以内涵建设为主线，具有明显特色。旅游管理专业根据学校整体大商科建设要求，坚持"特色性、综合性、前沿性"的教学方针，不断优化课程设计，引进国内外成熟的教材，不断更新教学内容，并不断进行教学方法上的探索。

自1999年起，上海商学院开设饭店管理、会展策划与管理、旅游英语及中澳合作的国际商务—旅游管理专科专业，经过11年的努力，培养了一批旅游管理和会展经济研究、具有丰富教学经验的专业教师团队。旅游管理本科专业就是在此基础上发展起来的。通过多年的专业建设与教学实践，旅游管理本科专业教学体系、实践基地建设、师资队伍、实验条件、专业资料储备等教学条件不断改善，专业定位准确、人才培养方案特色明显、教学质量监控体系健全有效，正在健康、有序地发展。

(二) 人才培养

本专业学生学习以休闲旅游为重点的旅游管理基础理论和基础知识，接受营销管理、信息管理、财务管理、客户管理等方面的专业训练，培养分析与解决旅游管理相关问题的能力，尤其注重培养实际应用能力。

毕业生应获得以下几个方面的知识和能力：

（1）掌握旅游学科及其相关学科的基础理论和基础知识，在休闲旅游和旅游服务管理方面有所专长。

（2）熟悉旅游业相关法律和我国发展旅游业的战略、方针、政策。

（3）了解本学科的理论前沿问题及其发展趋势。

（4）较强的人际沟通和语言文字表达能力。

(5) 较高的信息沟通能力和信息技术应用能力。

(6) 分析和解决旅游、休闲、服务管理实际问题的能力。

(7) 熟练运用英语、计算机网络技术处理旅游业务的能力。

(8) 基本的文献检索能力、科研能力。

服务面向：面向旅游行政管理部门、旅行社、旅游酒店、旅游景区、旅游会展公司、旅游咨询公司、旅游电子商务企业、旅游规划策划机构、主题公园等，从事旅游管理和旅游服务工作。

旅游管理专业的培养目标和服务面向，符合高等教育应用型人才的培养要求，符合学校学科定位，切合全国经济发展尤其是上海的城市发展产生的人才需求。

（三）专业资源

1. 师资队伍

本年度本专业专任教师13人，行业专家27人。具有研究生学历的教师占92%，博士学位（或在读）的教师占31%，高级职称的教师占31%。专业教师团队在旅游基础理论、旅游企业管理、旅游产品开发与规划等方面较有研究，为专业教学提供了有力的保障。教师团队在教学科研中取得了一定成绩，获市（校）级各类奖励3项，本年度发表高水平论文7篇，参加各种学术会议12次。

在教学过程中，教师团队体现出了较高的专业水平，教风自然且具感染力，在学生中反响良好。在学生对老师的课堂教学评价中，本专业的教师评分均位列全校前茅，受到学生及学校督导办的一致好评。在课外，教师们还结合学校的学生科研项目，通过设立学生科研小组，投入了大量时间和精力辅导学生，使学生在专业知识拓展方面得到提升。目前已有6项学生科研项目结题，多项在研。

依托行业优势，旅游管理专业还拥有一批具有一定社会影响力，在高校、酒店、旅行社、规划设计院等从事经营管理工作的兼职教授、副教授、注册规划师。外聘师资的雄厚实力，为本专业的实践教学与研究提供了良好的支撑基础。同时学院积极利用与企业合作的资源与优势，自2010年至2011年共有4位教师赴行业挂职锻炼，积极培养"双师型"教师团队。

2. 课程建设

总体上课程体系结构和学分、学时分配（见表3-38）比较合理，符合相关规定要求。今后我们仍将依据学校的办学定位和培养目标的要求，使修订的人才培养方案适应不断变化的市场人才需求结构要求。

表3-38

旅游管理专业课程体系结构和学分学时分配表

性质	公共课		通识课	专业课		实践性教学环节	合计
	必修课	选修课		必修课	选修课		
课程门数	14	5	3	13	15	校本公共实训、学年论文、实习、毕业论文等	50
学时	1 098	160	162	720	432		2 572
学分	59	10	9	40	24	25	167
学分比率(%)	36	6	6	24	15	13	100

目前,我们现有市级重点建设课程和校级精品课程《旅游学概论》,校级重点课程《酒店经营与管理》及《旅游经济学》等2门。

3. 教材建设

本专业教材以选用国内外优秀教材为主,主干课程选用本专业公认的优秀教材、国家级规划教材及推荐教材,并注重教材的更新。

坚持抓优质、创精品的思想,旅游管理专业鼓励广大教师积极参与教材编写工作,并重视教材建设的力度,以下为本年度出版教材统计表(见表3-39)。

表3-39

2010年9月1日至2011年8月31日出版著作/教材情况统计表

序号	所在部门	作者	著作名称	出版单位	出版日期	标准书号ISBN	作者身份	撰写字数(万字)	著作类别(代码)	备注
1	旅游与食品学院	孙雪飞	管理学(第二版)	复旦大学出版社	2011.3	9787309078947	副主编	14		
2	旅游与食品学院	孙雪飞	管理学习题与案例(第二版)	复旦大学出版社	2011.5	9787309080803	副主编	7		
3	旅游与食品学院	侯新冬	旅行社经营管理	立信会计出版社	2010.12	9787542926999	副主编			
4	旅游与食品学院	陈垂兴	管理学(第二版)	复旦大学出版社	2011.3	9787309078947	副主编	15		
5	旅游与食品学院	陈垂兴	管理学习题与案例(第二版)	复旦大学出版社	2011.5	9787309080803	副主编	7		

4. 实践教学

所谓实践是指人们改造自然和改造社会的有意识的活动。

实践教学是人才培养的重要环节,是实现人才知识、能力、素质协调发展的重要途径和手段。

旅游管理是一个实践性要求很强的专业,因此在与企业广泛交流合作的基础上,本校该专业进一步明确实践教学的指导思想,完善实践教学体系,探索推进实践教学改革,大力加强实践教学基地建设。

在此基础上,不断探讨适合本校旅游管理专业发展的实践教学体系,详见附图(见图3-15)。

根据上述体系,可将本校旅游管理专业实践教学分为课程实践教学课时与实践性教学两部分。

(1) 课程实践教学课时(参照10级培养计划)。见表3-40。

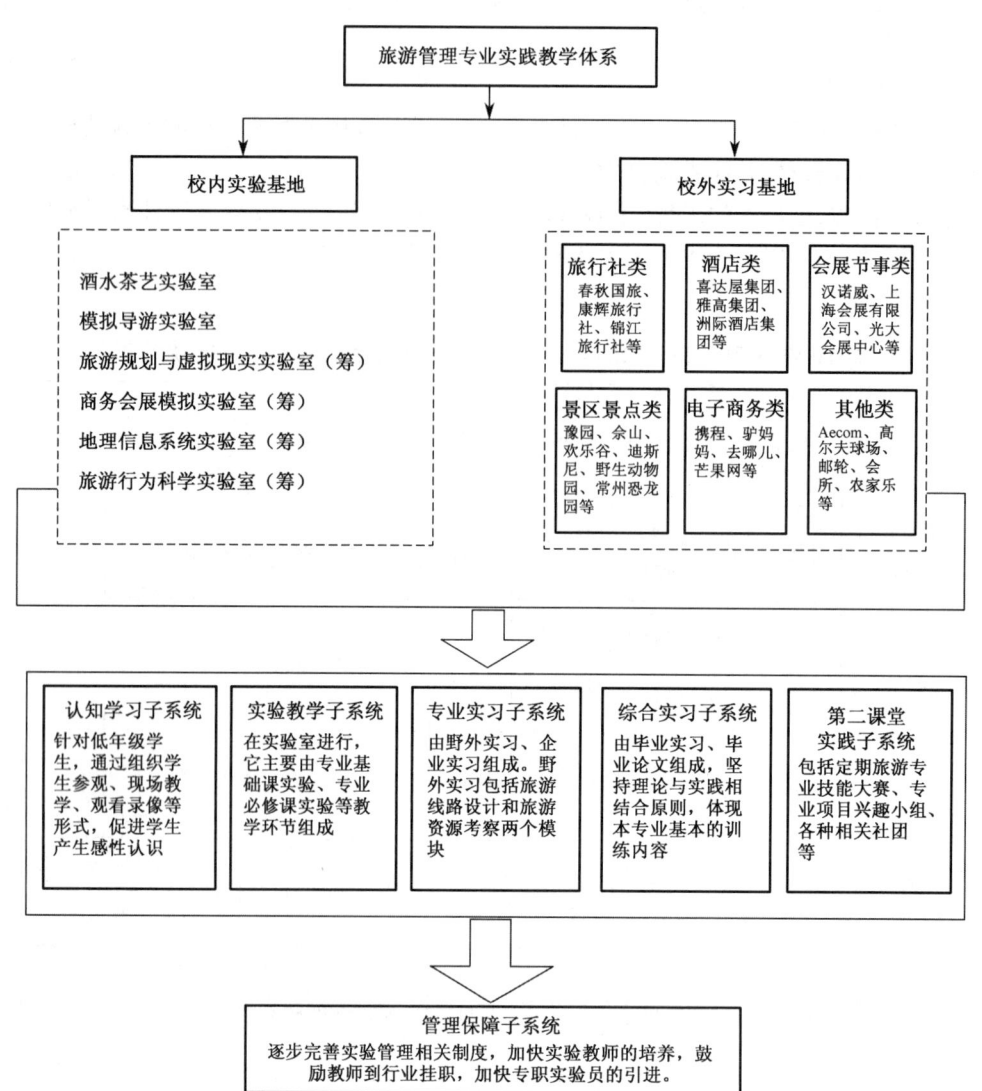

图 3-15 旅游管理专业实践教学体系结构图

表 3-40

课程实践教学课时安排表

类　　别	课　　程	课时	地　　点
公共必修课	大学英语	72	机房
	计算机应用基础	36	机房
专业必修课	旅游学概论	18	课内实践、课外考察
	管理信息系统	18	机房
专业选修课	商务礼仪	12	形体训练实验室
	休闲学概论	12	课内实践、课外考察

(续表)

类别	课程	课时	地点
专业选修课	酒水文化	12	酒水实验室
	茶艺赏习	18	茶艺实验室
	旅游地理	6	课内实践、课外考察
	景点景区开发与管理	12	课内实践、课外考察
	导游业务	18	模拟导游实验室
	酒店服务专题	18	前厅、客房、餐厅实验室
	合计	252	(即14学分)

表3-41中所涉及的课程实践教学课时均可在相应实验室授课。校内开设实验室详见表3-41。

表3-41

旅游管理专业开放实验室

开放实验室名称	开放时间
前厅实验室	已建成开放
客房实验室	已建成开放
餐厅实验室	已建成开放
酒水实验室	已建成开放
形体训练实验室	已建成开放
模拟导游实验室	已建成开放
上海市旅游酒店公共实训中心	已建成开放
旅游规划设计模拟实验室	筹建
会展项目管理模拟实验室	筹建
……	

(2)实践性教学环节。见表3-42。

表3-42

实践性教学环节安排表

环节	学分	地点
军事训练(军事理论)	2	军训基地
形势与政策	2	校内
社会调查	1	校外
普适公共实验	2	校内、校外
学年论文	2	校外实习基地、校外其他企业
毕业实习	4	校外实习基地、校外其他企业
毕业论文	8	校外实习基地、校外其他企业
专业实习	4	校外实习基地
合计	25	

表 3-42 中学年论文、毕业实习、毕业论文、专业实习等实践性教学环节均可在相应校外实习基地完成。校外实习基地详见表 3-43。

表 3-43

旅游管理专业校外实习基地

类　　别	基　地　名　称
旅　行　社	春秋国旅
	康辉旅行社
	锦江旅行社
	同里旅游有限责任公司
	上海星野旅行社
	上海传奇旅行社
	上海旅行社
	上海五行旅行社
	上海方舟旅行社
酒　店	喜达屋亚太酒店与度假村国际集团
	洲际集团
	雅高集团
	丽晶龙之梦大酒店
	浦东香格里拉大酒店
	J.W 明天广场万豪酒店
	上海四季酒店
	虹桥喜来登上海太平洋大饭店
	上海外滩中心威斯汀大酒店
	上海升达绿色饭店管理公司
会展节事	光大会展中心
	上海华旅文化传播有限公司
	上海立达旅游服务有限公司
	……

课程实践教学课时及实践性教学环节,各类规章制度较齐全(详见表 3-44),均严格遵照教学计划开设,达到培养方案要求。

表 3-44

实践性教学环节相关文件一览表

类　　别	名　　称
学年论文	学年论文管理规定
	学年论文汇编
专业实习	旅游管理专业实习计划
	旅游管理专业实习安排
	旅游管理专业实习报告要求
	旅游管理本科专业实习报告 汇编
毕业实习	毕业实习大纲

根据本校旅游管理专业的发展特色,紧密对接企业,尝试建立产学研体系。

(3) 校企共建研究机构。为更好开展实践教学,本专业积极与行业、企业接轨,先后成立喜达屋研究院、洲际英才学院等校企合作研究机构,希冀开辟出更多、更优质的实践基地和实践岗位,同时,为企业输送更多优秀人才。

5. 教学手段方法

教学方法是实现培养目标的途径,是完成人才培养过程的具体措施,是提高教学质量的重要手段。教学方法与教学手段是为达到教学目的服务的,本专业的教师非常注重教学方法与教学手段的创新。为此,教师们在教学过程中坚持以学生为主体,以突出实践和能力培养为重点,以一系列灵活多样的教学方法为手段。例如,多媒体演示教学法、课堂讨论法、实践教学法、案例分析法、学生主讲法、启发与提问式教学法,建立和完善专业的综合实践教学。这些方法和措施,突出了学生创新意识、动手能力和学生结合实际分析问题、解决问题能力的培养,充分调动了学生的积极性,体现了理论结合实际、升华实践技能的教育特点。

本专业教师在教学过程中灵活运用各种教学方法的同时,均普遍使用了教具、投影、多媒体教学等现代化教学手段,为提高教学效率和教学质量、加大课堂信息量,起到了积极的促进作用。同时,在传授知识的同时,更强调多向思维的培养,更强调知识、能力和素质的协调发展,利用教研活动,展开教学交流。

教学方法和手段上的灵活运用,特别注重对学生知识运用能力的考察,有效地调动了学生的学习积极性,极大地促进了学生积极思考及动手能力培养,激发了学生的潜能。

及时把教改教研成果或学科最新发展成果引入教学。严格按照教学计划完成教学内容,落实实践、实习等实践性教学环节。理论联系实际,融知识传授、能力培养、素质教育于一体,课内课外结合。根据课程性质设计出各类实践活动内容,培养学生发现问题、分析问题和解决问题的能力。

二、本专业全国布局现状

(一) 旅游管理专业点布局现状

据教育部网站信息显示,截至 2011 年 4 月 27 日,我国具有普通高等学历教育招生资格的普通本科院校共820所。820所普通高等院校中,大部分院校开设有旅游管理本科专业,总体上已经形成本科、硕士(科学学位与专业学位)、博士组成的完善的教育体系。另外,全国著名重点院校兴办旅游管理专业在2000年以后明显增加,申报并被批准的旅游管理硕士点和博士点也明显增加。在一些旅游管理专业研究积累不多的院校,则从管理学、地理学、建筑学、林学、汉语言文学等专业博士点开始增设旅游专业培养方向。

(二)做得最好的院校

南开大学是我国旅游管理本科专业设置最早的学校,其旅游学科始建于1981年,迄今历史已经长达31年,在国内旅游管理领域仍处于领先地位。分别由"南保北吴"领衔的国家985大学的中山大学和北京大学在旅游管理教育方面形成了旅游地理及旅游规划方向的特色。此外,云南大学、华侨大学、东北财经大学、北京第二外国语学院(中国旅游学院)等校的旅游管理专业分别以旅游人类学、旅游饭店企业管理、旅游基础理论研究以及旅游管理精细化教育方面见长,亦被学术界和业界看好。

(三)我院旅游管理专业相对位置

我院旅游管理专业立足上海以及学校商科背景,面向全国,服务长三角乃至全国,为经济建设培养专门人才。至今为止,上海市具有普通高等学历教育招生资格的普通本科院校共31所,设有旅游管理本科专业的院校有13所,其中设有旅游管理硕士点的院校9所,旅游管理博士点的院校2所(见表3-45上海设置旅游管理专业院校一览表)。本市范围内与我院同属二本院校的,如上海师范大学、上海对外贸易学院、上海海事大学以及上海工程技术大学等4所学校都已具有硕士点,其中上海师范大学及上海对外贸易学院的旅游管理专业相对成熟。我院旅游管理本科专业设置较晚,尚未依据我院商科特色形成专业特点和优势。总体而言,因实习实训条件欠缺、师资队伍结合欠合理等原因在上海市14所相关院校中排名较低。但由于我校定位是应用型本科院校,重视操作性技能和服务意识的培养,培养人才的定位与旅游行业需求较为契合,未来具有较好的就业形势。

表3-45

上海设置旅游管理专业院校一览表

学　　校		本科	硕士点	博士点
教育部属院校	复旦大学	*	*	*
	上海财经大学		*	*
	华东师范大学	*	*	
	同济大学	*	*	
	东华大学	*	*	
	华东理工大学			
上海市属院校	上海大学			
	上海师范大学	*	*	
	上海对外贸易学院	*	*	

(续表)

学　　校		本科	硕士点	博士点
上海市属院校	上海海事大学	＊	＊	
	上海工程技术大学	＊	＊	
	上海商学院	＊		
	上海杉达学院	＊		
	上海建桥学院	＊		

资料来源：各学校网站统计整理。

三、本专业社会需求现状

(一) 全国需求现状

1. 国家战略定位的机遇

旅游业是国民经济的战略性产业，资源消耗低，带动系数大，就业机会多，综合效益好。目前，我国旅游产业正处在前所未有的最好发展阶段。2009 年，《国务院关于加快发展旅游业的意见》正式颁布，将旅游业定位为国民经济的战略性支柱产业和人民群众更加满意的现代服务业，旅游业首次被纳入国家战略体系，这对旅游业发展将产生深远影响。

我国旅游业已经完成了产业规模基本形成阶段的主要任务，正在实现转型升级，为进一步完善产业体系，进一步提升产业素质，进一步发挥产业功能，不断提高经济效益、社会效益、生态效益，为全面建设小康社会与和谐社会作出更大的贡献。

2. 旅游消费需求升级的机遇

我国经济继续保持健康稳步发展，居民可支配收入不断提升，进一步促进居民出游需求，旅游市场获得更广阔的发展机遇。2010 年，规模空前的世博会在上海举行，成为推动中国旅游业大发展的巨型引擎。2010 年，全年共接待入境游客 1.34 亿人次，实现国际旅游（外汇）收入 458.14 亿美元，分别比上年增长 5.8% 和 15.5%；国内旅游人数 21.03 亿人次，收入 12 579.77 亿元人民币，分别比上年增长 10.6% 和 23.5%；中国公民出境人数达到 5 738.65 万人次，比上年增长 20.4%；旅游业总收入 1.57 万亿元人民币，比上年增长 21.7%（2010 年中国旅游业统计公报）。

联合国世界旅游组织发布报告称，2010 年，中国已经成为仅次于法国和美国的全球第三大入境旅游接待国、亚洲最大的出境旅游客源国，而且将在 2015 年成为世界第一大旅游目的地国。

发展旅游服务业，培养一大批热爱旅游服务事业，具有高水平管理才能的人才，这正是经济管理类高校义不容辞的职责，是贯彻落实国家战略方针的重要举措。

(二) 上海(区域)需求现状

2011 年，上海市政府正式出台《关于加快旅游业发展建设世界著名旅游城市的意见》，提出了 2015 年将上海初步建成世界著名旅游城市的目标。提出"十二五"末，上海旅游业增加值占全市生产总值的比重提高到 8.5%，占服务业增加值的比重达到 13.5%，努力打造

"五个目的地",形成"一圈四区三带一岛"的旅游发展新格局。

2010年,上海旅游业总收入达到3 053.23亿元,旅游外汇收入达到64.04亿美元,国内旅游收入达到2 522.94亿元,年平均增长18.6%。接待入境旅游人数851.12万人次,入境过夜旅游人数733.72万人次,国内游客2.15亿人次。2010年,上海旅游业实现产业增加值1 360.8亿元,较2005年底增长132.9%,占同期上海第三产业增加值的14%,占同期上海生产总值比重为8.1%。旅游业已成为上海的支柱产业(上海旅游年鉴2011)。

上海市建设世界著名旅游城市最突出的问题是专业人才紧缺。目前上海旅游业人力资源的供给,特别是旅游专业人才的培养状况并不乐观。即使在未来几年都能保持每年有1万名旅游专业的毕业生,并都能进入旅游业就业,旅游业的人才需求还有很大缺口。上海旅游业人力资源特别是中、高层次应用型人才资源严重短缺,难以适应上海旅游业国际化的发展趋势。

目前上海乃至全国高等院校的旅游专业毕业生,以专科和高职层次居多,本科层次的较少,已不适应旅游服务业发展的需要。旅游界现有的从业人员,本科以上学历的比例偏低,也亟须更新提高。本市复旦、华师大、同济等高校的旅游管理专业(本科),每年招生约五六百名,毕业生就业率平均超过95%,成为就业率最高的专业之一。

随着国内旅游业不断国际化,外国旅游企业正抢滩中国旅游市场,要想具有较强的竞争实力,必须通过高水平的教育特别是高等本科教育来提升全行业从业人员的综合素质。培养具有扎实的基础理论知识,较强的实践应用能力,具有创新素质和创新能力的应用型旅游管理人才,是上海国际化大都市的迫切需要,也是历史赋予旅游管理本科教育的使命。

四、本专业人才培养各环节质量的评价

(一)教师对本专业人才培养方案

1. 师资队伍

专业教师能够严格完成教学计划、教学大纲和教案的编写,所有旅游管理的专业课程都备有完整的教学文件,教学文件的检查坚持系、院二级批准制。在授课后,教师根据本科教学需要理论结合实际这一特点,布置启发性、开放性作业,并且坚持批改和反馈。同时,教师能够主动利用课余时间指导学生完成学生科研项目和学年论文,收到了很好的成效。

教学过程中,教师团队体现出了较高的专业水平,教风自然且具感染力,在学生中反响良好。2007年以来,学生网上测评专业教师的教学效果良好以上的占90%,学院督导办也多次对本专业老师的教学水平表示赞赏。在课外,教师们还结合学校的学生科研项目通过设立学生科研小组,投入了大量时间和精力辅导学生,使学生在专业知识拓展方面得到提升。

专业教师积极参与新专业的基础建设工作,开展相应的教学研究和教学改革,取得了一定的成就。总体上,教师科研水平呈持续提高趋势,较好地反映出本专业教师队伍的业务水平;教师个人科研方向规划与本专业学科发展方向和规划结合,初步形成各自的研究重点;在专业研究的同时结合教改实践进行教改研究,形成两方面互相补充、促进的形势。

未来应坚持以"用好现有人才,引进急需人才,培养骨干人才"为原则,坚持"用好现有人才,引进急需人才,培养骨干人才"的原则,以提升学历职称为重点,优化团队结构;以培育教师团队外向型、实践型、学术型能力为基础,持续提高教学水平。形成一支专业结构、年龄结

构、学缘结构、职称结构合理、教学水平高、研究能力强、勇于创新的酒店管理专业教学团队，并力争成为市级和国家级教学团队。

2．课程建设

对本专业课程建设情况，40％的教师表示"满意"，60％的教师认为"一般"，无人选择"不满意"这一选项。综合众多教师的观点，教师总体上认为：目前课程建设严格按规范化要求实施，基本教学文件及资料齐全。专业课程教材的选用以国家规划教材、获奖教材为主，积极开展教材自编工作，已有良好成效。但本专业目前主干课程里仅有市级重点建设课程和校级精品课程《旅游学概论》，校级重点课程《酒店经营与管理》及《旅游经济学》等2门，有待加强。

3．教材建设

对本专业教材建设情况，50％的教师表示"满意"，50％的教师认为"一般"，无人选择"不满意"这一选项。综合众多教师的观点，目前专业课程教材的选用以国家规划教材、获奖教材为主，且本专业积极开展教材自编工作，已有良好成效，但教材建设仍需加强，有教师指出了在加强重点课程和精品课程建设的基础上进行特色教材建设的发展思路。

4．理论教学

对旅游与酒店管理系10位教师进行调查，在编教师参与"教师对本专业人才培养方案（满意度）——理论教学"本项调研，参加率为100％。调研结果如下：其中8位教师对理论教学环节评议为"满意"，占80％，主要观点：理论教学比较扎实，不断改进教学方法与教学手段，教学效果良好，具有一定优势；2位教师对理论教学环节评议为"一般"，占20％，主要意见：理论教学有待完善。总体评价"良"。

5．实践教学

旅游与酒店管理系全体10位在编教师参与"教师对本专业人才培养方案（满意度）——实践教学"本项调研，参加率为100％。调研结果如下：其中，5位教师对实践教学环节评议为"满意"，占50％，主要观点：教学环节和内容安排适当，专业实习等综合实践教学环节方法多样，注重实习基地，强化学生基本技能和基本操作训练，成效显著；5位教师对实践教学环节评议为"一般"，占50％，主要观点：实践教学条件亟待改善，需加大实践教学的比重。调研结果的总体评价为"中"。

6．教学手段方法

对本专业教学手段方法的调查，60％的教师表示"满意"，40％的教师认为"一般"，无人选择"不满意"这一选项。可见教师对教学手段方法持认可态度，综合众多教师的观点，应继续探索研究各种教学手段方法的效果，提升教学满意度。有教师提出应在教学模式上进行相应调整，强调产学研相结合，加大实践教学的比重。

7．考核评价

关于考核评价的调查情况，50％的教师表示"满意"，50％的教师认为"一般"，无人选择"不满意"这一选项。综合众多教师的观点，应继续探索更加多元、合理、灵活的考核评价方式。

（二）学生对本专业人才培养方案、师资队伍、课程建设、教材建设、理论教学、实际教学、教学手段方法、考核评价等环节的评价

通过学生座谈、单独交流、意见收集等方式，对本专业学生对专业人才培养满意度情况进行了调查。整理调查结果，可以发现学生认为旅游管理专业人才培养方案定位基本合理，整体

感到满意,但在课程建设、教材建设、师资队伍、实践教学、考核方式等方面需要继续提高。

该教师团队体现出了较高的专业水平,教风自然且具感染力,在学生中反响良好。2007年以来,学生网上测评专业教师的教学效果良好以上的占90％,学院督导办也多次对我专业老师的教学水平表示赞赏。在课外,教师们还结合学校的学生科研项目设立学生科研小组,投入了大量时间和精力辅导学生,使学生在专业知识拓展方面得到提升,希望能有更多具有行业背景的教师加入。

通过分阶段、分层次的实践教学,对专业逐步有了清晰的认识。希望在实践教学环节,尤其是专业实习等综合性教学环节,能够得到更多的专业指导,对每次实践教学的目的、要求有更清楚的认识,考核方式也可以更加多元、灵活。

五、本专业的亮点或特色

旅游管理是现代服务业的重要内容,在学校的专业机构布局中属于优势学科,符合学校办学定位要求。在办学类型上,本专业定位于应用型,着重于培养掌握现代旅游管理方法、具有解决实际问题能力的应用型人才,与上海商学院应用型本科的定位相一致。

本专业的特色如要有以下几点。

(一)基于商科背景的旅游人才培养

上海商学院适应上海服务经济发展需要,依托深厚的行业背景,校企合作、产、学、研结合,以高级技术应用型人才为主要培养目标,以宽商科基础知识、重实践动手能力培养为特征构建应用型本科培养模式。旅游管理专业立足于学校商科背景,在培养计划中重视操作性技能和服务意识的培养,培养人才的定位与旅游行业需求较为契合,有较好的就业形势。

(二)基于职业群的教学模块划分

旅游行业是一个非常宽泛的行业,它不仅包含旅行社、酒店、会展节事、景区景点,还包括邮轮、高尔夫等新兴行业,每个行业都有其特殊的专业技能和特点。在通识技能培养的基础上,本专业根据职业群划分教学模块,目前划分了旅行社、酒店、会展休闲、旅游咨询与策划四个方向,虽然,由于师资不足,每个方向只设置了几门核心课程,但已使同学具备了进入该职业群的基本技能,为同学们毕业后选择不同的职业奠定了基础。同时,本专业拟在1年内力争每个职业群寻找3家以上标杆企业,并力争建立长效合作机制。

(三)基于旅游行业通识技能的核心课程设置

旅游行业虽涉及宽泛,但其基本的职业技能和素质要求都是相通的,应围绕旅游业对从业者能力素质的要求,本专业重视对学生进行信息收集和处理能力、工作谋划能力、工作分析处理能力、业务开拓能力、工作计划能力、公关交际能力、应变能力、文字和语言表达能力、工作创新能力等的培养和训练,并重点针对旅游行业的通识技能设置《旅游概论》、《旅游营销学》、《旅游资源开发》、《旅游心理学》、《旅游地理学》等课程,使学生毕业即可快速进入不同旅游企业,并能胜任初级管理者的工作。

六、本专业教学和管理中存在的问题及改革措施

（一）存在问题

师资队伍全员获取科研成果的水平有待提高：提高教师科研水平是提高教育质量的重要环节。由于我校是一所以教学为主的应用型本科学校，教学任务十分繁重，相对地挤压了教师科研空间；我系教师科研普及力度不足，水平还有待提高；走出去参加学术活动相对较少，还需要进一步与兄弟院校加强横向联系。

（二）改进措施

1. 继续加快人才引进的力度

采取积极引进高素质专业教学人才与继续培养相结合方式，加快、加强学科梯队建设，科学调整教学计划，努力开设更多的与本专业密切相关的理论课程。

2. 活跃学术气氛，提高科研水平

高等学校既要以教学为中心，同时又要以科研为先导。教师在完成教学工作的同时，应积极开展具有一定层次的学术交流活动，发挥各自的专业特长，多出科研成果，以科研促教学，提高教师的综合素质。此外，还应发挥集体的力量，在本专业形成学术梯队，在教学研究、科研立项等方面相互合作多出成果，逐步提高科研成果的层次和水平。

七、本专业未来发展思考

（一）与社会需求匹配的专业人才培养模式

本专业培养德、智、体、美全面发展，掌握旅游管理的基本知识和基本理论，熟悉旅游业相关方针、政策和法规，了解旅游业国际发展动态，掌握旅游管理问题研究的相关定性和定量分析方法，掌握资料收集、文献检索的基本方法，具备一定的科研能力和管理能力，能在各级旅游行政管理部门、旅游企业、事业单位从事旅游管理和研究的应用型中高级专门人才。

（二）发展思考

1. 培养学生的行业内就业意愿

旅游管理专业这样的"新兴专业"与"弱势专业"，经常会招录到对专业缺乏认识，仅凭对"旅游"而非对"旅游管理"感兴趣而报考的学生，以及"服从分配"的"调剂生"。因此，许多旅游管理专业的学生从入校开始应通过认知实习、行业专家讲座等多种渠道培养学生行业内的就业意愿。

2. 根据企业需求进行课程设置

由于我国旅游教育发展的历史较短，大多从地理、历史、外语、经济、管理等传统学科转轨或分离而来，因此，大多数高校旅游管理专业在课程设置上往往过于重视理论研究，而不重视市场需求，在这种体制下培养的学生在就业市场就会丧失竞争力。如果能够突破传统高校教学的束缚，聘请来自各职业标杆企业的资深业界专业人士组成顾问委员会，为学院的教学课程与发展事宜提供意见，开设有助于改进旅游企业管理工作、提高旅游企业管理效果

的实用性课程,这样就能培养出旅游企业真正需要的专业人才。

3. 打造全方位的实践教学体系

我国的旅游高等教育一直是应试性传统教育模式,普遍存在重理论、轻实践、重知识、轻能力的现象,导致学生理论能力较强而实践能力较差,因而无法满足旅游管理工作的实际需要。未来本专业将基于职业群打造全方位的实践教学体系,通过认知实习子系统、实验教学子系统、专业实习子系统、综合实习子系统、第二课堂实践子系统、管理保障子系统六大子系统的建设,构建突出我校"商业休闲和服务"特色的旅游管理专业实验教学体系,强调以学生能力培养为核心,注重实验教学与理论教学的有机结合,注重专业层次的细化区分,并将基础操作性实验、综合应用性实验和研究创新型实验以及创业性实验进行一体化整合设计。

4. 寻求多渠道校企合作

通过与企业的全方位多渠道合作,加深学生对旅游行业的认同感,如企业参与招生、企业参与授课、企业导师以及和企业合作办虚拟企业等。通过与旅游企业全方位的合作,旅游管理专业学生可以更全面、更深入地认识和了解旅游行业特点,掌握旅游企业管理精髓,为今后从事旅游企业管理工作打下坚实的基础。

表 3-46 至表 3-49 是转业发表论文、出版书籍、参加学术会议、获奖情况统计。

表 3-46

2010 年 9 月 1 日至 2011 年 8 月 31 日发表论文情况统计表

序号	所在部门	姓名	论文名称	作者排序	发表刊物名称	发表日期	卷期	页码
		孙雪飞	GIS-based design of the management information system of commercial network planning	独立	2011 2nd International Conference on Artificial Intelligence, Management Science and Electronic Commerce	2011.8	2011.8	391-394
		邹光勇	An Empirical Analysis on Problems Relating to Regional Tourism Cooperation Based on the Theory of Circulation	独立	Applied Social Science	2011.3	Volume IV	270-275
		邹光勇	The Contractual Arrangement for RTC of Yangtze Delta	独立	Proceedings of the Third International Symposium on Regional Management and Engineering	2011.5		414-418
		邹光勇	Choice Preferences on Tourist Resorts in Northeast China	第一	Advances in Applied Economics, Business and Development	2011.8	Part 2	211-217
		黄丹	《提高旅游服务质量的关键路径及对策研究》	独立	《江苏商论》	Aug-11	总322期	112-114
		黄丹	《主题酒店体验营销策略研究》	独立	《现代商贸工业》	Jun-11	第23卷第11期	105-106
		黄丹	《酒店管理专业实习过程管理研究》	第一	《上海商学院学报》	May-11	第12卷第3期	79-83

表 3-47

2010 年 9 月 1 日至 2011 年 8 月 31 日出版著作\教材情况统计表

序号	所在部门	作者	著作名称	出版单位	出版日期	标准书号 ISBN	作者身份	撰写字数（万字）	著作类别（代码）	备注
	旅游与食品学院	陈垂兴	管理学（第二版）	复旦大学出版社	2011.3	9787309078947	副主编	15		
	旅游与食品学院	陈垂兴	管理学习题与案例（第二版）	复旦大学出版社	2011.5	9787309080803	副主编	7		
	旅游与食品学院	侯新冬	旅行社经营管理	立信会计出版社	2010.12	9787542926999	副主编	2		
	旅游与食品学院	孙雪飞	管理学（第二版）	复旦大学出版社	2011.3	9787309078947	副主编	14		
	旅游与食品学院	孙雪飞	管理学习题与案例（第二版）	复旦大学出版社	2011.5	9787309080803	副主编	7		

表 3-48

2010 年 9 月 1 日至 2011 年 8 月 31 日教师参加学术会议

参会教师	会议名称时间
侯新冬	2010 年 11 月 世界休闲国际论坛
侯新冬	2011 年 2 月、6 月 上海商学院 OPERA 系统培训
孙雪飞	2010 中国(杭州)休闲发展国际论坛 2010.11.5-7
孙雪飞	第一届旅游学刊年会 2011.5.20-23
徐薛艳	第五届国际旅游教育论坛(西安 2010 年)
徐薛艳	海峡两岸休闲旅游观光论坛(厦门 2010 年)作小组发言
徐薛艳	2010 中(国际)休闲论坛（杭州 2010 年)
徐薛艳	都市休闲上海论坛暨长三角休闲发展学术联盟第二次会议（2011 年)
张凯旋	上海青年生态学者论坛 2011.6
邹光勇	中国海洋海岛旅游高峰论坛 2010.9.25
邹光勇	第七届中国生态旅游发展论坛暨首届海峡两岸生态旅游高峰论坛 2010.11.6
邹光勇	第三届区域管理科学与工程国际学术会议 2011.7.4

表 3-49

2010 年 9 月 1 日至 2011 年 8 月 31 日获奖情况统计表

序号	所在部门	姓名	获奖项目名称	作者排序	奖励名称	获奖日期	其他
		黄崴	上海商学院 2010 年度青年教师教学基本功大赛		优胜奖	2011.1	
		徐薛艳	第一届青年教师基本功大赛		三等奖	2011.1	
		邹光勇	2010 年（第四届）全国商科院校技能大赛市场营销专业竞赛暨第七届（新加坡）国际市场营销大赛中国区选拔赛	独立	最佳辅导教师奖	2010	

酒店管理专业教学质量年度报告

一、专业简介

(一) 专业设置沿革

本专业自2008年批准招生以来,共招收267名学生(包括2008年旅游管理专业喜达屋委托班41人,详见表3-50)在校企专家组成的专业指导委员会的全程跟踪指导下,我校酒店管理专业已具备了良好的办学基础,并形成了一定的办学特色。2009年,我校《国际化酒店管理专业人才培养模式的实践与探索》获上海市教委批准成为第四期本科教育高地建设项目。项目组在开展国内外高校酒店管理专业教育比较研究的基础上,探索并实践了适用地方本科院校培养国际化酒店管理专业人才的教育方法和路径。2012年顺利通过验收,酒店管理专业的校企合作模式被称为喜达屋集团亚太区的典范,受到了评审组的高度评价。

表3-50

上海商学院酒店管理专业学生人数统计表

年 级	班 级	人数
2008级	旅游管理(喜达屋)班	41
2009级	酒店管理091班	73
	酒店管理092班	
2010级	酒店管理101班	77
	酒店管理102班	
2011级	酒店管理111班	76
	酒店管理112班	

(二) 人才培养(专业培养目标、规格)

根据教育部有关试点专业设置的文件精神,遵循酒店管理专业及其行业人才市场规律,以学生为本,建立了"普通国民教育与国际化酒店入职及行业成长相结合"的校企合作模式,创设了"督导培训生制度"。学生毕业后,入职岗位即为跨国酒店集团部门主管,经过1~2年的入职锻炼和培养后能够胜任部门经理岗位,确保学生具备"入职高起点+在酒店行业长久发展"的能力素养。

毕业生应获得以下几个方面的知识和能力:

(1) 具有从事酒店业国际化经营所必备的职业实操与综合管理能力。
(2) 熟悉我国酒店业的方针、政策和法规。
(3) 具备基本的文献检索能力、科研能力。
(4) 能处理实践中遇到的各种问题,并具有创新意识。
(5) 英语达到六级水平。
(6) 了解本学科专业前沿问题及其发展趋势,特别是喜达屋酒店集团全球发展战略。
(7) 具有良好的职业道德。

(三) 专业资源

1. 师资队伍

目前本专业专任教师13人,行业专家27人(见表3-51)。具有研究生学历的教师占92%,博士学位(或在读)的教师占31%,高级职称的教师占31%。专业教师团队在旅游基础理论、旅游企业管理、旅游产品开发与规划等方面较有研究,为专业教学提供了有力的保障。教师团队在教学科研中取得了一定成绩,曾多次获市(校)级各类教学成果奖,公开发表学术文章近百篇。

表3-51

酒店管理专业师资队伍一览表

序号	姓名	性别	年龄	学位学历	毕业院校	职称	担任职务	专业特长
1	姜红	女	44	硕士研究生/博士在读	黑龙江商学院/武汉大学	副教授	副院长	酒店服务管理
2	孙雪飞	女	38	硕士本科	河南大学	副教授	系主任	旅游规划
3	侯新冬	女	35	硕士研究生	华东师范大学	讲师	系副主任	旅游饭店管理
4	朱庆章	男	59	学士本科	上海财经大学	副教授		旅游饭店管理
5	曹盛丰	男	58	硕士研究生	江西农业大学	教授		动物生理学
6	胡晓	男	32	硕士研究生/博士在读	英国立兹城市大学	讲师		旅游饭店管理
7	查爱苹	女	33	硕士研究生/博士在读	复旦大学	讲师		旅游资源管理
8	邹光勇	男	33	硕士研究生	复旦大学	讲师		旅游产业经济
9	黄丹	女	33	硕士研究生	东南大学	讲师		旅游企业管理
10	陈垂兴	男	41	硕士研究生	暨南大学	讲师		旅游企业管理
11	徐薛艳	女	25	硕士	上海师范大学	助教		休闲旅游
12	张凯旋	男	30	博士研究生	华东师范大学	讲师		景观规划
13	黄崴	女	30	硕士	复旦大学	讲师		旅游资源开发与利用

教学过程中,教师团队体现出了较高的专业水平,教风自然且具感染力,在学生中反响良好。在学生对老师的课堂教学评价中,本专业的教师评分均位列全校前茅,受到学生及学

校督导办的一致好评。在课外，教师们还结合学校的学生科研项目设立学生科研小组，投入了大量时间和精力辅导学生，使学生在专业知识拓展方面得到提升。目前已有6项学生科研项目结题，多项在研。

依托行业优势，酒店管理专业聘请集团高管和酒店总经理、总监担任专业课教师，为本专业的实践教学与研究提供了良好的支撑基础。初步积累了"国际酒店人力资源＋本院教师学历提升＋国际酒店挂职锻炼"的师资队伍建设经验，本专业积极利用与企业合作资源与优势，自2010年至2011年共有4位教师赴行业挂职锻炼，积极培养"双师型"教师团队。

2. 课程建设

根据酒店管理学科的特点，课程设置体现知识体系的完整性，充分考虑社会经济发展对人才培养的要求，确立体现文理兼容并蓄的公共基础课程体系，以管理类专业核心课程为学科基础课，以体现酒店管理理论的课程为专业基础课，注重创新精神和实践能力的培养。在此基础上，专业还设置追踪学术前沿和社会实践需求动态的系列学术讲座和专题讨论，设置体现酒店管理学科的特色课程，并以学校各类学科开设的各具特色的任意选修课作为配套课程，形成一个较为完善的课程体系和知识结构体系。同时，注重锻炼学生进行资料收集、整理、论文写作和科研能力，将各种有关酒店职业岗位培训的课程作为教学的补充课程，达到"一张文凭、多种证书"、就业面向国际化企业的培养目标。

围绕培养模式及目标，以岗位能力为导向，在整合国内外课程的基础上针对外资高星级饭店作了调研，然后按照重要性排序挑选出20门课程，在此基础上提出了"121课程群"划分法，并将此理念贯穿于2011年专业教学计划。

第一个"1"为专业素养类课程群，主要培养"国民教育"所需的专业通识能力，包含《旅游学概论》、《微观经济学》、《宏观经济学》、《休闲旅游产业概论》、《旅游政策法规》、《旅游酒店研究》方法以及专业英语、第二外语等，培养学生的行业背景认知、英语水平、文献检索与科研能力、政策和法规及职业道德素养。

"2"为部门实操类课程群，主要培养"国际化酒店督导培训生"所需的实操能力，包含操作实务和督导管理实务。操作实务模块包含《饭店餐饮及客房操作实务》、《酒店实用英语》、《商务礼仪》等课程；督导管理实务模块包含《酒店餐饮管理》、《酒店房务管理》、《酒店市场营销》、《酒店人力资源管理》、《酒店财务管理》、《酒水饮料管理》、《食品营养卫生管理》、《会展管理》、《大型活动策划》等课程，培养学生具有从事酒店业国际化经营所必备的职业实操能力，能处理实践中遇到的各种问题。

第三个"1"为综合管理类课程群，主要培养"酒店行业长久发展"所需的决策管理能力，包含《酒店业导论》、《酒店经营与管理》、《酒店战略管理》、《酒店企业文化》、《管理沟通》、《酒店管理信息系统》、《酒店质量控制》、《消费者行为学》、《酒店环境管理》等课程，培养学生从事国际化经营所必备的综合管理能力，了解学科发展趋势，具有创新意识。

另外，由国际酒店集团担任的课程占全部专业课程的比例为36.4%，而且围绕国际化酒店集团的现实需求，专门进行了酒店管理英语(English for Specific Purpose, ESP)教学设计。

目前本专业《旅游学概论》、《酒店市场营销》、《酒店房务管理》、《酒店经营管理》等已被列为校级重点建设课程，姜红副教授主讲的《旅游学概论》课程被上海市教育委员会列为2009年度市教委重点课程建设，胡晓老师主讲的《酒店战略管理》被评为上海高校示范性全英语教学建设课程。

随着专业发展我们对酒店管理专业的课程体系及学分比例作出相应调整,将《酒店市场营销学》、《酒店经营战略》、《酒店经营与管理》等课程纳入专业必修课体系,适当增加企业服务与管理专题类、专业英语和酒店管理类专业选修课的比例,相应提高实践教学环节的学分学时比例,从而使课程设置更加科学、规范,并进一步突出本学院的专业特色。今后我们仍将依据学校的办学定位和培养目标的要求,使修订的人才培养方案适应不断变化的市场人才需求结构要求。

3. 教材建设

围绕课程设置,本专业充分整合本学院与本校国际关系学院、计算机学院、财经学院的教师资源,以共同编写或引进国内外教材、选用企业培养教材、与企业合编或自编教材等多种方式完善教材体系。

坚持抓优质、创精品的思想,酒店管理专业鼓励广大教师积极参与教材编写工作,并重视教材建设的力度,以下为本年度出版教材统计表(见表3-52)。

表 3-52

2010 年 9 月 1 日至 2011 年 8 月 31 日出版著作/教材情况统计表

序号	所在部门	作者	著作名称	出版单位	出版日期	标准书号 ISBN	作者身份	撰写字数(万字)	著作类别(代码)	备注
1	旅游与食品学院	孙雪飞	管理学(第二版)	复旦大学出版社	2011.3	9787309078947	副主编	14		
2	旅游与食品学院	孙雪飞	管理学习题与案例(第二版)	复旦大学出版社	2011.5	9787309080803	副主编	7		
3	旅游与食品学院	陈垂兴	管理学(第二版)	复旦大学出版社	2011.3	9787309078947	副主编	15		
4	旅游与食品学院	陈垂兴	管理学习题与案例(第二版)	复旦大学出版社	2011.5	9787309080803	副主编	7		

酒店管理专业还有部分教材的编写已取得实质性进展,并已有出版安排,见表3-53。

表 3-53

酒店管理专业计划出版教材统计表

序号	教材名称	教材形式	主编姓名	主编单位	适用层次	适用专业类	出版单位及出版时间	备注
1	前厅客房服务与管理	校企合作教材	侯新冬	上海商学院旅游与食品学院	本科	酒店管理	大连理工大学出版社	合同已签,待出版
2	酒店管理专业英语教程 管理篇	校企合作教材	黄亚军 姜荷梅	上海商学院外语学院	本科	酒店管理	大连理工大学出版社	合同已签,待出版

(续表)

序号	教材名称	教材形式	主编姓名	主编单位	适用层次	适用专业类	出版单位及出版时间	备注
3	酒店管理专业英语教程 实务篇	校企合作教材	黄亚军 姜荷梅	上海商学院外语学院	本科	酒店管理	大连理工大学出版社	合同已签，待出版

4. 实践教学

实践教学是人才培养的重要环节，是实现人才知识、能力、素质协调发展的重要途径和手段。

酒店管理是一个实践性要求很强的专业，因此在与企业广泛交流合作的基础上，本校该专业进一步明确实践教学的指导思想，完善实践教学体系，探索推进实践教学改革，大力加强实践教学基地建设。

在此基础上，不断探讨适合本校酒店管理专业发展的实践教学体系，根据本专业人才培养计划，可将本校酒店管理专业实践教学分为课内实践教学与实践性教学环节两部分。

（1）课内实践教学。安排情况见表3-54。

表3-54

课内实践教学安排表

类别	课程	课时	地点
公共必修课	大学英语	72	机房
	计算机应用基础	36	机房
专业必修课	酒店房务管理	18	PMS系统试验室 客房实验室
	酒店餐饮管理	18	餐饮实验室
	管理信息系统	24	机房
专业选修课	酒店服务管理专题（一）	54	合作企业
	酒店服务管理专题（二）	36	合作企业
	酒店收益管理	6	教室
	酒水饮料管理	12	酒水实验室
	食品营养卫生与安全管理	6	合作企业
	商务礼仪	12	形体训练实验室
专业选修课	茶艺赏习	18	茶艺实验室
	酒店实用英语	18	教室
	英语口译	18	教室
	第二外语	36	教室
	花艺赏习	22	花艺实验室
合计		406	

表3-54中所涉及的课程实践教学课时均可在相应实验室授课。校内开设实验室详见表3-55。

表 3-55

酒店管理专业开放实验室

开放实验室名称	开 放 时 间
前厅实验室	已建成开放
客房实验室	已建成开放
餐饮实验室	已建成开放
酒水实验室	已建成开放
形体训练实验室	已建成开放
上海市旅游酒店公共实训中心	已建成开放

(2)实践性教学环节。具体安排见表 3-56。

表 3-56

实践性教学环节安排表

环　　节	学分	地　　点
军事训练(军事理论)	2	军训基地
形势与政策	2	校内
社会调查	1	校外
普适公共实验	2	校内
学年论文	2	校外实习基地、校外其他企业
毕业实习	4	校外实习基地、校外其他企业
毕业论文	8	校外实习基地、校外其他企业
专业实习	4	校外实习基地
合　　计	25	

表 3-56 中学年论文、毕业实习、毕业论文、专业实习等实践性教学环节均可在相应校外实习基地完成。校外实习基地详见表 3-57。

表 3-57

酒店管理专业校外实习基地

类　　别	基　地　名　称
国际品牌酒店集团	喜达屋亚太酒店与度假村国际集团
	洲际集团
	雅高集团
星级酒店	丽晶龙之梦大酒店
	浦东香格里拉大酒店
	J.W明天广场万豪酒店
	上海四季酒店
	虹桥喜来登上海太平洋大饭店
	上海外滩中心威斯汀大酒店
	……

（续表）

类　别	基　地　名　称
其　他	上海升达绿色饭店管理公司
	……

课程实践教学课时及实践性教学环节，各类规章制度较齐全（详见表3-58），均严格遵照教学计划开设，达到培养方案要求。

表3-58

实践性教学环节相关文件一览表

类　别	名　称
学年论文	学年论文管理规定
	学年论文汇编
专业实习	酒店管理专业实习计划
	酒店管理专业实习安排
	酒店管理专业实习报告要求
	酒店管理本科专业实习报告 汇编
毕业实习	毕业实习大纲

根据本校旅游管理专业的发展特色，紧密对接企业，尝试建立产、学、研体系。

（3）校企共建研究机构。为更好地开展实践教学，本专业积极与行业、企业接轨，先后成立喜达屋研究院等校企合作研究机构，希冀开辟出更多、更优质的实践基地和实践岗位，同时，为企业输送更多优秀人才。

5.教学手段方法

教学方法是实现培养目标的途径，是完成人才培养过程的具体措施，是提高教学质量的重要手段。教学方法与教学手段是为达到教学目的服务的，本专业的教师非常注重教学方法与教学手段的创新。为此，教师们在教学过程中坚持以学生为主体，以突出实践和能力培养为重点，以列灵活多样的教学方法为手段。例如，多媒体演示教学法、课堂讨论法、实践教学法、案例分析法、学生主讲法、启发与提问式教学法，建立和完善专业的综合实践教学。这些方法和措施，突出了学生创新意识、动手能力以及学生结合实际分析问题、解决问题能力的培养，充分调动了学生的积极性，体现了理论结合实际、升华实践技能的教育特点。

本专业教师在教学过程中灵活运用各种教学方法的同时，均普遍使用了教具、投影、多媒体教学等现代化教学手段，为提高教学效率和教学质量、加大课堂信息量，起到了积极的促进作用。同时，在传授知识的同时，更强调多向思维的培养，更强调知识、能力和素质的协调发展，利用教研活动，展开教学交流。

教学方法和手段上的灵活运用，有效地调动了学生的学习积极性，极大地促进了学生积极思考及动手能力培养，激发了学生的潜能，特别注重对学生知识运用能力的考察。

在教学中，及时引入教改教研成果或学科最新发展成果。严格按照教学计划完成教学内容，落实实践、实习等实践性教学环节。理论联系实际，融知识传授、能力培养、素质教育于一体,课内课外结合。根据课程性质设计出各类实践活动内容,培养学生发现问题、分析问题和解决问题的能力。

二、本专业全国布局现状

(一)酒店管理专业点布局现状

2006年,广东商学院通过教育部批准备案,成为首家具备招收酒店管理专业本科生资格的院校。此后,经教育部批准备案招收酒店管理专业本科生的高校每年加速度发展,截至2011年年底,共6批28家部属及地方院校具备了招收酒店管理专业本科生的资格(详见:表3-59 教育部批准备案具有招收酒店管理专业本科生资格的院校)。从教育部审批备案的28所高校来看,我国的酒店管理专业分布在环渤海、长三角、西南、西北、东北、东南的20个城市,其中大部分都是国内甚至国际知名旅游城市,如上海、广州、北京等。

(二)做得最好的院校

目前酒店管理专业本科招生仅有5年短暂的本科招生历史,很难像国际知名院校那样已经形成一个相对稳定的人才培养模式。纵观整个酒店管理专业的教育情况,很难说明哪个院校做得最好。

(三)我院酒店管理专业相对位置

纵观28所院校的归属情况来看(见表3-59),除2010年批准的中山大学和华侨大学外,其他院校皆为培养应用型人才的地方性高校。从一定意义上来说,我院的酒店管理专业与中山大学和华侨大学不形成竞争。对于另外的25所院校来说,我院的酒店管理专业在多年的校企紧密合作的基础上,完成了上海市第四期本科教育高地建设项目《国际化酒店管理专业人才培养的实践与探索》以及上海市地方院校085内涵建设第一期建设,酒店管理专业人才培养模式和基地功能建设均已达到国内先进水平;在校企合作深度建设、实验室仿真教学建设、教学质量保障体系建设和师资培养等方面达到同专业国内领先水平;已经成为上海乃至全国酒店管理人才培养的重要基地,成为同层次、同类型高校酒店管理专业的示范基地,教学研究与师资培训中心和专业孵化基地;成为与国际品牌酒店集团全球校企合作共建的示范模式。但我院酒店管理专业仍然存在人才培养定位不清晰、校内实习实训条件欠缺、师资队伍结合欠合理等问题,需要进一步解决。

表3-59

教育部批准备案具有招收酒店管理专业本科生资格的院校

批准时间(年)	招生时间(年)	学 校	所在城市	主管部门	小计
2006	2007	广东商学院	广州	广东省教育厅	1
2007	2008	北京联合大学 天津商业大学	北京 天津	北京市教育委员会 天津市教育委员会	2

(续表)

批准时间(年)	招生时间(年)	学校	所在城市	主管部门	小计
2008	2009	上海商学院 上海师范大学 湖南师范大学 天津财经大学	上海 上海 长沙 天津	上海市教育委员会 上海市教育委员会 湖南省教育厅 天津市教育委员会	4
2009	2010	黄山学院 湖南商学院 沈阳师范大学 上海杉达学院 桂林理工大学 重庆三峡学院 西北师范大学	黄山 长沙 沈阳 上海 桂林 重庆 兰州	安徽省教育厅 湖南省教育厅 辽宁省教育厅 上海市教育委员会 广西壮族自治区教育厅 重庆市教育委员会 甘肃省教育厅	7
2010	2011	中山大学 华侨大学 海南大学 济南大学 河北经贸大学 福建师范大学 山东工商学院 重庆科技学院 北京第二外国语学院	广州 泉州 海口 济南 石家庄 福州 烟台 重庆 北京	教育部 国务院侨务办公室 海南省教育厅 山东省教育厅 河北省教育厅 福建省教育厅 山东省教育厅 重庆市教育委员会 北京市教育委员会	9
2011	2012	青岛大学 厦门理工学院 吉林工商学院 哈尔滨商业大学 上海第二工业大学	青岛 厦门 长春 哈尔滨 上海	山东省教育厅 福建省教育厅 吉林省教育厅 黑龙江省教育厅 上海市教育委员会	5
总计					28

资料来源:中华人民共和国教育部网站统计整理(不包括独立学院)。

三、本专业社会需求现状

(一)全国需求现状

1. 国家战略定位的机遇

旅游业是国民经济的战略性产业,资源消耗低,带动系数大,就业机会多,综合效益好。目前,我国旅游产业正处在前所未有的最好发展阶段。2009年,《国务院关于加快发展旅游业的意见》正式颁布,将旅游业定位为国民经济的战略性支柱产业和人民群众更加满意的现代服务业,旅游业首次被纳入国家战略体系,对旅游业和酒店业发展将产生深远影响。

由于经济的快速发展,带动了旅游商务的兴旺和旅游行业的大发展,推动了酒店业的迅速发展。"十一五"期间,我国酒店行业发展速度较快,主要受益于酒店行业自身的服务不断提高以及旅游行业的发展,以使酒店行业市场需求不断扩大。

2. 酒店业不断扩大的市场需求

酒店业是旅游产业最重要的组成部分之一,市场需求持续增长。

我国星级酒店总体规模持续快速发展,1998—2010年年均增长率达20%(据星级酒店统计公报及国家旅游局资料整理)。

我国经济继续保持健康稳步发展,居民可支配收入不断提升,进一步促进居民出游需求,旅游饭店市场获得更广阔的发展机遇。国内高档饭店建设步伐加快,国际饭店集团顶级品牌如喜达屋(Starwood)、洲际(Intercontinental)、雅高(Accor)、里兹卡尔顿(Ritz Carlton)、圣瑞吉斯(St. Regis)、丽晶(Regent)、柏悦(Park Hyatt)、四季(Four Season)等都已全面进入中国市场。

旅游与酒店业是当今世界发展最迅猛的行业之一,旅游业的快速发展和产业的转型升级,对酒店管理人才需求日益扩大。目前,全球旅游业的接待规模每年约7亿人次。据预测,到2020年将增至15亿人次。行业的迅猛发展带来了大量的就业机会,在未来10年中,全球旅游与酒店业将每2.5秒钟创造一个新的工作机会,而国内酒店管理人才的培养却相对滞后,急需培养大量酒店管理中高级管理人才。

(二) 上海(区域)需求现状

上海是中国最大的商务和旅游城市之一,正在进行的四个中心建设以及世博后续效应将为上海带来大量的商务客人,城市旅游资源、区域旅游合作及旅游集散中心地位为上海带来大量的国内外旅游客源。

2011年,上海市政府正式出台《关于加快旅游业发展建设世界著名旅游城市的意见》,提出了2015年将上海初步建成世界著名旅游城市的目标。酒店、旅游业将成为上海服务产业的支柱。截至2010年年底,上海共有各类旅馆6 679家,其中旅游饭店597家,客房113 968间,旅游饭店中有星级饭店298家、客房65 064家。全市597家旅游饭店的全年营业收入共计250.87亿元,比2009年增长46.8%,全市旅游饭店的年平均出租率为67.22%,比上年增长14.54%(上海旅游年鉴2011)。

目前,全世界已有17个国际酒店管理集团在上海投资或管理高星级酒店,新开业的星级酒店如雨后春笋,各大国际酒店管理集团竞相制定出里程碑式的开业计划。同时,经济型酒店也如雨后春笋般地快速发展。

酒店业快速发展和不断扩充,每年需要补充数以千计的国际化酒店管理与服务人才,经济型酒店的大力发展也会吸引越来越多的酒店管理与服务人才。

四、本专业人才培养各环节质量的评价

(一) 教师对本专业人才培养方案的满意度

1. 师资队伍

专业教师能够严格完成教学计划、教学大纲和教案的编写,所有旅游管理的专业课程都

备有完整的教学文件,教学文件的检查坚持系、院二级批准制。在授课后,教师根据本科教学需要理论结合实际这一特点,布置启发性、开放性作业,并且坚持批改和反馈。同时,教师能够主动利用课余时间指导学生完成学生科研项目和学年论文,收到了很好的成效。

专业教师积极参与新专业的基础建设工作,开展相应的教学研究和教学改革,取得了一定的成就。总体上,教师科研水平呈持续提高趋势,较好地反映出本专业教师队伍的业务水平;教师个人科研方向规划与本专业学科发展方向和规划结合,初步形成了各自的研究重点;在专业研究的同时结合教改实践进行教改研究,形成两方面互相补充、促进的形势。

未来应坚持以"用好现有人才,引进急需人才,培养骨干人才"为原则,坚持"用好现有人才,引进急需人才,培养骨干人才"的原则,以提升学历职称为重点,优化团队结构;以培育教师团队外向型、实践型、学术型能力为基础,持续提高教学水平。形成一支专业结构、年龄结构、学缘结构、职称结构合理、教学水平高、研究能力强、勇于创新的酒店管理专业教学团队,并力争成为市级和国家级教学团队。

2. 课程建设

对本专业课程建设情况,其中对课程建设表示满意的教师人数有6人,满意率60%。教师总体上认为:课程建设严格按规范化要求实施,基本教学文件及资料齐全。专业课程教材的选用以国家规划教材、获奖教材为主,积极开展教材自编工作,已有良好成效。而且本专业课程建设从学校层面来看有一定优势,重点课程建设具有一定基础。需要改进之处有:在重点课程建设基础上加强精品课程建设;要结合我校实际情况和社会需求变化,进一步完善课程体系;在教材建设方面需要加强。

3. 教材建设

对本专业教材建设情况,50%的教师表示"满意",50%的教师认为"一般",无人选择"不满意"这一选项。综合众多教师的观点,目前专业课程教材的选用以国家规划教材、获奖教材为主,且本专业积极开展教材自编工作,已有良好成效,但教材建设仍需加强,有教师指出了在加强重点课程和精品课程建设的基础上进行特色教材建设的发展思路。

4. 理论教学

酒店管理专业全体在编教师参与"教师对本专业人才培养方案(满意度)——理论教学"本项调研,参加率为100%。调研结果如下:其中70%的教师对理论教学环节评议为"满意",主要观点:理论教学比较扎实,不断改进教学方法与教学手段,教学效果良好,具有一定优势;30%的教师对理论教学环节评议为"一般",主要意见:理论教学有待完善;总体评价"良"(见图3-16)。

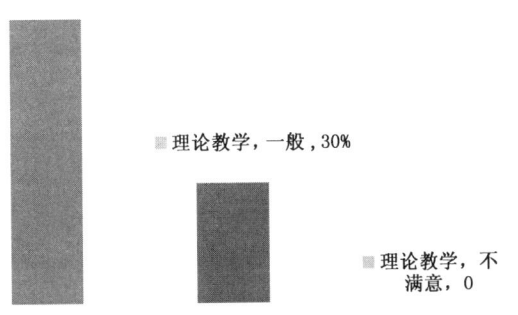

图3-16 教师对本专业人才培养方案(满意度)——理论教学

5. 实践教学

酒店管理专业全体在编教师参与"教师对本专业人才培养方案(满意度)——实践教学"本项调研,参加率为100%。调研结果如下:其中50%的教师对实践教学环节评议为"满意",主要观点:教学环节和内容安排适当,专业实习等综合实践教学环节方法多样,注重实习基地,强化学生基本技能和基本操作训练,成效显著;50%的教师对实践教学环节评议为"一般",主要意见:实践教学条件亟待改善,需加大实践教学的比重;总体评价"中"(见图3-17)。

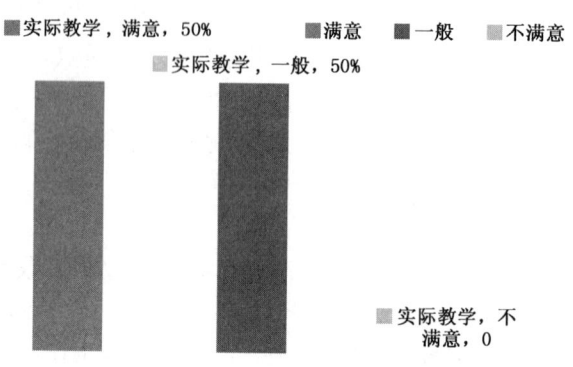

图3-17 教师对本专业人才培养方案(满意度)——实践教学

6. 教学手段方法

对本专业教学手段方法的调查,70%的教师表示"满意",30%的教师认为"一般",无人选择"不满意"这一选项。可见教师对教学手段方法持认可态度,综合众多教师的观点,应继续探索研究各种教学手段方法的效果,提升教学满意度。有教师提出应在教学模式上进行相应调整,强调产、学、研相结合,加大实践教学的比重。

7. 考核评价

关于考核评价的调查情况,50%的教师表示"满意",50%的教师认为"一般",无人选择"不满意"这一选项。综合众多教师的观点,应继续探索更加多元、合理、灵活的考核评价方式。

(二)学生对本专业人才培养的满意度

通过学生座谈、单独交流、意见收集等方式,对本专业学生对专业人才培养满意度情况进行了调查。整理调查结果,可以发现学生对专业人才培养方案整体感到满意,在课程建设、教材建设、师资队伍、实践教学、考核方式等方面需要继续提高。

在课程建设中,希望能突出人才培养目标,更加贴近行业实际,体现行业发展前沿水平。配合课程建设,引进外文原版教材或逐步采用双语教材,以适应专业发展需要。

教师团队体现出了较高的专业水平,教风自然且具感染力,在学生中反响良好。2007年以来,学生网上测评专业教师的教学效果良好以上的占90%,尤其在课外,教师们还结合学校的学生科研项目,设立学生科研小组,投入了大量时间和精力辅导学生,使学生感到在专业知识拓展方面得到提升。希望能有更多具有行业背景的教师加入。

通过分阶段、分层次的实践教学,对专业逐步有了清晰的认识。希望在实践教学环节,尤其是专业实习等综合性教学环节，能够得到更多的专业指导，对每次实践教学的目的、要求有更清楚的认识，考核方式也可以更加多元、灵活。

五、本专业的亮点或特色

本专业在建设中最突出的特色是深度校企合作，通过与国际著名酒店管理集团的深度合作，培养具有国际视野、符合国际酒店集团要求的酒店管理人才。校企合作贯穿招生、教育、就业的人才培养全过程。主要体现在以下几个方面。

（一）升格校企合作方式，整合国际化实践资源

酒店管理专业在原来的"学校—酒店"合作的基础上，升格为"学校—酒店集团"的合作方式，形成了以喜达屋集团为主体，以洲际集团、雅高集团等为支撑的校企合作方式。酒店集团参与到人才培养规划、人才选拔、课程设计、师资培养、教材编写、实践教学、学生实习等各个环节当中。国际酒店集团在招生环节便参与到对学生全英文面试和远程视频校企共同面试环节，相关专家委员会为人才培养过程提供全程咨询指导和跟踪论证，并且成立了喜达屋酒店管理研究中心和上海商学院—洲际英才培养学院。

本专业根据国际酒店集团提出的建设标准，新建的现代休闲餐饮实训室、酒店管理opera-PMS软件实验室、网络三维虚拟酒店实验室等专业实训（验）室，不仅可提供完成学生专业实践教学任务，还可以供校内实践、职业技能证书考试使用。

（二）确立"普通国民教育与国际化酒店入职及专业成长相结合"的校企合作人才培养特色，首创"督导培训生"制度

依据专业确立的"普通国民教育与国际化酒店入职及专业成长相结合"的校企合作人才培养模式，通过与喜达屋集团联合，在国内首次提出了"国际化酒店督导培训生"为入职起点岗位，以"国际品牌酒店集团高素质专业人才培养"为目标的酒店管理专业人才培养目标。学生毕业后，入职岗位为跨国酒店集团部门主管，1~2年的入职锻炼和培养后能够胜任部门经理岗位。这些校企合作单位同时为优秀学生提供海外游学和海外实习见习机会，确保学生具备"入职高起点＋在酒店行业长久发展"的能力素养。

（三）剖析国际品牌酒店主要管理及能力体系，构建国际化课程模块

本专业在建设过程中对国际品牌酒店的岗位能力、决策管理、营销管理、环境管理、服务管理以及管理信息系统等主要管理及能力体系进行了研究。针对国际化酒店岗位能力提出了三级标准，包含10个一级指标、29个二级指标和138个三级指标；针对国际化酒店决策管理建立了因子模型，分析了决策水平、团队行为整合、工作经验分享度、决策程序满意度、不同部门间协作度、决策使用方法科学度、决策外部环境等因子及相互之间的关系；针对国际化酒店营销管理划分了营销的四大模块，即销售、传媒、营收和服务，并对其管理进行了相关细化；针对国际化酒店环境管理提出了环境管理五大内容体系，确立了酒店资源的环境管理、酒店产品的环境管理、酒店生产的环境管理、酒店消费的环境管理以及酒店环境管理体系与政策；针对国际化酒店服务管理体系明确了服务绩效的六大环节与三大服务要素因子；

针对国际化酒店管理信息系统阐述了11个主要功能模块及未来发展趋势。

通过对国际品牌酒店集团管理体系的系统研究，构建了国际化课程模块系统，确定了"121课程群"划分法，并围绕国际化酒店集团的现实需求，专门进行了酒店管理英语教学设计(ESP)，并将此理念贯穿于2011年专业教学计划。其中第一个"1"为专业素养类课程群，主要培养"国民教育"所需的专业通识能力；"2"为部门实操类课程群，主要培养"国际化酒店督导培训生"所需的实操能力，包含操作实务和督导管理实务；第二个"1"为综合管理类课程群，主要培养"酒店行业长久发展"所需的决策管理能力。

（四）依托国际品牌酒店资源，优化学生实践环节

针对酒店管理专业实践性较强的特点，根据专业理论知识和实践技能知识学习过程相辅相成、互相渗透的关系，根据校企合作实践情况，采取分层阶段性实习模式，将酒店管理专业的实习分为四个模块：第一，认知性实习（第一、第二学期），目的是为了熟悉了解酒店业，了解酒店基本结构和功能；第二，感受性实习（第三、第四学期），目的是了解酒店运行环节，全面感受酒店服务、管理和活动；第三，体验性实习（第六、第七学期），目的是增长专业操作技能，熟悉主要岗位的工作性质和工作流程；第四，工作性实习（第八学期），目的是为工作、继续深造和毕业论文做准备。我们通过循序渐进的过程，帮助学生逐步认识、掌握、理解酒店企业的服务、管理和文化，符合教学规律。在校企合作的前提下能够通过高校和酒店的沟通，有目的、有针对性地安排每一次实习活动，避免了实习的盲目性和流于形式。

六、本专业教学和管理中存在的问题及改革措施

（一）存在问题

在本专业的建设过程中，依然存在着一定的问题，具体从下面几个方面概括。

1. 师资队伍

师资队伍结构不尽合理，高级职称人数偏少，急需酒店管理专业领域知名专家领军。具有酒店行业背景的专职教师不足，主要由兼职和企业师资补充，会带来师资队伍不稳定、教学目标贯彻不够彻底等问题。

2. 课程与教材建设

课程建设、教材建设取得一定的成绩，仍需提升。课程体系仍有不尽完善之处，如课程体系欠协调、课程模块缺内涵的问题；而中文教材的采用也不能完全满足国际酒店行业实际。全英文课程、双语课程数量少，市级及以上高水平重点课程和精品课程数量少。

3. 教学条件

校内教学尤其是实践教学条件还不够完善，实践教学场地不足严重制约了校内实践教学活动的开展，导致教学设备无法购买和使用，相应的实践教学项目无法进行。

4. 管理保障

在教学过程中还存在管理保障方面的不足。例如，校企合作过程中暴露的合作中众多的事务性及协调性管理问题，实践教学缺乏专人管理等问题。鉴于此，应在校企合作事务、学校教学事务和学校实践教学管理等方面进行改进。

（二）改革措施

1. 师资队伍建设

引进本专业领域知名学者教授或领军人物，引进博士至少 2 名，改善师资队伍结构。通过进入国际酒店集团挂职、前往国外高校进修等方式提升现有教师水平。45 岁以下的中青年教师逐步进入酒店集团及集团下属酒店挂职锻炼，掌握酒店运营部门实务、丰富酒店行业新的经营信息、调研酒店集团国际化经营中出现的新问题并熟悉国际酒店集团工作语言环境，不断更新教学内容，提高教学质量，确保教学始终与酒店行业接轨并能够胜任双语或全英语课程教学。40 岁以下的中青年教师逐步前往各类国外酒店管理教育先进的院校，如康奈尔大学酒店管理学院、洛桑酒店管理学院等进修，保证 30% 以上的教师具有国外访学或进修背景，回国后能够胜任至少一门全英语课程。

稳定行业专家队伍。进一步充分借用国际酒店集团人力资源，力争现有专业课程总学分的 30% 为各合作酒店集团行业专家全英语授课。进一步吸收国内外酒店行业专家 15 名，形成一支稳定的酒店行业专家队伍。

2. 课程和教材建设

进一步围绕人才培养模式改革，以岗位能力为导向，重点考察康奈尔大学酒店管理学院和瑞士洛桑酒店管理学院的酒店管理专业的课程体系，在充分研究国外酒店课程的基础上，丰富专业素养类课程内涵、夯实部门实操类课程群指标、创新综合管理类课程群模块。要增加全英文课程、双语课程数量，加强市级及以上重点课程和精品课程的建设。

众多高校的实践证明，引进优秀原版教材的举措意义深远，酒店管理这一国际性专业在改革中也将逐步引进适合我院学生及贴近酒店行业实际的国外教材。立足国际化酒店管理专业人才培养模式的改革，专业核心课程采用中英双语教材，提高学生外语能力。条件成熟后，教学团队可根据本专业教师及学生的实际，进行中英双语教材的编写工作。进一步利用国际酒店集团共建单位人力资源，在提高企业课程比例、优化企业课程配置的基础上，围绕课程设置，充分整合本校国际交流学院、计算机学院、财经学院资源，与合作国际酒店集团着手酒店案例教材的编写工作，用于本院实际教学，更为全国酒店管理专业的教材提供优质首要选择。

3. 教学条件

改进教学条件，增加校内实践教学场地，购买教学需要的设备、用品，形成较为完善的实践教学管理和保障体系，保障实践教学环节的顺利开展。

4. 管理保障

教学管理方式方面主要围绕校企合作事务、实践教学管理、学校教学事务等方面采用人事和激励机制以及产、学、研互动机制。

七、本专业未来发展思考

（一）与社会需求匹配的专业人才培养模式

遵循酒店管理专业及其行业人才市场规律，以国际品牌酒店集团的高素质中高级管理人才培养为目标,通过与国际酒店集团合作共建的深层次培养模式,突出国际化的教育标准。不仅培养学生能运用国际商务语言和现代技术手段进行业务操作,而且更强调学生从全球角度观察、思考和处理问题的实际水平,立足于国际竞争的大环境、多元文化、快速适应、善于创新,确保学生一毕业即能胜任督导培训生岗位,并具备酒店行业长久发展的能力素养。具体目标如下:

(1) 热爱酒店业,具有明确的职业发展定位。
(2) 热爱本职工作岗位,积极面对工作中的挑战。
(3) 具备求知热情及良好的学习能力,对工作岗位有足够的责任意识。
(4) 具有良好的沟通能力、组织能力及团队协作能力和社会适应能力。
(5) 通过酒店英语 A 级及大学英语 6 级考试,具有良好的英语沟通、写作能力,熟练掌握第二外语。
(6) 具有良好的国际品牌酒店集团计算机操作和应用能力。

(二) 发展思考

中国的旅游业正面临着一个大的发展格局,未来还将面临一个黄金发展期。目前,酒店业的发展在各地的势头很猛,在此情况下,积极拓展新型业态领域,国际品牌本土化,本土品牌国际化,从相互竞争走向同盟共赢,高新技术得到更广泛应用,倡导和创造共享价值等将成为旅游业发展的新特点。

基于此,借助与喜达屋、洲际、雅高等国际品牌酒店集团合作的资源优势,以合作共建共享、边建边用为原则,以系统开发在全国范围内具有普适性和拓展性的酒店专业人才培养方案及其课程体系建设和基地功能拓展为核心,建设代表我国酒店管理专业本科改革特色和专业水准的标志性的合作教育基地,带动相关专业领域的合作教育基地功能开发,推动专业教学改革,提高专业人才培养质量,提升高等教育酒店专业基地建设的社会服务能力,以满足全国高等院校酒店管理等专业的教师、学生及境内外进修学习者和行业企业职工等人员的专业需求。

对以下几个方面进行实践探索:
(1) 深度比较国内同类院校,突出提炼自己特色,从而打造未来长远的发展目标。
(2) 充分利用喜达屋酒店集团管理研究中心这一平台,进一步打造商业休闲特色的酒店管理研究高地。
(3) 充分利用高地建设过程中形成的国际化酒店集团管理及能力体系的研究成果,将其渗入到专业教学计划当中,完善课程设置、优化教材体系建设。
(4) 未来将着重引进有国际教育背景、有国际化酒店工作经验的职业经理人;对现有教师在提高学历层次的基础上,再到国际化酒店挂职锻炼。
(5) 大力引进、消化和吸收洛桑酒店管理学院等国际大学的外文原版教材,适当编写适应应用型培养要求的督导培训生教材。
(6) 未来将借助洲际英才学院这一平台,与洲际酒店集团展开更为深度的合作,培养更多的国际化酒店管理专业人才。
(7) 进一步聘请企业高级经理作为客座教授等多种方式引进行业师资,并加强现有教学资源的社会辐射。

（8）在现有建设成果的基础上，未来我们将继续探索国际化酒店深度合作的可持续发展机制、体制问题，并对我们的培养模式进行系统梳理。

力争将本专业建设成为与国际品牌酒店集团全球校企合作共建示范模式，立足上海，为全球酒店行业提供专业人才支持。

食品质量与安全专业教学质量年度报告

一、专业简介

(一) 专业设置沿革

改革开放后,我国食品生产加工、销售行业及其相关产业迅速发展,食品工业总产值突破万亿元,成为国民经济中第一大产业。但是,相关人才培养与行业发展速度脱节,特别是食品质量与安全方面人才出现较大的缺口。

近年来,国内食品质量与安全重大事件频发,既危害人类健康,又带来巨大的经济损失,同时导致国民对整个行业的信任度下降。这引发了企业及居民对食品安全的高度关注,也促使政府重新审视这一已上升到国家公共安全高度的问题,加大了对食品安全的监管力度。在上述背景下,教育部 2001 年批准西北农林科技大学首先增设了食品质量与安全本科新专业。

2005 年,我校开设食品工艺与检测(食品质量与安全方向)高职专业,至 2007 年,专业教师团队及基础实验教学设施基本建设完成。针对上海城市发展需要,依据学校大商科建设布局,以培养流通领域食品质量与安全本科专业人才为目标申报本专业,并于 2008 年实现招生。

目前在校本科生共 231 人,其中 08 级 88 人,09 级 75 人,10 级 70 人,2012 年预计毕业生人数 88 人。

本专业隶属上海商学院旅游与食品学院。旅游与食品学院下设食品质量与安全、旅游管理、酒店管理及园林 4 个本科专业。

(二) 人才培养

本专业重点培养食品质量与安全应用型人才,侧重专业教育。

本专业培养德、智、体、美全面发展,具有化学、生命科学、食品科学技术以及质量管理基本理论知识和技能,熟悉国内外食品安全法律法规、食品质量安全体系和标准。具有创新精神、较强的实践能力及市场经济观念,适应现代食品工业及社会发展需要的应用型高级专业技术人才。

毕业生具有在食品生产、流通及消费领域从事分析检测、质量管理、安全评价、商业贸易、企业经营管理及科学研究工作和进一步攻读本专业及相关专业的硕士学位的基本能力。

毕业生的主要服务面向为大中型食品(及原料)销售企业产品策划、营销部门;大型餐饮企业质量与安全管理部门;与食品生产、流通、加工、进出口相关的质量与安全监督与管理部门;食品生产企业质量与安全的管理部门;学校、社区营养与食品安全服务机构等。

(三) 专业资源

1. 师资队伍

本专业目前已形成一支结构较为合理、学历职称较高、授课经验丰富、富有朝气的师资队伍。专业带头人具有博士学位、教授职称及海外学术研究背景。主要专业基础课和专业课教师13人（其中专职教师11人），教授4人，副教授4人，中级职称5人，博士6人。

师资队伍年龄、职称、学历结构合理，专业背景跨度大，学缘结构合理，专业基础课和专业课的教师配备达到了教学基本要求。教师团队平均年龄38岁，其中45周岁以下高级职称占50%，在专业领域具有一定学术水平。

通过选派教师、国内培训、企业挂职、鼓励教师攻读学位等措施提升师资队伍水平，本年度专业教师参加企业挂职1人次，攻读在职博士1人次。教师团队在教学与科研水平上显示了较大的发展潜力。

专业教师承担课程基本情况见表3-60。

2. 课程建设

专业课程建设是各项教学建设工作的起点，本专业始终把加大专业课程建设力度为首要任务，立足于上海人才需求的根本，努力探索、积极拓展"面向市场、面向行业、面向地方经济建设"的应用型人才培养模式。突出以学生能力为本的教学内涵建设，使教学与实践相结合，促进学生实践技能和综合能力的提高。

以教育部食品与营养科学教学指导委员会《食品质量与安全本科专业规范》的要求不断完善课程体系，本专业在学科带头人带领下，以高职称、高学历教师为骨干，每年重点对1～2门专业主干课进行建设，鼓励教师申报校级、市级课程建设项目。《食品安全与卫生学》被列为市级重点课程建设项目，《生物化学》被列为校级重点课程项目。

完善的教学资料管理，对规范教学过程、教学环节起到了重要作用。按学校及本专业组教学规定，所有教学文件必须上报、存档，教师必须严格按照教学计划完成教学工作。教学计划中设置的所有已开设课程的教学大纲、实验教学大纲、教学计划齐全。重点课程编写了题库与案例库。所有课程严格按统一标准批阅试卷、保管试卷。

3. 教材建设

本专业教材以选用国内外优秀教材为主，主干课程选用本专业公认的优秀教材、国家级规划教材及推荐教材，并注重教材的更新。

经过3年的办学过程，教学团队累计了一定的教学经验，本年教师团队增加了教材建设的力度，部分教师开始积极参与教材编写工作，启动了《食品安全与卫生学》教材编写工作。

4. 实践教学

食品质量与安全专业按培养目标开设课内实验、课程设计、毕业实习等综合实验项目以及专业实习项目。实践课程开出率100%。

专业综合实验、专业实习安排在学生完成了大部分专业课程的学习后进行。这些实践教学环节增强学生联系各门课程知识并加以综合运用的能力，培养学生理论联系实际和分析、解决问题的能力，提高学生的综合素质和创新能力，提高学生的实践动手能力，熟悉食品企业质量管理与安全体系，加深学生对食品质量与安全政策以及法规的认识，为今后毕业论文的开展以及参加工作打下坚实基础。

表3-60 专业课教师承担课程基本情况表

序号	姓名	性别	年龄	专业技术职务	最后学历毕业学校、专业、学位	现从事专业	开设课程	开设学期	专职/兼职
1	白晨	女	42	教授	日本东北大学食品化学专业农学博士	食品营养学 食品化学	《食品化学》《食品营养学》	第三学期 第四学期	专职
2	宫霞	女	44	教授	江南大学食品生物技术与营养学专业工学博士	食品生物技术 食品科学	《生物化学》《食品保藏与包装》《文献检索与论文写作》《食品质量管理》	第二学期 第五学期 第五学期 第六学期	专职
3	胡国平	男	52	高级工程师	中山大学生物化学专业理学学士	食品微生物学 感官分析	《食品微生物学及检验技术》《食品感官评价》《食品质量安全控制与实验技术》《食品标准与法规》	第三学期 第五学期 第六学期 第七学期	专职
4	黄玥	女	30	讲师	复旦大学营养与食品卫生专业医学硕士(博士在读)	营养与食品卫生	《食品安全卫生学》《食品添加剂》《专业英语》	第五学期 第六学期 第七学期	专职
5	卫晓怡	女	32	讲师	中山大学营养与食品卫生专业医学博士	食品工艺 营养与食品卫生	《食品工艺学》《食品毒理学》《动植物检验检疫》《食品免疫学》	第五学期 第六学期 第七学期	专职
6	陆文蔚	女	32	讲师	上海师范大学微生物学专业硕士	食品理化分析 微生物学	《现代仪器分析》《食品理化分析》《功能食品与功能评价》	第三学期 第四学期 第七学期	专职

	姓名	性别	年龄	职称	毕业学校及专业	所学专业	所授课程	开课学期	专/兼职
7	王淑珍	女	69	教授	东北师范大学 生物工程专业 学士	食品工程 食品安全卫生	《食品安全卫生学》	第四学期	专职
8	俞苓	女	40	副教授	上海海洋大学 水产品加工及贮藏工程专业 硕士	食品工程	《食品工程原理》	第四学期	兼职
9	张婉萍	女	41	副教授	华东理工大学 环境工程专业 工学博士	轻化工程	《食品胶体化学》	第二学期	兼职
10	张大成	男	54	教授	燕山大学 管理学专业 硕士	食品物流学	《食品物流学》	第六学期	专职
11	张广存	男	40	经济师	上海交通大学 物流与供应链专业 博士	经济学	《经济学概论》	第一学期	专职
12	杨迪和	男	62	副教授	上海财经大学 统计学专业 学士	会计学	《会计学基础》	第二学期	专职
13	宋艳婷	女	31	讲师	上海交通大学 IT项目管理专业 硕士	IT项目管理	《职业规划》	第六学期	专职

课内实验情况汇总见表 3-61。

表 3-61

课内实验情况汇总表

课程名称	实验名称	教 学 基 本 要 求
生物化学	蛋白质的两性性质及等电点的测定	了解蛋白质的两性性质;掌握通过聚沉测定蛋白质等电点的方法
	血清蛋白的分离-聚丙烯酰胺凝胶电泳法	学习聚丙烯酰胺凝胶电泳原理;掌握聚丙烯酰胺凝胶垂直板电泳的操作技术
	影响酶促反应的因素	通过本实验了解 PH、温度、抑制剂对酶活力的影响
	离子交换层析法分离氨基酸	学习采用离子交换树脂分离氨基酸的基本原理;掌握离子交换层析柱法的基本操作技术
动植物检验检疫学	原代细胞分离培养	初步掌握哺乳动物细胞的原代分离培养的基本操作过程,为生物工程在动植物检验检疫学上的应用打下基础
	细胞传代培养	初步掌握哺乳动物细胞传代培养的基本操作过程,为生物工程在动植物检验检疫学上的应用打下基础
	聚合酶链式反应实验(PCR)	初步掌握聚合酶链式反应(PCR)实验技术的基本操作过程,为生物技术在动植物检验检疫学上的应用打下基础
	酶联免疫吸附实验(ELASA)	初步掌握酶联免疫吸附(ELASA)实验技术的基本操作过程,为免疫技术在动植物检验检疫学上的应用打下基础
食品工艺学	苹果汁饮料制作	了解果汁饮料一般生产过程,理解配方设计及各成分作用,重点掌握原料预处理及调配;掌握果汁饮料加工技术关键机理,在加工过程中出现的问题、原因、解决方法
	内酯豆腐的加工	掌握豆腐制作原理,了解影响产品质量原因,解决方法,科学依据
	肉糜的制作	了解肉糜的加工工艺流程,掌握肉糜的加工原理和工艺方法
	曲奇饼干的制作	掌握曲奇饼干制作的一般生产过程,理解各步骤的要点及作用,掌握影响饼干品质的关键工艺
食品掺伪鉴别检验	馒头中甲醛合次硫酸氢钠的测定	了解甲醛合次硫酸氢钠(又名吊白块)作为工业用还原剂和漂白剂对人体的危害,掌握馒头等食品中甲醛合次硫酸氢钠的定量测定方法
	油脂皂化价的测定	了解油脂皂化价的含量一般可反映油脂过氧化的程度,并掌握油脂皂化价的测定方法
	牛乳中青霉素含量的快速检验	了解牛乳中含有青霉素,会抑制生产酸乳和乳酪中乳酸杆菌的生长和繁殖;学生掌握牛乳中青霉素含量的测定方法

(续表)

课程名称	实验名称	教 学 基 本 要 求
食品掺伪鉴别检验	酱油总酸度的测定	了解酱油中酸度的测定原理和方法;学会 pH 计的使用;掌握电位滴定法的操作
	木耳中掺淀粉的检验	了解食用菌及农副产品干货掺伪鉴别检测方法;掌握木耳中掺淀粉的检验方法
食品物流学	光明乳业物流公司参观	了解企业的仓储、配送系统
	冷库仓储容量的调研	冷库,调研其容量
	冷链流通蔬菜销售的市场调研	调查冷链流通蔬菜销售情况及存在的主要问题
无机及分析化学	无机与分析化学实验技术与方法	了解基础的无机与分析化学实验技术与方法
	硫酸铜的提纯	了解提纯硫酸铜的原理和方法;巩固理论课所学分布沉淀原理;练习无机制备基本操作:过滤、蒸发、结晶;要求产品外观为蓝色晶体,产率 $\geqslant 50\%$
	氢氧化钠标定和醋酸溶液中 HAc 浓度的测定	掌握酸碱滴定的原理和技术
	水的总硬度测定	掌握 EDTA 标准溶液的配制和标定方法;学会判断配位滴定的终点;了解缓冲溶液的应用;掌握配位滴定的基本原理、方法和计算;掌握铬黑体 T、钙指示剂的使用条件和终点变化;进一步掌握前面学过的仪器
	天然水中亚硝酸盐氮的测定	掌握分光光度法分析原理及操作方法
有机化学	有机化学实验基本操作	了解有机化学实验的基本操作,为后续实验奠定良好的实验基本操作基础
	熔点的测定和温度计的校正	掌握熔点的测定和温度计的校正方法
	蒸馏和分馏	掌握蒸馏和分馏的原理和意义;初步掌握实验室常用蒸馏和分馏的操作方法
	萃取	讲解实验目的、原理、提示实验中重要操作难点;指导按实验步骤完成实验;批阅实验报告及相关讨论问题
	乙酸乙酯的制备	讲解实验目的、原理、提示实验中重要操作难点;指导按实验步骤完成实验;批阅实验报告及相关讨论问题
	茶叶中咖啡因的提取	掌握生物碱的提取方法;了解咖啡因的性质;学习脂肪提取器的使用和作用原理

(续表)

课程名称	实验名称	教 学 基 本 要 求
食品营养学	总可溶性糖测定	掌握食品内总糖的测定原理及方法
	钙铁强化西式蛋糕	掌握矿物质强化食品的设计原则；了解蛋糕类食品的制作方法
	赖氨酸强化点心面包	掌握氨基酸强化食品的设计原则；了解面包类食品的制作方法
	平衡营养食谱编制	掌握平衡食谱编制的原则、编制方法
食品化学	糖度、酸度、乙醇浓度的测定方法	掌握糖度、酸度、乙醇浓度、水分活度的常规测定方法
	果胶的提取和果酱的制备	了解果胶的性质及在食品中的应用；掌握从果皮中提取果胶的方法
	氨基酸的美拉德及茚三酮反应	掌握氨基酸美拉德、茚三酮反应的机理、反应操作过程及在食品中的应用
	明胶的功能性质	掌握pH、内源酶、蔗糖等因素对明胶凝胶强度的作用；了解相关原理在食品中的应用方法
生物统计学	SPSS软件系统的基本操作	掌握SPSS软件系统的基本操作，包括数据文件处理和基本菜单，了解界面和统计方法的位置
	描述统计	掌握连续变数资料频数分布表的制作方法以及算术平均数、方差、标准差、变异系数的意义与计算方法；熟悉总体与样本的概念
	T检验	掌握t检验的概念，在什么情况下使用，会选择单样本t检验、配对样本、独立样本中合适的统计方法；学会这三种单样本t检验、配对样本、独立样本的统计方法；会解释结果，判断因素之间的差异是否显著
	方差分析	掌握方差分析的概念；单因素方差分析、多因素方差分析和重复测量的方差分析的使用情形和计算操作方法；会解释结果，判断因素之间的差异是否显著等
	相关分析	了解相关系数的不同种类、统计方法，Pearson相关系数（r），Kendell's tau-b，Spearman相关系数，会解释结果
	非参数检验	掌握非参数检验方法；建立交叉表采用卡方检验、K-S检验、Mann-Whitney U检验的使用等
	回归分析	了解回归分析的概念、线性回归和曲线估计的使用，如何建立回归方程
	聚类分析、因素分析	了解聚类分析、因素分析的概念和异同和计算方法
食品安全与卫生学	食品中亚硝酸盐的测定	掌握采用国标法检测食品中亚硝酸盐含量的方法
	多酚类物质总量测定	掌握采用比色法检测食品中多酚类物质含量的方法
	食品中部分有害成分的定性检测-1	掌握采用快速检测试纸检测食品菌落总数和大肠菌群值的方法
	食品中部分有害成分的定性检测-2	掌握采用食品安全快速检测速测卡检测蔬菜水果中农药残留；采用快速检测试剂盒检测猪肉和内脏中瘦肉精含量的方法

(续表)

课程名称	实验名称	教学基本要求
食品安全与卫生学	PR-260-KS食品安全检测仪应用-1	掌握PR-260-KS食品安全检测仪的基本使用方法；掌握采用该仪器测定食品中吊白块含量的方法
	PR-260-KS食品安全检测仪应用-2	掌握采用PR-260-KS食品安全检测仪测定食品中有害成分如亚硝酸盐、二氧化硫等含量的方法
食品添加剂	色素的调色应用	掌握颜色调色原理，并进一步了解食用色素的性质与应用时的注意事项
	几种甜味剂性能比较及食盐对甜度的影响	了解并比较几种甜味剂的性能；了解食盐对几种甜味剂甜度的影响
	几种酸味剂的性能比较	了解并比较几种酸味剂的性能
	酸奶乳冻的制作	了解增稠剂、甜味剂、酸味剂的性能、应用
	食品中二氧化硫残留的检测	掌握利用食品安全速测仪测定食品中二氧化硫残留的检测方法
食品微生物检验	微生物实验常规操作与常用仪器设备的操作	了解微生物实验的常用仪器与设备；掌握微生物实验室常用玻璃器皿的清洗及包扎方法
	普通光学显微镜的结构与使用方法 标准细菌玻片的观察	了解普通光学显微镜的基本结构与使用方法；掌握用普通光学显微镜观察标准细菌玻片
	细菌的简单染色与革兰氏染色	学习细菌染色的原理和方法；掌握细菌的简单染色法和革兰氏染色法
	几种常见菌落的比较及微观形态观察	观察细菌、放线菌、酵母、霉菌等代表种类的菌体的微观特征；巩固光学显微镜的使用
	培养基的制备与灭菌	掌握培养基的配置方法；掌握干热灭菌和高压蒸汽灭菌的操作方法
	微生物的分离、纯化和接种	了解微生物分离和纯化的原理；掌握常用的分离纯化微生物的方法
	自然环境中微生物的检测	证明自然环境中存在微生物；比较来自不同场所与不同环境条件下微生物的数量
	微生物菌种保藏方法 食品微生物菌种的复壮技术菌种的退化现象	了解微生物菌种保藏的基本原理和方法；学习并掌握常用的微生物菌种保藏的方法；了解食品微生物菌种复壮技术的三种方法；熟悉微生物菌种复壮的一般方法
	营养元素对微生物生长的影响	了解营养元素对微生物生长发育的影响
	酸乳中乳酸菌活力的测定	了解酸乳中乳酸菌分离原理；学习并掌握酸乳中乳酸菌菌数的检测方法

(续表)

课程名称	实验名称	教 学 基 本 要 求
食品微生物检验	食品中细菌菌落总数的测定	掌握食品中菌落总数测定方法;了解食品清洁程度(被污染的程度)及观察细菌在食品中繁殖的动态,从而为被检样品进行卫生学评价时提供依据
	食品中大肠菌群的测定	掌握大肠菌群的原理及其检验方法,以判别食品的卫生质量;了解MPN测定法在食品卫生检验中的意义
	食品防腐剂抑菌效果的测定	学会利用滤纸片法比较不同食品防腐剂对某些微生物的抑菌效果;学会利用管碟法(牛津杯法)比较不同食品防腐剂对某些微生物的抑菌效果;了解不同pH和热处理温度对防腐剂抑菌活性的影响
食品感官评定	四种基本味觉试验	学会辨别酸、甜、苦、咸四种基本味;了解对四种基本味特别敏感的区域在味觉器官中的分布规律;并对感官评价有一初步了解
	嗅觉灵敏度的试验	了解各种基本气味的气味特征,练习嗅觉鉴定的方法;分辨相似气味间的风味差别以利于在分析型感官评定中正确描述样品气味
	食品风味试验	复习已经掌握的味觉与嗅觉试验方法,对食品风味进行综合评价的练习;辨别和描述水果、蔬菜、饮料等物质的色、香、味、形、质
	其他感觉试验	掌握用味觉和嗅觉以外的其他感觉来鉴定食品的方法;主要对冷热感,辛酸麻辣涩感、脆硬度、黏弹性以及色调等
	一种基本味觉的味阈试验	学习测定一种基本味阈的方法;采用最小变化法测定咸味(或甜味)的绝对阈限
	差别试验(Ⅰ)	分辨样品的味道,学会差别试验的方法;主要学习三角检验与2～3检验的实验方法
	差别试验(Ⅱ)	了解成对比较法的基本方法和适用范围;学会采用成对比较法对多个样品的某一感官品质的强弱进行比较
	排列试验	学会按食品某种特性(如甜度、咸度、风味等)的强度递增顺序进行排列
	强度估计试验	学会用强度估计来鉴定样品之间某质量指标(例如甜度和咸度等)的差别,并且确定浓度与感官响应强度之间的关系
	描述分析试验	学习风味剖析的一般方法(范氏技术);了解滋味(味觉)和气味(嗅觉)的本质区别;掌握风味剖析的基本方法
	消费者试验	消费者试验被广泛应用于确定消费者对样品的态度;调查者所感兴趣的是消费者是否喜欢食品,而无需进行其他详细的食品感官鉴定工作
	一类食品的综合评价实验	设计一个评价市场上几个不同品牌的同种食品的实验,并开展相关的评价分析实验

(续表)

课程名称	实验名称	教 学 基 本 要 求
功能食品与功能评价	功能食品的市场调查及分析	通过文献查阅、问卷设计、市场调研、统计分析等环节（课堂外进行），能够掌握一类功能食品的特点、功能因子的种类等理论知识，以及开发前景及品牌发展等最新资料
	功能食品的设计与研制	初步设计一种功能食品，并对其进行实验室试制与感官分析，从而掌握功能食品设计与加工的基本要求与内容
	功能食品的功能评价与交流	熟悉功能食品检测与评价方法，并能够根据具体要求选择方法，进行试验；对实验二设计研制的具体功能食品进行功能评价与试验方法的设计；对整个实验进行总结与报告的撰写
现代仪器分析	紫外分光光度计的定性分析（扫描光谱）	对紫外分光光度法基本原理的理解，了解紫外分光光度计的构造；学习紫外分光光度计的操作技术，掌握其定性方法
	双波长紫外分光光度计的定量分析	掌握紫外分光光度计的操作技术；熟悉定量方法；学习蛋白质含量的测定的方法
	荧光分光光度计的使用	加深对荧光分析法基本原理的理解，了解荧光光度计的构造；学习测定荧光物质的激发光谱和荧光光谱
	PH计的使用	掌握玻璃电极测量溶液PH值的基本原理和操作技术；对玻璃电极响应特性的了解
	气相色谱仪的使用	掌握气相色谱法分离多组分混合物的方法；熟悉归一化法或其他定量方法测定混合物中各组分的含量
食品理化分析	食品中蛋白质的测定	掌握凯氏定氮法测定蛋白质的原理；熟练使用自动定氮仪
	食品中脂肪含量的测定	熟悉脂肪自动测定仪的结构；掌握食品中脂肪含量测定的原理及方法
	食品中还原糖的测定	掌握直接滴定法测定还原糖的原理和操作方法；学习蛋白质沉淀方法和过滤操作，使学生明确还原糖的测定是糖类测定的基础
	食品中矿物质的测定	掌握食品中灰分的常规测定方法及其作为样品预处理手段的操作要点；掌握食品中铁元素的常规测定方法以及液体样品预处理的具体方法
	测定蜜饯中山梨酸含量、山梨酸钾含量的测定	掌握分光光度法测定蜜饯中山梨酸的原理与方法
	果蔬中还原型抗坏血酸的测定	掌握二氯靛酚测定还原型抗坏血酸的原理和方法

实习实训及课程设计汇总见表3-62。

表 3-62

实习实训及课程设计汇总表

项目			内　　容	基本要求
专业实习	校内	理化检验模块	食品中防腐剂苯甲酸及山梨酸的检测	LC-Solution 软件介绍；标准溶液配制；样品处理
			食品中蛋白质的自动分析法	消化处理、蒸馏；滴定
			食品中维生素的荧光分析检测	荧光分光光度计介绍
			食品中着色剂的分析检测	LC-Solution 软件介绍；标准溶液配制；样品处理；样品测定；数据分析
			食品中抗生素的分析检测	
			食品中有机磷农药的分析检测	
			果蔬农药残留快速检测	掌握农残快速检测技术
		微生物检验模块	水产品微生物菌落总数与大肠杆菌的测定	根据国标分析方法检验产品中的微生物含量
			肉及肉制品微生物菌落总数与大肠杆菌的测定	
			饮料、水果等制品微生物菌落总数与大肠杆菌的测定	
			蔬菜制品微生物菌落总数与大肠杆菌的测定	
			菌落总数、大肠菌群等快速检测	掌握微生物快速检测技术
		感官检验模块	嗅觉、风味试验	辨别和描述食品特性
			成对偏爱检验	表格设计，分析统计方法
			消费者检验与调查问卷设计（接受性检验-9 点快感标度）	问卷设计的基本内容和注意事项
			消费者问卷调查	现场问卷调查的方法、策略
		食品新产品研发模块	新产品研发流程	新产品研发的基本流程
			新产品的设计	市场调研和团队讨论确定产品的设计方案、制作工艺
			产品制作	材料准备及产品制作
			产品综合评价	新产品销售推广方案的制订及产品评价报告
		功能性因子的研究模块	香蕉皮膳食纤维的提取及分析	湿原料和干原料水溶性膳食纤维和水不溶性膳食纤维的提取并分析
			柑橘皮膳食纤维的提取及分析	
			柚子皮膳食纤维的提取及分析	
			紫菜中膳食纤维的提取与分析	
			海带膳食纤维的提取及分析	
			紫心甘薯膳食纤维的提取与分析	
			黄心甘薯膳食纤维的提取及分析	

(续表)

项目		内容		基本要求
专业实习	校外	工厂认知模块	冠生园技术中心检测站	企业的发展及产品特点、加工工艺、质量管理模式等
			上海悠哈食品厂	
			光明乳业	
			统一食品	
		食品质量与安全监测管理模块	上海市食品安全监督管理工作的现状调查	专题讲座及实地考察了解食品监管体系的运作
			食品安全现场抽样检查	参与FDA的质量检查工作,熟悉现场检测的程序及多种手段
			食品安全快速检测	
		食品生产加工实践操作模块	实习基地质量管理工作	通过调研了解实习基地基本分布、经营、管理情况
			实习基地产品加工及质检	实际参与实习基地的产品加工及内部质量检查工作,了解质量管理方法
			政府对实习基地的质量监控	观摩政府质检部门对基地的质量监控过程
课程设计		《食品质量与安全》课程设计		学生通过应用课堂已掌握专业课程的基础知识,在老师指导下,根据实际问题,完成相关的课程设计,为今后运用这些知识解决实际工作中的问题打下基础
毕业实习		《食品质量与安全》毕业实习		综合运用所学理论知识、方法、技能,展开实际工作,配合毕业论文开展调查研究,培养面对现实问题的正确态度和解决问题的能力,培养良好的职业精神

5. 教学手段方法

本专业的教师非常注重教学方法与教学手段的创新。日常教学工作以任务书的形式下达教学任务,使教师明确自己的教学方向和主题。

鼓励教师积极尝试以学生为主体、教师为主导的新型教学模式,加强实践性教学,理论课讲授中积极实践诱导启发式教学方法,充分调动学生的学习主动性和积极性,并分阶段性进行总结、辅导,帮助学生掌握学习重点、掌握学习方法。

多媒体的教学手段普及率达到100%,提高了单位课时的教学容量;直观演示复杂的教学内容,提高了课堂教学效果。

通过互听课制度、新老教师带教制度、教改项目、教改论文等方法促进教学方法的改革。

本年度，教师能够积极参与新专业的基础建设工作，申报教学改革项目，参加企事业单位调研活动，将调研成果运用到理论教学的案例分析中。现累计承担教学研究与改革课题8项，发表教学改革论文7篇。

二、本专业全国布局现状

（一）食品质量与安全专业点布局现状

食品质量与安全专业是我国教育部特批的一个新专业。针对当前的食品质量与安全问题，根据中央和政府的指示和统筹规划，教育部于2001年率先批准西北农林科技大学增设食品质量与安全专业。该校于2002年9月开始招收全国第一届食品质量与安全专业本科生。随后，一批农业院校及具有食品相关专业学生培养能力的理工类高等院校也先后加入了增设食品质量与安全专业的行列。在过去的10年中，设置该专业的院校增加至近百所，包括农业、轻工、理工、科技、医药、水产类及综合性高校，但是，尚无硕士、博士学位设置。

本专业设置存在"农业类院校、农业经济发达的城市较集中"的特点，多数院校的人才培养模式基于食品科学与工程专业的基础，显示"更侧重食品分析检验、食品加工类知识体系，对商品流通领域更为关注的食品安全社会管理知识体系的教学设置不够突出"的特点。

（二）做得最好的院校

西北农林科技大学是我国食品质量与安全专业设置最早的学校。总体上看，中国农业大学、西北农林大学专业设置较早，积累了较丰富的经验，具有较强的办学能力和较好的办学条件，国内处于领先地位。

（三）我院食品质量与安全专业相对位置

设置本专业的国内高校因为情况不同，在人才培养目标定位上各有侧重。现阶段，设置本专业较多的高校为农业类、理工类、轻工类高校，基本是在原有的食品科学与工程的专业教师梯队及实验室资源基础上建立起来的。食品加工技术，食品检验、分析和质量控制是其课程体系的重点。本专业教师曾对浙江工商大学、哈尔滨商业大学等"商科"背景高校进行了调研，发现其人才培养方案也与农、理工科大学类似，并未有十分凸显"商科"院校人才培养特点。

我校地处上海，属于商业高度发达的国际化城市，食品相关行业国际化速度加快，受国外同行业冲击较大，食品质量与安全管理类知识体系对流通领域食品相关产业尤为重要。因此，我校本专业在人才培养目标中突出"大型商业城市"及"商科院校"的办学特色，在基本专业知识体系的基础上适当突出与"商业"相关的知识体系，使得培养人才的定位与上海城市特点更为契合。

基于上述原因，虽然我校食品质量与安全本科专业设置较晚，但在上海乃至全国同专业高校中形成了一定专业特点和优势。

三、本专业社会需求现状

(一) 全国需求现状

近年来,食品的安全性问题,特别是食品的污染对健康造成的威胁,越来越成为人们关注的焦点问题。国内外发生的重大食品安全事件使各方面更加认识到保障食品安全的重要性,食品卫生问题已经上升到食品安全的高度。食品的质量与安全问题不仅影响个人和家庭的健康和生命安全,而且还会影响一个地区,甚至一个国家的经济和政治生活。我国因致病微生物污染引发的食源性中毒事件逐年上升,中毒和死亡人数逐年增加。畜牧业生产中应用激素、β-兴奋剂盐酸克伦特罗(瘦肉精)作为动物饲料添加剂导致动物体内激素残留,应用抗生素引起耐药菌株增加和残留,对人体生理机能造成破坏,引起致残、致敏、致畸、致癌等后果的已屡见不鲜。我国出口的蔬菜、粮食、肉类食品由于农药和兽药残留和毒素的污染被进口国拒绝、扣留、退货、索赔和终止合同的事件时有发生。

我国正在加快食品质量与安全立法的进度,由食品药品监管局组织协调,农业、技术监督、工商和卫生部门分工管理,完善食品质量与安全标准,建立完善的食品质量。按照国际流行的模式,覆盖生产、加工、流通和消费各个领域,实行"从土地到餐桌"的全程管理。

培养食品质量与安全专业人才已成为解决这些问题的迫切需要。

(二) 上海(区域)需求现状

上海等大型城市,由于人口、居民收入及知识层次远高于其他中小型城市,食品质量与安全管理被视为城市发展的重要保障。相对其他城市,上海市民对食品质量与安全的关注度更高,政府投入更多,政府对食品生产加工及流通环节的管理更严格,企业对相关人才的需求更迫切。上海现有上海海洋大学等4所公立高校设置本专业,首批招生在2005年至2008年,已毕业人数约为300人。与上海城市规模相比,本专业人力资源缺乏较明显。

同时,全国范围统计结果显示,本专业设置存在"农口院校、农业经济发达的城市较集中"的特点,多数院校的人才培养模式基于食品科学与工程专业的基础,显示"更侧重食品分析检验、食品加工类知识体系,对商品流通领域更为关注的食品安全社会管理知识体系的教学设置不够突出"的特点。随着我国加入WTO,上海等商业发达的国际化城市的食品相关行业国际化速度加快,受国外同行业冲击较大,食品质量与安全管理类知识体系对流通领域食品相关产业尤为重要。因此,具有"商科"特点的高等院校发展本专业,在基本专业知识体系的基础上适当突出"商业"相关知识体系,其人才培养更适合国家经济发展及上海对本专业人才的需求特点。

四、本专业人才培养各环节质量的评价

(一) 教师对本专业人才培养方案、师资队伍、课程建设、教材建设、理论教学、实践教学、教学手段方法、考核评价等环节的评价

1. 人才培养方案

本专业人才培养方案是在专业教师集体调研的基础上形成的,专业教师一致认为本专

业人才培养方案符合我校办学定位,体现了我校"商科"特色,同时与我国经济发展特别是上海市对于食品质量与安全专业人才的需求相契合。

2. 师资队伍

本专业自成立以来,注重教师师德培养。教师把为人师表、教书育人的行为规范贯穿于日常紧张的教学和科研工作中,对教学工作认真负责,从严执教。教师积极参与食品质量与安全专业建设,专业建设气氛呈现积极向上的、开放的、和谐的、互相促进的良性循环。教师富有协作精神,团队意识强烈,本专业每周定期举行教学研讨活动,教学方法力求创新,交流教学心得,探索专业发展方向,同时积极申请各级教学科研项目。整个教师团队体现了较高的专业水平,在学生中反响良好。专业教师能够严格完成教学计划、教学大纲和教案的编写;所有食品质量与安全的专业课程都备有完整的教学文件,教学文件的检查坚持系、院二级批准制。在授课后,教师根据本科教学需要理论结合实际这一特点,布置启发性、开放性作业,并且坚持批改和反馈。教师们积极指导学生科研活动,使学生在专业知识拓展方面得到提升。

结合本专业的办学特点,教师们积极参加相关的专业培训、学术会议(参加各类学术会议30余人次)、企事业单位调研学习,与时俱进提高专业技能,形成一支集体凝聚力强、富有朝气的专业团队,获得学校"文明班组"的光荣称号。3名青年教师获得校级"青年教师教学基本功大赛"优胜奖。2008年以来,学生网上测评专业教师的教学效果良好以上的占90%,学院督导办也多次对专业老师的教学水平表示赞赏。

教师个人科研方向规划与本专业学科发展方向和规划结合,初步形成各自的研究重点;在专业研究的同时结合教改实践进行教改研究,形成两方面互相补充、促进的形势。教师对现有师资队伍基本满意,但是认为食品工程方向教师有待加强。

3. 课程建设

专业课程建设是各项教学建设工作的起点。本专业十分重视这项工作内容,组织同领域专家及专业教师对课程设置方案进行反复论证,以专业建设费及学校课程建设项目促进课程建设工作。本专业每年重点对1~2门专业主干课进行建设,鼓励教师申报校级、市级课程建设项目。完善的教学资料管理,规范各教学环节、教学过程。按学校及本专业组教学规定,所有教学文件必须上报、存档,教师必须严格按照教学计划完成教学工作。教学计划中设置的所有已开设课程的教学大纲、实验教学大纲、教学计划齐全。重点课程编写了题库与案例库。所有课程严格按统一标准批阅试卷、保管试卷。

对本专业课程建设情况,教师总体上认为已有良好成效。

4. 教材建设

由于本专业设置时间较短,专业教材建设情况是一个相对薄弱环节。目前专业课程教材的选用以国家规划教材、获奖教材为主,专业教材编写工作刚刚起步,仅有《食品安全与卫生学》教材进入编写阶段。未来需要与同领域高校进行紧密合作,加快教材建设工作进程。

5. 理论教学

在理论教学方面,本专业教师对理论教学的满意度满意占80%,认为专业理论教学扎实,商业案例运用体现学校特色,教学方法与教学手段持续进步,教学效果良好,具有一定优势;20%的教师对理论教学环节评议为"良",主要意见:理论教学中前沿新知识的比例可适当提高,教师科研与理论教学结合有待深入。

6. 实践教学

在实践教学方面,本专业教师对实践教学的满意度满意占75%,认为专业实践教学符合人才培养目标,通过校内实验室建设及校企合作实践教学硬件环境得到较大提升。25%的教师对实践教学环节评议为"良",主要意见:专业实习的校内校外划分应更加清晰,实习内容需要进一步固化。

7. 教学手段方法

对本专业教学手段、方法的调查,70%的教师表示"满意",30%的教师认为"一般",无人选择"不满意"这一选项。综合众多教师的观点,应继续探索研究各种有效的教学手段、方法,提升教学满意度。为更好地将课堂讨论、小论文等教学方法运用到教学中,教师对部分专业课程的考核方式提出了新的建议,认为实践性较强的专业课程应加大实践课的考核比重,删除期中考试环节。

8. 考核评价

关于考核评价的调查情况,50%的教师表示"满意",50%的教师认为"一般",无人选择"不满意"这一选项。众多教师的观点,应继续探索更加多元、合理、灵活的考核评价方式,适当调整督导、学生评价分数占比。

(二)学生对本专业人才培养方案、师资队伍、课程建设、教材建设、理论教学、实践教学、教学手段方法、考核评价等环节的评价

学生座谈、交流、意见收集结果显示,学生对本专业人才培养方案充分理解,对未来就业定位基本清晰,整体感到满意,具有一定的专业自豪感。

认为本专业师资队伍具有较高的师德风范及专业学术水平。对教学工作认真负责,教学方法持续创新,教学手段灵活。教师能够积极、热心地指导学生科研活动,使学生在专业知识拓展方面得到提升。

学生普遍认为本专业教材选择适合教学目标定位,实践教学环节设置合理,层次清晰,实践教学对理论知识的掌握具有较好的促进作用。希望在专业实习等综合性实践教学环节,能够得到更多引入企业专家的专业指导。

学生同时提出能够参与到教师的课程建设工作,使课程设计更符合现年龄段学生的学习特点,我校的课程中心网站能够更好地发挥作用。

五、本专业的亮点或特色

立足上海,充分发挥学校的"商科"优势与特色,侧重专业教育。重点培养食品质量与安全应用型人才,适应国家,特别是上海等大型商业城市经济发展需要,与上海商学院应用型本科的定位相一致。

1. 基于"商科"背景的食品质量与安全管理人才培养

本专业依托学校的"商科"背景,在基本专业知识体系的基础上适当突出"商业"相关知识体系,重视商业案例在教学中的运用;实践教学环节更侧重食品流通领域食品安全检测、监控、管理等相关技能培养;人才培养定位与商业发达城市食品行业需求较为契合,在上海等大型城市具有较好的就业前景。

2. 以流通领域食品安全问题为主要亮点的实践教学体系

实践教学是人才培养的重要环节,是实现人才知识、能力、素质协调发展的重要途径和手段。食品质量与安全专业又是一个实践技能要求较强的专业,因此本专业组在与企业进行广泛交流的基础上,进一步明确实践教学改革的指导思想,在符合国家教学指导委员会对本专业实践教学体系的规范要求基础上,与食品药品监督所、上海百联集团等食品流通领域相关企事业单位建立了校企合作平台,形成了校内、校外两级四模块的专业实习模式。实践教学体系聚焦流通领域食品安全问题,学生的实践活动内容充实,符合我校商科特色,有效地激发了学生学习热情,提升了学生专业综合能力。

六、本专业教学和管理中存在的问题及改革措施

(一) 新引进青年教师企业工作实践尚显不足

原因:受限于高等院校教师引进对博士学位的限制,导致新进青年教师多为应届博士,企业工作实践不足,教师团队"双师结构"有待加强。

改进措施:在人才引进过程中,优先引进具有博士学位及企业工作经验的教师;计划2011年起每年选送1名青年教师到企业挂职工作;积极推进教师参加应用技能知识培训,定期组织教师企业调研活动,增进与企业技术人员的交流;积极推进企业专家参与教学,特别是实验、实践环节的教学工作。

(二) 教师获取科研成果的水平有待提高

原因:我校是以教学为主的应用型本科学校,总体教师编制较少,教学任务较多,尚未获得招收硕士、博士生的资格,教师科研平台薄弱,重大科研项目获得率较低。

改进措施:建立教师定期参加学术会议制度,通过学术交流寻找科研新生点;组织校际交流活动,与同行专家建立合作关系,形成校内、校外科研合作平台,充分利用科研实力较强高校的科研设备;在满足教学设备情况下,未来5年重点建设教师科研平台;利用校学科建设资金,设立青年教师科研启动项目;通过校企合作平台寻找与企业联合的应用型课题。

(三) 实践教学体制需进一步优化

原因:我系建系时间较短,凸显"商科"特色的实践教学平台需进一步完善。

改进措施:现专业实习分为校内和校外两部分。校内部分的模块划分尚未凸显"商科"特色,未来将进一步完善。计划形成适合食品质量管理方向的"流通领域的食品安全"模块,食品市场营销方向的"新产品设计与研发"模块。校外部分,受限于企业对短期实习学生接受度较低及学校所属区域(离市区较远)的限制,学生实习场所、内容不确定因素较多。未来,将现有校企合作平台进一步优化,形成紧密结合型校企合作机制,保证校外实习的稳定性。

(四) 本专业双语教学及全英文教学课程缺乏,自编教材编写刚刚启动

原因:由于我系建系时间短,2008—2010年教学工作重点是保证基础教学环节达到专

业设置要求。

改进措施：为提升专业办学水平，在完成专业基础建设工作后，未来5年将重点开展双语教学及全英文教学课程的建设工作和自编特色教材的建设工作。每年选派1～2名教师到国外院校交流进修，逐步提高双语教学课程比率，每年增加1门双语教学课程，5年内完成1门全英文教学课程。

制定教材编写计划，联合其他高校教师主编或参编专业教材。每年启动1～2本符合商科院校特色的以商业案例为主的专业主干课程教材编写工作。

（五）实验室周六周日不能对学生开放

原因：现有学校安全工作条例要求学生必须在教师指导下才可使用实验室，制约学生课外科研实验室使用。

改进措施：制定专业实验室门限及使用制度，增加学生实验室的使用时间。

七、本专业未来发展思考

食品质量与安全专业在国内有近百所高校设置，既体现了相关人才的社会需求较高，也表明未来学生将面临严峻的竞争压力。如何深度比较国内同类院校，突出提炼自己特色，凸显我校人才培养的特点，使学生更符合用人单位需求，更具有就业竞争实力，这是未来本专业建设和发展的重要课题。

专业成立之初，就本专业的就业趋势进行了充分研讨，明确了我校本专业人才培养的未来社会服务面向。充分依托我校较强的"商科"背景，在学生的课程设置中以普适课及选修课的形式设置商业管理基础课程。在进入专业课阶段，紧密结合城市食品经济中的流通环节所需的知识体系及应用技能设计课程内容，以食品流通环节的重要事件为主要教学案例，加深学生对理论知识的理解，使学生的专业知识与学校的商科特色有机结合，在与其他高校同专业学生的就业竞争中取得差异化优势。

为培养学生的专业自信心，本专业在学校的就业指导工作基础上，在入学之初及2年级下学期增设以用人单位和专业教师共同主导的专业及就业教育讲座，与企业专家一起为学生剖析商科院校食品质量与安全专业学生的就业方向和优势，同时让学生在进入专业课及实习环节前了解各专业课及相关实践教学环节与自己的理想就业职位的相关性，使学生有目的地报读专业选修课程及校公共选修课程。上诉措施在学生的专业认知度及就业竞争力提升上取得了较好的效果。

虽然本专业尚无毕业学生，但是纵观上海市其他"食品质量与安全"专业学生的就业状况，入职的专业对口度较低是一个主要问题。通过对学生就业趋势的调查分析后发现，其原因主要有3点：一是传统食品企业的用工待遇较低，导致专业人才流失；二是上海等大型都市，商业、贸易、咨询服务等工作机会、薪资及事业发展空间远高于食品企业及食品检测机构，而85%以上的学生毕业后选择经济发达的大城市择业，造成本专业学生向上述行业"流失"；三是我国在食品法规的推行进程上尚待时日，企业即使有本专业人才需求，但是在国家强制法律尚未实施之前，对人才的投入尚少，这一现象将在未来几年具有较大改善。

我校学生由于具有"商科"院校背景及知识基础，在同专业学生中具一定的就业有优势。

其就业面向除传统的食品生产企业外，由于食品是商品流通中的最大组成部分，所以商业、贸易公司的食品部门也成为我校本专业学生的主要择业方向。部分学生在辅修金融、会计、法律等专业时，也将就职行业中与食品质量与安全专业内涵紧密相关企业或部门作为未来择业的重要方向。从企业调研结果发现，具有"食品质量与安全"专业背景的商科院校毕业生源受到很多包括商品零售、批发企业、国内国际传统贸易企业、电子商务平台企业、金融行业服务行业等行业的认可。同时，从与第三方检测机构等企业的交流中我们也发现，未来我国食品检测全面推向社会独立第三方机构，相关技术人员需求上升的同时，具有技术背景的销售、培训、服务人员的需求也将快速上升，而这样的岗位最需要的就是专业知识与商业知识兼备的应用型人才。由于我校本专业的人才培养模式知识体系及具体教学内容上都以未来学生就业面向为主要设置依据，相信其效果在即将进行的就业工作中得以体现。

英语专业教学质量年度报告

一、专业简介

(一) 专业设置沿革

我校的英语专业成立于2005年,开始招收第一届本科生。2007年招收第一届专升本学生。2009年获得"英语语言文学"学士学位授予权。时至今日,除个别年份外,英语专业一直坚持每届4个本科班,1个专升本班的招生规模。

为了适应社会对英语人才的多元化需求,本着"加强基础,办出特色"的建设方针,从2009年起英语专业设置了3个专业方向:在专业必修课保持不变的基础上,除语言文学方向外,还向学生提供商务、翻译两个方向的专业选修课。从2005年至今,本专业已培养了英语专业本科生(含专升本班)400余人。

(二) 人才培养

1. 培养目标

本专业培养学生具有扎实的英语语言应用能力和英美文学及英语语言学的基本知识,掌握一定的商务英语词汇和商务知识,能适应上海地区经济发展对人才的需要,毕业后能在外事、经贸、文化、教育、科研、新闻出版、旅游等部门从事翻译、教学、研究、管理、文化交流等工作,成为复合型应用型英语高级人才。

2. 培养规格

本专业学生通过基础英语、高级英语、英语写作、英语翻译、英语听力、英语口语、实践教学等课程的学习,在英语听、说、读、写、译各方面的熟巧训练,掌握一定的英语语言文学、商务英语词汇和商务知识,具有运用英语从事翻译、研究、教学、谈判、交流工作的业务水平和基本素养。

本专业毕业生应获得以下几个方面的知识与能力:
(1) 具有爱国敬业的精神,遵守国家有关方针、政策和法规。
(2) 具备扎实的英语听、说、读、写、译的能力和一定的英语语言文学知识。
(3) 了解我国国情和英语国家的社会和文化,具有一定的文化素养。
(4) 掌握基本的经济、贸易、金融等方面的英语词汇和知识。
(5) 具有一定的第二外国语的实际应用能力。
(6) 掌握文献检索、资料查询及运用现代信息技术获得相关信息的基本方法,具有初步科学研究和实际工作能力。

（三）专业资源

目前,本专业共有 17 名专任教师,其中教授 1 名,副教授 5 名,讲师 10 名,助教 1 名,具有博士学位的教师 2 名,具有硕士学位的教师 14 名,具有学士学位 1 名；35 岁以下共 7 人,36～45 岁共 6 人,46 岁以上 4 人。

英语专业课程建设已取得了显著的成绩,现已完成校级重点建设课程 5 门：《基础英语》、《翻译理论与实践》、《高级英语》、《英语写作及英语口语》；建设中的校级重点课程 2 门：《英语听力与英美文学选读》；已完成市级重点建设课程 1 门：《翻译理论与实践》；建设中的市级重点课程为 2 门：《高级英语与英语口语》；建设中的校级精品课程 1 门：《翻译理论与实践》。重点课程及精品课程建设为英语专业教学水平的提高起到了良好的推动作用,为学生的专业学习打造了资源丰富的平台。

英语专业 70% 以上的相关课程选用了国家规划教材、获奖教材。本专业教学实践环节则由学年论文、专业实习、毕业实习和毕业论文构成。本专业教学力求实现教学方法的科学性、时效性、信息性、多样性和能动性。采用启发式、讨论式、参与式、研究性学习等先进的教学方法启开学生的学习激情。注重教育过程,培养学生养成良好的学习习惯、独立思考能力和创新能力,最大限度地挖掘学生的潜力,有效地调动学生的学习积极性,促进学生积极思考,激发学生的潜能,引导学生主动自学。同时,教师们注重采用先进的教学手段及先进的信息技术,结合多媒体教学。另外,通过网络资源的丰富,教学网站的建立使得教学具有互动性、灵活性,利于大信息量的传递,增加学生在课程教学中的参与度与融合度,有效促进学生自主学习。

本专业每届有学生 90～100 人,本市和外省市生源基本上各占一半。2010 年 9 月至 2011 年 8 月,本专业学生在全国性口语类大赛中获得一等奖的有 1 人次,二等奖 1 人次,三等奖 2 人次；毕馨云获 2011 年 CCTV"希望之星"英语风采大赛上海赛区一等奖；徐宛清获 2011 年 CCTV"希望之星"英语风采大赛上海赛区三等奖；陈雅琪获 2010 年"外研社杯"全国英语演讲大赛上海赛区二等奖。全国大学生英语大赛中也有多名学生获得二等、三等奖。

二、本专业全国布局现状

（一）专业点布局现状

自改革开放以来,我国的英语专业和英语学科取得了飞速发展,也取得了巨大的成绩。尤其是随着高校的调整合并,英语专业不断增加,加之高校的扩招,现在的英语专业的学生人数骤增。据统计,1995 年全国开设英语专业的学校共有 200 多所,当时除了英语院校外,开设英语专业的主要是师范院校和综合性院校。到 2005 年增加到 790 所。目前英语专业点总数达到 900 多个,英语专业学生总数达 80 多万。可以说,英语专业是目前我国高校中开设极为广泛的一门专业。以上海地区为例,除了个别院校未开设英语专业之外,其他各个层次的院校,无论是老牌的 985 高校还是英语类院校抑或是新建的民办高校,均设置了英语专业。

(二) 做得最好的院校

英语专业的开设目前可以说是广而泛,但不同层次不同院校之间的英语专业的发展现状有着较大的差别。结合发展历史、师资力量的诸多因素,从全国范围来看,英语专业发展较好的主要是以复旦为代表的985高校和以北外、上外等为代表的英语类专业院校。

(三) 自己(专业)的相对位置

上海商学院是一所典型的应用型本科院校。商科一直以来都是我校的长项,也是我校重点发展的学科,与商科类专业相比,以英语为代表的语言类专业在很大程度上只是为了专业配置而设置"绿叶"。而且不可否认的是,当前我校的英语专业无论是发展的外部环境还是内部条件方面都面临挑战,前面有老牌的、强势的研究型综合性大学,后面有各类高职院校。因此,本专业在高等学校英语专业的发展序列中处于"中间地带"。

三、本专业社会需求现状

(一) 全国需求现状

近年来,随着我国加入世界贸易组织、北京奥运会成功举办以及上海世博会的成功召开,我国又掀起了一股比以往任何时候都要高涨的英语学习热潮,英语人才再次吸引了全社会的视线。在人才竞争日趋激烈的现实中,尽管英语人才依然是职场宠儿,但是我国对"英语+专业"的复合型人才需求显然更为迫切。目前这类复合型人才严重缺乏。

(二) 上海(区域)需求现状

随着世界经济全球化趋势的明显加快,上海经济与世界经济的联系越来越多。上海已成为中国最大经济、金融、贸易城市,是人才涌动的摇篮。据调查,目前上海地区对英语人才的需求状况有两个趋势。

1. 高端人才严重缺失

2006年在上海举行的国际研讨会透露,我国约有3亿人在学英语,其中,大中小学学习英语的人数超过1亿人。尽管我国有数亿人学英语,可是,我国仍然缺乏高端英语人才。其中,同声传译人才和书面翻译人才等高端英语人才严重缺乏。真正有水平、受过专业训练的翻译人才很少,高水平的翻译大约占总数的5%,甚至更少。能够胜任国际会议口译的专业人员数目就可想而知。

2. 既有专业又懂英语的"双料"人才更加走俏

随着社会经济的发展和上海城市功能的变化,国际交往越来越频繁,单一的英语人才已经不再吃香,精通国际经济贸易、公司管理等专业知识的复合型英语人才在就业市场上颇受青睐。有关部门进行过的一次问卷调查显示,目前市场对纯英语人才的需求在逐年下降,希望英语人才具有较广博的知识的比例则上升至66%。相对于过去那种针对性不强、定位不够清晰的通用英语,企业更愿意招聘"双料"人才,即"英语+专业知识"的复合型人才。社会和经济的快速发展,对英语人才的知识结构和素质提出了更高的要求,也改变了传统的衡量人才的标准。在新形势下，只拥有英语知识远远不够，还必须拥有相当宽广的知识面，一定深度的专业知识，较强的管理交际能力和较好的综合素质，才能适应加入全球经济一体化对英语人才的需要。

四、本专业人才培养各环节质量的评价

（一）教师对本专业人才培养方案、师资队伍、课程建设、教材建设、理论教学、实践教学、教学手段方法、考核评价等环节的评价（满意度）

英语系教师对本专业人才培养方案、师资队伍、课程建设、教材建设、理论教学、实践教学、教学手段方法、考核评价等环节总体表示满意。

同时教师们也提出了一些合理化建议，比如：

在人才培养方案方面，教师们希望本专业能在加强相关知识课程建设的同时更好地兼顾学生的语言技能和人文素养的培养。

在师资队伍建设方面，教师们希望能获得更多的培训和进修机会，特别是国外进修，这对于英语专业教师的成长是相当重要的，另外这对于课程建设也有着极大的推动作用。

在考核评价方面，教师们则希望能在课程考核方式的选择上享有更大的自由度。

（二）学生对本专业人才培养方案、师资队伍、课程建设、教材建设、理论教学、实践教学、教学手段方法、考核评价等环节的评价（满意度）

英语系学生对本专业人才培养方案、师资队伍、课程建设、教材建设、理论教学、实践教学、教学手段方法、考核评价等环节总体表示满意。

当然，学生们也提出了一些合理化建议，比如：

在教材建设方面，学生们希望使用更加权威、且与时俱进的教材。

在理论教学方面，学生们希望老师能多结合事例进行讲解，让枯燥的理论变得生动易懂，另外也希望教师能提供更多课本外的与课程相关信息。

在实践教学方面，学生们希望能拥有更多的校外实践机会。

在考核评价方面，学生们希望老师能更多地关注整个学习过程，加大过程考核的权重等。

五、本专业的亮点或特色

从2009级起我们对英语专业的教学计划作了调整，将专业选修课细分为三个专业方向：商务、翻译、语言文学。

为了配合调整后的三个专业方向，我们对课程设置也作了相应调整，加强各专业方向基础知识的系统性和完整性，让学生学有所专。2010年，根据实际的执行效果，我们又对部分课程进行了微调，使课程设置更趋完善。例如，考虑到商务口译人才的紧缺性，新增了商务英语口译课程；考虑到商务知识掌握的渐进性，将对《外贸易实务》、《商务沟通与谈判（英语）》、《国际商业文化》这三门课程的开设学期进行了调整。

教学内容则更侧重实用性。因本专业选修课的课时相对有限，所以我们在实际操作过

程中采取"基本理论+实践"的模式,在课堂内外创造一切条件,如模拟实景操练、角色扮演、课堂讨论、作品展示、演讲赛、辩论赛、校外实践等多种形式,让学生学以致用。

近几年本专业毕业生的就业率一直保持在学校前三位。

六、本专业教学和管理中存在的问题及改革措施

(一) 存在问题

从目前来看,应用型本科院校的英语专业在近些年的发展过程中,已取得了一些成功的经验,但在具体的实践中还存在很多问题。我校的英语专业也存在类似问题。

1. 培养目标尚不明确

英语专业开设了商务、翻译、语言文学等方向,以此来满足社会和市场对于英语人才的多样化需求,争得自己的生存权利。但由于这方面的教学和管理都处于起步阶段,缺乏实践经验,所以人才培养目标还有待于进一步明确。

2. 培养模式、专业课程设置欠合理

自2000年教育部颁发了《高等学校英语专业英语教学大纲》(以下简称《大纲》)对英语专业的培养目标作了明确规定之后,大部分应用型本科院校都在英语专业的课程设置里陆续添加了一些涉外型的和经济活动相关的课程。我们的英语专业也不例外。英语专业的课程设置变成了英语专业技能课程+英语专业知识课程+相关专业知识课程。但本专业的实际生源决定了他们在专业技能和专业知识方面基础较差,急需加强。目前的专业教学计划中英语专业技能课程、英语专业知识课程、相关专业知识课程这三者的比例还不太科学,需要调整。

3. 实践教学环节薄弱

尽管处于应用型本科院校,本专业强调了实践教学,但由于资源等诸多方面的限制,很多时候往往事与愿违,英语专业的实践教学环节仍然相当薄弱,如缺少为英语专业专门配备的实训室、缺少校外实习基地、语音室使用率不高、学生自主进行听说读写实践的积极性不高等。

(二) 改革措施

1. 明确培养目标

2000年《大纲》将英语专业人才的培养目标定为培养具有扎实的基本功、宽广的知识面、一定的相关专业知识、较强的能力和较高的素质的复合型英语人才,其核心首先是"英语人才"。这就要求我们一定要在打好扎实的英语语言基本功和牢固掌握英语专业知识的前提下,拓宽人文学科知识和科技知识,掌握与毕业后所从事的工作有关的专业基础知识。

2. 合理选择培养模式,完善专业课程设置

作为应用型本科院校,我们的英语专业学生的知识结构至少应该由2个模块组成:

(1) 英语语言知识和技能模块(含必要的文学和文化知识)。

(2) 商贸知识和管理知识模块。因此我们根据知识结构的需要制定相应的课程,落实复合型人才的培养目标。第一模块开设的课程应依据《大纲》规定的专业技能、专业知识课程进行开设,略有调整。第二模块的课程则根据我校的特点和办学方向,由本专业教师与校内相关院系教师共同开设。

英语专业结合了自己的实际情况,对现有课程设置进行改革。首先,分析现有的课程设置,发现它的变化与不足之处。其次,根据确定的培养目标和商科院校英语专业学生知识结构等划定课程结构,开设具体课程。

3. 加强实践教学环节建设

英语专业采取了一系列措施进一步加强了实践教学环节建设。我们鼓励老师进语音室上课给学生提供更多的课堂实践机会。我们积极为学生争取校外实习机会,我们还制定相关政策激励学生进自主学习教室进行听说读写实践。

七、本专业未来发展思考

(一) 与社会需求匹配的专业人才培养模式

进入21世纪以来,为了适应人才市场的需要,英语专业人才培养的一个显著特点是各高校广泛开展的复合型人才培养的讨论。2000年,教育部颁发的《大纲》,确认了培养复合型人才是英语专业的方向,并提出英语专业的课程由三类组成,即专业技能课、专业知识课(文学、语言学、文化、国家概况)和相关专业知识课,而第三类课程包括了从新闻、金融经济到外交、国际关系等多种门类的专业。这一课程设置完全反映了《大纲》对英语专业的定位:英语专业应成为复合专业。《大纲》的培养目标从原来高年级大纲提出的"高级英语人才"到"复合型英语人才"的转变,隐含了某种值得反思的意味,即英语专业的培养重心已由专业水准转到了专业的社会适应性。

作为一所应用性本科院校的英语专业,我们应当结合上海乃至全国社会和经济的发展需求,就业市场的发展需求,以及我校的办学定位,实事求是,因地制宜,因校制宜,努力培养出高质量的复合型英语专业人才。

(二) 发展思考

我们对英语专业教育的目的必须有一个清醒的认识,英语专业教育教学改革应从本学科定位出发,重视其人文学科的属性,在坚持英语教育规律的同时确立符合社会需求的价值取向。我们提出应从"校本位"出发,来确定人才培养目标。从本校的实际状况去考虑办学的定位,兼顾发展历史、师资力量、教学条件,又面向区域性的社会经济需求,人尽其才,追求特色。英语专业在面向社会需求的进程中,找准自身的发展的定位。

根据目前社会对英语人才的需求情况和我校的实际情况,要办好英语专业我们面前有两种途径:其一,我们的英语专业教学要能让学生将英语相关知识学透、学精,达到一定的高度和层次;其二,就我们的英语专业教学要能让学生扩大自己的知识面,在学好英语的基础上,基本掌握1~2门其他专业或其他语种。因此,本专业目前三个方向的设置,特别是商务和翻译方向是具有前瞻性的。对我们学校的英语专业来说,关键是正确平衡好英语专业技能课程、英语专业知识课程和相关专业知识课程的比例关系,在不影响英语学习质量的前提下,又能符合复合专业的要求。

所以,英语专业在未来的发展中必须特别注重上述三者的平衡问题,力争做到三者一起抓,并且努力抓好抓实。

日语专业教学质量年度报告

一、专业简介

(一) 专业设置沿革

上海有日资企业 6 000 多家,除一般的一线工人以外,大量的办公事务人员需要一定的日语语言能力以便与日方人员进行沟通。在这样的大背景下,2002 年秋季,上海商学院秉承多年来的积累筹建了日语系,并于 2006 年成功申请设立了本科日语专业,当年招收了 4 个班级共计 115 名本科生。其后于 2007 年秋季,招收了 4 个班级共计 102 名学生;2008 年秋季招收了 4 个班级共计 125 名本科生。此外,在 2008 年招收了 8 名"专升本"的插班生;2009 年招生 2 个班级约 60 人,2010 年招生 3 个班级,约 90 人。日语专业目前共有 350 名在校本科生。其中,2006 级的 115 名本科生已于 2010 年 7 月毕业,2007 级的 102 名本科生已于 2011 年毕业,2008 级的 125 名本科生于 2012 年顺利毕业。现在校生数约 350 人,即每个年级 3 个班,班均数约 30 人。

本专业在外语学院的相近支撑专业为"英语";在经济学院的相近支撑专业为"国际经济与贸易",在管理学院的相近支撑专业为"连锁经营管理"。

(二) 人才培养

1. 培养目标

本专业培养学生具备扎实的日语语言能力和宽泛的文化科学知识,能在外事、经贸、文化、教育、新闻、旅游、出版等行业、机构或部门从事翻译、管理、文秘、研究等工作,成为德才兼备的应用型专业日语人才。

2. 培养规格

本专业旨在培养具有商务知识特色、能从事实际业务和管理的日语专业人才。

毕业生应获得以下几方面的知识和能力:

(1) 热爱祖国,勤学敬业,遵守国家有关的方针、政策和法规。

(2) 掌握相关的日语语言知识,具备扎实的日语听、说、读、写、译的能力。

(3) 具有较好的汉语表达能力和基本调研能力。

(4) 掌握一定的经济、贸易、金融等方面的商务知识。

(5) 了解中日两国的国情、社会、文化。

(6) 具有一定的第二外国语的应用能力。

(7) 具备使用计算机处理办公事务的技能。

(8) 掌握文献检索、资料查询的基本方法,具备从事科学研究的基本能力。

(三) 专业资源

1. 师资队伍建设

(1) 教风建设。加强师德教风建设,增强教师教书育人意识,全面提高教师综合素质。严格教学管理制度,明确教师岗位职责。端正和树立正确的学术研究态度,刻苦钻研业务,提高学术水平,撰写高质量的学术文章,为本专业学科建设作出应有的贡献。

(2) 教学团队建设。为促进教学质量的进一步提高,本专业继续加强师资队伍建设,重点加强基础日语团队及商务日语团队的建设、发展工作。充分发挥骨干教师及学科带头人的作用,丰富教学团队内容,提高团队活动质量,增强团队凝聚力。

① 为青年教师提供外出接受师资培训、参加学术交流及研讨的机会,开拓其视野。

② 给青年教师委以重任,给予青年教师更多实践、施展才华的机会。

③ 鼓励青年教师对自己的专业发展设计长远的目标。

④ 充分发挥中年教师的骨干力量及榜样作用。中年教师是教学的骨干,教学经验丰富,具有奉献精神,在教学中应做好传、帮、带。

⑤ 调动教师参与各类科研课题申报的积极性,鼓励教师更多撰写学术论文,提高团队的整体教学、科研水平。

⑥ 加强教师之间的交流与切磋,增强团队的凝聚力、融合度及创新能力。

⑦ 坚持"走出去","请进来"。组织教师到名校观摩学习,参加单科进修。聘请校外知名专家学者来校讲学、开设讲座。

目前,日语系有 14 位教师,全部为硕士以上学位,其中 2 位的博士课程已修完;约有一半教师从日本学成归国,其余教师大都毕业于"985"、"211"大学。至今为止,日语系已拥有 1 位教授、2 位副教授,其余均为讲师。此外,还聘请了 2 位日籍外教,使学生能近距离接触日本人。目前已建设《日语精读》、《日语翻译与技巧》、《日语听力》等校级精品课程,《日语听力》课程正在建设中。

2. 教学基本建设

(1) 本专业人才培养模式实施"日语+专业方向",将培养日语基本功扎实、知识结构合理、具有广泛适应能力的复合型、应用型、创新型专门日语人才作为自己的人才培养方向。

在教学方面,注重培养语言的相关技能,提高日语的综合运用能力。日语本科教学分为两个阶段:基础阶段和高级阶段。基础阶段注重培养学生扎实的、系统的语言基础知识和较强的听、说、读、写、译等专业技能;高级阶段在开设专业必修课的同时按专业方向开设选修课,使得学生的知识面得到拓宽,知识结构合理,以达到本专业培养目标和基本培养规格。

(2) 教学内容和课程体系。根据"日语+专业方向"的具有创新意识的复合型人才基本培养模式,不断深化教学改革,完善课程体系,加强课程规范化建设。

(3) 教材建设。日语专业基础阶段的各门课程选用国家级、省部级获奖教材或教育部各类规划教材,高级阶段专业方向教材优先选用各专业指导委员会推荐教材和面向 21 世纪教材等,重视教材建设,有计划地组织编写相关专业课程的教材。

(4) 教学方法和教学手段。转变教学观念,改革教学方法,运用现代语言学教学理论指导教学实践。改变以往的传统教学模式,以学生为主体,因材施教,采用启发式、互动式现代教学方法,强化听、说、读、写、译等基本语言技能训练,利用多媒体、网络、计算机辅助教学等现代语言教学技术,充分调动和激发学生的学习积极性。

(5) 实训基地和实践性教学环节。建立和健全相关课程的实践教学环节。巩固发展现有的校外实训基地,在今后5年里继续努力探索,增设外事机关、涉外企业等教学实践基地,为学生提高更多的社会实践机会。

(6) 实验室建设。充分利用多媒体语言实验室功能,引进多媒体语言教学软件,开展日语网络教学活动。日语专业专用教室添置多媒体、网络教学设备。

(7) 教学改革和研究。学习现代语言学理论,把握现代语言学教学方法,以指导外语教学实践;提高学术研究水平,增强外语科研能力,促进学科建设;积极申报校级、市级精品课程;发挥学术带头人和骨干教师作用,定期邀请知名专家、学者向教师和学生作学术报告。加强学科建设,明确学科研究方向,积极开展学术研究活动。鼓励教师开发研究相关专业课程,参加国内外本专业的学术交流和研讨会,撰写高质量的教改研论文和学术论文。

(8) 教学质量监控。具体如下所述:

① 加强本科教学管理,建立本专业教学质量监控体系。建立完善听课制度,作好听课记录和信息反馈,及时发现问题和解决问题。

② 定期召开学生座谈会、教师座谈会,及时向上级管理部门及有关任课教师反馈意见和建议。

③ 建立教学质量奖惩制度。对在教学中取得优异成绩的教师给予奖励,对出现教学事故的教师进行严肃批评和教育。

④ 建立教师考核档案。对教师全年的教学、科研、参与学科建设、系部活动等项目记入教师考核档案供年终考核、提职、升级、评优参考。

(9) 学风建设。加强学生管理,开展诚信教育,提高学生综合素质,严格遵守校纪校规,严肃考风考纪,不断健全和完善系学生管理制度。

开展第二课堂教学活动,组织各种竞赛活动,办好"日语角",日语报、日语广播台,营造外语学习氛围,优化学习风气。

(10) 图书资料建设。购进专业图书资料,订阅本专业及相关专业的国内、国际学术期刊。为低年级学生建立班级流动图书室。

(11) 教学管理。建立和完善教学管理制度,提高教学管理水平。

二、本专业全国布局现状

(一) 专业点布局现状

2009年,中国4年制大学792所,独立学院316所,总数1 108所(不含部队院校)。其中开设日语的大学有466所。

(二) 做得最好的院校

北京大学、北京第二外国语大学、天津外国语大学、上海外国语大学、复旦大学等。

(三) 自己(专业)的相对位置

本专业相对位置：与立信会计学院、上海金融学院、上海电力学院、上海第二工业大学、上海应用技术学院等处于同一水平。

三、本专业社会需求现状

上海将建设成为国际航运、金融中心，在沪日企激增至6 000余家。而与此同时也面临如何培养适应这一大环境的日语人才的挑战。2002年，学校设置日语专科专业，在2006年已经形成近400名在校专科生的规模，并实现了就业与招生的良性循环。在客观环境下，也迎来了难得的专业发展机遇。目前面临的矛盾和难题是：一方面大量需要日语人才，一方面是没有日语人才。

按目前各高校的日语专业培养的学生人数来说，应该不算"人员"短缺。但要真正符合日企、作为"人才"来使用的，恐怕少之又少。主要表现为：学校设置的课程与企业实际需求相脱节，学生只会说日语，不懂日本文化，无法从文化的角度更进一步与日本人进行交流，有的甚至连"敬语"等基础日语都没有打好。所以，亟待改进的是如何培养跨文化交际，而不是只能简单说几句日语的学生。而单纯的日语人才将会被当做普通劳动力来使用。

因此，上海今后需解决的是在基础日语的基础上如何增加异域文化交流课程和商务实用课程的设置的问题。

四、本专业人才培养各环节质量的评价

(一) 教师对本专业人才培养方案、师资队伍、课程建设、教材建设、理论教学、实践教学、教学手段方法、考核评价等环节的评价(满意度)

晋升机会太少、对教师的各项要求指标太高，教师既要教学又要做好行政、科研，甚至是做学生思想工作、考虑学生就业，等等……压力太大。杂乱无章、无法集中精力做好一件事。而这些又往往都成为考核一个教师的内容。

(二) 学生对本专业人才培养方案、师资队伍、课程建设、教材建设、理论教学、实践教学、教学手段方法、考核评价等环节的评价(满意度)

大部分满意。

五、本专业的亮点或特色

(1) 运用日语或中日文能力进行与日本相关的学习或研究。
(2) 运用通过日语所学的知识技能从事事务、商务或其他工作(日语相关或非日语相关)。

六、本专业教学和管理中存在的问题及改革措施

(一) 存在问题

(1) 教学质量的不均衡。日语考级的压力。原本测试学生学习成果的考级结果成了一个学校、一个教师唯一的衡量指标。

(2) 主干课与增设课程的矛盾。课时不够用。

(3) 毕业论文选题多样化与指导力量的不足。

(二) 改革措施

与社会需求匹配的专业人才培养模式。

中国日语教学的课题：

(1) 应对大专业时代的日语教育。

(2) 应对人才竞争的日语教育。

(3) 日语能力的提高。

(4) 跨文化交际能力。

(5) 就业能力。

艺术设计专业教学质量年度报告

一、专业简介

(一) 专业设置沿革

我校艺术设计专业于 1998 年设立,在不断地积累与发展中于 2004 年成立艺术设计学院,是上海市较早一批设置艺术设计专业的院校之一。艺术设计学院依托上海商学院办学特色与学科背景,面向区域经济和上海现代服务业发展需要,以培养应用型艺术设计人才为目标,以商业艺术设计为办学特色。2005 年招收第一届本科生 3 个班、专升本 1 个班,2007 年第一届专升本学生毕业,2009 年第一批本科生毕业,截至 2011 年 7 月,已有三届本科毕业生。

艺术设计专业覆盖 5 个专门化方向:视觉传达设计方向、媒体艺术设计方向、商业策划设计方向、环境艺术设计方向、服装设计方向,有教师 21 名。近年来,艺术设计学院教师先后承担了 4 项上海市级科研项目,1 项上海市级重点课程建设项目,7 项校级重点课程建设项目,在国内重要学术期刊上发表学术论文 30 余篇,出版教材和专著 20 余部,有多位教师在国家级美术与设计大展中获奖。

(二) 人才培养

1. 人才培养目标定位

本专业围绕学校的整体发展目标,立足上海,服务全国,培养具有环境艺术设计、视觉传达设计等方面的综合知识和能力,掌握现代艺术设计基本理论与方法,具备艺术设计制作与实践能力,熟悉艺术设计经营管理相关法规,能在艺术设计行业从事设计、策划、咨询、生产、教学和管理等工作的应用型专业人才。

2. 人才培养方案修订

艺术设计专业人才培养方案经过 2005—2007 年三届本科教学实践,在此过程中课程体系及课程设置经历了 2 次较大的修订和调整。因此,2008 年以来,人才培养计划相对稳定,从教学实践和效果看能较好地反映人才培养目标定位,因此近几年未作明显调整。

3. 人才培养模式创新

2010 年以来,艺术设计专业在人才培养模式上进行了探索,主要体现在实践教学环节方面。

(1) 课堂教学中加大案例教学内容。

(2) 通过建立校企合作实践教学基地,充分利用社会资源,将实践教学环节放到企业中实施,让学生"零距离"亲历实践,提高学生的实战能力。

(三)专业资源

1. 师资队伍

目前,本专业共有专任教师21名,其中教授1名,副教授7名,讲师13名,职称结构中的正高、副高、中级职称的比例分别为3.3%、32.7%、64%,具备研究生学历的教师比例达到65%,职称结构和学历结构较为合理,为保障教学质量和提升科研水平奠定了一定基础。

专任教师信息统计见表3-63。

表3-63

专任教师信息统计表

序号	姓名	性别	年龄	职称	毕业学校	承担课程
1	彭才年	男	51	教授	哈尔滨师范大学油画专业,学士	《商业摄影》
2	赵永泉	男	42	教授	东华大学视觉传达设计专业,硕士	《广告设计》、《设计概论》
3	吴 强	男	48	副教授	大连理工大学建筑系,建筑学专业,工学学士	《中外建筑史》、《建筑速写》、《室内设计原理》、《展示设计》
4	陆 慧	女	36	副教授	上海大学美术学院壁画专业	《环境装饰艺术》、《空间照明》
5	杨 青	女	39	讲师 注册规划师	华中科技大学建筑学专业,硕士	《小型、中型商用空间设计》、《建筑构造与材料》
6	王启照	男	41	讲师	江南大学设计学院,美术学、文学专业,硕士	《建筑制图与透视》、《展示设计》、《模型制作》
7	储艳洁	女	35	讲师	东南大学建筑学院美术学专业,硕士	《商用空间设计》、《效果图表现技法》
8	王 楠	男	33	讲师	苏州大学设计艺术学专业	《计算机辅助设计一》、《计算机辅助设计二》
9	程艳萍	女	36	副教授	南京林业大学家具设计与工程专业,博士	《字体设计》、《商业型录设计》
10	黄 蔚	男	42	副教授	上海大学艺术史论专业,硕士	《艺术设计史》、《设计概论》、《美术作品鉴赏》等
11	赵 平	女	40	讲师	燕山大学工业设计专业,学士	《网页设计》、《创意图形设计》
12	王 屹	男	40	讲师	江西科技师范学院装潢设计专业,学士	《CI设计》、《商业推广设计》
13	邢延峰	男	44	讲师	西北师范大学油画专业,学士	《商业绘画》、《影视动画设计》
14	朱大勇	男	42	讲师	山东轻工业学院装潢设计专业,学士	《CI设计》、《书籍设计》

(续表)

序号	姓名	性别	年龄	职称	毕业学校	承担课程
15	高 毅	男	43	副教授	硕士在读	《视觉传达》、《平面设计》、《时尚设计》
16	章晓岚	女	46	副教授	中国美术学院视觉传达设计专业,硕士	《品牌企划》、《构成设计》
17	王 伟	男	45	副教授	南京艺术学院工艺美术系陶艺专业,学士	《中外服装史》、《陶艺》
18	陈 睿	女	40	讲师	北京服装学院服装设计专业,在职研究生	《服装款式设计》、《服装市场营销》等
19	刘 丁	女	31	讲师	东华大学服装设计与工程专业,硕士	《时尚设计原理》、《服装材料学》等
20	陈 眉	女	32	讲师	苏州大学设计艺术学专业,硕士	《广告设计(一)》、《版式设计》、《构成设计3》、《VI设计》
21	李 莉	女	35	讲师	武汉理工大学艺术设计学专业,硕士	《包装设计》、《计算机辅助设计》

2. 课程建设

(1) 课程体系构建的指导思想。以适应上海经济与社会发展需要为目标,立足艺术设计学科自身发展规律和特点,针对目前艺术设计教育教学中存在的问题和社会对艺术设计专业人才的基本要求,本着"厚基础、宽口径、重实践、抓特色"的原则,重视设计基础、技法和素质教育等基础课程,强化艺术学科的基本素养;尽量设置较多的交叉学科与边缘学科的课程,以拓宽知识面为重点,提高学生的艺术修养和创新设计的能力;重视实践教学环节,优化实践教学课程模块,注重培养学生实际操作的能力;依据学校的"商科"背景优势,根据社会的需要,适当增加一些特色课程。

(2) 课程体系的构建。艺术设计专业课程体系结构主要由三大体系构成,即专业课程教学体系、实践课程教学体系和特色课程体系。专业课程教学体系由专业选修课、主干课程、基础课程教学平台构成;实践教学体系由社会实践、军训、专业实习、毕业设计教学平台构成;特色课程体系由商科特点的艺术类课程、传统艺术类课程构成。

在"厚基础、宽口径、重实践、抓特色"的原则指导下,课程设置力求体现商业与应用、传统艺术与现代设计渗透与交叉的特色。以设计理论及素养课程为平台,搭建专业方向模块,即视觉传达设计模块、环境艺术设计模块、商业策划设计模块、新媒体艺术模块、时尚设计模块。坚持"三个能力不断线"的原则,即从大一到大三期间的课程设置,专业平台课程与专业模块课程相互支撑,使学生动手能力、外语能力、计算机能力不断线。在一年级学习以专业平台课程、计算机基础、大学英语为主的基础教学模块后,二三年级通过专业英语、专业软件课程的学习运用及动手表达类课程(如:建筑速写、效果图表现技法等)学习,形成专业素质培养与实践技能培养的结合。

本专业2010—2011学年课程设置情况见表3-64。

表 3-64

艺术设计专业 2010—2011 学年课程设置情况一览表

类　　别	学　　时	学　　分
专业基础课	414	23
专业必修课	540	30
专业选修课	432	24
公共必修课	846	45
公共选修课	160	10
学校通识课	162	9
实践性教学环节		25
合　　计	2 554	166

近年来,艺术设计专业重点课程建设取得了明显实效,先后有《室内设计原理》《室内设计》《商用空间基础设计》《展示设计》(在建设中)、《VI设计》、《包装设计》、《商业摄影》共7门专业主干课程获得校级重点课程建设立项。2011年,《商业摄影》又获得上海市教委重点课程建设项目立项。目前我院有在建重点课程项目7项。经过建设后的课程体系更趋合理,课程内容得到了扩充,课程质量得到了提高,全部课程资源上网,取得良好的教学效果,并且带动了其他课程教学质量的提高。

3. 教材建设

总体思路是,以选用国内外优秀教材为主,主干课程选用本专业公认的优秀教材、规划教材、近年出版的新教材,并注重教材的更新。

目前使用的教材大多是同类教材中优秀教材,同时将清华大学、同济大学等其他院校艺术设计专业所使用的教材纳入教材库,供授课教师选择使用或作为补充。目前艺术设计专业教学所选教材中,优秀教材、规划教材、国家重点教材比例达到60%以上。

4. 实践教学

艺术设计专业具有注重"实践"特点,很多课程的知识点必须通过反复实践来掌握,其实践教学环节主要包括课内实践、独立开设的实验实践课程、毕业实习与毕业设计三种类别,实验实践的场所和形式主要有校内实验实践、校外实验实践、课内实践、课外实践、专业实习、课程设计、毕业设计、毕业实习等部分组成。其中,课内实践、课程设计、毕业设计在专业教师的指导下按照教学计划来完成,取得了良好的效果;课外实践、课程设计、专业实习、毕业实习等依托校外实习基地,在专业教师和聘请的企业兼职教师的指导下进行,结合在校所学知识,在实际工作中完成,使学生获得了良好的实践锻炼,并取得了良好的效果。

本专业现有校内实践教学场所包括:2010年新建的商业美术实验中心(包括展示厅)450平方米,模型制作室、设计制图室、陶艺室、新媒体实验室、服装工艺实验室等近600平方米。

近年来,艺术设计专业校企合作企业取得了一定实效,先后与上海进念佳园建筑装饰设计有限公司、上海全筑建设建筑装饰设计有限公司、江苏科派办公家具有限公司上海培罗蒙总公司、上海卡帝乐鳄鱼服饰有限公司、上海天地软件数码科技有限公司、上海艾加广告公司、上海奕欣包装有限公司等10余家企业签订了校企合作协议。其中,与企业进行校企合作(推荐优秀学生工作实习、到合作企业施工场地学习现场知识等)是我们专业实践环节的特点。有相当部分的课程设计(学年论文)与毕业论文(设计)选题直接从企业工程项目中选取,通过聘请企业设计师参与学生毕业设计(指导教师),取得了良好的效果。另外,学院不定期聘请设计师、高校专家教授等组织专业系列讲座,尽可能让学生了解专业特点和知识,了解设计工作内容和流程,在学习理论知识的同时增加实践的机会,提高动手能力。

艺术设计专业的实践教学环节分8个方面展开,见表3-65。

表 3-65

实践教学环节一览

序号	实践类型	时间	内容
1	军事训练(军事理论)	第一学期(2周)	
2	形式与政策		
3	社会调查	第二学期(2周)	
4	普适公共实验	第四、第五学期(各2周)	
5	课程设计	第四、第六学期(各2周)	
6	专业实习	第三学期(3周) 第五学期(2周) 第六学期(3周)	写生 参观企业或参加竞赛 参观实际工程案例或参加竞赛
7	毕业实习	第八学期(8周)	企业实习
8	毕业论文(设计)	第七、第八学期(8周)	校内辅导、或去企业进行毕业设计

校外实习基地见表3-66。

表 3-66

校外实习基地一览表

实习基地	功能
上海卡帝乐鳄鱼服饰有限公司	服装设计
上海培罗蒙总公司	服装设计
上海天地软件数码科技有限公司	数字媒体艺术
上海天映多媒体传播有限公司	数字媒体艺术
上海曼恒数字技术有限公司	数字媒体艺术、空间设计
上海全筑建筑装饰设计有限公司	环境艺术设计
上海互码网络科技有限公司	平面设计
上海进念室内设计有限公司	室内设计
上海麦禾装饰工程有限公司	室内设计
江苏科派办公家具有限公司	家具设计

(续表)

实 习 基 地	功 能
上海永远企业形象策划有限公司	平面设计
上海有木广有限公司	平面设计
上海弈欣包装有限公司	平面设计、包装设计
上海艾加品牌规划有限公司	平面设计
常熟江南玻璃纤维(装饰材料)有限公司	室内设计
上海华银日用品有限公司	包装设计
上海虹桥当代艺术馆	展示设计

5. 教学手段方法

（1）教学工作思路。坚持2007年以来制定的"严格加规范"的教学管理原则和"121"工作目标，即：明确一个中心（以提高教学质量为中心），执行两个规范（规范课堂教学、规范教学管理），营造一个氛围（营造学术氛围）。

确立以教学为中心，以学科建设为龙头、以社会需求和培养创新能力为重点，积极融入"创意产业"的发展思路。强化"厚基础、宽口径"的人才培养理念，突出服务性、创意性、商业性特色。

（2）教学手段。采用互动式教学、口头表达设计思路训练及现代教育技术手段，课堂理论讲授以多媒体教学为主，目前使用多媒体教学达到90%以上。实验实践教学根据实验和实践项目的内容性质安排在实验室或实践教学基地进行。

二、本专业全国布局现状

（一）专业点布局现状

据统计，自20世纪80年代无锡轻工学院首先设置艺术设计专业以来，全国开设艺术设计本科专业的院校已达500余所，这些学校大体可以分为三大类：一是综合性院校（包括文科院校、理工科院校）；二是师范类院校；三是艺术类院校。

上海市开设艺术设计本科专业的院校有19所，主要有复旦大学、同济大学、上海交通大学、华东师范大学、华东理工大学、上海理工大学、上海应用技术学院、上海海洋大学、上海商学院等。

（二）做得最好的院校

同济大学创意学院、清华大学美术美院。

这两所学校是艺术设计学科在国内最具代表性的院校。

上海商学院园林专业在培养目标上注重胜任商业空间环境景观设计人才的培养，注重对技术应用型专业人才的培养，注重对毕业上专业思想、基本理论和操作技能的培养。

在课程体系设置上，强调生态植物科学模块、美术修养与艺术设计模块、景观设计模块三大模块课程的联系与配比，强调以景观设计能力培养训练为核心，突出植物造景、植物应用的特色。

(三) 自己(专业)的相对位置

不同学校在培养层次和办学特色上有一定差异,依据我校总体发展目标,我校的艺术设计专业定位在以培养应用型艺术设计人才为目标,以商业艺术设计为办学特色。在人才培养特色上与同类院校有所差异。

自2007年以来,我校艺术设计专业毕业生就业签约率以平均8%速度逐年增长,说明我们的人才培养方案、课程体系结构符合办学定位和培养方向。与上海同类院校相比(上海理工大学艺术设计学院、上海第二工业大学应用艺术设计学院、上海工程技术大学艺术设计学院、上海应用技术学院等院校),上海商学院艺术设计专业处于中等以上水平。

三、本专业社会需求现状

(一) 全国需求现状

随着我国城市化进程步伐的加快,人们对生活质量的要求越来越高。艺术设计属于创意产业,亦属于现代服务业,是近10年来发展最快的产业之一。从上海、全国乃至全球经济发展来看,创意产业的附加值是最高的,它对于改善人们的生活环境、提高生活质量,甚至对于推动和挽救当前世界经济不振的状况都有着不可低估的作用。据统计,全国对艺术设计类人才需求缺口较大,该专业仍属于热门专业之一。

(二) 上海需求现状

上海位于长三角地区,经济建设较快,其作为设计高地的辐射面较广。上海有建筑装饰类设计工程公司、广告类设计公司约5万家,每年的设计师需求量是较大的,截止到2011年9月份,我校艺术设计专业毕业生就业率约为90%以上,说明艺术设计专业的毕业生较受用人单位欢迎。

总之,随着创意产业持续、快速的发展,在今后相当长时间内,我国对艺术创意专业人才的需求将不断增加,预计今后较长时期内,我国创意产业的人才需求将保持稳中增长态势。

四、本专业人才培养各环节质量的评价

(一) 教师对本专业人才培养方案、师资队伍、课程建设、教材建设、理论教学、实际教学、教学手段方法、考核评价等环节的评价(满意度)

1. 人才培养方案

上海商学院艺术设计学院自2005年招收第一届本科生以来,人才培养计划经过三轮修订,目前能较好地反映办学定位和培养方向。2005—2007年年初办本科阶段,人才培养计划所反映的办学定位不是很鲜明,到2007年,对人才培养计划实施了微调,2009年又进行一次较大的调整,围绕"商科"学科背景,增加了一些特色课程,同时又加大了专业选修课程的比例,以期更加符合专业培养方向,增强学生的实践应用能力。在人才培养计划修订过程中,各位教师

对培养方案多次讨论,使之逐步完善,教师对目前实施的人才培养方案基本满意。

2. 师资队伍

(1) 数量与结构。本专业有专任教师21名,其中教授1名,副教授7名,讲师13名,职称结构中的正高、副高、中级职称的比例分别为3.3%、32.7%、64%,具备研究生学历的教师比例达到65%。

(2) 生师比。截至2011年7月,艺术设计学院有在校学生575人,生师比为1:13.7(按照50%为本校专任教师、25%为外聘兼职教师、25%为校内兼职教师的规定计算),生师比略高于教育部规定的艺术类院校生师比(1:11)。

近2学年生师比统计见表3-68。

表3-68

2011年、2012年生师比统计表

单位:人

学年	12级	11级	10级	09级	08级	10专升本	11专升本	12专升本	在校生总数	专任教师	生师比
2011	无	108	116	132	161	32	26	无	575	21	13.7:1
2012	109	107	116	130	无	无	25	25	512	21	12.2:1

(3) 承担上课任务情况。本专业每位教师所承担的上课任务每学期平均为190节左右,每人2门课左右。基本满足专业教学的配比要求。

专任教师上课任务统计表见表3-69。

表3-69

专任教师信息统计

序号	姓名	年龄	职称	学历	毕业院校	承担课程
1	彭才年	50	教授	本科	哈尔滨师范大学	《商业摄影》、《设计素描》、《装饰色彩》
2	赵永泉	42	副教授	硕士	山东曲阜师范大学	《设计概论》、《素描》、《广告设计与制作》
3	黄蔚	40	副教授	硕士	上海大学	《设计概论》、《艺术设计史》、《中外美术史》、《构成》
4	章晓岚	44	副教授	硕士	中央工艺美院/中国美术学院	《设计素描》、《色彩构成》、《装饰色彩》、《平面构成》
5	刘丁	31	讲师	硕士	河南大学	《专业外语》、《服装工艺》
6	吴强	46	副教授	本科	大连理工大学	《室内设计原理》、《中外建筑史》、《建筑及室内设计史》
7	朱大勇	41	讲师	本科	山东轻工业学院	《色彩》、《素描》、《包装艺术设计》、《版式设计》

(续表)

序号	姓名	年龄	职称	学历	毕业院校	承担课程
8	邢延锋	43	讲师	本科	西北师范大学	《素描》、《视频编辑技术》、《电脑三维辅助设计》等
9	李莉	33	讲师	本科	吉林大学	《电脑平面辅助设计》、《包装设计》
10	赵平	38	讲师	本科	燕山大学	《平面电脑辅助设计》、《网页制作》、《平面动画制作》
11	王启照	35	讲师	硕士	江南大学	《效果图技法》、《展示设计》
12	陈睿	38	讲师	本科	苏州大学	《服装款式设计》、《时尚造型设计》
13	高毅	42	讲师	本科	东华大学	《服装图案》、《效果图技法》
14	陆慧	35	讲师	硕士	上海大学	《摄影基础》、《广告摄影》、《环境装饰设计》
15	王屹	38	讲师	本科	南昌职业技术师范学院	《平面广告设计》、《会展技术》、《包装艺术设计》
16	程艳萍	35	讲师	硕士	南京艺术学院	《家具设计》、《广告设计与制作》、《视觉艺术表达》
17	杨青	37	工程师	硕士	华中科技大学	《会展场馆和主题公园设计》、《建筑装饰构造》、《建筑制图与透视》
18	王伟	45	讲师	本科	南京艺术学院	《陶艺》、《中外服装史》、《平面构成》、《色彩构成》
19	储艳洁	33	讲师	硕士	东南大学	《电脑三维辅助设计》、《电脑CAD》、《室内设计》
20	王楠	31	讲师	硕士	上海交通大学	《计算机辅助设计》
21	陈眉	30	讲师	硕士	上海交通大学	《版式设计》、《广告设计》

(4) 培养培训情况。几年前,本专业教师多数在30岁左右,且讲师居多,研究生学历偏少,年龄结构和职称结构不尽合理。对此,本专业高度重视师资队伍建设与规划,经过近3年的发展建设,目前已有1位教师获得博士学位,14位教师具有硕士学位。此外,根据师资培养计划,为培养青年学术骨干教师,2011年选送了陈眉、王楠老师赴企业参加产、学、研践习、提高和深造。同时鼓励和支持教师参加国内学术活动(近2年每年派出5～10名教师)。

3. 课程建设

自2005年以来,艺术设计专业已有7门专业主干课程成为校级重点课程建设项目,其中 1 门为上海市教委重点课程,课程建设取得了较好的成效;2009 年以来本专业对教学大纲进行了第二次全面修订,目前教学资料齐全,内容充实。

重点课程建设成果见表 3-70。

表 3-70

重点课程建设成果

主要负责人姓名	课程名称	立项、结题时间(年)	等级
彭才年	商业摄影	2011	上海市教委
赵永泉	广告设计	2011	校级
王启照	展示设计	2011	校级
储艳洁	会展策划与设计	2008	校级
杨青	室内设计	2007	校级
李莉	包装设计	2007	校级
吴强	室内设计原理	2006	校级
彭才年	VI 设计	2006	校级

4. 教材建设

艺术设计专业目前选用的教材多数为优秀教材和规划教材,能较好地反应专业基本理论和前沿发展,在今后几年内,计划编写特色课程相关教材。

5. 理论教学

艺术类专业的课程有着与其他专业不同的特点,首先是课程教学中的实践环节较多,其次是实践类课程较多。设计类课程具有理论与实践相结合的特点。因此,教学中遵循理论教学和实践教学相辅相成的原则。并对教学大纲、教案等教学基本文件进行规范管理。

目前,本专业已结题 2 项教改项目和 6 门重点课程建设项目。

教研教改项目、论文成果见表 3-71。

表 3-71

教研教改项目、论文成果

姓名	成果名称	等级、出版社
刘丁	中国传统服饰的现状和出路	《中国城市经济》,主办单位:中国城市经济学会
刘丁	上海中式服装市场细分及消费心理研究	《经济研究导刊》,主办单位:黑龙江省报刊出版中心
陈眉	Cohesion	2011 第一届亚洲平面设计双年展
陈眉	"龙之水"	2011 第三届"慈溪杯"家电工业设计大赛
彭才年	痕迹(之三)	人文江南——吾土吾民系列油画展,中国美术家协会中国美术学院主办
彭才年	永恒的情谊	第六届上海美术大展,上海市文联上海市美术家协会主办

(续表)

姓名	成果名称	等级、出版社
彭才年	皖南民居	师法自然——上海写生美术作品展,上海市美术家协会主办
王 楠	《龙之水》获2011第三届"慈溪杯"家电工业设计大赛,优秀奖	慈溪市人民政府
王 楠	2011广东国际旅游文化节开幕式宣传画	国家旅游局,广东省人民政府
赵永泉	论文《画中有话——对海报设计主题诉求的解读》	设计艺术研究
赵永泉	作品"听荷"	"陆家嘴杯"长三角地区庆祝建党90周年美术作品大展,上海市文化联合会主办
赵永泉	作品"听荷"	"陆家嘴杯"长三角地区庆祝建党90周年美术作品大展作品集,开益出版社出版
黄 蔚	《包装设计的性别定位研究》	《包装工程》,中国兵器工业第五九研究所出版
李 莉	《中外啤酒广告作品之比较》	美术教育研究
李 莉	《数字艺术作品》	《中国设计师设计作品年鉴》
王 伟	《至善尽美话官瓷》	《中华文化画报》
王 伟	《两宋磁州窑写意花鸟与文人画的异同》	南京艺术学院学报《美术与设计》
王 伟	《宋元磁州窑装饰瓷器的诗文装饰》	广西艺术学院学报《艺术探索》
王 伟	《宋元磁州窑装饰里的文与质》	《上海商学院学报》
王 屹	流动之美——欧洲城市观光旅游车车身图绘考索	设计艺术研究
朱永莉	《以合作办学为基础,构建园林本科专业教育特色》	《中国园林》(增刊)
朱永莉	《应用型园林本科专业观赏植物学课程教学模式改革与探索》	《安徽农业科学》
朱永莉	《上海商业空间绿饰设计现状分析》	《上海商业》
朱永莉	《商业空间铺装设计现状探讨与前景展望》	《上海商业》
朱永莉	《小庭院植物景观设计》	化学工业出版社
储艳洁	《loft办公空间设计研究》	《艺术探索》杂志
储艳洁	科派办公家具上海平凉路展厅	《专卖展示》
储艳洁	江苏扬州科派办公家具展厅设计	《中国环境设计年鉴2010室内篇》
章晓岚	《论商业广告信息与经验对等》	《装饰》杂志核心

6. 教学手段方法

艺术设计专业自2010年开始试行导师制,2011年又推行了"学长制",这些措施对于开发学生"自主学习"能力起到了良好的推动作用,使学生能更快、更好地适应大学的学习生活。

7. 教学效果

本专业学生能积极踊跃参加学校各项活动,在老师的精心指导下,近年来,在参加全国各类专业竞赛中取得了良好的成绩。例如,第五届设计之星全国大学生视觉设计大赛,我院获得最佳组织奖、1个优秀奖、3个入围奖;第五届"构建和谐社会,大学生先行数字艺术设计大赛",我院获2个入围奖;第四届全国大学生广告艺术大赛上海分赛区竞赛:我院获得全国总赛优秀奖2个,上海分赛区二等奖1个,三等奖6个,优秀奖8个。本年度我院学生参加四、六级英语考试及计算机能力考试通过率虽不是很高,但较之前相比略有提高。

(二)学生对本专业人才培养方案、师资队伍、课程建设、教材建设、理论教学、实际教学、教学手段方法、考核评价等环节的评价(满意度)

从学生对教师的教学测评结果看,学生对本专业教师课堂教学满意度达到90%,对教师的教学方法、教学态度和学识水平给予了良好的评价。

五、本专业的亮点或特色

(1) 经过几年的努力,艺术设计专业在校企合作实践教学基地建设上取得了良好的效果。截至目前,艺术设计学院已与10余家企业建立了校企合作关系,为实现培养目标创造了良好平台。

(2) 课程体系结构设计上突出商业艺术设计特色。强调在商业设计创意能力与艺术素养提高的同时,注重以能力培养为核心。从企业反馈信息看(上海奕欣包装装潢有限公司、上海永远企业形象策划有限公司),本专业学生到了企业后上手快、实际操作能力强,受到企业的好评。这也是本专业毕业生受社会普遍欢迎的因素之一。

六、存在问题及改进措施

现场实践教学是艺术设计专业教学中的重要环节,它的重要性等同于课堂教学,学生的实际操作技能、把握设计全局和解决实际问题的能力可以在实践教学环节中得到实践和提高。它也是学校教学和就业岗位之间的桥梁,实现学生与岗位间的"零距离"。

实践教学不足的问题是目前国内大多数院校艺术设计专业面临的共性问题,解决好此类问题有三个途径:

(1) 校内实践教学环节落实到位,主要是实验设备要大幅度增加,使学生不出校门就能实际操作。

(2) 根据艺术设计专业的教学特点,借鉴欧美发达国家艺术教学经验,实行工作室制或项目制。

(3) 学校应加大对实践教学基地建设的投入力度,让大多数学生在实践教学环节中都能"零距离"接触实际。

信息管理与信息系统专业教学质量年度报告

与信息系统专业是以管理科学、信息科学与技术为基础,运用现代信息技术,从事各类信息及信息系统的组织、管理与服务的人才。

一、专业简介

1998年,教育部颁布的《普通高等学校本科专业目录》中,"信息管理与信息系统专业"是以"管理信息系统"、"科技信息"、"经济信息管理"、"信息学"、"林业信息管理"五个专业为基础进行整合而成的新专业,属于"管理科学与工程"一级学科之下的二级学科。并明确业务培养目标为:"本专业培养具备现代管理学理论基础、计算机科学技术知识及应用能力,掌握系统思想和信息系统分析与设计方法以及信息管理等方面的知识与能力,能在国家各级管理部门、工商企业、金融机构、科研单位等部门从事信息管理以及信息系统分析、设计、实施管理和评价等方面的高级专门人才。"

2011年11月,教育部《普通高等学校本科专业目录》(修订二稿)中信息管理与信系统专业代码为110102,学科门类为管理学,管理科学与工程一级学科,信息管理与信息系统专业可授管理学或工学学位。

(一)专业设置沿革

上海商学院信息管理与信息系统专业是上海商学院首批本科招收专业,2005年首次招收2年制专升本及4年制本科生,2007年获得学士学位授予权。在学校各职能部门的大力支持配合下,经过全体教师的努力,信息管理与信息系统专业蒸蒸日上,目前本专业已拥有一定的专业办学基础,初现商业特色。近几年来,本专业建设了一批上海市精品课程、上海市重点课程、上海商学院精品课程、上海商学院重点课程及商业信息管理教学团队等,教师在国内外学术刊物上发表近百篇高质量科研论文,承担了国家级、省部级、校级等数十项科研课题。已毕业的学生大部分在上海的银行业、证券业、IT企业、商贸服务企业等部门从事相关工作。

(二)人才培养

信息管理与信息系统是以管理科学、信息科学与技术为基础,运用现代信息技术,从事各类信息及信息系统的组织、管理与服务的人才。因此培养方案的制订必须参照教育部"信息管理与信息系统"专业目录要求,在符合教育部下达的专业培养总体方向和目标的基础上,根据上海商学院办学层次、办学特色,确立人才培养应具备的相关知识体系、应用能力及基本素质。通过对国内及上海各高校信息管理与信息系统专业办学情况调查，同时结合上海商学院的办学特色，确立信息管理与信息系统的人才培养目标：上海商学院信息管理与信息系统人才培养立足于商贸服务行业，充分利用上海商学院从办学至今一直紧密结合上海商业企业的优良办学传统，培养面向上海商贸服务业的信息管理与信息系统高级应用型人才。

根据未来信息管理与信息系统的人才需求趋势及上海市建设三个中心的要求，确立上海商学院信息管理专业的人才培养目标：培养具备现代管理学理论基础、扎实的信息技术基础理论及应用能力，掌握信息系统分析与设计方法、信息管理等方面的知识与能力，能在各级政府管理部门、工商企业、金融机构、科研单位等部门从事信息管理以及信息系统分析、设计、实施及评价等方面的高级应用型人才。

（三）专业资源

目前本专业有专、兼职教师8人，他们都是来自于985及211高校毕业的博士生。目前信管专业有4个年级共计8个班级，在校学生人数300多，拥有专业实验室1个，与其他专业共享实验室多个，学生的课外活动开展得丰富多彩，教师出版的教材有《数据库原理及应用》、《竞争情报等》，有多个校级重点课程及校级精品课程，并建立有多个实践性教学基地。

二、本专业全国布局现状

（一）专业点布局现状

目前全国很多高校都开设有信息管理与信息系统专业，截至2012年8月，全国共有579所大学招收信息管理与信息系统专业的本科生，分布于全国各个省份，既有综合型大学，也有地方性大学，还有很多三本、民办及独立学院设置。

（二）信息管理与信息系统专业办学较好的院校简介

全国开设信息管理与信息系统专业的高校较多，但各高校办学参次不齐，参考网络某非权威机构所做的专业排名，具体如下：

2012年全国大学信息管理与信息系统专业排名（前20名）如下：

清华大学，浙江大学，上海交通大学，华中科技大学，中国地质大学，天津大学，中国石油大学（北京），中国石油大学（华东），中国科学技术大学，西安交通大学，华北电力大学，哈尔滨工业大学，北京航空航天大学，东南大学，华东师范大学，中南大学，武汉大学，东北大学，大连理工大学，复旦大学。

从上列排名可以看出，前20名高校基本都是211以上的高校，也说明了信息管理与信息系统专业的办学实力与办学高校的层次相关性很大，因为评估的指标很多和学科、省部级课题、硕士点、博士点、省部级实验室等挂钩。而作为地方性应用型高校，在这方面是无法与这些高校相抗衡的，必须走错位竞争办学方式，只不断探索面向地方经济的应用型人才培养模式，才能在市场中占有一席之地。

（三）上海商学院信息管理与信息系统专业的办学竞争环境分析

1998年，教育部以"管理信息系统"、"科技信息"、"经济信息管理"、"信息学"、"林业信息管理"5个专业为基础进行整合，形成新的专业"信息管理与信息系统"。该专业属于"管理科学与工程"一级学科之下的二级学科，并在1998年颁布的《普通高等学校本科专业目录》中予以规范。因此"信息管理与信息系统"专业开办的历史并不长，不同高校教师所拥有知识结构的不同以及对该专业理解的出发点不同，使得信息管理与信息系统专业人才培养目标定位问题成为业内人士关注的焦点。而现行绝大部分"信息管理与信息系统"的人才培养指导文件都是由教育部委托几所综合性研究型大学制定的，在"信息管理与信息系统全国专业教学研讨会"上也是这些高校的资深学者根据本校的情况提出专业指导意见，但处于不同办学层次的高校人才培养目标定位却各不相同；再者，在现行的招生制度下，不同招生批次的院校生源质量存在着明显的差异；作为刚刚申办本科高校的新办专业，由于办学经验的不足，往往会照搬其他研究型高校人才培养计划，这就导致人才培养目标定位不准，照搬照套的人才培养计划难以消化等很多弊端，从而影响人才培养质量。针对这一现实情况，上海商学院作为地方性应用型本科大学，信息管理与信息系统专业人才培养体系的制定必须坚持以下几个原则：

（1）人才培养服务于上海地方经济。
（2）上海商学院在上海众多高校中的办学定位。
（3）上海商学院的招生批次及生源素质。

上海各高校信息管理与信息系统专业分析见图3-18。

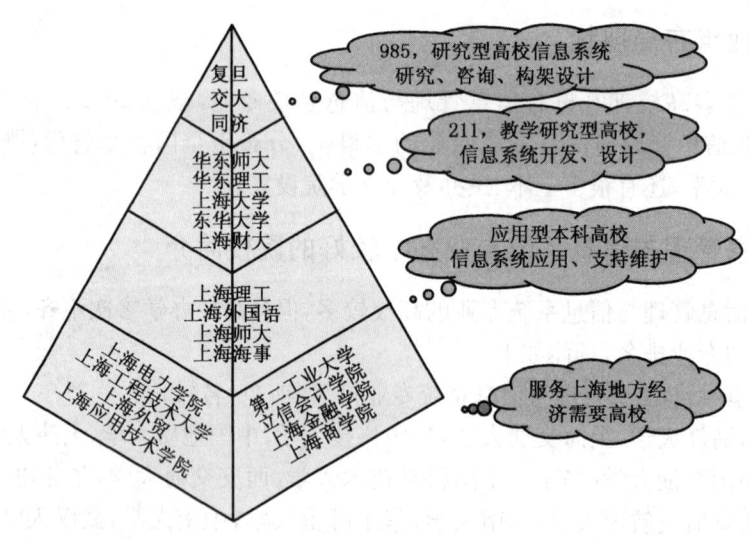

图3-18 上海市各高校信息管理与信息系统专业分析

从图3-18可以看出，目前上海绝大部分本科高校都开设有信息管理与信息系统本科专业，在这些众多高校中，既有国家985重点建设的研究型高校，也有面向上海地方经济的应用型高校。在上海众多的地方性应用型本科高校中，不同高校分别有着不同行业背景的办学特色。随着信息技术对当今不同行业的渗透，信息技术促使这些行业发生一系列质的变化,对组织变革将产生深远的影响,这就造成了不同行业对信息人才的需求必须具备该行业的专业背景,不仅要求毕业生能够熟练掌握相关信息技术,而且还必须具备深厚的专业知识为信息技术应用能力提供素材。

根据上海商学院的办学层次及办学面向,上海商学院信息管理与信息系统人才的培养必须立足于商贸服务行业,充分利用上海商学院从办学至今一直紧密结合上海商业企业的优良办学传统,培养面向上海商贸服务业的信息管理与信息系统高级应用型人才。根据未来信息管理与信息系统的人才需求趋势及上海市建设四个中心的要求,我们确立上海商学院信息管理专业的人才培养目标为:培养具备现代管理学理论基础、扎实的信息技术基础理论及应用能力,掌握信息系统分析与设计方法、信息管理等方面的知识与能力,能在各级政府管理部门、工商企业、金融机构、科研单位等部门从事信息管理以及信息系统分析、设计、实施及支持等方面的高级应用型人才。

三、信息管理与信息系统专业社会需求现状

(一) 全国需求现状

根据某高校作的专业调查:目前企业对计算机信息管理人才的需求量是非常大的。几乎所有的企业都需要这方面的人才。企业对计算机信息管理人才的学历要求占比重最大的是本科,其次是硕士,这说明我们应该要努力提升自身的素质才能满足企业的需求。

企业对计算机信息管理人才的素质和能力要求:由图 3-18 可以清楚地看出企业对人才要求的素质有:合作沟通能力、组织协调能力、动手实践能力、分析问题能力、创新能力、学习能力以及专业知识能力,其中创新能力被多家企业所要求,说明了创新的重要性。从而告诉求职者们应当具备这一能力。

(二) 上海地区信息管理与信息系统专业需求现状分析

目前上海地区对信息管理专业的需求量很多,上海商学院 2008 级信息管理与信息系统专业截止到 2012 年 8 月 31 日,就业率达 96.8%,签约率 90%多,查询上海地区最著名的招聘网站前程无忧(http://www.51job.com/),选择上海地区,专业选择信息管理,检索结果见表 3-72。

从检索出企业发布的需求信息看,信息管理与信息系统专业在上海地区的需求量很大,近 2 个月发布的就业岗位达 1 933 人,超过所有上海高校开设信息管理与信息系统专业毕业生数量的总和,且本科层次的需求比重最大,达 844 人,占需求量的近 44%。

四、专业人才培养各环节的满意度调查

信息管理与信息系统人才培养计划的制订是在全体教师的商讨下,参照 985 高校专家的指导意见,结合本校的办学层次和实际情况制定,并多次请外校专家评审,教研室教师对人才培养方案的相关内容满意度高。

每年信管专业要召开学生座谈会,进行师生专业交流,针对学生提出的问题,进行改进;

表 3-72

专业信息管理需求信息

同时，每年学校组织督导组调查，并召开学生及教师座谈会，从学生座谈会反馈的信息看，学生对专业教师的课堂教学，人才培养方案等认可度较高。

五、本专业的亮点或特色

在专业能力培养中，突出学生应用能力的培养，以强化学生商业信息应用能力及商业企业经营中的创造力为出发点，设置专业培养体系，培养计划中突出上海商学院本专业的办学特色，使培养的毕业生上手快、适应能力强。这样可以充分利用学院与众多上海大型商业集团的合作关系，不仅有利于体现上海商学院面向商业企业的办学特色和优势，而且有利于充分发挥现有教师资源及现有实践性教学基地，从而能更好地解决教育改革过程中继承与创新的矛盾。基于此，结合上海商学院本专业办学基础及条件与其他高校的差异性，在人才培养模式上采取不追随综合性大学，紧密结合本校的办学层次和办学特色，通过教学环节的管理与控制，最终输送具有鲜明商业特色的信息管理高级应用型性人才。

课程教学体系中开设上海商学院的相关特色课程，体现本专业的办学背景和办学特色。上海商学院的办学根基是"商"，学院的演变历史也证实了这一点，商学院的发展离不开大上海的商业环境和上海商业企业的支持，每年商业企业对我校的人才的需求占绝对的优势，大部分学生毕业后的岗位是面向商业企业。因此人才培养体系中,必须加强商业企业相关知识的培养,特别是结合我校的连锁经营管理、电子商务等品牌优势专业,开设相关特色商业课程。例如,《开设商业企业经营管理》、《连锁经营管理》、《物流与供应链管理》、《电子商务》、《电子商务网站设计》等相关特色课程;开设《商业系统案例的设计与实现》、《商业计划书》、《大型商业系统软件模拟》等相关特色实践课程。与此同时,还要注重研究国外的应用型人才培养模式,引进国外商学院提高学生应用能力的培养模式,为本专业人才培养提供借鉴。

六、本专业教学和管理中存在的问题及改革措施

作为新生本科的高校,我们办学时间不长,在办学过程中还存在以下问题,这些问题也是我们进行专业定位的依据,主要表现见图 3-19。

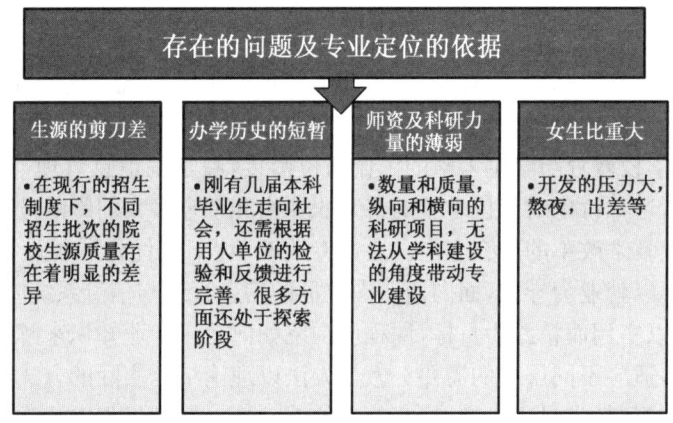

图 3-19 存在的问题及定位依据

从图 3-19 可以看出,我们的问题主要反映在以下几方面。

1. 生源的剪刀差

在现行的招生制度下,不同招生批次的院校生源质量存在着明显的差异。上海商学院属于二本招生,所招收的生源无法和上海的 985 及 211 高校相比较。

2. 办学历史的短暂

作为新的专升本高校,信息管理与信息系统专业刚有几届本科毕业生走向社会,行业的影响力不大,还需根据用人单位的检验和反馈进行完善,很多方面还处于探索阶段。

3. 科研力师资及量的薄弱

作为新的专升本高校,无论是教师的数量和质量还是科研实力等都无法和老牌高校相抗衡,省部级以上纵向科研项目不多,横向项目不大,行业影响力不高,没有硕士点和博士点,更无国家重点实验室、教育部开放实验室等,还无法从学科建设的角度来带动专业建设。

4. 女生比重大

由于本校属于商科院校,女生的比重比较大,大部分班级中女生占 2/3 以上,如果从事信息系统开发和设计工作,压力非常大,还需经常熬夜、出差、跑客户等,绝大部分女生本科

毕业年龄基本24岁左右,这工作显然不适合大部分女生。但是从事信息系统应用或者信息系统维护就没有这方面的顾虑了,所以人才培养及定位应从应用信息系统及信息系统维护方面的工作出发。

在今后的办学中还需加大高层次教师引进力度,鼓励教师进修、学习,不断提高师资水平。

七、本专业未来发展思考

(一) 与社会需求匹配的专业人才培养模式

改革教学方式,优化专业结构,建立起以就业为导向的人才培养体系,注重学生商业素养的培养是本专业今后的努力方向。从国外商学院的办学经验看,学生的交际、沟通等能力的培养贯穿于整个教学环节,无论是课堂教学还是学习小组及课外活动,都离不开团队的环境。上海商学院办学背景和办学环境具有一定的相似性,毕业生今后的就业岗位大多面向商业企业,注重学生商业基本素质的培养是办学特色的重要体现。这种商业基本素质包括乐观的参与态度、开放的思维、团队合作精神、上进心、激情、交际、沟通等综合素质。在今后的教学中如何将学校教育与学生未来的工作岗位衔接,商学院信息管理与信息系统专业的特色究竟在哪里,这种特色对每位学生的将来职业生涯带来多大的影响,这还需要作深入的探讨,也是本专业教学改革的研究方向。通过专业改革,不断优化课程设置体系,修订专业教学计划,建立起以就业为导向,面向商业岗位群的信息管理与信息系统应用型人才培养体系。课程设置应以实用而精深为目标,课程应围绕如何运用专业知识来解决实际问题,课程设置应灵活多样,适应不同层次的需要。教学方法以理论结合实际的方式进行教学,使学生能够积极主动参与到教学过程中来,提高教学的互动性。教学过程中注重学生的交际、沟通能力、团队意识、诚实守信之商业道德等商业素养的塑造。例如,模拟工作环境或让学生在学习期间真正进入公司研究机构等,建立起有特色的商业型应用人才。

(二) 发展思考

信息科学是当今发展更新最快的一门学科,信息系统的开发方法及开发工具也在无时无刻地发展与变化,从而导致课程的教学方法和教学手段必须不断更新和调整才能适应它的发展。在课程教学中要加大商业信息系统的案例教学,鼓励任课教师参与学生结合具体开发项目,并引进国外的优秀案例,制作可具体操作的教学案例库,为今后的教学提供方便。

总之,信息管理与信息系统应用型人才的培养模式还处于不断地实践与探索当中,作为上海地方性三类本科院校,在人才培养方式上一定要结合自身的实际,准确定位人才培养目标,体现人才培养的专业特色才是专业长期发展之路。

电子商务专业教学质量年度报告

一、专业简介

(一) 培养目标

本专业培养能够运用信息技术、商务管理理论、网络经济理论进行企业经济管理、数据分析、营销的复合型电子商务专业人才。学生应在具有必备的信息技术、商务管理理论、网络经济理论的基础上,重点掌握这些理论在电子商务专业领域的综合应用,具有为商业企业制定和实施电子商务战略的能力和技能。

毕业生适应岗位:现代服务企业及其他中小企业从事管理或商务运作、电子商务战略实施、电子商务系统规划与管理、网络营销等。

(二) 培养规格

专业培养适应现代企业需要的本科层次的复合型电子商务专业人才。

本专业毕业生应获得以下几个方面的知识和能力:

(1) 掌握经济、管理和法律等学科的基本理论和基础知识。
(2) 较为全面地掌握计算机网络技术。
(3) 熟练掌握网络商务系统的结构及其维护技术,具备进行商务网站的设计、建设与维护的能力。
(4) 掌握信息系统设计、实施、运行管理的技能,具有一定的系统分析能力。
(5) 掌握现代电子商务的基本理论和方法。
(6) 掌握商业企业经营管理、商业数据分析、财务报表分析的基本知识,具有一定的商业经营管理能力。
(7) 了解本学科领域及相关学科的发展动向,具有较强的动手能力和适应性。
(8) 熟练掌握一门外国语,能够阅读本专业英文技术资料。

(三) 专业资源

目前电子商务专业主讲教师数量与结构合理。共有主讲教师7人。年龄结构:35岁以下1人,35岁至45岁5人,55岁以上1人。

学历结构:博士及在读博士5人,硕士1人,学士1人。

职称结构:教授1人,副教授4个,讲师2人。

这7位主讲教师主要负责专业必修课、专业选修课及毕业论文的教学工作。其中，专业教师的数量基本符合教学要求，年龄结构比较合理，学历上完全符合本科专业教学数量。

这支教师队伍中既有专业领域成就卓著的学科带头人，又有科研型教师、教学型教师及极富实践经验的能工巧匠。

与目前我国其他学校的电子商务专业一样，电子商务专业的教师大多非本专业出身。但本专业教师有一半是从专科层次电子商务专业成立以来就参与了电子商务专业的教学和研究，有一部分教师本科或硕士是计算机科学及其他理工科出身，硕士或博士研究管理科学，两个专业的结合使教师更具备了电子商务教学和研究能力。

在课程建设中，我们以精品课程为标准，从核心课程入手，以点到面，带动主干课程的建设。目前专业主干课中已有3门上海市重点课程、2门校重点课程，另有3门为教育高地支持的重点课程，目前所有重点课程已完成建设。每门课程都完成了教学大纲、电子教案、实验手册、资料库、试题库、教师手册、网络课程的建设。多门重点课程的内容已上校园网公示。

二、本专业全国布局现状

（一）专业点布局现状

国内大多数高等院校均开设了电子商务专业。

（二）做得最好的院校

在武书连的电子商务专业学校排名中，被评价为A+的学校有：武汉大学、四川大学、西安交通大学、中山大学、南开大学、厦门大学、华南理工大学、东北财经大学。

（三）自己(专业)的相对位置

上海商学院在电子商务专业学校排名中，被评价为B，总体来说，在全国高校中，排名中等。

三、本专业社会需求现状

（一）全国需求现状

近年来，随着全球电子商务高速增长，我国电子商务也急剧发展，使得电子商务人才严重短缺，由于互联网用户正以每年100%的速度递增，该行业的人才缺口相当惊人，预计我国在未来10年大约需要200万名电子商务专业人才。

（二）上海(区域)需求现状

上海作为全国的经济中心，电子商务发展极为迅速，对相应的电子商务人才需求也非常旺盛。

四、本专业的亮点或特色

(一) 尊崇学科发展方向,专业教育突出流通特色

依照学校的学科发展方向,充分利用学院已有的经济管理、商务管理基础,培养现代大流通所需要的电子商务专业人才,在课程体系、课程教学、实践教学环节等各个方面都突出流通这一特色。

在课程体系中,我们在专业必修课中加入了《物流管理》、《财务管理》、《经济法》、《经济学》、《市场营销》等课程;在专业选修课中设置了《中国流通简史》、《商品学》、《采购学》、《国际贸易实务》等课程。在课程教学中,一些课程的教学案例都来自于流通领域,课程实验的平台使用流通企业信息系统,专业实习首选流通企业。通过课程体系、课程教学、实践教学环节相结合,使学生了解流通企业的管理、业务流程及电子商务运作方式。

(二) 依托行业优势,加强校企合作,具有一套比较完善的、切实有效的实践教学体系

专业将校内的实验与校外的实习相结合,建立了一套完整的实践教学体系,通过充足的课程实验、2次社会实践、2次学年论文、2次专业实习、1次毕业实习等多个环节的融会贯通,充分利用校内实验环境和校外实践基础,对学生的实践能力进行全方位的培养。在实践教学过程中,我们强调实践内容的一贯性,让学生围绕一个主题,完成其实践内容。

为弥补校内实践环节缺乏真实性这一不足,我们通过多种方式让学生亲身体验企业的真实环境。首先,我们通过各种方式开展与企业的合作,与10多家企业签订了合作协议,让学生参与到企业的运作中。其次,在校外实践中,要求学生深入企业,了解真实情况,为企业提供切实可行的电子商务解决方案。再次,组成学生科研小组,由学院和教育高地提供经费,教师负责指导,提高了学生研究问题、分析问题的能力。最后,我们组织学生积极参加各类电子商务竞赛,提升其创新能力。

通过以上实践环节的锻炼,学生的实践能力得到了很大的提高,使他们以后工作时,能迅速适应企业岗位能力素质等方面要求,成为能迅速切入岗位的"契型人才"。

五、本专业教学和管理中存在的问题及改革措施

现阶段,电子商务专业培养方案有一定的专业特色,但还不突出,因此电子商务系整合系部与学院资源,对原有培养计划进行了一定的改革,提出了移动商务应用人才方向规划方案。

随着电子商务逐渐被人们熟悉,电子商务的承载体——网络正在发生着巨大变化。智能手机等移动终端的快速普及、3G等高速无线接入网络环境的逐步完善,使得移动互联网已经快速进入了人们的日常生活。移动互联网给电子商务注入了新的发展元素,拓展了电子商务的发展方向,或将推动电子商务走向蓝海。移动电子商务将成为电子商务的新增点。根据统计数据显示,2011年中国移动互联网市场规模达393.1亿元,同比增长97.5%。其

中,移动电子商务爆发式增长,在整体移动互联网市场规模中的占比增至30.5%,成为第二大细分行业。

移动商务市场规模见图3-20。

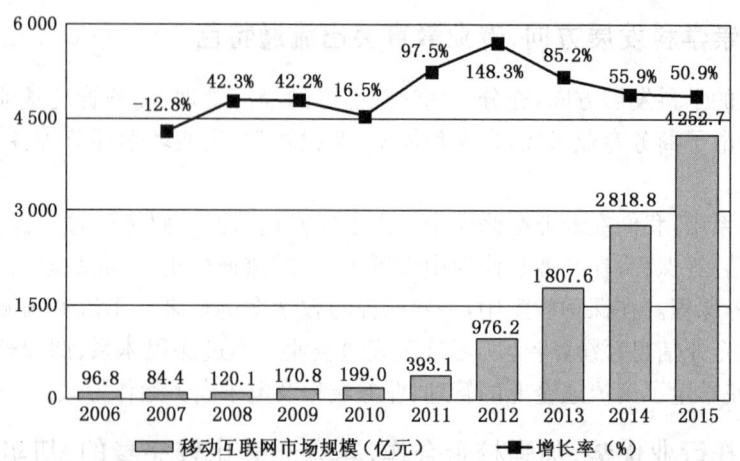

图3-20　2006—2015年中国移动互联网市场规模

注:中国移动互联网市场规模包括移动增值、移动电子商务、移动营销、移动搜索、移动游戏等细分领域市场规模总和。其中,移动电子商务统计的市场规模为交易规模。从2011Q4开始,移动互联网市场规模包括手机和平板电脑两类移动设备上创造的市场规模总和。

移动商务就是利用手机、PDA及掌上电脑等无线终端进行的B2B、B2C或C2C的电子商务。它将因特网、移动通信技术、短距离通信技术及其他信息处理技术完美结合,使人们可以在任何时间、任何地点进行各种商贸活动,实现随时随地、线上线下的购物与交易、在线电子支付以及各种交易活动、商务活动、金融活动和相关的综合服务活动等。

(一) 移动商务应用人才培养目标

在满足电子商务专业培养目标的基础上,对于移动商务应用人才的培养目标还应该加上:培养掌握移动通信技术、移动商务策划与管理、移动商务营销、移动商务政策法规等方面的知识与能力;能在信息产业、工商企业、金融机构等部门从事移动商务实践与管理、移动商务系统分析与设计、移动商务评价的复合型商务人才。

(二) 移动商务应用人才能力要求与课程设置

根据移动商务应用人才的培养目标、上海商学院"以商立校"的办学方针,以及上海商学院电子商务专业学生的实际情况,移动商务应用人才培养分解为两大方向(移动商务策划、移动营销策划),以及相应的课程设置。在最新版的2012级培养计划中,相应的移动商务课程体系都得到了实现。

(三) 总结

电子商务是一个新专业,但也是一个快速发展的专业,因此,我们需要与时俱进,以发展的眼光来建设电子商务专业。

计算机科学与技术专业教学质量年度报告

一、专业简介

(一) 专业设置沿革

2004年9月,上海商业职业技术学院(高职)升格为上海商学院(本科)。2006年,由原来的计算机应用技术系(高职)的主要师资力量和骨干组成并创建了上海商学院第二批本科专业之一的计算机科学与技术专业(本科)。

目前,计算机科学与技术专业隶属于上海商学院信息与计算机学院。自2006年7月起开始招生,2009年12月取得"计算机科学与技术专业"学士学位授予权。截至2011年6月,先后有10届(2006级)、11届春(2007级春)、11届(2007级)总共三届约240名学生毕业,并获得本专业学士学位。截至2011年6月,本专业的在校生总计达到280多人。

(二) 人才培养

计算机科学与技术专业培养方案的制订要参照教育部"计算机科学与技术"专业目录的要求,在符合教育部下达的专业培养总体方向和目标的基础上,根据上海商学院的办学层次、办学特色,确立人才培养应具有的知识体系、应用能力和基本素质。通过对国内和上海各高校的计算机科学与技术专业办学情况的了解,同时结合上海商学院的办学特色,确立计算机科学与技术专业的人才培养目标:上海商学院计算机科学与技术专业的人才培养目标应立足于上海商业系统,特别是要充分利用我校从办学至今一直紧密结合上海商业企业的优良办学传统,培养面向上海商业企业的应用型人才,使培养出的计算机开发和管理人才具备"精开发、懂商务、会管理",并且具有鲜明的商业行业背景特色。

在专业能力培养中,突出学生的应用能力的培养,以强化学生商业计算机应用能力及商业经营中的创造力为出发点,设置专业培养体系,突出上海商学院本专业的办学特色,使学生上手快,适应能力强。可以充分利用学院与众多上海大型商业集团的合作关系,这样不仅有利于体现上海商学院面向商业企业的办学特色和优势,而且有利于充分发挥现有的教师资源及现有的实践性教学基地,从而能更好地解决教育改革过程中的继承与创新的矛盾。基于此,考虑到计算机科学与技术专业办学基础和条件上的差异性,在人才培养模式上采取不追随综合性大学,紧密结合本校的办学层次和办学特色,通过教学环节的管理与控制,最终输送具有鲜明商业特色的计算机管理高级应用型性人才。

毕业学生主要面向商务软件设计、开发和实施的工作,主要在商务软件开发、商业系统集成、商务智能软件生产等企业工作和实习。

(三) 专业资源

截至 2011 年 6 月,计算机科学与技术专业共有教师 13 人。其中,专职教师 11 人,兼职教师 2 人(占 15.4%),师生比符合上海商学院 1∶18 的比例。专职教师中副高以上职称 7 人(占 63.6%),其余均为硕士以上学历。兼职教师均为副高以上职称。年龄上 55 岁以上教师 2 人,55~45 岁 4 人,45~35 岁 5 人,35 岁以下 2 人。

目前,本专业共有 7 个实验室,电脑超过 300 台,万元以上实验设备超过 50 台。实验室情况分别介绍如下:

新增:物联网与电子标签实验室。

更新:数据通信与网络实验室、嵌入式系统实验室。

其他:软件应用实验室、综合软件开发实验室、电路电工实验室、多媒体制作实验室等。

在课程建设方面,目前本专业现有上海市精品课程 1 门、市重点课程 2 门、校级重点课程 8 门。由本专业教师编写出版的教材 10 本,其中 2 本获得省市级优秀教材奖。

本专业始终把实践教学放在教学的重要位置,课程实验开出率超过 85%。除了上述实验室外,本专业还与 3 个校外与计算机相关的单位签署了长期的合作协议,作为校外企业实践基地,共同对学生进行实践教学。

专业除了理论教学手段外,还积极探索网络、现代多媒体、"班导制"等多种教学手段。截至 2011 年 6 月,共有上海市级教改项目 1 项,完成校级教改项目 3 项,在建 5 项。

目前,计算机科学与技术专业尚有 280 名左右的在读大学生。2011 年秋季拟招收本专业学生 80 人左右。四个年级合计学生约 360 人。从毕业的三届学生就业情况来看,学生签约率每年均在 93% 以上,签约率在上海商学院各专业中持续排名前列。学生主要就业的行业是金融业、大型商业企业、IT 业等,主要从事的工作包括:软件设计和开发、计算机系统测试、计算机系统维护、网络管理等职务。

课程建设:

(1) 参照 IEEE-CS&ACM 提出的 CC2010 课程体系,制定适合本专业特点的人才培养模式和教学计划。强化核心课程和专业特色课程,突出能力培养型课程。进一步扩大选修课,减少课堂教学时数,调整课程内容,加强课程之间的融会贯通,增强知识的系统性。

(2) 全面推广使用国内外最新先进的,符合我校学生实际情况的教材。使用国内外最新优秀教材可以使学生更快地接触最新科技,学到最新的知识。截至 2011 年 6 月,本专业已有 3 门必修课选用了国家级优秀教材,并有 1 门课正在积极探索实施双语教学。

(3) 发挥高水平教授在本科教学中的主导作用和核心作用。本科教育中既要体现以学生为本的思想,又要充分发挥教师的积极性,特别要重视发挥高水平教授在本科教学中的主导作用和核心作用。

① 鼓励高职称教师主讲本科生课程,参与本科教学的各个环节。

② 成立以高水平教师为核心的课程建设指导小组。为了加强课程建设,将教学改革落实到实处。2010 年成立以专业主干课为核心的课程小组,课程小组的职责是负责组织本课程小组的相关课程的建设,把握相应课程的研究前沿,跟踪国内外最新发展;研究教学内容

和方法的改革;负责教材的选用及最新原版教材的引进;负责制定教学大纲,以及相同课程教学日历的大致统一;负责做好系列课程的衔接和实验项目的内容制定工作;对相同课程实施统一教材、统一试卷、统一评卷;对青年教师做好传帮带工作等。

(4) 注重学生的科研能力和实践能力的培养。具体如下所述:

① 积极组织学生参加校级、省(部)级、国家级和国际级各类学科竞赛。通过我系师生的共同努力,取得显著成绩。有3名同学分别获得"大学生数学建模"竞赛二等、三等奖,6人次获得"华东地区大学生嵌入式系统竞赛"二等、三等奖,近30人次获得校级以上科研奖项。学生参与面广,为培养学生的创新能力创造了良好氛围。

② 提倡结合课程做项目。计算机学科具有很强的实践性。目前,本专业绝大部分专业基础和专业主干课程中,除了安排一般难度的实验内容外,还要布置有一定难度和工作量的大型设计类作业,这种作业一般需由几个同学组成一组合作完成,既锻炼了学生的科研开发能力,又有利于培养学生的团队协作能力。

③ 抓好毕业设计环节,切实提高本科毕业设计的质量。由于计算机科学与技术专业学生数量相对其他专业较多,指导毕业设计的任务重,但专业教师团队一贯十分重视学生的毕业设计(论文)环节,采取了一系列措施,创造良好的实践环境,并抓好每一个环节,保证了本科毕业设计(论文)的质量。

④ 创造各方面条件,增加本科生的实践机会。尽管本专业学生数量大,教学资源紧张,但专业教师团队千方百计开拓实践空间,主要有以下方面:

第一,结合教师的科研项目,吸收本科学生参与科研开发,或做毕业设计。由于本专业近年来科研项目数和经费数有所增加,学生参与开发、科研项目的机会增加,此外本专业探索实施本科生导师制,鼓励教师代学生参与项目开发;高年级至少有50%的学生在校期间以各种形式获得了进实验室参与老师课题的机会。

第二,到计算机相关公司兼职、实习或做毕业设计。

第三,强化扶贫顶岗实习支教,培养愿意服务于农村的多面手教师,教育学生服务基层、服务于偏远山老地区。

(5) 加强师资队伍建设,引入教师上岗竞争制度,保证教师质量。主要是抓好两条:

① 统一试题、统一阅卷。本专业学生数较多,本专业要求上同一门课的老师必须统一试题、统一阅卷,流水作业。这样做既使得同一年级的学生成绩有统一的标准,同时便于对各班老师的教学水平进行评判,因此对老师都有竞争的压力。

② 把好新教师上课关。凡有新教师要求上课,必须由课程建设指导小组组织试讲,不合格的指出问题,先做助教,继续准备,合格的才允许上报挂牌选课。

(6) 运用先进教学手段和方法,改革考试方式。在本专业开设的课程中采用多媒体教学比例达71.88%。还开辟课程网站,如Internet辅助教学平台,供学生提交作业、答疑和下载课件等,使教与学的沟通经常化。

① 注重"以学生为主体"的教学理念,增强学生自主学习的意识。

② 开展自学讨论等方式,多开教学讨论课,在课堂教学中采用学生自主讨论和教师重点讲授相结合的方法,改变原来"满堂灌"的教学方法。

③ 在课堂教学中注重指导学生获得最新的专业技术发展动态,培养科学精神,提高科研能力。

④ 在专业课程中加快多媒体教学课件建设，对已有的课件进行检查，以找出共同存在的问题，为后继课程提供借鉴。

⑤ 建立了本专业的教学资源网站，鼓励并逐步推广网上教学和学生网上学习的开放式教学模式，学生可在网上递交作业，教师可在网上进行辅导、答疑和批改作业以及在线讨论交流，利用现代化的教学手段，拓宽教与学之间的信息反馈渠道，使学生的学习更具有主动性和批判性。

⑥ 灵活、多样的上课方式和考核方式。上课方式可采用课堂教学与自学讨论相结合，专业课的考核不再拘泥于单一的考试方法，机试与笔试相结合以及交大型作业等多种方法。

二、本专业全国布局现状

随着计算机和通信技术近10年来的蓬勃发展，国家的进一步改革开放，中国开始进入信息化社会。以信息化带动工业化，全面建设小康社会，已经成为我们的基本国策和全国人民共同奋斗的宏伟目标。在这样的历史背景下，重新审视高等学校本科计算机专业教育的发展方向有着十分重要的意义。

截至2011年年初，全国共有505个学校开办有计算机科学与技术（本科）专业，共有在校生近50万。同其他专业相比，这两个数字都是第一。作为借鉴，我们也研究了国际上计算机专业办学的发展和现状，尤其是著名的 IEEE-CS/ACM Computing Curricula 研究成果。

基于国家教育指导委员会的教学实践，以及2010年3月初对10所不同类型大学的调查研究，我们对中国计算机专业教育的现状形成了如下几方面的认识：

近10年来规模快速扩大，相关专业也在蓬勃发展。

教学管理人员认真负责，教学内容调整需要跟上。

师资队伍完成新老交替，队伍素质急待培养提高。

设施条件建设初见成果，实验环节需要抓紧加强。

截至2011年年初，我国普通高校总数为1 683所，本科学校679所，其中505所开设有"计算机科学与技术"专业，是全国专业点数之首；2009年在校人数37万，占理工科在校生总数的14.6%，也是最多的。同时应该注意到，这505个计算机专业中的368个是1994年后开办的。这一方面反映了高等教育对国家信息化建设浪潮的积极响应，另一方面也告诉我们专业建设的数量大、任务重。一方面，我们为这些学科能为中国学子创造大量接受高等教育的机会而高兴，另一方面，我们也为计算机专业现在的一些毕业生专业特色不明显、从而竞争优势不强而思索。

因此，上海商学院计算机科学与技术专业的定位应该明确地建立以符合国家，特别是长三角地区的社会建设的需要为宗旨，以上海商学院"商业"特色为结合点，以培养计算机领域应用型人才为目标的专业建设方案。

通过对美国、欧洲、印度和日本等国情况的调查，我们认为目前在计算机学科（计算学科）教育方面最有代表性和影响力的工作依然是 IEEE-CS/ACM 组织的 Computing Curricula 研究工作。总的来看，Computing Curricula 的研究工作给了我们一个重要的启示：计算机技术的内涵和外延都在迅速地扩大，各个分支已经形成丰富和完整的知识体系，已经不可能将如此丰富的内容安排在一个单一的本科教学课程体系之中，而且单一的培养模式也不能满足社会对多种规格人才的需求，必须通过不同的培养计划才能满足这种不同的需要。

除此以外，我们还对在美、英等国大学计算机系的教学大纲进行了研究，发现中国在计算机教育方面与发达国家的差距的主要表现在如下方面：美、英等国大学计算机系教师的整体水平远高于中国国内计算机教师的整体水平；美国大学重视动手能力的培养；美、英等国的大学注重表达技能和写作技能；美、英等国大学计算机专业的课程教学内容与社会需求紧密结合。

三、本专业社会需求现状

国家和社会对计算机专业本科生的人才需求，必然与国家信息化的目标、进程密切相关。计算机市场很大程度上决定着对计算机人才的层次结构、就业去向、能力与素质等方面的具体要求。计算机类专业毕业生就业出现困难的主要原因，不是数量太多或质量太差，而是满足社会需要的针对性不够明确，导致了结构上的不合理。计算机人才培养也应当是金字塔结构，与社会需求的金字塔结构相匹配，才能提高金字塔各个层次学生的就业率，满足社会需求，降低企业的再培养成本。

国内的大部分IT企业（包括跨国公司在华的子公司或分支机构），都把满足国家信息化的需求作为本企业产品的主要发展方向。这些用人单位需要高等学校计算机专业培养的是应用型/工程型人才。

国家信息化进程已经涉及各行各业。企事业单位和国家信息系统的建设与运行，是目前和今后采购、应用计算机产品的主流需求。这些用人单位需要高等学校培养大批信息化类型人才。目前高等学校计算机专业在本科阶段对研究型和工程型人才的培养已有一定的基础，而对于从事信息化类型工作人才的专门培养则几乎是空白。

企业对素质的认识与目前高等学校通行的素质教育在内涵上有较大的差异。以学习能力为代表的发展潜力，是用人单位最关注的素质之一。企业要求人才能够学习他人长处，而目前相当一部分学生"以我为中心、盲目自以为是"的弱点十分明显。

在校学生的实际动手能力亟待大幅度提高。目前计算机专业的基础理论课程比重并不小，但由于学生不了解其作用，许多教师没有将理论与实际结合的方法与手段传授给学生，致使相当多的在校学生不重视基础理论课程的学习。为了适应信息技术的飞速发展，更有效地培养大批符合社会需求的计算机人才，全方位地加强高校计算机师资队伍建设刻不容缓。

四、本专业人才培养各环节质量的评价

（一）教师对本专业人才培养方案、师资队伍、课程建设、教材建设、理论教学、实践教学、教学手段方法、考核评价等环节的评价（满意度）

本专业每学年均对教师以无记名投票和问卷调查的方式进行专业各方面的评价调查。

从反应情况看,教师对本专业评价均达到良好的水平。同时,也提出了很多专业建设、人才培养方案等方面的合理化意见和建议。

(二) 学生对本专业人才培养方案、师资队伍、课程建设、教材建设、理论教学、实践教学、教学手段方法、考核评价等环节的评价(满意度)

从本专业针对每届毕业生进行的问卷调查,以及学校每学期进行的课程考评结果来看,近3年来专业教学质量稳步提高,学生对本专业办学水平进一步肯定。例如,70%以上的毕业班学生认为通过我校本专业的学习获得了良好的知识和学习能力。

五、本专业的亮点或特色

致力于结合学校和学院"商业"的行业和学科优势,培养商务网站和商务软件的设计、开发和实施的应用型人才,并具有基本的商务、管理和数据分析素养。简而言之,本专业定位商务软件开发,致力于培养"精开发、懂商务、会管理"的应用型人才,这也是本专业的特色所在。

六、本专业教学和管理中存在的问题及改革措施

(一) 存在问题

根据学院对10届、11届两届本专业学生和用人单位的问卷调查,部分毕业生和许多用人单位的领导在充分肯定本专业所取得的骄人成绩的同时,也对专业的本科教育、教学和管理工作提出了一些中肯的意见,集中反映在如下几点:

(1) 在培养学生的创新方面还要进一步加强,应培养学生更强的创新意识、创新能力和实践能力,以不断缩小与社会在这方面需求的差距。

(2) 根据社会对人才的供求状况来灵活确定学校的人才培养目标,应加强应用性强、社会需求量大的课程,同时加强实用性技能的培训和就业适应能力锻炼。

(3) 需要进一步理顺课程和课程之间衔接的问题,加强课程体系建设。

(4) 需要进一步加强"双师型"教师队伍建设问题。

(二) 改革措施

(1) 充分利用本专业现有实验设施,进行转用或维护升级,以及交叉专业共建、共用实验室,减少重建资源的浪费。

(2) 积极建设或联系校内外实习基地,大力支持学生或教师参与各种实践教学和学习活动。

(3) 主动联系企业、各兄弟院校和教材出版部门,相互取长补短,共建本专业方向的各类课程资源。

(4) 协调教学管理部门和教师关系,通过研讨逐步理顺专业课程体系。

(5) 完善学生的专业课程引导和辅导工作。

（6）青年教师，以攻读学位的方式为主；中年教师，主要以提高教学和科研水平的方式进行单科进修。并鼓励教师参加科研项目，积极申报学校、上海市乃至教育部的科研项目。鼓励教师深入工厂、企业参加项目开发，教师到企业参加生产实践制度化，实施轮训制，使教师由单一的教学型向教学、科研、生产实践一体化的目标转变。特别是对于新进教师，我们规定新进教师必须进实验室，负责实验、实训教学指导、设备管理及维修，或进企业培训一个学期。

（7）引进高学历高职称的教师，还聘请部分企事业单位的技术骨干、项目开发人员担任兼职教师。

（8）教学研讨和学习"常态化"，专业内部和不同专业之间组成教/科研项目小组，相互学习提高。

七、本专业未来发展思考

（一）与社会需求匹配的专业人才培养模式

在今后的教学工作中，本专业将以面向市场、行业、上海地方经济建设为中心，积极稳妥推进人才培养模式和课程体系改革；以就业为导向，以能力为本位，以质量求生存，强化实践教学，以产、学、研为途径，促进应用型人才的培养。再通过全体师生的共同努力，以使本专业以顺利通过国家专业合格评估为契机，将本专业建设成为上海商学院办学特色鲜明、有优势的专业，为今后创建上海市特色专业打下基础。

今后3年内，争取再获得1门全国性精品课程，2～3门上海市精品课程，若干门校精品课程。

（二）发展思考

对在专业建设中产生的问题，专业教师也要集思广益、同甘共苦、志同道合，共同去创建本专业更美好的明天。

电子信息工程专业教学质量年度报告

一、专业简介

(一) 专业设置沿革

随着知识经济的不断发展,电子信息类产业已深入到社会的各个方面,加速了传统产业的升级换代,实现向电子化、信息化、网络化的转变,上海市委和市政府根据党中央和国务院的"大力推进国民经济和社会信息化"的精神,提出以信息化带动工业化,发挥后发优势,实现社会生产力的跨越式发展。为此,企业对电子信息类人才尤其是本科及以上层次的具有较强实践动手能力的毕业生的需求呈现快速增长趋势。

上海商学院开设电子信息工程本科专业是学校针对商业类企业需要大量既懂电子信息技术又懂营销的复合型人才的需求而设立的,为学校流通现代化重点学科提供支撑,使学校的学科布局更加全面,使我校更好地为上海乃至全国商业服务,为社会作贡献。

2004年9月,上海商业职业技术学院升格为上海商学院,计算机学院成为第一批招收本科学生院系,在一定程度上体现了我院的总体办学水平和条件。2004年,计算机学院开办电气技术高职专业;2005年,又开办应用电子技术高职专业,满足了电子信息工程人才细分市场对从业人员的专业需求,取得了较好的社会效果,为申办电子信息工程本科专业奠定了基础。电子信息工程专业作为上海商学院第三批4个本科专业之一,于2007年9月面向全国招收了本科生80人。目前在校生达到280人。

(二) 人才培养

1. 培养目标

电子信息工程是一个电子和信息工程方面结合的较宽口径专业。上海商学院电子信息工程专业是以培养本科层次、复合型、应用型商业领域的电子信息工程人才为宗旨,使学生通过4年学习成为掌握信息的获取与处理、电子技术、信息系统和信息工程方面的基本理论和专业知识,接受电子信息工程实践的基本训练,具备各类电子设备和信息系统,特别是商业领域的各类电子设备和信息系统的应用、设计和开发能力的高等工程技术人才。

2. 培养规格、基本要求

本专业是一个电子技术和信息工程方面的较宽口径专业。本专业学生主要学习信号的获取与处理、电子设备与信息系统开发与应用等方面的基础理论与专业知识,接受电子技术与信息工程实践的基本训练,具备设计、开发、应用和集成电子设备和信息系统的基本能力。

毕业生应获得以下几方面的知识能力:

（1）较系统地掌握本专业领域宽广的技术基础理论知识，适应电子技术和信息工程方面各种岗位要求。

（2）掌握电子电路的基本理论和实验技术，具备分析和设计电子设备的基本能力。

（3）掌握信息获取、处理的基本理论和应用的一般方法，具有研究、开发新系统、新技术的初步能力。

（4）了解信息产业的基本方针、政策和法规，了解企业管理的基本知识。

（5）了解电子设备和信息系统的理论前沿，具有研究、开发新系统、新技术的初步能力。

（6）掌握文献检索、资料查询的基本方法，具有一定的科学研究和实际工作能力。

（三）专业资源

1. 师资队伍

我院参与本专业相关教学活动的专职、兼职教师13人，教师中教授4人，副教授5人，博士4人。教师平均年龄46岁，硕士以上学位占79%，副教授以上职称占64%，"双师型"人才占40%以上，其中有多人具有企业工作的实践经历。总体来说，这是一支年富力强、经验丰富能够胜任电子信息工程专业人才培养的师资队伍。数量和结构能满足日常的教学需要。

为了更好地结合行业需要，电子信息工程专业组建了一支高素质的行业兼职教师队伍，如聘请上海因仑电子科技有限公司技术人员对参加电子设计的学生进行专业技术辅导；邀请深圳亿道电子技术有限公司的总经理钟景维、新加坡理工学院LINUX资深讲师蒋君勇、亚太RFID技术协会秘书长周文豪为客座教授等。

2. 课程建设

建立主讲教师责任制，全面推进课程建设。每门专业课都明确了主讲教师，由主讲教师负责对各门专业课程提出具体建设要求，包括教材的选用或编写、教学大纲的制定、PPT的制作、授课计划、教案的设计及撰写等项课程建设工作。主讲教师选定程序采用系里推荐、学院认定的办法，选定的主要标准是具有高级职称或硕士以上学位，基本实现了本科授课教师高职称、高学历的配置。

电子信息工程本科专业课程建设稳步推进，感测技术、电子技术已列入学校重点课程建设，每门课程的建设经费为3万元，以后计划每年申报1门学校重点课程。

制定培养计划后，我们编写了所有课程的教学大纲（包括实践教学大纲）。在每学期开始前，我们对教学大纲进行审查与研究，根据需要进行修订。在开学2周内对每门课程的教学大纲和授课计划进行收集、整理，作为教学考核的依据。至目前为止，已收齐07~09级所有课程大纲和授课计划。

教案是教师对教授课程所涉及知识的理解、归纳和扩展，是保障教学质量的重要前提。学院严格要求所有教师做好课前教学准备，教师每学期均配有完整的教学教案。学院安排以老带新有针对性指导年轻教师进行教案设计准备，学院还开展了教案检查、教学课件评比、教学质量督导等一系列活动，确保了教师教案的完整和质量。

对于考试课程，学院要求每门考试课程出A、B、C三套试卷，对所有的考试试卷全部归档，由专业评估助理专门保管。

3. 教材建设

教材选用要以教材内容的总体框架符合本专业人才培养目标及课程体系设置的需求、

符合课程内容更新发展的大趋势为首要判断标准。优选国家统编教材和规划教材。

为了符合上海商学院的商科定位、体现商学院特色，满足专业建设的特殊需求，本专业鼓励教师编写特色教材，并在专业建设经费中予以支持。

4. 实践教学

本专业的实践教学由校内的课堂实验、课程设计、毕业设计、校内外的专业实习组成。主要通过社会实践、专业实习，提炼理论知识，增强动手能力，训练项目开发能力，树立团队合作精神。通过学术讲座，邀请电子信息领域著名专家讲授，开拓第二课堂，让学生了解电子信息学科前沿，以拓展视野。同时，通过各级电子设计竞赛，激励创新，增强技能。

对于实践教学环节，我们编制了大纲和实施计划，实习结束，由学生上交报告，教师必须经过批阅、评分、评语3个环节，然后以光盘记载全过程。

目前07级教学计划中的专业必修课(《大学物理》、《电工基础》、《电路基础》、《程序设计》、《模拟电子技术》、《数字电子技术》、《感测技术》、《微机原理与接口》、《自动控制原理》、《数字信号处理》、《数据通信与计算机网络》)和主要选修课(如《Protel电路设计与仿真》、《嵌入式系统》、《电子标签技术》、《PLC及其应用》)都开设了课内实验，每门课程的实验部分都在教学大纲、教学计划中规定了实验课的名称与实验内容。对于实验课程编写了实验指导书，学生及时提交实验报告。

设计性、综合性实验开设方面有模拟/数字电子技术课程设计、微机原理/数字信号处理课程设计，实验室建设方面，现有13个专业实验室，授课计划实验开出率达100%。

为了顺利高效地完成实习任务，学院成立了实习领导小组，全面负责实习领导工作，实行辅导员和实习指导教师双轨管理。辅导员负责日常事务管理，实习指导教师负责业务指导。从2007级实习情况看，运作平稳，效果良好。

5. 教学方法与教学手段

倡导、鼓励所有教师积极参与学科与专业建设，积极介入各种专业研讨与协作活动，通过加强与社会工作理论界、实务界的联系，采用"请进来，走出去"方法，积极参与、融入社会工作界的学术交流活动，丰富学术资源，扩大我专业在业界的影响。

此外，注意探索与应用系统讲授法、课堂讨论法、指导阅读法、体验学习法、科学研究法、网络学习法等，且已有若干篇公开发表的有关专业教学的教育改革研究论文。

二、本专业全国布局现状

随着社会发展对人才培养需求的变化，教育部1998年颁布了新的专业目录，把电子信息类专业由12个归并为电子信息工程和通信工程两个专业，表3-73给出了1998年专业目录中专业名称与调整前的专业名称间的对照关系。

表3-73

1998年专业目录与原专业目录对照表

新专业代码与专业名称		原专业代码与专业名称	
专业代码	类别、专业名称	专业代码	专业名称
0806	电气信息类		

(续表)

新专业代码与专业名称		原专业代码与专业名称	
专业代码	类别、专业名称	专业代码	专业名称
080803	电子信息工程	080703	电子工程
		080704	应用电子技术
		080705	信息工程
		080706	电磁场与微波技术
		080715w	广播电视工程
		080716w	电子信息工程
		080720w	无线电技术与信息系统
		080723w	电子与信息技术
		081003	摄影测量与遥感(部分)
		082009	公共安全图像技术

注：以上内容摘自《高等学校电子信息科学与工程类本科指导性专业规范》(试行)。

(一) 专业点全国布局现状

20世纪末，由于计算机及电子信息科学的高速发展，急需大量的电子信息人才，大批学校兴办了电子信息科学与工程类专业，根据2007年教育部编写的《中国普通高等学校本科专业设置大全》统计，全国开设电子信息工程专业(080603)的高等学校已达568所。电子信息类专业高等教育为我国经济社会的快速、健康和可持续发展作出了巨大贡献，表3-74给出了全国高校电子信息工程专业的排名情况。

表3-74

全国高校电子信息工程专业排名

排名	高校名称	等级	二级学科	一级学科	学科门
1	清华大学	A++	081001 通信与信息系统	0810 信息与通信工程	08
2	西安电子科技大学	A++	081001 通信与信息系统	0810 信息与通信工程	08
3	北京邮电大学	A+	081001 通信与信息系统	0810 信息与通信工程	08
4	电子科技大学	A+	081001 通信与信息系统	0810 信息与通信工程	08
5	华中科技大学	A+	081001 通信与信息系统	0810 信息与通信工程	08
6	北京航空航天大学	A	081001 通信与信息系统	0810 信息与通信工程	08
7	武汉大学	A	081001 通信与信息系统	0810 信息与通信工程	08
8	北京理工大学	A	081001 通信与信息系统	0810 信息与通信工程	08
9	北京大学	A	081001 通信与信息系统	0810 信息与通信工程	08
10	东南大学	A	081001 通信与信息系统	0810 信息与通信工程	08
11	华南理工大学	A	081001 通信与信息系统	0810 信息与通信工程	08
12	浙江大学	A	081001 通信与信息系统	0810 信息与通信工程	08
13	上海大学	B+	081001 通信与信息系统	0810 信息与通信工程	08
14	北京交通大学	B+	081001 通信与信息系统	0810 信息与通信工程	08
15	中国科学技术大学	B+	081001 通信与信息系统	0810 信息与通信工程	08

（续表）

排名	高校名称	等级	二级学科	一级学科	学科门
16	南京航空航天大学	B+	081001 通信与信息系统	0810 信息与通信工程	08
17	南京理工大学	B+	081001 通信与信息系统	0810 信息与通信工程	08
18	山东大学	B+	081001 通信与信息系统	0810 信息与通信工程	08
19	四川大学	B+	081001 通信与信息系统	0810 信息与通信工程	08
20	哈尔滨工程大学	B	081001 通信与信息系统	0810 信息与通信工程	08
21	厦门大学	B	081001 通信与信息系统	0810 信息与通信工程	08
22	吉林大学	B	081001 通信与信息系统	0810 信息与通信工程	08
23	西南交通大学	B	081001 通信与信息系统	0810 信息与通信工程	08
24	天津大学	B	081001 通信与信息系统	0810 信息与通信工程	08
25	南京邮电学院	B	081001 通信与信息系统	0810 信息与通信工程	08
26	大连海事大学	C+	081001 通信与信息系统	0810 信息与通信工程	08
27	北京广播学院	C+	081001 通信与信息系统	0810 信息与通信工程	08
28	中山大学	C+	081001 通信与信息系统	0810 信息与通信工程	08
29	东北大学	C+	081001 通信与信息系统	0810 信息与通信工程	08
30	中国矿业大学	C+	081001 通信与信息系统	0810 信息与通信工程	08
31	云南大学	C+	081001 通信与信息系统	0810 信息与通信工程	08
32	重庆大学	C	081001 通信与信息系统	0810 信息与通信工程	08
33	福州大学	C	081001 通信与信息系统	0810 信息与通信工程	08
34	武汉理工大学	C	081001 通信与信息系统	0810 信息与通信工程	08

注：以上排名在互联网上广泛传播，是否代表官方排名未知。

（二）专业点上海市布局现状

上海市各高校电子信息工程专业及其相近专业的布局见表3-75。

表3-75

上海市高校电子信息工程专业的布局情况

专业代码	专业名称	高校名称	学制
080603	电子信息工程	东华大学	4年
071201	电子信息科学与技术	复旦大学	4年
080606	电子科学与技术	复旦大学	4年
080604	通信工程	复旦大学	4年
080601	电气工程及其自动化	复旦大学	4年
080603	电子信息工程	华东理工大学	4年
080606	电子科学与技术	华东师范大学	4年

(续表)

专业代码	专业名称	高校名称	学制
080604	通信工程	华东师范大学	4年
071201	电子信息科学与技术	上海大学	4年
080603	电子信息工程	上海大学	4年
80603	电子信息工程	上海第二工业大学	4年
080603	电子信息工程	上海电力学院	4年
080601	电气工程及其自动化	上海工程技术大学	4年
80603	电子信息工程	上海工程技术大学	4年
080601	电气工程及其自动化	上海海事大学	4年
080603	电子信息工程	上海海事大学	4年
080608Y	电气工程与自动化	上海交通大学	4年
080606	电子科学与技术	上海交通大学	4年
080603	电子信息工程	上海理工大学	4年
080603	电子信息工程	上海师范大学	4年
080601	电气工程及其自动化	上海应用技术学院	4年
080603	电子信息工程	上海应用技术学院	4年
080603	电子信息工程	同济大学	4年
080603	电子信息工程	上海商学院	4年

注:以上数据来自上海教育委员会网站:http://www.shmec.gov.cn/web/gjjl/jyjx_show.php?id=17021。

从上海乃至全国范围来看,上海交通大学电子信息类专业本科教育的质量处于全国领先地位;在上海市范围内,上海大学电子信息工程专业本科教育的质量近几年提高很快,受到社会的广泛关注。

(三) 上海商学院电子信息工程专业的定位和建设特色

上海商学院作为一所新专升本院校,虽然在教学科研,特别是科研方面与985、211高校存在较大差距,但从这几年的发展来看,教学科研都有显著提升。上海商学院电子信息工程专业已经确定嵌入式系统设计(物联网商业应用)作为专业定位,专业建设特色是物联网商业应用。

三、本专业社会需求现状

(一) 全国需求现状

电子信息工程专业是前沿学科,现代社会的各个领域及人们日常生活等都与电子信息技术有着紧密的联系。全国各地从事电子技术产品的生产、开发、销售及应用的企事业单位很多,随着改革步伐的加快,这样的企事业单位会越来越多。为促进市场经济的发展,培养一大批具有本科层次学历,能综合运用所学知识和技能,适应现代电子技术发展的要求,从事企事业单位与本专业相关的产品及设备的生产、安装调试、运行维护、销售及售后服务、新产品技术开发等应用型技术人才和管理人才是社会发展和经济建设的客观需要,市场对该类人才的需求越来越大。为此,电子信息工程专业的人才有着广泛的就业前景,毕业生可从事电子设备、信息系统和通信系统的研究、设计、制造、应用和开发工作。

2012年6月11日上午,由麦可思研究院独家撰写、社会科学文献出版社正式出版的《2012年中国大学生就业报告》(就业蓝皮书)在中国社会科学院发布,2012年就业蓝皮书基于麦可思公司对2011届大学生毕业半年后的调查研究,以及对2008届大学生毕业3年后的再跟踪调查研究。调查结果见表3-76。

表3-76

麦可思-毕业半年后就业率较高的主要本科专业(前50位)

主要本科专业名称	毕业半年后就业率(%)	主要本科专业名称	毕业半年后就业率(%)
税务	99.4	工程管理	94.7
勘查技术与工程	99.0	核工程与核技术	94.6
工程造价	98.8	影视艺术技术	94.6
医学检验	98.2	给水排水工程	94.6
学前教育	97.8	交通运输	94.5
车辆工程	97.6	保险	94.4
机械电子工程	97.5	农学	94.4
汽车服务工程	97.3	金属材料工程	94.3
建筑学	97.3	财务管理	94.3
会展经济与管理	96.9	贸易经济	94.0
热能与动力工程	96.8	会计学	93.9
护理学	96.5	编辑出版学	93.8
园林	96.3	电气工程及其自动化	93.7
建筑环境与设备工程	96.1	国际政治	93.7
西班牙语	96.1	软件工程	93.5
材料成型及控制工程	95.9	中药学	93.4
档案学	95.8	高分子材料与工程	93.3
土木工程	95.7	测绘工程	93.3
机械工程及自动化	95.5	信息安全	93.1
水利水电工程	95.4	国际商务	93.1
城市规划	95.3	木材科学与工程	93.0
审计学	95.1	工程力学	93.0
文化产业管理	95.0	机械设计制造自动化	93.0
船舶与海洋工程	94.9	物流管理	92.9
过程装备与控制工程	94.8	人力资源管理	92.9

注:全国本科高校各专业毕业半年后就业率平均90.8%。

由表3-76可知,电子信息工程及其相近专业电子工程及其自动化本科毕业半年后就业率平均93.7%,处于全国各专业的前列。

从全国行业的分布图来看,电子信息工程专业所属的行业"信息技术和互联网(计算机软硬件、通讯)"和"加工/制造(工业自动化、设备、零部件)"占全国行业总数的比例分别是16.94%和8.16%,具体见图3-21。综合表3-76和图3-21,电子信息工程专业是社会急需的人才培养专业。

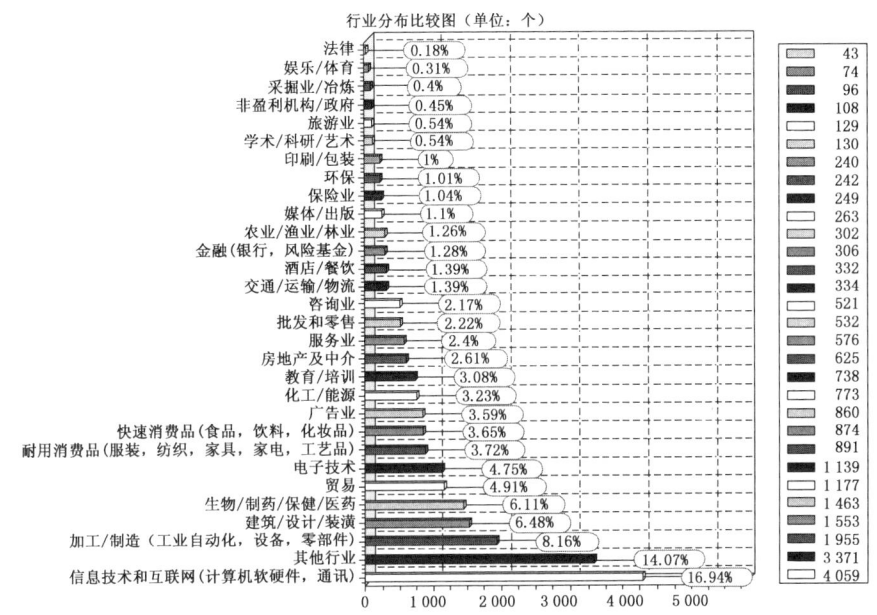

图 3-21 全国行业分布比较图

(二) 上海(区域)需求现状

上海教育网站公布的数据显示:2011年上海高校共有毕业生17.5万人,比2010年增加0.7万人,增幅为4%。其中,毕业研究生3.2万人,同比增加10.3%;本科毕业生8.7万人,同比增加6.1%;专科毕业生5.6万人,和去年持平。根据教育部规定口径统计,截至2011年9月1日,本市高校毕业生总体签约率为75.54%,比去年同期上升5.22个百分点;本市高校毕业生总体就业率为95.68%,比去年同期上升0.56个百分点,实际就业人数比去年同期增加0.61万人。毕业生就业进展情况如表3-77所示。

表 3-77

上海高校毕业生就业进展情况统计表(截至 2011 年 9 月 1 日)

学 历	总 体			其中:上海生源		
	生源(万人)	签约率(%)	就业率(%)	生源(万人)	签约率(%)	就业率(%)
研究生	3.2	89.74	96.26	0.5	86.31	97.16
本科	8.7	76.42	95.33	5.3	72.90	95.76
专科	5.6	66.86	95.90	4.3	65.72	95.75
总计	17.5	75.54	95.68	10.1	70.40	95.82

注:以上数据来自上海教育网站。

上海商学院电子信息工程专业2007级毕业生就业率96.5%,截至2011年12月31日,签约率79.07%,都超过上海市2011年本科毕业生的同比数据。

四、本专业人才培养各环节质量的评价

(一)教师对本专业人才培养各环节质量的评价

1. 人才培养方案

据调查统计,电子信息工程专业教师对本专业的培养方案满意率为90%以上,并且作为新专业,本专业的培养方案也在不断地改进,特别是在2012年6月份的专业培养方案研讨会上,与会专家结合学校以"商"立校的整体办学方向,确定电子信息工程专业以嵌入式系统设计作为专业定位,以物联网商业应用作为专业建设特色。

2. 师资队伍

除了长期聘请承担专业教学任务的本校其他专业教师以及企业专家之外,电子信息工程专业现有专职教师6人,教师基本情况见表3-78。

表3-78

电子信息工程专业师资情况

学 历	本 科	硕 士	博 士	博士后
人 数	1	2	3	
职 称	讲师	副教授	教授	
人 数	4	2		
年 龄	30～39	40～49	50～59	
人 数	4	1	1	
学缘结构	本地211	本地985	外地211	外地985
人 数	2	2	1	1

3. 课程和教材建设

对于课程建设和教材建设,虽然作为新专业,仅有两届本科生,课程建设和教材建设也还处于起步阶段,但是全部实验课都有自编的实验讲义,并且已有上海市重点建设课程1门,学校重点建设课程多门。

4. 教学方法和教学手段

对于教学的手段和方法,电子信息工程专业教师积极参与教学研究和教学改革,坚持教学与科研相结合,以科研促教学,通过教学研究不断提高自身专业水平,并不断地把科研成果转化和体现到提高教学质量与效果方面。在课堂上,专业教师运用了课堂讲解、理论推导、实验模拟验证等多样化的教学方式,充分运用已有的实验室资源,使学生能真正做到理

论联系实际。对于教学效果,教师普遍反映较好。

5. 考试与考核

对于考试和考核,电子信息工程专业教师运用了常规笔试、实验考核以及个人演讲、小组汇报等方式,但目前除笔试外其余考试和考核方式仅能用于期中考试,根据本专业偏重实践的特殊性,考核方式的灵活化和多样化将是未来的一个发展方向。

(二) 学生对本专业人才培养各环节质量的评价

1. 人才培养方案

对于本专业的人才培养方案,学生从刚入学对专业的迷茫,到对本专业人才培养方案的了解,学生反映逐步喜欢上本专业,对本专业人才培养方案的满意度达到80%以上。本专业也将继续努力对人才培养方案进行改进和完善,使学生对专业人才培养方案的满意率达到95%以上。

2. 师资队伍

对于师资队伍,学生也反映师资较少,这与专业的现时状况相符合。但对于教师的教风、师德、素质等各方面,学生满意度较高,普遍反映专业教师都比较和蔼可亲、关心同学,同时教学较为全面,教学质量较好,对于同学的问题都能及时满意的答复。

3. 课程与教材建设

对于课程建设和教材建设方面,学生对课程建设的满意度较高,认为教师的课程安排较为合理。有同学反映国外的翻译教材内容太过繁杂,不好归纳总结;国内的规定教材也有出错的状况。为此,专业老师应努力尽早完成自编教材。

4. 教学方法与教学手段

对于教学方法和教学手段,问卷调查显示,学生满意度较高。从课堂气氛活跃,学生兴趣较高也反映了教师的教学方法被学生接纳程度较高。对于专业教师教学的网上测评,学生普遍评分较高,在全校中也名列前茅。在实践和理论教学方面,学生也希望能针对本专业特殊性,增加实践教学的自由度。

5. 考试与考核

对于考试和考核,学生的满意度评价趋于一般水平,有同学反映理论内容较多,以后将逐步增加对于实践动手能力的考核。

五、本专业的亮点或特色

电子信息工程是较宽口径专业,教指委允许各校在保证若干门必修课程的基础上,根据实际情况确定各自的发展方向。上海地区嵌入式系统设计类的企业众多,对嵌入式系统设计工程师需求旺盛,而且嵌入式系统设计工程师的起薪较高,就业面宽广,因此确定以"嵌入式系统设计"作为专业办学定位。

上海商学院确定以"商"立校的整体办学方向。国家和上海市从产业布局和经济发展态势角度高度重视物联网行业的发展,把以物联网为代表的新一代网络技术发展作为未来的主要经济增长点。物联网技术在商业领域有广泛的应用,结合上海地区繁荣的商业环境,确定以"物联网商业应用"作为专业建设特色。

六、本专业教学和管理中存在的问题及改革措施

(一) 师资结构

电子信息工程专业现有专业教师6人,从学历结构上看,有博士3人,硕士2人(包括在读博士1人),本科1人。从职称结构看,有副教授3人,讲师3人。学历结构较高,但是师资力量薄弱,需要进一步引进以壮大师资队伍建设。

(二) 人才培养

在人才培养方面,电子信息工程专业老师除承担本专业的教学与科研以外,还有部分老师承担计算机科学与技术专业的教学。然而在现有专业人才培养方案的设计上,存在课程设置不合理、教学手段单一的情况。绝大多数都是理论性课程,实践性教学环节的比例不足。即使开设了一些方法类的课程,也大都以理论教学的方式完成,缺乏针对性的教学手段。

(三) 实践教学环节

实践教学是培养学生实践技能和创新能力的主要途径,实践性、实务性、应用性是高等院校电子信息工程专业教育的鲜明特色。电子信息工程专业是一门注重理论与实践结合的应用学科,要求大量的实践活动。实践教学基地是电子信息工程学生进行教学实习、科研、技能训练等实践活动的主要阵地,直接关系到电子信息工程实践教学的质量。建立相对稳定的校外实践教学基地,不仅为学生的教学实习、实务提供有力保障,而且也是学校与社会紧密联系的重要渠道。更重要的是可以为电子信息工程学生提供一种潜在的就业资源,促进专业的职业化。但是上海商学院电子信息工程专业实验室的建设和利用不够充分,缺乏实训的保障。实习基地建设比较滞后,影响了学生实践能力的培养与职业化过程。

(四) 学科建设

1. 学术方向建设

学科建设是高等学校建设的核心和生命线,也是衡量高校办学水平、研究层次和人才培养质量等综合实力的重要标准,因此,要想实现跨越式和可持续发展,提升电子信息工程专业的办学层次,首先要根据现有条件,结合学科发展规律,科学合理地制定出学科建设规划。由于学科建设不是一朝一夕的事,不是个别人的行为,需要电子信息工程专业教职员工坚持不懈地倾注心血,进行学术方向建设。我们既重视学科建设的目标,更重视学科建设的过程,通过学科建设规划的制定,强化教职员工的学科意识,使每个教师都能找到合适的研究方向,找到自我发展的平台。

2. 学术队伍建设

将结合学校的总体规划和办学定位,以发展的眼光,从战略高度重视学科队伍的建设,确立人才队伍建设在学科建设中的核心地位,结合地方发展和学科发展的需要,做好人才培养、引进和稳定等方面的工作。加大现有教师的知识更新力度,优化现有教师的

结构,以多种形式提高教师队伍的整体实力。加强制度建设和岗位意识,把教师的兴趣与专长同岗位需要特别是学科发展方向有机地结合起来,促使广大教师形成相对稳定的发展方向,用劲有处,着力有点。科学确定梯层,发挥学科、学术带头人及学术骨干的作用,鼓励具有潜在竞争力的青年学者脱颖而出。提倡团队精神、敬业精神、求真务实精神和加强道德修养。

3. 科学研究

电子信息工程研究,亟须整合力量,形成一支高水平、重合作的学术团队。我们希望通过学科建设,唤醒广大教师的科研意识,挖掘出更大的科研潜能,出一批科研成果,申报、承担一些重大的研究课题。

4. 人才培养

培养人才一定要有的放矢,电子信息工程专业将按照学校党委确立的"办人民满意大学"的办学方针,树立以学生为本的思想,把"以商立校"作为办学理念,根据经济、社会的发展需要设定培养方案,积极探索具有商学院特色的本科教育模式和机制,不断优化人才培养结构,完善人才培养方案,提高人才培养质量。有计划地组织开展实习实训,组办校级大型活动;邀请国内外学者来校讲学,扩展学生的视野,了解学术前沿;提高学位论文质量;为毕业生联系就业单位或考研事宜,提高学生的就业率;强调教师的教书育人;通过系友扩大我系乃至我校的社会影响力。在积累本科办学经验的同时,创造培养高层次人才的条件,同时开展职业资格培训。

七、本专业未来发展思考

(一) 与社会需求匹配的专业人才培养模式

结合上海地区对电子信息工程专业毕业生的社会需求,结合我校学生大多以就业为目的的现状,我们的专业人才培养模式定位为教学与实践相结合,工学一体的培养模式。以社会和市场需求为导向,以培养学生的全面素质、综合职业能力和就业竞争力为目的,在互利双赢的前提下,利用学校和企业(机构)两种不同的教育环境和教育资源,采取课堂教学与实际工作相结合,培养适合社会需要的高素质应用型人才的培养模式。

(二) 发展思考

针对以上现状的与需求的分析,对于本专业的未来发展,应该在以下几个方面实现突破:

(1) 以市场调研、社会需求为根本,准确定位商品流通领域对嵌入式系统和物联网技术的需求。经过市场调研、行业参与、专家咨询、召开分析论证研讨会等多种形式来论证、分析电子信息工程专业所对应的职业岗位群,以行业需求为导向,定位于培养"高素质技能型"专门电子信息工程人才。

(2) 以打造高素质、高水平的"双师型"教师队伍为突破,构建具有应用本科教育特色的高层次师资队伍。所谓"双师型",主要包括两个方面:一方面,从整个教师队伍的结构来看,既有专职教师,又有兼职教师;既有来自高等院校的,又有来自企业(机构)的;既有侧重于专业理论教学的,又有侧重于专业技能教学的。另一方面,从教师个体来讲,既有一定的专业理论知识,又有较高专业实践经验和实际操作能力。

(3) 以课程改革为突破口,构建以培养理论应用与实践,实务能力为主线的课程体系。电子信息工程作为一个实践性强的专业,加之我们作为应用型本科,在教育过程中必须加强学生实践能力的训练,以保证其在岗位竞聘和就业竞争中拥有自己的优势。一方面,利用学校商业为主的学科优势,打破传统的学科界限,多开发实践课程,进一步改进和完善课程体系。另一方面,强调理论课程与实践课程并重,对传统教学内容按"必需、够用"的原则进行整合,在理论课与实践课比例上进行调整。

(4) 以校内外实训基地建设为平台,加强实践教学的针对性和有效性。我们已经与十几家企业签订了实训基地协议,每年定期选派学生深入企业生产实习,以后我们争取建立更多稳定的实践教学基地,并对学生在企业的实习实践内容进行定期更新。

广告学专业教学质量年度报告

一、专业简介

(一) 专业设置沿革

上海商学院东方财富传媒与管理学院,前身是上海商学院新闻传播学院,创立于2005年9月,初期设有新闻传播学、出版学专业。2008年成功申报了广告学本科专业,2009年第一届广告学本科专业开始招生。该学院适应当前国内外和上海对新闻传媒各类专业人才的需求,设置广告学等专业,侧重对广告策划和创意人才的培养;符合商学院学生特点,结合商学院财经类的学科背景,以新闻传播学为学科基础,并对财经传媒和金融行业的市场营销和广告传播人才进行培养。本学院在上海目前的广告类专业中,有明确的差异化定位,是适应社会现代化事业发展需要、信息时代传播媒介特别是广告业空前繁荣的新形势而创办的以广告传播为特色的学院。学院发挥"广告+新闻+管理"的交叉学科优势,培养现代传媒市场所急需的广告管理和广告策划类复合型人才。

广告学本科专业是在上海商学院新闻与传播学院新闻与传播大专专业多年办学经验和上海市教委重点学科"商务传播学"建设经验的基础上,作为学科新的增长点发展起来的。2011年我院与东方财富信息股份有限公司共建产学研基地,学院更名为东方财富传媒与管理学院。

(二) 人才培养

1. 人才培养目标

本专业培养具有广告学理论与技能,宽广的文化与科学知识,能在新闻媒介、广告公司、市场调查及信息咨询行业以及其他企事业单位从事广告经营管理、广告策划创意和设计制作,市场营销策划及市场调查分析工作的广告学专门人才。

专业特色:本专业适应社会的人才需求和行业发展趋势,依托本校鲜明的财经类学科背景,突出培养学生面向财经传媒和金融行业的新媒体广告创意策划与营销管理能力。

2. 人才培养规格

本专业学生主要学习广告学的基本理论和基本知识,受到广告创意与策划、设计制作与广告营销推广等能力的基本训练。本专业学生必须获得以下几方面知识和能力:掌握广告学基本理论和知识;具有现代广告的策划、创意、制作、发布的基本能力,以及广告市场调查分析的基本能力;具有较强的从事广告文案的语言文字能力;具有公共关系的基本知识,具备广告营销推广能力。

毕业生应具备以下几个方面的知识能力：

（1）掌握广告学的基本原理、基本知识。

（2）掌握广告策划、创意、制作和文案写作的技能，摄影摄录像技术以及电脑美术设计和网络操作方面的专业水准和操作技能。

（3）掌握销售促进、企业宣传、公关策划、新闻发布等方面的知识和技能。

（4）熟悉党和国家的基本方针政策、法律法规，特别是工商企业广告传播方面的政策与法规。

（5）掌握一门外语，具有听、说、读、写、译的初步能力。

（6）具有较强的社会活动能力和敏锐观察、分析市场变化的能力。

（三）专业资源

1. 师资队伍

（1）数量与结构。上海商学院东方财富传媒与管理学院广告学本科专业的师资队伍，面向实践，依托企业，以应用型研究为基础，通过校企紧密合作，汇集了一批"双师型"教师，年龄结构、职称结构、学历结构、学缘结构比较合理，为广告学专业稳定、持续地发展提供了人力资源的保证。

目前从事该专业主干课及专业课授课教师有23名，其中专任教师8名，相关专业教师15名。8名专任教师中，具有专职教授职称的1人，具有副教授职称教师2人，讲师5人。学历结构上，具有博士学位的教师5人，具有硕士学位的教师3人。年龄结构上，50岁以上1人，30岁以上7人。

除了专任教师外，我院还聘请了高水平的外聘教师，其中有陈培爱（原中国广告协会学术委员会主任、中国广告教育研究会会长）、锆明（上海大学影视与传播学院广告系系主任）、陆云帆（上海天波广告公司总经理）、陆天（上海天波广告公司总裁,）、陈继超（文新集团广告部摄影部负责人）、王公坚（文新集团广告部负责人）、王一敏（上海电视台首席记者）。

我们还邀请了广告类、财经类业界资深专家来我院讲学，范建（德邦证券副总经理）、黄敏（东方财富信息有限公司）、杜衡、盛大、廖双辉（东方财富的副总裁）、楼迎军等。

上述教师均来自名校广告系广告专业和新闻专业及各大资深媒体的广告部门，具有丰富的理论与实践经验，有的在全国广告学界有相当高的名望，具有很高的教学水平，这对推动我校广告专业发展具有重要作用。

此外，我院还根据上海市教委有关上海部属高校支持一所本地高校的精神，与复旦大学开展共建，2011年4月与复旦大学签订了《共建上海市教委重点学科"商务传播学"协议书》，聘请复旦大学新闻学院骨干教师前来担任商务传播学核心主干课程的教学。

按照国家校企合作、联合办学的相关政策，我院与东方财富信息股份有限公司达成共识，联合共建，于2011年4月我院正式变更名为"东方财富传媒与管理学院"。借此机会，我院也开始建构"双师型"师资队伍，东方财富每年注入资金100万元，主要用于聘请知名商界精英参与广告学专业建设。

通过上述努力，目前我院基本形成了"双师型"师资队伍。

(2) 生师比。专业教师教师7人、外聘教师6人,现在校学生157人,生师比18:1。
(3) 承担上课任务情况。承担上课任务的教师情况见表3-79。

表3-79

承担上课任务的教师情况表

序号	姓名	性别	年龄	专业技术职务	现从事专业	开设课程	专职/兼职
1	吕继红	女	61	教授	广告学专业	《新闻采访与写作》《财经传媒与商业新闻》《广告文案写作》	专职
2	程金海	男	39	副教授	广告学专业	《广告文案写作》《广告美学》《中外广告案例赏析》	专职
3	李志强	男	38	讲师	广告学专业	《社会学概论》《中外新闻传播简史》	专职
4	申琦	女	35	讲师	广告学专业	《市场调查与分析》《传播学概论》《消费者心理与行为》《广告策划与创意》	
5	倪琳	女	34	讲师	广告学专业	《商务传播学》《广告效果研究方法》《中外广告法律与职业道德》	
6	李雯	女	35	讲师	广告学专业	《广告学概论》《公共关系学》《广告策划与创意》	
7	吴培明	男	33	讲师	广告学专业	《新闻采访与写作》《广告文案写作》	

(4) 培养培训情况。通过选派教师、国内培训、企业挂职、鼓励教师攻读学位等措施提升师资队伍等水平,本年度教师李雯和申琦分别到复旦大学广告系和北京大学进修学习。

2. 课程建设

(1) 制定专业培养方案的主要依据。广告专业制定了课程建设规划,从专业主干课到专业选修课,逐步实施,除获得学校关于课程建设的资金支持外,专业建设费中也专门设置经费用于课程建设,根据广告专业培养目标和方案,确定了数门课程为本专业的重点建设课程,并制定了这些课程建设的计划。目前广告学专业主干课程中,两门为校级重点课程,且这些课程均已设置了课程网站建设,可以实现网上与学生的交流与互动。

广告学本科专业人才培养方案的制订不仅依据教育部本科专业目录进行设置,还进行了企业社会人才需求调查,走访了复旦大学、厦门大学、广东商学院、浙江工商大学、上海应用技术学院等,了解广告学本科专业人才培养方案制定的基本思想、专业特色、建设规划、课程体系等，在此基础上结合我校专业定位和办学特色，制定人才培养方案。具体表现在：

第一，广告学专业培养方案制定主要依据的文件有：《中华人民共和国教育法》、《中国教育改革和发展纲要》、《教育部面向 21 世纪教育振兴行动计划》、《高等教育本科专业目录》、《上海商学院专业建设管理办法》。

第二，2008 年组织专门人员对广告学专业进行了专业人才需求调查与分析，并提出了培养复合型人才的论文报告。

第三，通过科研项目，进一步调查了企业人才需求以及相应的培养方案。撰写并发表了《产学研结合培养复合型新闻与传播人才》、《关于广告学本科专业建设的探索与思考》（2010 年发表于《上海商学院学报》）。

第四，先后走访了复旦大学、厦门大学、广东商学院、浙江工商大学、上海应用技术学院等，了解广告学本科专业人才培养方案制定的基本思想、专业特色、建设规划、课程体系等。

（2）课程体系结构和学分学时分配。广告学本科专业形成"公共知识模块＋通用知识模块＋专业知识模块＋实践教学模块"四位一体的课程体系结构。其中，公共知识＋通用知识模块由公共必修课、通识课、公共选修课组成，占总学分的 39%，以提高学生"读、写、议"能力和现代信息技术运用能力；专业知识模块由专业必修课和专业选修课构成，占总学分 41%，这部分课程以提高学生专业知识及运用能力为主，在理论课程中加大课内实践教学环节；实践教学模块包含校内实验和校外实习，占总学分的 20%。

3. 教材建设

广告学专业根据学院对教材建设的总体思路和方针，制定了专业教材建设规划及措施。在教材选用中还需加大国家规划教材与推荐教材的使用比例，并出版了高质量有特色的自编教材。

目前我院已经出版的专著与教材有《商务传播与经济社会发展》、《财经新闻采写与评析》、《手机信息传播法律与管理问题研究》、《大学生信息素养教育提升策略研究》、《新闻采访实用实训教程》等 9 本。相关专著及教材都在不同程度上服务于广告学专业教学过程。

广告学专业师资结构合理，整体的教学水平较高，对待教学工作态度认真，教风端正，在每学期教务处组织的督导评教和学生评教中，教师教学水平考评优良。

专业教师备课认真，教案材料丰富，教学文件和教学归档资料齐全，课件完整多样，注重多媒体教学手段的运用，教学手段多样，课堂设计科学合理，课堂教学丰富多彩，能充分调动学生学习积极性。

近 5 年来，广告学专任教师承担各级各类课题研究项目共计 20 项，课题研究总经费计 50 多万元。先后发表学术论文 45 篇，其中人大复印资料全文收录 4 篇，出版著作 4 部，教材 5 部。各类教学奖励 10 多项，其中《财经新闻采写与评析》、《新闻采访实用实训教程》获得上海商学院优秀教材评比三等奖。

近 3 年来，专任教师课堂教学质量测评，综合评分超过学校平均分，评价方式分为学生测评、督导测评、学院测评及教研室测评。专业带头人经常深入教学第一线，随堂听课，并及时将教学建议反馈给老师，帮助其及时改进。

4. 实践教学

上海商学院作为应用型本科学校，特别重视实验室和实习基地的建设。在学校实验中心大楼专门设置了流通现代化实验教学中心，为全校学生开展实验教学提供良好的条件。

广告学专业目前已建好的实验室有：多功能微格实验室、商务舆情调查实验室、新媒体广告实验室、在建非线性编辑实验室（央财支持建设项目二期），共建摄影摄像实验室。并计划购置广告设计软件、广告市场调查相关软件如广告学模拟软件、新闻电子采编软件如方正飞腾排版系统等、企业广告学数据深度分析软件等，这些实验室的建设为实践教学的开展提供了良好的硬件条件。依照教学计划的需要，广告学专业课程中的实践教学环节也已开始在稳步推进之中。

在此基础上，我们还不断努力与广告业界联手打造实践教学基地，将具有实践经验的业界人士引入实践教学课堂。

广告学专业有明确的专业实习计划与实习大纲，统一安排实习单位，教师全程跟踪，实习报告齐全，实习效果良好，获得了实习单位好评。

（1）实验室建设情况。广告学专业已建成商务舆情实验室、商务传播实验室，该实验室面向全校开设普适性实验课程，同时服务于广告专业实习。

实验室基本情况见表3-80。

表3-80

实验室基本情况表

实验室名称	面　积	座位数	备　注
广告数字实验室	135平方米	40人/每次	非线编系统、舆情调查系统
多功能微格实验室	108平方米	研究使用	南康电访专家V3.0软件系统、SPSS软件
商务传播舆情实验室	162平方米	88人/每次	

（2）实习基地建设情况。实习基地建设为本专业学生的认知实习、专业实习、毕业实习提供了较好的资源。

东方财富传媒与管理学院还积极探索产学研相结合的教学模式，与上海商业、天波等广告公司以及上海百联、闻通科技、复旦国家科技园一批著名的商界企业建立了密切的合作关系，建立了学生的实训实习基地，为产、学、研结合培养广告与商务传播人才提供了研究基地。不仅作为学生实习场所，也是教师实践基地和"交互授课"的师资基地。

广告学专业还利用我校行业背景以及专业带头人的影响力，与多家企业及媒体建立了稳定的校企合作实习基地。同时与嘉之道汽车咨询（上海）有限公司、东方财富传媒集团等签订了合作协议，结合公司发展及对人才的需求，组建实习基地。目前广告学专业2009级79名学生、2010级78名学生中有60多名学生到嘉之道汽车咨询（上海）有限公司相关岗位实习，接触、了解企业实际工作过程、工作环境，使该专业学生能够较好将理论知识与企业实践紧密结合，做到"源于实践、融于实践、高于实践、服务实践"，培养和造就一批具有较强实际动手能力和综合素质的人才。通过到企业实践，强调学生的参与性与主体性，从"以教为本"改变为"以学为本"，为我院培养应用型本科人才打下坚实基础。广告学现有稳定的校外实习基地8家，见表3-81。

表 3-81

校外实习基地一览表

序号	公司及媒体名称	实习内容
1	东方财富信息有限公司	认知实习、专业实习、毕业实习
2	嘉之道汽车咨询(上海)有限公司	认知实习、专业实习、毕业实习
3	上海天波广告有限公司	专业实习、毕业实习
4	申通快递有限公司广告部	专业实习、毕业实习
5	ADD创意工坊广告部	专业实习、毕业实习
6	上海商报	赠送商业软件,联合培训学生
7	上海复旦新技术发展有限公司	认知实习
8	天天新报	专业实习
9	华人世界杂志社	专业实习、毕业实习
10	新华社上海分社	专业实习、毕业实习
11	上海商业杂志社	认知实习

（3）毕业论文。毕业论文环节是实现专业培养目标的重要教学环节,是人才培养计划的重要组成部分,也是衡量办学水平及教学质量的重要评估指标。毕业论文是对学生掌握专业知识、应用专业知识的一次全面检验,毕业论文工作历来受到学校、二级学院的高度重视。

为使毕业论文管理工作更加科学、规范,进一步提高毕业论文质量,在多方调研、论证的基础上,我院制定了相应的毕业论文工作流程,并努力在"前期准备充分,中期执行有力,后期出色完成"的原则下,加强学生学科理论、知识与技能综合运用能力的训练,增强创新意识、创新能力和获取新知识的能力,培养严谨、求实的治学态度和刻苦钻研、勇于探索的科学精神,培养运用所学知识独立研究与论证的能力。

目前已制定针对老师、学生的一整套完备的毕业论文管理制度,从论文的基本要求、论文的选题、开题答辩、论文中期检查、论文预答辩、论文正式答辩等环节进行了规范。目前广告学专业已经开展论文选题工作。选题方向来源三个方面：一是企业提供；二是教师提供；三是学生自定。企业提供的论文选题和教师提供的论文选题方向均已向学生公布,供学生参考,并对学生自定的选题,已进行了三轮修订。然后,将所有选题提交给校外专家进行最终审定。在整个毕业论文准备过程中,有三个关键节点：一是论文开题报告答辩；二是毕业论文预答辩；三是毕业论文答辩。对于东方财富传媒与管理学院优才班,其学生论文以企业导师为主,实行校外校内双导师共同指导方式进行。

各阶段工作节点安排如下：

第一阶段:论文选题。论文选题阶段分三种方式进行：
① 学生根据自己兴趣结合广告学专业所学过的理论,确定论文题目。
② 教师结合自己的研究方向和研究课题设定论文题目。
③ 企业根据自己的实际情况提供相应的论文选题。

第二阶段:确定指导教师,并撰写开题报告。学生确定论文选题的同时确定指导教师,在指导教师的指导下完成论文的开题报告,并进行开题报告的答辩工作。如果开题报告的答辩没有通过,需重新开题并答辩。

第三阶段:文献综述与英文翻译。学生在完成开题报告的基础上,根据选题完成文献综述和英文翻译。要求至少阅读15篇与选题有关的论文,其中至少有2篇为外文资料,在此基础上完成文献综述,并将其中一篇英文资料作为英文翻译资料。

第四阶段:论文写作与答辩。

① 论文写作阶段至少经过初稿、修改稿、定稿三个环节,并依据东方财富传媒与管理学院有关规定完成相应的论文写作。

② 论文预答辩。对不符合规范的论文要进行修改,确保最后的论文答辩顺利完成。通过预答辩环节的学生毕业论文进行打印装订成册。

③ 论文答辩。根据教委通知,确定论文答辩时间与答辩地点,完成毕业论文答辩及评定工作。

④ 论文成绩登陆。答辩后经过答辩委员会评定论文成绩,并在学校规定时间内完成论文成绩的登录。

⑤ 推荐优秀论文。经过答辩委员会最后审核,推荐优秀论文上报学校。

5. 教学手段方法

组织教师开展教学方法、手段、内容改革的讨论,提高认识、统一思想;注意教学方式的多样化。根据课程特点和内容属性,采取以教师精讲为主,讨论、辩论、案例研讨为辅的多样化教学方式;积极改革教学方法,成效显著。必修课、选修课广泛应用多媒体课件进行教学;适当增加模拟教学;根据国家经济体制改革的新进展,为学生提供新知识与新素材;建立了"双导师制"、"交互授课制"、"案例教学法"等教学机制,我们还采用了社会调查法、行家指导法、实践总结法、课程整合法等多样的教学方法。

此外,我们还尝试试行"项目进课堂"的新教学方法,鼓励老师和业界人士将其实践性研究项目及正在实施的项目引入课堂,与学生一起在完成项目的过程中开展课程学习,以丰富实践教学的手段和方法。

6. 学生情况

(1) 基本理论与技能水平。近3年来,本专业学生的专业课程考试成绩的优良率保持在60%~80%之间。根据对2009—2011学年各学期部分专业课考试情况的试卷抽查,试卷成绩大体呈正态分布。

2011年,我院学生四级通过率87.5%,共72人通过四级英语考试;六级英语考试通过率27.5%,共20人通过六级英语考试。

(2) 创新精神与实践能力。学生积极参与学校开展的科研活动,积极申报上海商学院科研创新项目,全系共有24个学生科研兴趣小组并递交了科研项目申报书,5个项目获得学校批准,包括重点项目1个,一般项目4个,立项率达到41%,目前都顺利完成项目结题。

广告学专业学生利用假期时间,积极参与与专业紧密联系的社会实践活动,我们东方财富传媒与管理学院与上海嘉之道企业管理咨询有限公司签订实训基地协议书。在专业老师的带领和指导下,学生们到公司顶岗培训和实习。还有优秀学生能够得到机会进入东方财富网去实习。在实习期间,不仅有专人负责安排和指导实习生工作,并且在实习结束后为每一位实习生做实习鉴定。

二、本专业全国布局现状

(一) 专业点布局现状

全国开设广告专业的院校共计 330 余所,其中上海开设广告专业的学校有 29 所。

(二) 做得最好的院校

开设该专业的高校不仅有"985"、"211"学校,普通高校以及新生本院校也开设有该专业。具有代表性的如:中国传媒大学、厦门大学、复旦大学、暨南大学、上海师范大学、中国人民大学、武汉大学、南京大学、华东师范大学。

(三) 我校广告专业的相对位置

20 世纪 80 年代后期,全国部分高校开设广告专业,90 年代广告宣传进入鼎盛时期,全国的许多高校新闻学院纷纷开设了广告专业。上海商学院在"085"规划中强调专业建设的重要性。"十二五"规划中,更加注重内涵建设,强调学校整体学科和专业建设围绕"商科"和"特色商务"做文章。我们广告专业在当前经济改革的大潮下,与时俱进,增加了商务与财经类的课程,体系呈现多样性。上海大学广告学专家部明教授说,上海商学院广告专业比较有特色,增加了商务、财经等课程,这在上海 20~30 所高校广告专业中是唯一的。

我院广告专业和全国开设的广告专业院校相比,还是比较晚的。我们是第一届毕业生,2013 年将接受市场挑战,师资力量在全国高校中也算中上水平了,但我们第一届广告专业,会有经验不足的问题,在全国高校中处于中等地位。

三、本专业社会需求现状

(一) 全国需求现状

21 世纪知识经济对人类的发展和进步产生巨大影响,目前上海现有 19 000 多家正规广告公司,学生毕业易消化。

广告学专业就业前景主要是到新闻媒介广告部门、广告公司、市场调查及信息咨询行业以及企业事业单位从事广告经营管理、广告策划创意和设计制作、市场营销策划及市场调查分析工作以及企事业单位的公关工作。据我们了解,上海市目前只有复旦大学、同济大学、上海大学、上海外国语大学、上海师范大学等高校招收广告学专业本科生,每年文理科共计招收 200 多名学生,这远远不能满足上海经济、社会发展的需要。而上海商学院在培养商务传播类人才方面具有得天独厚的优势,我们在培养理念上,着重为上海经济、为上海的现代服务业服务,为广告公司、会展、物流、商贸等信息资源的策划和传播培养人才,重点是为上海乃至全国的大中型企业培养人才作出贡献。这是我们在申请本专业方面的独特考虑。

《中国教育报》曾指出广告学专业人才是我国目前短缺的八大类人才之一。

（二）上海需求现状

我们所了解到的上海市近几年的就业实践表明，广告学专业的学生有相当多地去了政府、咨询公司、广告公司、公关公司和企事业单位的公关、宣传、策划及营销部门。从业界的招聘情况看，广告学专业的人才既懂新闻传播类的知识，又略懂广告设计；既有传播美学的理念，又善于沟通和表达，是符合现代传播服务业要求的广告公关传播人才。因此，在大学阶段，强化传媒素养、商务沟通和传播能力的训练，实施具有专业取向的素质教育，培养应用型人才，将会给在校学生带来巨大的发展空间，具有广阔的就业前景。

综上所述，广泛、急迫的社会需求既向高校、向教育提出要求和呼唤，也为我校创办广告学本科专业提供了良好的需求环境与难得的历史机遇。我们申请设立本专业，并把它作为重点学科，原因就在于此。

四、本专业人才培养各环节质量的评价

（一）教师对本专业人才培养各方面的评价

通过教师座谈、督导检查、校内外专家教师对本专业开展的新专业检查等方面，总体对市场营销专业在人才培养方案、师资队伍、课程建设、教材建设、理论教学、实践教学、教学手段方法、考核评价等环节的评价较为满意。

2011年，校内外专家组对本院广告学专业进行了检查，通过专家组听取了上海商学院东方财富传媒与管理学院负责人的自查汇报，考察了相关教学设备，分别召开了教师、学生座谈会，并现场视听教师课堂教学。专家们一致认为，广告学本科教学的专业定位明确；专业建设思路清晰，培养目标和服务面向能适应社会的实际需要；课程设计、课程安排符合专业定位；广告专业的师资齐整，数量、学历和年龄结构合理；自编、选用教材符合要求，教学质量良好；专业实验室设备完备，实习基地建设有成效，能满足学生实验、实训、实习的需要。该专业与东方财富网、复旦大学新闻学院合作办学，初步形成了产、学、研相结合的教学模式。

从总体上看，上海商学院东方财富传媒与管理学院广告学专业已经达到了培养本科生的基本要求和水平。

希望广告学专业不断创新，在创建有特色的商学院广告专业上多下工夫。

教师们对到企业挂职锻炼、作出国访问学者非常满意，学院鼓励教师搞课程建设，进行科研，并给予一定的奖励，教师也很满意。

对教师们自编教材在经费上积极支持与鼓励，教师们也非常满意。

请校外软件公司专家培训教师，学习互联网和软件编程知识，让他们更好地投入教学中去，教师们也很满意。

目前实验室缺少有经验实验教师，教师有些不满意。

（二）学生对本专业人才培养方案评价

学生对本专业人才培养方案、师资队伍、课程建设、教材建设、理论教学、实践教学、教学

手段方法、考核评价等环节的评价如下：

学生们对到新媒体单位及企业学习软件知识，学习编程，学习新媒体的操作，比较满意；对学校教师、企业专家让科研项目进课堂也是比较满意，对教学和实践及教师们对他们上些与当前社会需求相关的课程感到满意。

学生对各项指标的满意和比较满意的基本在80%以上。

五、本专业的亮点或特色

本专业的主要特色是：

（1）办学指导思想注重广告、商务导向，以商为本培养现代广告服务传播人才。

（2）创办产学研结合的模式，在广告专业学生中选拔优才班人才，精心培养使他们即懂广告又懂商务和财经的人才。

（3）培养应用型人才，积极与企业合作，使学生们定期到企业实习，并参与研究工作，做到企业、教师、学生三合一搞科研。科研项目进课堂。

（4）请211工程大学名校名师和企业的资深专家来学校对学生讲学，由此带动了应用型教学的改革与发展。

六、本专业教学和管理中存在的问题及改革措施

（一）存在问题

作为一个新创办的专业，在取得成绩的同时，也还存在有待持续改进的问题。主要有：

实践教学有待进一步完善。广告贵在实践，所以，广告专业的成败很大程度上取决于实践教学环节。目前的实践教学，尚存在与理论教学脱节、教师实践教学能力有限等问题有待进一步完善。

课程教学方式有待进一步改进。以教师讲授为主的课程教学方式虽然已经有较大改进，但仍需要不断提升。广告专业的课程教学方式的努力方向是——以学为主，让学生在教师引导下主动学习。教师在开课前必须根据讲课主题，做大量的准备工作，开列相关的参考文献，提出相关的思考问题，提供相关的分析案例，课堂应该是交锋观点、师生互动、头脑风暴的场所。但现有的教师在教学方法上还需要进一步掌握多媒体的运用以及案例教学等新教学方法的运用。

在存在问题的改进措施上，我们计划进一步提高教师的实践教学能力，增加课程教学的实践教学环节。多邀请名师为教师进行示范教学，帮助教师掌握多样教学方法、多样教学手段，不断增强教学效果。

（二）改革措施

（1）进一步完善实验教学环境。进一步加大实践教学环节，与多家著名的软件公司签订基地建设项目，满足本专业学生的专业实习、毕业实习的实践教学要求。加大校内实验室

建设。教师分期分批学习软件知识。对本科学生也要进行综合训练。

（2）图书资料要更加丰富,并购买数据库,为本专业教学与科研提供更好条件。

（3）课程建设要有新突破,经过 2 年的时间,争取有课程成为市级重点课程,争取更多的教师获得校级重点课程。

七、本专业未来发展思考

（1）从理论、实践、应用三个层面调整教学计划,结合社会需求在课程设置方面更趋于社会的挑战。

（2）实践教学要做到:一是抓校内实验室建设,培养学生的动手能力;二是抓校外实践基地建设,把专家请进校门,请上讲台。

（3）设置好商务传播专业方向,适应现代广告业发展对新型人才的需求。

法学专业教学质量年度报告

一、专业简介

(一) 专业设置沿革

学校自 1983 年起设置法学教研室,开设《经济法》、《商业法规》等课程。2002 年起,设置法律事务高职(专科)专业,逐步建立结构合理、适应教学需要的教学团队。2008 年秋获准招收本科法学专业学生,每年 80 名左右。几年来专业建设取得了一定的成效,成为上海市地方高校"十二五"内涵建设项目规划(085 方案)中上海商学院重点建设的五个专业之一。

2011 年 8 月,在上海高校党政干部会议上,上海商学院与复旦大学签订合作协议,获得 985 高校在学科建设、教学改革、师资培养等方面的支持。2011 年 11 月,上海商学院与上海市商务委员会签订合作协议,加快了"高校与实际部门联合培养人才"建设步伐。上海商学院法学专业与商业行业源远流长,与学校的物流、连锁等学科专业紧密结合,通过资源共享、优势互补,使上海商学院的法学专业具有较为明显的商科背景和办学资源优势。

(二) 人才培养

1. 培养目标

本专业培养系统掌握法学知识,掌握现代流通法律、法规,熟悉商业商务领域运行规则,了解商贸、物流、连锁等流通经济与管理基本理论,实践能力强,能胜任我国流通行政管理机关、执法机关、流通企业事业单位、社会团体、法律中介服务机构以及政法机关法律工作,具有较强的开拓创新能力,持续发展能力以及较强的表达能力、协作能力、思辨能力的复合型、应用型法律专业人才。

2. 培养规格、基本要求

本专业培养有商科背景和特色的本科层次的应用型复合型法律人才。

学生主要学习法学的基本理论和基本知识,接受法学思维和法律实务的基本训练。同时学习了解商贸、物流、连锁等流通经济与管理基本理论相关知识,具备运用法学理论和方法分析问题、运用法学专业知识管理法律事务和解决法律问题的基本能力。

毕业生应获得以下几个方面的知识和能力。

基础素养:

(1) 具有较高的人文、社会科学素养。

(2) 具有现代社会信息处理和分析能力。
(3) 具有较强的沟通、交流能力和公共关系处理能力。
(4) 掌握1门以上(含1门)外语,具备国际视野和国际交流能力。

专业素养:
(1) 具备扎实的法学理论基础,掌握丰富的商贸法律知识和技能。
(2) 具备法律实务工作技能。
(3) 具备较强的法律思维能力和法学研究能力。
(4) 具备运用法学专业知识解决复杂理论和实际问题的能力。

职业素养:
(1) 具有坚定的社会主义法治信念和社会责任感。
(2) 具有经济、管理等相关学科符合知识结构。
(3) 具有良好的法律职业道德。

(三) 专业资源

1. 师资队伍

现有法学专任教师7人。其中,教授2人,副教授3人,讲师2人;50岁以上1人,40～50岁3人,30～40岁3人;博士2人,在读博士1人,硕士2人,本科2人。在年龄、学历、职称等方面的结构正逐步趋于合理。专业课和专业基础课主讲教师的数量和结构能满足基本教学要求。

2. 课程建设

课程教学文件齐全,教学体系设计合理,采用多样化的教学手段和教学方法,学生总体满意率较高。法学本科所有的主干课程、专业选修课的教学大纲均已完成,与之配套的教案(专业必修课)也已完成。

本专业教师近年来建设重点课程一览表见表3-82。

表3-82

本专业教师近年来建设重点课程一览表

项 目 名 称	负责人	项目类型、来源	批准时间(年)	结题时间
1. 上海市重点课程——民法	刘建民	上海市教育委员会	2010	在建
2. 上海市重点课程——法理学	段宝玫	上海市教育委员会	2011	在建
3. 上海商学院重点课程——民法(一)	刘建民	上海商学院	2009	2011年
4. 上海商学院重点课程——法理学	段宝玫	上海商学院	2009	2011年
5. 上海商学院重点课程——经济法	张 影	上海商学院	2010	在建
6. 上海商学院重点课程——知识产权法	王红珊	上海商学院	2011	在建

3. 教材建设

教材选用规范。各门课程优先选用国家规划教材、国家或省部级获奖教材、国家级精品教材、面向21世纪课程教材以及由国家一级出版社出版的教材。正在积极组织编写有商科特色的《商事侵权责任法》、《食品安全法案例导读》等相关法律教材。

4. 实践教学

学校建有模拟法庭、调解中心、消费维权志愿者联络站等校内特色实验（实践教学）基地；加强对大学生法制协会等专业型学生社团、第二课堂的指导与建设；有专门场所设施，能满足实践教学需要。

我院还与上海市消保委等15家单位签订协议书建立实习基地，除每年安排80多名学生前往校外实习基地进行专业实习外，还积极参与实践单位的探究型课题调研（实践）活动、法律咨询与宣传活动等。

在法学"十二五"内涵建设规划中，模拟法庭进一步改扩建，不断提升其平台功能和示范作用，模拟仲裁庭和模拟律师事务所也将逐步建立。

5. 教学方法与教学手段

倡导、鼓励所有教师积极参与教学改革、教学研究活动，承担当关课题与项目任务。积极探索与应用系统讲授法、课堂讨论法、指导阅读法、体验学习法、科学研究法、网络学习法等教学方法与教学手段。

近年的教学团队完成或在研校级教改课题、发表教改论文一览表见表3-83和表3-84。

表3-83

本专业教师近年来承担教改研项目一览表

项目名称	项目主持人/项目参与者	项目类型、来源	批准时间（年）	结题时间（年）
1. 商科院校法学类专业社会实践模式探索与研究	刘建民	上海商学院教改课题	2006	2008
2. "商业法律诊断"实践（实验）课程研究与开发	刘建民	上海商学院教改项目	2009	2010
3. 法学本科专业"双向三进互动"实践教学模式的探索与研究	刘建民	上海商学院教改课题	2009	2010
4. 高校法学实践教学对接大调解机制的探索与研究	刘建民	上海商学院教改课题	2011	在研
5. 食品安全法治案例实验课程研究与开发	刘建民/林沈节	上海商学院教改课题	2011	2012
6. 法学专业实验教学体系建设研究	刘建民	上海商学院教改课题	2011	2012
7. 本科经济法案例教学立体模式的研究与实践	张影	上海商学院教改革课题	2006	2008
8. 法学本科教育与司法考试互动关系探究——以经济法为例	张影	上海商学院教改课题	2010	2011

(续表)

项目名称	项目主持人/项目参与者	项目类型、来源	批准时间(年)	结题时间(年)
9. 法学专业本科实践教学体系的设计与探索	段宝玫	上海商学院教改课题	2008	2009
10. 我国公办高校股份制改革研究	段宝玫（排名第4位）	上海市教委重点科研项目	2005	2007
11. 高职学生通用职业能力培养途径和方法研究	段宝玫（排名第4位）	上海市教委教研项目	2005	2008

表3-84

本专业教师近年来发表教研、教改论文一览表

序号	论文作者	论文题目	发表刊物	发表时间/期号
1	刘建民	商科院校法学类专业社会实践模式探索与研究	上海商学院学报	2007年第2期
2	刘建民	商科院校法学专业实践教学与创新人才培养	上海商学院学报	2008年7月增刊
3	刘建民	法学实践教学改革探索与创新	上海商学院学报	2009年增刊
4	刘建民	法学实践教学品牌建设之探索与实践	上海商学院学报	2009年增刊
5	张影	经济法案例教学模式的反思	经济研究导刊	2008年3月
6	张影	经济法案例教学立体模式探究	经济研究导刊	2008年4月
7	段宝玫	法学专业实践教学质量评价体系的设计与构建	经济研究导刊	2008年10月第14期
8	段宝玫	社会实践与通用职业能力培养	上海商学院学报	2007年12月
9	段宝玫	我国公办高校股份制改革的法律思考	上海商学院学报	2006年第3期
10	段宝玫	法理学课程教学改革的若干思考	上海商学院学报	2009年增刊
11	刘建民/段宝玫	法学实践教学品牌建设与创新人才培养	《法治与社会论丛》	知识产权出版社,2011年6月版
12	段宝玫/刘建民	高校法学教育资源对接大调解机制的探索与思考	《法治与社会论丛》	知识产权出版社,2011年6月版
13	张影	司法考试背景下本科经济法课程教学改革的思考	经济研究导刊	2011年第2期

二、本专业全国布局现状

（一）专业点布局现状

全国700多所本科院校，有642所本科院校设置法学专业。

（二）做得最好的院校

中国人民大学、北京大学。

（三）自己（专业）的相对位置

上海商学院作为一所新的专升本院校，虽然在教学科研，特别是科研方面与985、211高校存在较大差距，但从近年的发展来看，教学科研都有显著提升。尤其在法商融合、培养有商科背景的应用性复合型法律人才方面，有自己的特色。

三、本专业社会需求现状

（一）全国需求现状

近几年法学本科专业毕业生的就业情况不容乐观。但也有就业观念方面的因素。从传统观念看法律专业的"就业率"，如从法院、检察院等司法部门输送法律专门人才视角看，全国法学专业设置显然过多、过剩。但是从建设社会主义法治国家要求、各行各业都需要法律人才视角看，则主要是错位竞争和层次、结构性矛盾。

（二）上海（区域）需求现状

上海情况与全国情况有共性的地方，但是随着上海四个中心建设事业的发展，也有自己的个性。例如，根据国际贸易中心的发展，需要懂经济、懂外语的应用型法律人才；随着金融中心的发展，需要懂金融、懂外语的应用型法律人才；随着航运中心的发展，需要海商法方面的应用型法律人才。大部分商业、服务业行业的企业需要懂得商业规则、了解商业运行规律的应用型法律人才。

四、本专业人才培养各环节质量的评价

上海商学院应用型法律专业人才培养坚持"专业学习、社会实践、人文素养"三位一体的应用型人才培养模式，坚持"学科知识、专业技能、通用能力同步提升"的教学理念，积极探索"双向三进互动"（即法官进校园、检察官进校园、律师进校园，学生进社区、进企业、进机关）实践教学模式改革。法学专业是学校（085方案）重点建设的5个学科专业之一。近年来取得的主要成果如下所述。

(一) 主要获奖教学成果

法学教学团队教师爱岗敬业,师德高尚,教风优良,教学效果良好。近年来涌现出一批在全校拥有知名度的优秀教师,获得了相关的奖励和荣誉,如上海市育才奖、学校教学名师奖、学校优秀青年教师奖等。在学校2010年度青年教师教学基本功大赛中获得第一名(2011年1月)。

获校级教学成果奖3项(2008,全校28项)。其中,《商科院校法学专业实践教学模式的探索与应用研究》获得上海商学院教学成果二等奖;《专业型学生社团建设与法学创新人才培养》、《新编经济法教程》获得上海商学院教学成果三等奖。

主编经济法教材入选普通高等学校国家级"十一五"国家级规划教材;2010年学校评选优秀教材,1本获一等奖(全校8本),1本获二等奖(全校7本)。有的教材连续出版5版近8万余册,有一定的社会影响力。

(二) 教师团队建设

近年来,8人次当选为上海市法学会商法、经济法、知识产权法研究会等理事;1人当选商法研究会副秘书长。

除前述教学方面获奖外,2008—2011年发表流通法方面论文20篇。其中,核心期刊8篇,被人大复印资料全文转载5篇;专著《商品流通法律规制研究》,由复旦大学出版社出版。上述成果中有5项成果在学校2010年首届优秀科研成果评选(2006—2008)获奖(全校32项):

(1) 超市通道费法律调整若干问题探讨。
(2) 商业特许信息披露与商业秘密保护的利益平衡。
(3) 证券市场国际化中的外国发行人待遇研究。
(4) 商业促销行为的法律规制及其完善。
(5) 商品流通法律规制研究。

另外,论文《超市通道费法律调整若干问题探讨》在上海市党校系统(2011颁奖)优秀科研成果(2008—2009)评选中获奖(共24项)。

(三) 本科教育质量工程

(1) 重点课程。上海市重点课程2门(《民法》、《法理学》);校级重点课程4门,结题2门,在建2门(《经济法》、《知识产权法》)。

(2) 教改项目和论文。开展《法学本科专业"双向三进互动"实践教学模式的探索与研究》等相关教改课题研究11项,发表"商科院校法学专业实践教学与创新人才培养"等教研论文13篇。

(3) 法学专业教学团队入选校级教学团队(2011)。

(四) 人才培养

(1) 基本理论与技能。首届法学本科专业学生大学英语四、六级通过率分别为95.3%、53.5%,上海市高等学校计算机一级通过率为95.3%。超过全市合格率,在学校各个二级学院中名列前茅。

(2) 专业素养。首届法学本科专业86名毕业生中11名同学通过全国统一司法考试,4名同学报考硕士研究生,分别被南京大学、四川大学、华东师范大学、上海财经大学等985、211大学录取。

(3) 人文素养。2011年5月,首届法学本科专业罗燃同学发起"爱心贵州助学活动",发动全校师生为贵州毕节地区达乃扒小学捐款共16 000多元,帮助小学生们买书包字典等学习用品,并组织志愿者赴贵州支教,体现了法学专业学生心怀祖国、情系百姓的学子情怀。该项目获上海市委宣传部、共青团上海市委举办的上海市大学生暑期社会实践活动优秀项目,罗燃同学获上海市大学生暑期社会实践活动"先进个人"荣誉称号。

大学生法制协会每月20日组织同学参加"好八连"南京路上为民服务活动;定期到附近民工子弟小学开展义务支教活动。

(4) 课外科技创新活动。在国家版权局主办的,有来自北大、人大等名校参加的第三届全国大学生版权征文比赛活动中,获得三等奖1项,鼓励奖1项。第四届全国大学生版权征文比赛活动中,获得二等奖1项,鼓励奖2项。

(5) "探究型"课题调研。在专业老师的指导下,以学生为主体,组成调研(课题)小组开展自主学习调研活动,有效培养和锻炼了学生的实践应用能力,激发了学生的学习热情。2011年发表调研报告、论文18篇,近年来完成上海市消费者权益保护委员会调研课题11项。主要聚焦预付卡消费法律规制、电子商务消费维权、网络营销法律问题等学科前沿问题。

(6) 承担实践教学功能和任务的上海商学院"法治文化节"获2009年度上海教育系统校园文化优秀项目提名奖(共10项)(2010);"上海商学院大学生法制协会"被市教委、共青团市委命名为"上海高校优秀社团"(共20名)(2006)。

(五) 探索与实际部门联合培养路径

(1) 探索"双向三进互动"实践教学模式及品牌建设。把商法论坛、法治文化节、走进人大、巡回法庭进校园等9个实践教学品牌建设成第一、第二课堂结合的平台;连接法官进校园、检察官进校园、律师进校园和学生进社区、进企业、进机关的平台。

(2) 在本市高校系统首倡设立特色"产学研"基地——"上海商学院调解中心"和"消费维权志愿者上海商学院联络站"。大学校园引进多元化处理纠纷的司法调解机制和消费维权机制。奉贤区司法局干部参与调解中心工作,是上海高校系统和司法行政系统的首次尝试。

(六) 社会评价(媒体报道和同行评价)

法学2008级80余名学生参加在上海市人大常委会专用会议厅举行了"走进人大"主题活动。该系列活动得到市人大常委会和市教委支持,产生了良好的社会反响,新闻晨报、上海支部生活杂志、奉贤电视台等媒体给予专题报道;上海法制报、中国上海政府网站等10多家媒体还报道了上海商学院率先成立、承担法学实践教学平台职能的调解中心;中国消费者报、现代消费导报等多次报道我校学生消费维权咨询服务活动。

在2011年在法学本科新专业检查中,由上海市高级人民法院领导、华东政法大学、上海财经大学等高校教授组成的专家组认为,上海商学院法学专业建设中注重与学校重点建设的物流、连锁等优势专业紧密结合,有相当明显的办学特色和资源优势。专业建设有明确规划和实施方案目标,专业培养方案切实可行,取得一定成效。尤其在实践教学和学生创新能力培养方面,取得明显成效。

五、本专业的亮点及特色

(一)与商贸行业、优势学科专业紧密结合

一是与物流、连锁等学校重点建设的商科优势学科专业紧密结合,通过资源共享、优势互补,使法学专业具有商科背景与特色,成为上海商学院"十二五"内涵建设中重点建设的5个专业之一。

二是与商贸行业紧密结合,提升专业团队影响力。例如,刘建民教授受邀担任上海市商务委领导班子法制讲座教授(2011);主持"'十二五'上海市商务立法规划"课题(2010);与上海市法学会商法研究会共同主办年会并作主题发言(2010)。

三是在严格执行法学核心课程目录的基础上,开设《市场营销学》等商业商务平台课程和《连锁经营概论》等专业选修课,筹划建设《食品安全法案例导读》《商事侵权责任法》等商贸法律特色课程和配套特色教材,构建有商科特色的应用型法律课程模块和课程体系。

(二)与法治实践紧密结合

积极探索以法官进校园、检察官进校园、律师进校园,学生进社区、进企业、进机关系列活动为载体的"双向三进互动"实践教学模式;在高校系统首倡设立"消费维权志愿者上海商学院联络站"、"调解中心"等新型实践教学平台,实现文科课堂教学与实践应用接轨。

六、本专业教学和管理中存在的问题及改革措施

(1)加大师资队伍建设力度,注重学生就业竞争力建设,扩大本专业在行业、社会的影响力,稳步提升人才培养质量。

(2)更为重视学科发展,提升培养学生的层次,发表更高层次的学术研究成果。

七、本专业未来发展思考

(一)积极探索商贸服务类应用型法律人才培养模式

优化人才培养方案,研究创新型人才培养机制,探索构建凸现商科院校特色的"学校—实际部门共同培养"的人才培养新模式。与上海市消费者权益保护委员会系统、上海市商务委员会系统以及法院、检察院、司法局、律师事务所等实际工作部门及产、学、研基地密切合作,探索人才培养和行业需求的结合点,明确专业教育和职业资格的关联性,培养有商科背景的应用型法律人才。改革法律人才培养模式,提高学生的实践能力,实现培养与使用的结

合,力求学校与行业的双赢。

(二)专业课程体系和特色教材建设

1. 建设有商科院校特色的、体现"学校—实际部门共同培养"机制的应用型法学专业课程体系

围绕人才培养目标,构建、完善有商科院校特色的应用型法学专业课程体系。根据商科院校特色及培养有商科背景、具有创新能力的应用型法律服务人才需要,在建设市、校两级重点课程,如《民法》、《经济法》、《知识产权法》等重点课程基础上,与本校的物流、连锁等现代流通业相关优势专业紧密结合,在评估的基础上,遴选为复合型人才所必须的课程体系的组成部分。

2. 特色教材和课程体系建设

根据学校规划,实施课程组负责人制度。注重特色教材建设,根据专业建设方向和人才培养实际,依托法学专业实践教学的特色和经验,开发、建设《商事侵权责任法》、《食品安全法案例导读》等特色课程和特色教材,使教学内容更加适合特色型人才培养的需要。

3. 配套教学资源建设

建立教辅资源库,包括案例集、习题集、阅读材料。教学内容根据理论与实践的发展不断完善,以保证教学内容的前沿性和适用性。

(三)提升"双向三进互动"实践教学模式及实践教学品牌的内涵、质量与社会知名度、影响力

通过"法官进校园、律师进校园、检察官进校园"和学生"进社区、进企业、进机关"系列实践教学活动,实现学生与法官、律师、检察官之间的互动,激发学生的学习热情,促进专业学习和学术交流。学生在社会调研、法律宣传咨询等法律实践活动过程中,增强社会责任感,检验所学的知识,在实践中学习、锻炼、提高。

(四)联合培养机制与路径:校内外法学实践教学平台建设

与法律实务部门合作,积极打造商贸服务类法律专业"实践教学平台建设项目"。

(1)校内通过模拟法庭等的建设,在实践中启发学生的创造性思维,实现文科课程教学与实践应用接轨。

(2)校外实践教学基地建设和产、学、研基地建设。在原上海市消费者权益保护委员会等15家实践教学基地的基础上,继续巩固、完善实践教学基地运行机制。

(3)产、学、研特色项目(基地)建设。与上海市消费者权益保护委员会等机构合作,共建"学校—实际部门共同培养"的商贸服务类法学应用型人才的基地。在现有基础上,提升"消费维权志愿者上海商学院联络站"、"上海商学院调解中心"产、学、研特色项目(基地)的服务领域、功能。推进高校参与企业、消费者法律服务机制的发展与完善,提升教师、学生的社会服务能力和实践能力,增强学生就业竞争力。

(五)师资队伍建设

紧紧围绕教师使用、培养机制和与实际部门合作交流机制展开。加大引进高层次师资、

学科带头人力度,加大教师队伍建设的力度,如选派教师出国深造(将相关国外课程与教材带回国内)或到国内外做访问学者或到实践部门挂职,提升法学师资队伍的综合素质。建立一支具有广阔国际视野、理论功底扎实、实践经验丰富的"双师型"法学师资队伍。

扩大与实际部门合作,如合作课程建设、科研项目建设等,互派挂职锻炼人员等,使教师队伍和教研活动更具实践性和应用性。

(六)学科建设

强化科研反哺教学的原则。为教师积极开展科研活。争取获得国家级和省部级科研立项课题的突破,保持与上海市政府部门横向课题合作,提升科研成果层次。

社会工作专业教学质量年度报告

一、专业简介

(一) 专业设置沿革

上海商学院是 2004 年 8 月由上海市人民政府批准在上海商业职业技术学院的基础上建立的本科层次公办普通高等学校,下设管理学院、财经学院、文法学院等 10 个二级学院(系),22 个本科专业。

从 2005 年起,文法学院开设了社会工作专科专业,拥有结构合理和教学管理经验丰富的教学团队。2010 年秋获准招生本科社会工作专业学生。经过 2 年多的专业建设,专业建设各方面工作取得较大进步,特色较为明显。

(二) 人才培养

1. 培养目标

本专业培养具有商科背景,熟悉商业和企业运行,掌握社会工作理论、知识及技能,认同社会工作价值观,且可为商业企业提供社会工作专业服务,或承担社会组织的管理和服务工作,或在工会、青年、妇女等社会组织和其他社会福利、社会服务与公益团体及社区从事社会工作的应用型专门人才。

2. 培养规格、基本要求

通过理论教育与实务训练,毕业生应获得以下几方面的知识和能力:

(1) 掌握邓小平理论,拥护和坚持党的基本路线,有良好的思想品德和人文科学素养,有崇高的社会责任感和事业心。

(2) 了解党和政府的重大方针、政策、法律和法规。

(3) 系统掌握社会工作的基本理论与方法,树立社会工作专业价值观。

(4) 掌握与社会工作相关人文社会科学和行为科学的知识。

(5) 掌握社会工作的各项基本操作技能,具备从事各种实际社会工作的能力。

(6) 培养与社会组织相关的沟通、策划、组织、项目开发和宣传能力,具备一定的社会调查研究能力。

(7) 较好地掌握一门外语,能熟练地阅读相关的外文书刊,具有听、说、写的良好基础。

(8) 具有计算机应用与操作的基本技能,具有应用网上信息的能力,以及一定的数据处理与分析技能。

(三) 专业资源

1. 师资队伍

文法学院现有社会工作专职教师5人,其中副教授1人,讲师4人;从学历结构看,其中博士2人,在读博士1人,硕士2人,职称和学历结构均较为合理。但是,基于专业发展和办学规模扩大,现有的师资队伍则严重不足。教师积极参与科学研究,坚持教学与科研相结合,以科研促教学。近年来,发表学术论文40余篇,其中CSSCI、核心期刊10余篇;承担或参与完成了各类项目(课题)20余项,有一定的社会影响力。从严执教,科学论证和制订教学计划、教学大纲和教案。坚持教书育人,教学质量好。学生测评专业教师的教学测评分均超过92分。根据教学需要,布置、批改作业,主动利用课余时间指导学生科研项目,收到积极成效。教师人人参与专业建设、课程建设,积极探索教学运行、教学管理、学生管理机制的创新。涌现出很多在全校拥有一定知名度的优秀教师,如张影、陈蓓丽、刘东等教师在历年的学生评教等活动中,排名全校前列。陈蓓丽老师被多次评为校级先进,校优秀青年教师,荣获校级青年教师基本功大奖赛二等奖,荣获上海市晨光学者称号;张影教授被评为全国优秀教师,多次被评为校级先进;文法学院多次被评为学校年度先进集体和科研先进集体。

2. 课程建设

课程建设是专业和学科建设与发展的基础。首先,近2年来,这方面工作的主要内容包括教学大纲、教学进度计划、教案等基本教学文件的编写等。围绕社会工作专业课程建设,至2011年6月为止,完成了社会工作专业所开专业课程教学基本文件的编写和教材的选定,并确定专业必修课、选修课任课教师。课程建设还体现在积极申报校级重点课程,并获批2门校级重点课程。

3. 教材建设

我院在制定专业教学方案时就同步制定了4年教材使用规划,原则上限定了教材的选用范围,如国家规划教材、获奖教材、推荐教材、原版教材等,以确保教学内容的准确及对学科前沿发展的把握。此外,专业课程均制作多媒体电子教案,使教材体系具有适用性强、系统化、多样化特点。

4. 实践教学

社会工作专业实验室,作为校内主要实践教学基地,供课程实践教学以及校内专业实务模拟应用而使用。此外,我校社会工作专业现已与上海市阳光青少年事务中心、上海新航服务社、上海市公益社工师事务所等单位签订了共建教学实践基地协议书,计划每年组织学生去上述实习基地开展社会调查(调研)或专业实习活动。今后除与上述单位保持长期、稳定的合作关系外,还将寻找机会,利用已有资源,拓展教学实践基地,到目前为止,社会工作专业校外实践基地已拥有18家。

5. 教学方法与教学手段

倡导、鼓励所有教师积极参与学科与专业建设,积极介入各种专业研讨与协作活动,通过加强与社会工作理论界、实务界的联系,"请进来,走出去",积极参与、融入社会工作界的学术交流活动,丰富学术资源,扩大我专业在业界的影响。

此外,本专业注意探索与应用系统讲授法、课堂讨论法、指导阅读法、体验学习法、科学研究法、网络学习法等,且已有若干篇公开发表的有关专业教学的教育改革研究论文。

二、本专业全国布局现状

(一) 专业点布局现状

截至2011年9月,上海共有10所本科院校开设了社会工作专业,包括:复旦大学、华东师范大学、华东理工大学、华东政法大学、上海师范大学、上海政法学院、上海海洋大学、上海应用技术学院、上海立信会计学院、上海商学院。其中985高校和211高校都以"宽口径、厚基础"作为社会工作人才培养的基本思路,以社会工作研究型人才以及非营利组织管理和评估作为专业人才培养定位,并结合学科带头人以及专业师资的研究特色,在社会工作分支领域有重点突破。例如,复旦大学结合其医学院的学院资源,注重医务社会工作的研究和人才培养。华东理工大学结合师资优势,在社区矫正和青少年社会工作领域的课程上进行大力投入也开发。华东师范大学在青少年工作及移民研究方面建树颇丰。其他学校的社会工作人才培养偏向应用型,其中,华东政法大学和上海政法学院依托其强大的法学研究和实务背景,分别在司法社会工作和社区矫正方向进行人才培养。上海应用技术学院尝试在企业(主要是工厂)开展企业社会工作,开展企业员工辅助计划。上海商学院作为新的专升本院校,有一定的后发优势。

(二) 做得最好的院校

从上海乃至全国范围来看,华东理工大学社会工作本科教育的质量处于全国领先地位,作为华东地区第一家开设社会工作本科专业的学校,该校从1996年开始,致力于人才培养方案的专业化和规范化,起到了引领作用。同时,作为应用性专业,华东理工大学较早设定了800小时的专业实习安排,强调学生的实践能力,从课内实践(个案、小组、社区等都设计了专门的实验课)、专业实习和毕业实习三个环节提升学生的实务知识和能力。目前,该校有社会工作专业教师近20名,学科来源包括哲学、社会学、社会工作、心理学等,学科之间形成互补。

(三) 自己(专业)的相对位置

上海商学院作为一所新的专升本院校,虽然在教学科研,特别是科研方面与985、211高校存在较大差距,但从这一年的发展来看,教学科研都有显著提升。上海商学院也将商企社会工作和非营利组织管理与服务作为社会工作专业发展方向。2010年,社会工作专业先后引进了梁德阔副教授(博士)、曹锐博士增加了社会工作专业的师资力量,提升了科研实力。

结合学校自身特点,上海商学院社会工作专业以社会工作"应用型"人才培养为核心。在强调应用型的前提下,注意培养学生的基础能力。

三、本专业社会需求现状

(一) 全国需求现状

2010年,《国家中长期人才发展规划纲要(2010—2020年)》对社会工作专业人才的发展目标提出明确要求：适应构建社会主义和谐社会的需要，以人才培养和岗位开发为基础，以中高级社会工作人才为重点，培养造就一支职业化、专业化的社会工作人才队伍。到2015年，社会工作人才总量达到200万人。到2020年，社会工作人才总量达到300万人。重要举措包括：建立不同学历层次教育协调配套、专业培训和知识普及有机结合的社会工作人才培养体系；加强社会工作学科专业体系建设；建设一批社会工作培训基地；加强社会工作从业人员专业知识培训，制定社会工作培训质量评估指标体系；建立、健全社会工作人才评价制度；加强社会工作者队伍职业化管理；加快制定社会工作岗位开发设置政策措施；推进公益服务类事业单位、城乡社区和公益类社会组织建设，完善培育扶持和依法管理社会组织的政策；组织实施社会工作服务组织标准化建设示范工程；研究制定政府购买社会工作服务政策；建立社会工作人才和志愿者队伍联动机制；制定加强社会工作人才队伍建设意见。

而民政部发布的《2010年社会服务发展统计报告》指出，2010年各类社会工作机构234万人，社会组织618.2万人，基层群众自治组织277.3万人，民政行政机关88 942人。社会工作人才队伍被纳入《国家中长期人才发展规划纲要2010—2020年）》并确定为第六支主体人才队伍。在2010年度社会工作者职业水平考试中，全国共有2 620人取得社会工作师职业水平证书，5 324人取得助理社会工作师职业水平证书。加强社会工作岗位开发和民办社会工作服务机构培育，全国已开发4.5万个社会工作岗位、成立500多家民办社会工作服务机构。加强社会工作专业人才培养，社会工作人才队伍建设试点工作继续深化。目前，全国累计产生社会工作师11 039人，助理社会工作师32 583人。各类社会服务机构共有社会工作师10 221人，比上年增加2 861人，增长了38.9%，其中，社会服务机构5 506人，基层群众自治组织1 416人，社会组织2 057人，民政行政机关922人，其他社会服务机构330人；共有助理社会工作师25 190人，比上年增加1 095人，比上年增长4.5%，其中，社会服务机构7 214人，基层群众自治组织7 703人，社会组织8 814人，民政行政机关969人，其他社会服务机构490人。

可见，现有全国的社会工作人才队伍的规模与《国家中长期人才发展规划纲要（2010—2020年）》设定的发展目标还有较大的差距，就全国而言，社会工作人才处于供不应求的状态。

（二）上海（区域）需求现状

1. 上海市"十二五"时期社会工作专业人才需求背景

为了不断适应上海社会建设和管理新格局，建设一支职业化、专业化的社会工作人才队伍，按照《国家中长期人才发展规划纲要（2010—2020年）》和《上海市中长期人才发展规划纲要（2010—2020年）》的总体要求，结合本市社会建设重要部署和工作目标，上海市民政局特制定《上海市"十二五"社会工作人才规划纲要》。其中指出，"十二五"期间，上海市要建立一支数量充足、结构合理、素质优良、门类齐全、基本满足社会建设需求的社会工作人才队伍。完善党委领导、政社合作、多方支持的社会工作运作机制，健全社会工作人才队伍建设制度，基本形成与上海社会发展相协调的初、中、高级社会工作者梯次结构，基本形成覆盖社会事业、社会福利、社会保障、社会服务等社会建设领域的人才分布格局，努力建设覆盖多领域、包含多层级、涉及多序列的社会工作人才高地。

2. 上海市面向社会服务领域的社会工作人才需求情况

随着城市健康发展、政府职能转变，以及上海国际化程度提高和外来人口大量"沉淀"，社会服务需求日趋多元化、多层次，社会工作将集中在企业单位、社区家庭、福利保障、司法矫治、公共卫生、学校教育、就业服务等社会服务领域。

《上海市"十二五"社会工作人才规划纲要》指出，目前全市社会工作者约占常住人口的0.5‰，而发达国家专业社会工作者占总人口的比例一般都在2‰以上。结合上海实际，需要加大力度培养和开发一支专兼职相结合的社会建设工作力量。到2015年，社会工作者总量初具规模，力争占全市常住人口的比例达到3.4‰。社区工作者年龄结构进一步优化，学历文化层次不断提升，基本形成一支以45岁左右人员为主体，具有大专以上学历的社区工作者占40%以上，其中本科以上学历占10%以上的社区工作者队伍。着重建立老、中、青人员合理搭配的社团组织管理层年龄结构，增强社团组织工作者的创新能力和开拓精神。重点培养和塑造一批在国际上具有权威影响、在国内处于社会研究工作前沿、在社会工作实践领域具有领导力量的中高级社会工作人才。组建一支以专业力量为支撑、公众力量为基础的高素质的社会工作专业服务志愿者人才队伍。

未来5～10年，上海市的城市化进程将进一步加快，人口规模将继续扩大，预计至2020年，本市常住人口总量将超过2 000万人。由此推算，本市的社会工作人员需求量将达到8万人左右（见"上海市加强社会工作人才队伍建设研究总报告"）。

目前，本市在民政系统从事社区建设、社会福利、流浪人员救助等领域的社会工作人员约2.2万人；政法系统的司法矫治等领域1 400多人；劳动部门的就业服务等领域约8 000人；人口计划生育系统6 500多人；残联系统1 000多人；妇联系统200多人；统战、教育、卫生等领域也逐步聘用专业社会工作者协助工作。可见，社会工作专业人才需求量大。

3. 上海市面向商业企业领域的社会工作人才需求情况

根据有关研究报告预测，自2010年至2020年，上海市面向商业企业的社会工作服务人员的需求将会较大。据第一次经济普查统计，全市有32万多家法人企业单位，100人以下的企业单位有30多万个，其中20人以下的小型企业单位达26万家，占百人以下企业单位的84%，这样的百人以下企业单位内部社会工作服务需求量相对较小，可以参照国外企业购买社会工作服务或自愿设置社会工作岗位，按1个社工服务100个百人以下企业单位配置，需要社会工作人员3 000人；100人以上的企业单位超过1.2万个，按每个企业配置1名社会工作人员，需要社会工作人员12 500人。因而，未来10年，企业单位服务领域的社会工作人员共需要约15 500人（见"上海市加强社会工作人才队伍建设研究总报告"）。

4. 上海市社会工作专业人才的供给与需求

根据总体预测来看：上海未来10—20年专业性社会工作者的需求量为5万～6万人规模，社会工作人才服务领域也将不断扩展。

而目前上海市各高校的专业社会工作人才培养方面，华东理工大学从1996年开始招生，目前已毕业生500多名，上师大及复旦大学至今有400多名毕业生。从2004年开始，上海高校招收社会工作本科专业新生一般为40～80名左右。就目前的培养力度而言，这远远无法满足上海市对专业社会工作人才的需求。

四、本专业人才培养各环节质量的评价

(一) 教师对本专业人才培养方案、师资队伍、课程建设、教材建设、理论教学、实际教学、教学手段方法、考核评价等环节的评价(满意度)

1. 人才培养方案

据调查统计,社会工作教师对本专业的培养方案满意率为90%以上,并且作为新专业,本专业的培养方案也在不断地改进,特别是2012年6月5日,针对校长提出的以"商"立校的学校发展原则,社会工作专业定位本专业的培养目标为面向商企社会工作和进行非营利组织与管理的人才。

2. 师资队伍

对于师资队伍,专业目前有专职教师共5人,数量偏少;对于师资队伍的年龄结构,由于是新兴专业,年龄结构较轻;性别比例结构略显不和谐,仅一位男性;但对于学历结构,本专业教师在全校较高,2位博士,3位硕士,且学科背景和知识结构较为合理,在研究方法上,3位教师从事质性分析,2位教师从事定量分析。在研究内容上,本专业教师涉及青少年社会工作、企业社会工作、家庭社会工作、社会问题、社会思想等研究方向。另外,对于本专业教师的职称结构,由于教师年龄结构较轻,因而职称较低,仅1位副教授,其余均为讲师。总之,教师对本专业师资的满意度为一般,但本专业还在继续引进和吸纳职称较高、学历较高的教师人才。

3. 课程和教材建设

对于课程建设和教材建设,因为作为新专业,仅有两届本科生,课程建设和教材建设也还处于起步阶段,还没有自编教材,但已有3门学校重点课程,因而教师认为本专业的课程和教材建设目前较为薄弱,但发展潜力巨大。

4. 教学方法和教学手段

对于教学的手段和方法,社会工作教师积极参与教学研究和教学改革,坚持教学与科研相结合,以科研促教学,通过教学研究不断提高自身专业水平,并不断地把科研成果转化和体现到提高教学质量与效果方面。在课堂上,社会工作专业教师也运用了课堂辩论、角色扮演、实务模拟等多样化的教学方式,充分运用社工专业实验室的资源,使学生能真正做到理论联系实际。对于教学效果,教师普遍反映较好。但教师希望,由于本专业实践教学内容较多的现实,学校应提供给教师上课时间和空间更多的自由,如在室外上课。

5. 考试与考核

对于考试和考核,社会工作专业教师也运用了常规笔试、个人演讲、小组汇报等方式,但目前除笔试外其余考试和考核方式仅能用于期中考试,因而教师希望学校能根据本专业偏重实务的特殊性,也允许期末考试实现灵活化和多样化。

总之,教师对本专业的满意度评价为中等偏上,但对未来的发展充满信心,希望能在学校与学院的帮助与支持下,取得改进和发展。

(二) 学生对本专业人才培养方案、师资队伍、课程建设、教材建设、理论教学、实际教学、教学手段方法、考核评价等环节的评价(满意度)

1. 人才培养方案

对于本专业的人才培养方案,学生从刚入学的迷茫,到对人才培养方案的了解,学生反映逐步喜欢上本专业,对本专业人才培养方案的满意度达到80%以上。专业也将继续努力对人才培养方案进行改进和完善,使学生对专业人才培养方案的满意率达到95%以上。

2. 师资队伍

对于师资队伍,学生也反映师资较少,这与专业的现时状况相符合。但对于教师的教风、师德、素质等各方面,学生满意度较高,普遍反映专业教师都比较和蔼可亲、关心同学,知识较为全面,教学质量较好,对于同学的问题都能及时满意的答复。

3. 课程与教材建设

对于课程建设和教材建设,有的学生的满意度较高,认为教师的课程安排较为合理,如果课程建设网站再能完善则会更好。而有的学生的满意率一般,有同学反映国外的翻译教材内容太过繁杂,不好归纳总结;国内的规定教材也有出错的状况。因此,专业老师应努力尽早完成自编教材。

4. 教学方法与教学手段

对于教学方法和教学手段,问卷调查显示,学生满意度较高,从课堂气氛活跃,学生兴趣较高也反映了教师的教学方法被学生接纳程度较高。对于专业教师教学的网上测评,学生普遍评分较高,在全校中也名列前茅。对于实践和理论教学方面,学生希望能针对本专业特殊性,增加实践教学的自由度。

5. 考试与考核

对于考试和考核,学生的满意度评价趋于一般水平,有同学反映识记内容较多,这是文科教学考试的特点,同时也是学校对考试形式和内容限制较为严格的结果,希望能实现考试方式的多元化。

总之,学生对本专业的满意度从对专业的迷茫到对教师的喜爱,希望教学与考试方式的进一步自由和多元。

五、本专业的亮点或特色

本校社会工作的定位是"商企社会工作"和"非营利组管管理与服务"两方面。该定位有效依托了上海商学院的商业、企业背景以及商业、企业的学科群,有助于"错位发展"和"特色发展"。本专业的亮点和特色体现在几个方面:

(1) 专业选修课模块化,包括专业特色类(商企社会工作、非营利组织管理与服务)和专业基础课,主要理论和实务知识的系统教育。

(2) 专业实践成果显著,强调社会服务成效。学生通过课外作业、第二课堂和探究性学习,将所学的社会工作技能和知识运用到社会服务。教师则通过"产学研"平台,服务社会。

(3) 注重实践基地建设,推进"政产学研"。社会工作专业拓展了大量实习基地,包括企业、非营利组织和政府部门,真正回应"商企社会工作"和"非营利组管管理与服务"的人才培养目标。

六、本专业教学和管理中存在的问题及改革措施

众所周知,社会工作强调实务性和操作性,要求学生熟练掌握社会工作的基本理论与方法,具有较强的社会工作实务能力,树立社会工作的价值观,具备运用社会调查研究方法分析问题,运用社会工作方法进行社会事务管理和解决社会问题,运用专业知识进行社会行政的能力。其中,理论知识是基础,方法的运用和实务能力是关键。上海商学院自2010年社会工作本科专业招生以来,社会工作专业得到了学院以及学校方方面面的支持,社会工作专业的师生借助建设一支宏大的社会工作队伍的东风,励精图治,在各方面都取得了较好的进展。但在形成一定的规模的同时,也存在一些局限。

(一) 师资结构

社会工作系现有专业教师5人,从学历结构上看,有博士后1人,博士3人(包括在读博士),硕士1人。从职称结构看,有副教授1人,讲师4人。学历结构较高,但是师资力量薄弱,需要进一步引进以壮大师资队伍建设。

(二) 人才培养

在人才培养方面,社会工作专业老师除承担本专业的教学与科研以外,还承担了思想政治理论课的教学研究以及人文素质教育研究。然而在现有专业人才培养方案的设计上,存在课程设置不合理,教学手段单一的情况。绝大多数都是理论性课程,实践性教学的环节很少。即使开设了一些方法类的课程,也大都以理论教学的方式完成,缺乏针对性的教学手段。

(三) 实践教学环节

实践教学是培养学生实践技能和创新能力的主要途径,实践性、实务性、应用性是高等院校社会工作专业教育的鲜明特色。社会工作专业是一门注重理论与实践结合的应用学科,要求大量的实践活动。实践教学基地是社会工作学生进行教学实习、科研、实务工作与技能训练等实践活动的主要阵地,直接关系到社会工作实践教学的质量。建立相对稳定的校外实践教学基地,不仅为学生的教学实习、实务提供有力保障,而且也是学校与社会紧密联系的重要渠道。更重要的是可以为社会工作学生提供一种潜在的就业资源,促进专业的职业化。但是上海商学院社会工作专业实验室的建设和利用不够充分,缺乏实训的保障。实习基地建设比较滞后,影响了学生实践能力的培养与职业化过程。为满足社会工作专业学生的教学研究和实务实训需要,上海商学院正在筹备建设社会工作实验室,加强实践基地的建设,目前已经建立了13个教学实践基地。

(四) 学科建设

1. 学术方向建设

学科建设是高等学校建设的核心和生命线,也是衡量高校办学水平、研究层次和人才培

养质量等综合实力的重要标准,因此,要想实现跨越式和可持续发展,提升社会工作专业的办学层次,首先要根据现有条件,结合学科发展规律,科学合理地制定出学科建设规划。由于学科建设不是一朝一夕的事,不是个别人的行为,需要社会工作专业教职员工坚持不懈地倾注心血,进行学术方向建设。我们既重视学科建设的目标,更重视学科建设的过程,通过学科建设规划的制定,如在社会政策与社会发展、社区工作、社会福利、社区文化、社会文化和社会心理学等几个方面的建设,强化教职员工的学科意识,使每个教师都能找到合适的研究方向,找到自我发展的平台。

2. 学术队伍建设

我们将结合学校的总体规划和办学定位,以发展的眼光,从战略高度重视学科队伍的建设,确立人才队伍建设在学科建设中的核心地位,结合地方发展和学科发展的需要,作好人才的培养、引进和稳定等方面的工作。加大现有教师的知识更新力度,优化现有教师的结构,以多种形式提高教师队伍的整体实力。加强制度建设和岗位意识,把教师的兴趣与专长同岗位需要特别是学科发展方向有机地结合起来,促使广大教师形成相对稳定的发展方向,用劲有处,着力有点。科学确定梯层,发挥学科、学术带头人及学术骨干的作用,鼓励具有潜在竞争力的青年学者脱颖而出。提倡团队精神、敬业精神、求真务实精神,加强道德修养。

3. 科学研究

从科研统计情况来看,社会工作专业科研成果档次有所提高。社工专业的学生先后有几篇高质量的论文问世。社工专业教师也发表了数篇文章,并且在积极申报课题。然而,社会工作专业研究,亟须整合力量,形成一支高水平、重合作的学术团队。我们希望通过学科建设,唤醒广大教师的科研意识,挖掘出更大的科研潜能,出一批科研成果,申报、承担一些重大的研究课题。

4. 人才培养

培养人才一定要有的放矢,社会工作系将按照学校党委确立的"办人民满意大学"的办学方针,树立以学生为本的思想,把"以商立校"作为办学理念,根据经济、社会的发展需要设定培养方案,积极探索具有商学院特色的本科教育模式和机制,不断优化人才培养结构,完善人才培养方案,提高人才培养质量。有计划地组织开展实习实训,组办校级大型活动;邀请国内外学者来校讲学,扩展学生的视野,了解学术前沿;提高学位论文质量;为毕业生联系就业单位或考研事宜,提高学生的就业率;强调教师的教书育人;通过系友扩大我系乃至我校的社会影响力。在积累本科办学经验的同时,创造培养高层次人才的条件,同时开展职业资格培训,与上海市民政局等相关单位联系,开展社区工作者和社会工作师之类的培训项目。

七、本专业未来发展思考

(一) 与社会需求匹配的专业人才培养模式

随着我国体制改革的不断深入,社会的逐步转型在迈向现代化、城市化的进程中大量的社会问题日益凸现。社会工作,通过其助人、自助的理念与系统的专业方法和技巧帮助社会弱势群体、解决社会问题、调节社会矛盾、维护社会稳定、促进社会公平与正义,已在我国社会管理和公共服务方面发挥着其有效且不可替代的作用。中国社会工作协会和民政部预测,2020年前社会工作实务领域至少需要专业社会工作者100万人,社会对于社会工作人才的需求日益增加,但就目前情况而言,我国社会工作人员队伍显然还无法完全满足这一要求。

我们学校遵循"以商立校"的理念,对于本专业的培养方向为商企社会工作和非营利组织与管理。自深圳富士康企业连跳事件发生后,针对企业员工的社会工作就更加刻不容缓了,同样以商业、企业为对象的社会工作包括矛盾化解、中介沟通等方面也是必不可少的。例如,上海九星市场社会工作综合服务站的正式成立,实现了社会服务进驻商企市场,将社会工作由社区向大型商企市场延伸、由单一的社会服务向综合性服务延伸、由政府购买、安排社团服务向社团自主运作延伸,是对商企社会工作的成功践行。

对于上述的社会需要和人才培养要求,结合我校学生大多以就业为目的的现状,我们将专业人才培养模式定位为教学与实践相结合,工学一体的培养模式。以社会和市场需求为导向,以培养学生的全面素质、综合职业能力和就业竞争力为目的,在互利双赢的前提下,利用学校和企业(机构)两种不同的教育环境和教育资源,采取课堂教学与实际工作相结合,培养适合社会需要的高素质应用型人才的培养模式。

(二)发展思考

针对以上现状的与需求的分析,对于本专业的未来发展,应该在以下几个方面实现突破:

1. 以市场调研、社会需求为根本,准确定位商企社会工作和非营利组织与管理的社会工作人才培养目标

经过市场调研、行业参与、专家咨询、召开分析论证研讨会等多种形式来论证、分析社会工作专业所对应的职业岗位群,特别是企业、NGO组织对知识、能力、素质要求,以此为人才培养的目标。以行业、机构需求为导向,定位于培养"高素质技能型"专门社会工作人才。

2. 以打造高素质、高水平的"双师型"教师队伍为突破,构建具有应用本科教育特色的高层次师资队伍

所谓"双师型",主要包括两个方面:一方面,从整个教师队伍的结构来看,既有专职教师,又有兼职教师;既有来自高等院校的,又有来自企业(机构)的;既有侧重于专业理论教学的,又有侧重于专业技能教学的。另一方面,从教师个体来讲,既有一定的专业理论知识,又有较高专业实践经验和实际操作能力。

3. 以课程改革为突破口,构建以培养理论应用与实践,实务能力为主线的课程体系

社会工作作为一个实践取向的专业,加之我们作为应用型本科,在教育过程中必须加强学生实务能力的训练,以保证其在岗位竞聘和就业竞争中拥有自己的优势。一方面利用学校商业为主的学科优势,打破传统的学科界限,依据社会工作职业岗位(群)的工作任务,基于工作过程,确定知识和能力结构,并以此来设计、开发课程,进一步改进和完善课程体系。另一方面强调理论课程与实践课程并重,对传统教学内容按"必需、够用"的原则进行整合,在理论课与实践课比例上进行调整。

4. 以校内外实训基地建设为平台,加强实践教学的针对性和有效性

我们学校的定位为应用型本科,加之社会工作是一门实务性和操作性很强的专业,校内

外实训基地的建设对社会工作专业来说显得格外重要。对于校内我们努力建成个案工作、小组工作、社区工作、心理咨询等学生实训实验室。校外我们已与上海市自强社会服务总社、华东理工大学实验室、上海市劳动仲裁委员会、上海市民政局等10余个企业、事业单位签署了合作和共享协议,以后我们争取建立更多稳定的实践教学基地,每年安排学生前去实习。